《三字经》《百家姓》《千字文》是国学的入门之阶，读《三字经》以习见闻，诵《百家姓》以便日用，懂《千字文》通晓义理。

中国传统文化精髓　最佳启蒙教育读本

彩色图解

三字经 百家姓 千字文

（南宋）王应麟等著
思　履　主编

中国華僑出版社
北京

图书在版编目（CIP）数据

彩色图解三字经·百家姓·千字文 /（南宋）王应麟等著；思履主编. —北京：中国华侨出版社，2015.11（2021.2重印）

ISBN 978-7-5113-5811-0

Ⅰ.①彩… Ⅱ.①王… ②思… Ⅲ.①古汉语—启蒙读物 Ⅳ.①H194.1

中国版本图书馆CIP数据核字（2015）第290649号

彩色图解三字经·百家姓·千字文

著　　者：（南宋）王应麟等
主　　编：思　履
责任编辑：若　奚
封面设计：冬　凡
文字编辑：任犀然　黎　娜
美术编辑：罗情兮　张　诚
插画绘制：陈来彦　陆铭蓓
经　　销：新华书店
开　　本：720mm × 1020mm　1/16　印张：20　字数：589千字
印　　刷：三河市兴博印务有限公司
版　　次：2016年4月第1版　2021年2月第2次印刷
书　　号：ISBN 978-7-5113-5811-0
定　　价：55.00元

中国华侨出版社　北京市朝阳区西坝河东里 77 号楼底商 5 号　邮编：100028
法律顾问：陈鹰律师事务所　发 行 部：（010）88893001
网　　址：www.oveaschin.com　E-mail：oveaschin@sina.com

前言

《三字经》《百家姓》《千字文》这三部书是有史以来最具影响力的启蒙读物，是家喻户晓历代传承的优秀教育著作。其词句言简意赅，内容包罗万象，涵盖了历史、地理、礼仪、德行等丰富的知识与行为准则。对于孩子人格的塑造与修养的生成有着潜移默化的影响与深远的教育意义。

《三字经》的作者为南宋著名学者王应麟。王应麟博学多识，尤其熟知历史掌故且擅长考证。《三字经》中的内容详尽丰富、精确标准，是一部优秀的启导蒙童的著作。此书以严谨的态度通过6个部分阐述对儿童施行正确教育的重要性，成人与环境对儿童性格与价值观的切实影响，讲述了勤勉学习、尊老爱幼的先贤典范。此书遵循章法、引经据典、深入浅出、由远至近地讲述了各类知识见闻。全文共1722字，三字一句、朗朗上口、极易诵读。且文辞浅显、简明易懂，全书充满积极进取、励志向上的精神。古人有云：“熟读三字经，便可知天下事，通圣人礼。”此非虚言，《三字经》一书实为我国传承至今，不可多得的文化经典著作，尤其在教育上堪称“蒙学之冠”。

《百家姓》编撰于北宋初年，这本书是一本集录中国姓氏的著作，内中原本收集了411个姓氏，后增补到504个，其中单姓占444个，复姓为60个。其作者为北宋居于钱塘的一位儒生，当时赵为国姓，所以自然而然赵姓便成为了《百家姓》的起始姓氏。中国最早的姓氏形成于五千年前，随着时间的推移，社会的发展，民众的迁徙，原本稀少的姓氏通过多年演变与发展，不断丰富壮大。《百家姓》不止是一本单纯的名录，而是可以与《三字经》《千字文》并称的优秀启蒙读物。《百家姓》堪称我国最具权威的姓氏文化底本，从中可以看出我华夏民族传承有序，重视血脉根源的文化精神。

《千字文》为南朝才子周兴嗣所撰写，是由1000个字组成的韵文。千字成文，极富故事性。据说当时梁武帝注重皇子们的教育，为教授众皇子读书习字，特意命令大臣殷铁石自“书圣”王羲之所写的碑文中拓下精挑细选的1000个字。但是因为这1000个字毫无关联，不易记背，所以特意召来广有声名的周兴嗣，对其道：“卿有才思，为我韵之。”周兴嗣果然不负圣意，逐字揣摩，只用了一个晚上便将原本孤立的1000个字，编写成了四字一句、四句一组，合辙押韵，易诵易记，连续贯通的文字。周兴嗣对文字的组合运用充满才情，所写内容涵盖天文、历史、地理、园艺、饮食、德行、礼教等诸多层面，这便是流传至今的《千字文》。此文从开天辟地寒暑之变讲到商汤盛世君臣之礼，从尊师敬长讲到德行道义的养成，从都城宫殿楼宇讲到国家疆土的宽广、景致的壮美，让读者从各个角度详尽清晰地了解不同层面的环境与生活的原貌。而且此文将识字、书法、知识及道德思想融为一体，这一点也成就了《千字文》在文史中独特的地位。

现今的文化教育，尤其是针对孩子的启蒙课程，有很多内容庞杂、毫无章法，重知识积累而轻道德的培养及心智的启迪。长此以往，势必塑造出能力单一、思维狭窄、毫无意趣的人来。现今社会信息汇集，我们既要汲取新的理念，也应承继优秀的经典。

这三本书传承七百余年，经历代文人学者编撰，其中的知识不仅可以为孩子开蒙，全面系统地继承中华传统文化的精要，其中所蕴含的历史鉴照、深刻哲理对于孩子的成长更为重要。

这三本书使孩子知礼仪，重德行，通文史，解人生，通晓祖国的地理地貌、风土人情、历史典故、诗书画曲。当然不光是孩子，对于成人来说，一样可以陶冶性情，增益心智，扩展视野，甚至调整生活态度。

这三本书流传至今版本很多，各有特色。编者在编撰本书时，选取了自清末民国以来最为通行的版本加以整理精编，《三字经》《千字文》逐句设置导读，开门见山，剖析透彻，明白易懂，注释、译文详尽准确，可以作为标准读本。《百家姓》为各姓祖先绘制了精美的肖像，姓氏来源、郡望堂号、繁衍变迁、姓氏名人故事等栏目全面展现中华民族繁衍壮大的历史。

为了帮助读者更好地阅读本书，我们请专家精心配制了六百多幅工笔手绘彩图，这些彩图随文绘制，力求还原历史原貌，展现中华文明灿烂辉煌的历史、悠久高尚的道德礼仪传统和优秀中华儿女堪为楷范的风姿。无论是人物的面貌和穿着打扮，还是器物的形貌、建筑的样式，以及当时的历史背景和社会日常生活背景，都进行了悉心考据，让读者身临其境地感受中华文化，引人入胜。

总之，我们立意编出一部既尊重历史，又富有时代精神的承上启下的启蒙书，让优秀的中华文明和传统得到继承和发扬，让我们的孩子从小就能打下坚实的文化基础，日后为中华民族的伟大复兴做出应有的贡献。

目录

第一卷 三字经

第二卷 百家姓

第三卷 千字文

第一卷

三字经

三字经

《三字经》世传为南宋王应麟撰写，共一千多字，可谓家喻户晓，脍炙人口，是影响最大的启蒙读物。此书是三字一句的韵文，极易成诵，内容包括了历史、天文、地理、伦理道德等中国文化的基本常识，广博生动而又言简意赅，音韵和谐，孩童们读和背诵都很容易，能够郎朗上口，可以为孩子打下良好的文化基础。

前人评论《三字经》，都说它有拓展见闻之作用，“初入社学，八岁以下者，先读《三字经》，以习见闻”。所以《三字经》被誉为是“袖里《通鉴纲目》”，是最好的中国历史纲要和系统而简明的中国文化史纲要。

《三字经》对于儿童的人格培养也有重要作用，这一点已经为越来越多的人们所重视。1990年新加坡出版的英文新译本更是被联合国教科文组织选入“儿童道德丛书”，加以世界范围的推广。《三字经》不仅走进了学生的课堂，还为广大成年人所喜爱，我国现在正准备将其申报为非物质文化遗产。

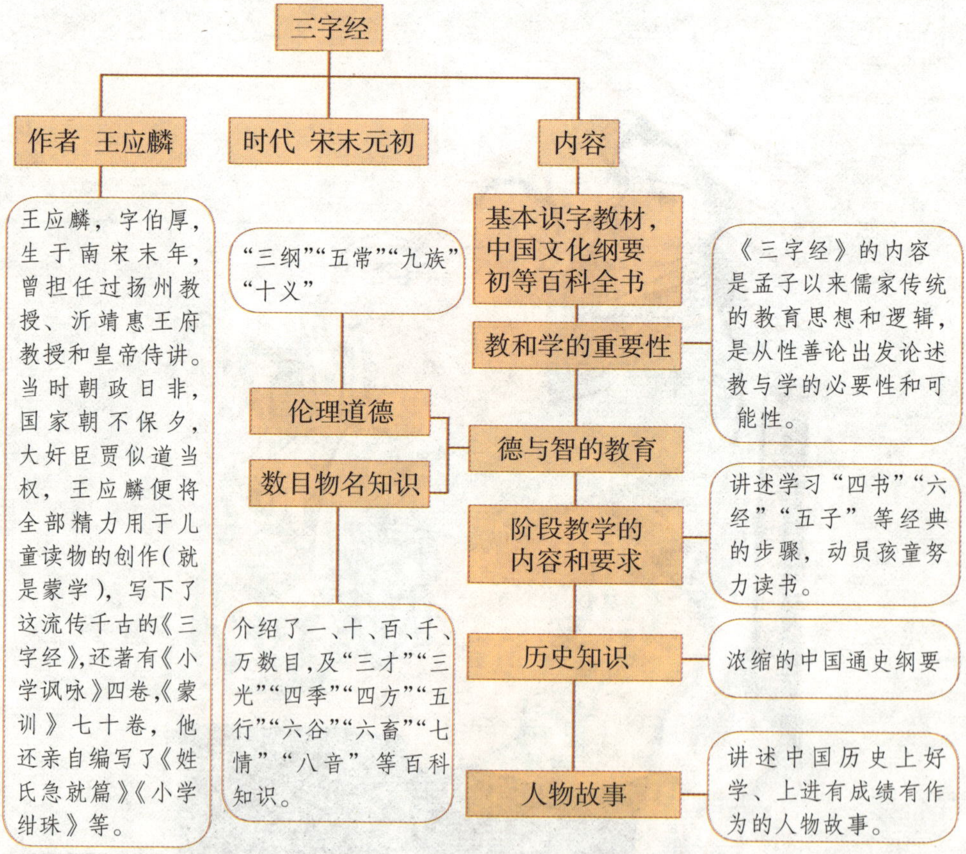

【原文】

人之初①，性本善②。性相近③，习相远④。

【导读】

《三字经》开篇，便为我们讲述了一个重要的道理——人的本性都很相近，若想成为有利于社会的人才，必须受到良好的教育。后天的教育环境对一个人的影响是非常重要的。

在刚刚出生的时候，人与人之间是没有差别的，都拥有善良的本性。而随着年龄的增长，生活环境的不断改变，每个人的行为习惯变得大不相同。有的人品德良好，彬彬有礼，受到人们的尊重；而有的人则道德败坏，粗鲁野蛮，甚至为非作歹，为人所唾弃。说明了环境对人品性和性格具有着重大的影响。

人之初，性本善。

性相近，习相远。

【注释】

①人之初：人在刚刚生下来的时候。初，开始。②性：天性，人天生具有的性情和气质。本：原来、原本。善：善良。③相近：相似。④习：积习、习染，这里包括主动接受知识和被动受到影响两种情况。相远：互相远离，差别越来越大。

【译文】

每个人在刚出生的时候，本性都是善良纯洁的。可以说，大家的天性十分相似。但由于后天所处的环境和所受的教育不同，每个人的性格和行为习惯便出现了差别。随着年龄的增长，最开始相似的本性越来越不同，使每个人逐渐往不同的方向发展，因此才有了善与恶、好与坏的分别。

【细说活解】

人皆有不忍人之心

孟子有云：“恻隐之心，人皆有之；羞恶之心，人皆有之；恭敬之心，人皆有之；是非之心，人皆有之。”孟子认为人皆有不忍人之心，即每个人都有体恤和怜悯别人的心情，因为人心向善，人性本善。

恻隐之心。

之所以说每个人都有怜悯体恤别人的心

情，孟子曾举了每个人都想将落水孩童救起来的例子。如果今天有人突然看见一个小孩要掉进井里面去了，必然会产生惊惧同情的心理——这不是因为要想去和这孩子的父母拉关系，不是因为要想在乡邻朋友中博取声誉，也不是因为厌恶这孩子的哭叫声才产生这种惊惧同情心理的。

【原文】

苟不教①，性乃迁②。教之道③，贵以专④。

【导读】

环境对人的影响如此巨大，不接受教育的话，人的本性可能会被环境左右，向着未知的方向发展而去。因而只有依靠教育，教人以积极向上的做人道理，和正确的做事方法，才能够抵御不良环境所带来的影响，成为一个对人、对己、对社会都有用的人。

教育的道理讲究“专”，即精力专一，不分散。学习做事时要精神集中，不一心二用。生活中要持之以恒，不半途而废。无论是学习还是生活，都要做到专心致志，不三心二意，才能够习得真知识，掌握真学问。

教之道，贵以专。

【注释】

①苟：如果、假如。教：教育、教导。②乃：于是，就。迁：改变、转变。③道：规律、法则。④贵以专：以“专心致志”最为重要。贵，宝贵、重要，值得重视；专，专一、专心致志、一心一意。

【译文】

一个人如果没有接受良好的教育和恰当的引导，那么，他生来就具有的纯洁善良的本性，就会为外界的各种不良诱惑，导致最后迷失本性，逐渐变坏。

教育的根本法则就是“专心致志”，全心全意地教诲，一心一意地学习，可以让人真诚善良。

【原文】

昔孟母①，择邻处②。子不学③，断机杼④。

【导读】

环境对人的影响巨大，因此选择一个良好的生活环境是非常重要的。正所谓“近朱者赤，近墨者黑”，生活中周围的人道德高尚，为人和善，那么小孩子也会跟着善良正直；如果身边的人都品德不良，言行粗鄙，那么小孩子就会一样恶行沾身，品行败坏。

同时家长对于小孩子的惩奖，应当讲求正确的表达方法。做对了要给予表扬，做错了要批评指正。选择适当的惩奖方法，收益更好的效果。

【注释】

①昔：过去、从前。孟母：孟子的母亲。孟子是战国时代著名的思想家、教育家。②择：选择、挑选。邻：邻居。处：居住。③子：孩子，这里指孟子。④断：割断、折断。机杼：织布机的梭子。

孟母断机杼。

【译文】

从前，孟子的母亲对选择好的邻居这一点十分重视，为了挑选到适合孟子学习的居住环境，曾多次搬家。

孟子一开始贪玩不爱学习。有次他偷懒逃学回家，孟子的母亲非常痛心，把织布机上的梭子折断了，严厉地训诫孟子："不能认真有恒心地学习，就像这梭子一样，梭子断了，就不能织布了，前面的努力都白费了，这样半途而废是不可能成为有用的人的。"

【细说活解】

孟母三迁

母亲是孩子的第一个老师，也是一生的老师。古时候的妇女大多都没有受过良好的教育，但是母亲对于孩子的成长起着至关重要的作用。

孟子是战国时期的大思想家，是儒家学派的代表人物。孟子自幼丧父，由母亲倪氏一人辛苦养大。全家生计靠倪氏日夜纺纱织布，维持生活，十分辛苦。倪氏是一个十分有见识的妇女，她知道环境会对小孩子产生深刻的影响，所以为了给孟子提供一个良好的环境，前后搬家数次。

孟母教子。

最开始，孟子和倪氏住在荒郊野外的墓地旁，常有穿着孝服的送葬队伍，一路吹吹打打地来往于孟子家门口。孟子年纪小，觉得好玩，就哭学各种各样的丧仪。他看见人家用锄头挖出墓穴，把棺材埋了。小孟子便也模仿着他们的动作，用树枝挖开地面，认认真真地把一根小树枝当作死人埋了下去。

孟母看在眼里急在心上，就把家搬到了市集旁。这次他家的邻居是一个屠夫，每天要杀猪卖肉。小孟子觉得很好玩，就跟着肉铺伙计学起来，天天也在那剁肉，跟人家讨价还价，俨然变成了一个卖肉的小贩子。孟母知道这样下去是没有好处的，当时的社会重农轻商，商人在古代社会的地位是非常低下的。孟母一狠心，便再次搬家。

这次搬家搬到了一所学校旁边。学校里每天弦歌不绝书声琅琅，一个花白胡子的老头

孟母三迁。

成日里摇头晃脑，拖着长长的音调念书。孟子觉得十分新奇，就每天都跑到学校外面玩，偷偷看学校里的孩子怎么念书，怎么学习规矩，回家之后也学着他们的样子打躬作揖，彬彬有礼。

孟母是我国古代劳动妇女的典型，她勤劳务实，无私慈爱，但是在教育孩子的问题上又十分的果敢决绝，因为她深知环境对于一个处于对任何事物都感到好奇，会跟着模仿时期的孩子的影响，因此才屡屡搬家，只为了孟子能够受到良好的教育，就是古人所说的"与善人居，如入芝兰之室，久而不闻其香"。孟母在教育孩子方面十分讲究方法，小孟子到了上学的年龄要去念书了。孟子虽然爱学习，但是小孩子都贪玩，有时候觉得学习太枯燥了就会逃学跑出去玩。孟母知道之后很生气，等孟子玩够了回家之后就把孟子叫到身边，一句话也没说就把织布机上的梭子给弄断了，梭子断了就意味着不能继续织布了，无数个日夜辛劳就这样白白浪费了。孟子看在心里很着急，就跪下来问妈妈："为什么要这样？"孟母告诉他："读书学习可不是一天两天的事，就像我织布必须从一根根线开始，先一小段一小段的最后才能织成一匹布，而布只有织成一匹了它才有用，才可做衣服。读书也是这个道理，如果不能专心致志持之以恒，像这样半途而废浅尝辄止又有什么用呢？"孟子听了母亲的话，心里真正受到了震动。他认真地思考了很久，终于明白了道理，从此专心读起书来。最终成为一代亚圣，中国儒家思想的代表性人物。

孟母看见孟子没有好好学习，并没有使用棍棒教育，而是用事实来教育孟子，让孟子自己去思考事情的道理，这样不仅培养了孟子独自思考的能力，还避免了棍棒教育令孩子产生叛逆心理的副作用。孟子最终成为中国古代著名思想家、教育家，和孟母三迁、择邻而居是分不开的。

【原文】

窦燕山①，有义方②。教五子，名俱扬③。

【导读】

古代一个家庭一般有很多孩子，但是家长并不会因为孩子多而忽视了对他们的教育，放松了对他们的要求。现代人通常都只有一个孩子，因此更多的目光汇集在一个孩子的身上。即便对孩子更加重视，也要掌握好教育的方法和内容，学习古人教育后代的责任心和方法，不仅仅要教育孩子们好好学习，更要培养他们的品质道德全面发展。

【注释】

①窦燕山：五代人，本名窦禹钧，由于他住在燕山附近，人们就称他为"窦燕山"。窦是人的姓。②义

方：（教育孩子的）好方法、好办法。③名：名声。俱：全、都。扬：显扬、传播。

【译文】

五代时的窦燕山很重视对孩子的教育，不仅采用恰当、良好的教育方式，并且总是以身作则。

窦燕山有五个儿子，在他的严格教育下，都成了品学兼优的人才，每个人都很有成就，声名传播四方。

窦燕山教五子。

【细说活解】

五子登科

五子登科是结婚时常用的祝福语，祝愿新人能够多子多孙，而且子孙各个有出息。这个成语出自于五代时期的窦燕山一家，窦燕山出身于富裕的家庭，是当地有名的富户。窦燕山为人不好。以势压贫。传说他做事缺德，所以到了 30 岁，还没有子女，窦燕山为此十分着急。一天晚上做梦，他死去的父亲对他说，是窦燕山心德不端，如不痛改前非，不仅一辈子没有儿子，还会短命。从此，窦燕山暗下决心，痛改前非，再也不做缺德的事。

窦燕山还在家里办起了私塾，请名师教课。有的人家，因为没有钱送孩子到私塾读书，他就主动把孩子接来，免收学费。后来窦燕山因为周济贫寒，克己利人，广行方便，受到人们的称赞。不久，他的妻子连续生下了五个儿子。

之后，他便把全部精力用在培养教育儿子身上，不仅时刻注意他们的身体，还注重他们的学习和品德修养。窦燕山每天督促孩子们读书学习，并且亲自教导。哪个孩子有不明白的地方，他都会耐心地讲解，即便是最小的问题也不会遗漏。

在窦燕山严格的教育下，五个儿子都成为有用之才，先后登科及第，做了大官。当时人赞窦燕山的五个儿子为“窦氏五龙”。

当时有一位叫冯道的侍郎曾赋诗一首说：“燕山窦十郎，教子有义方。灵椿一株老，丹桂五枝芳。”这里所说的“丹桂五枝芳”，就是对窦燕山“五子登科”的评价和颂扬。

望子成龙、望女成凤是从古至今每个家长的愿望,古代家庭组成和现在的家庭组成不同，古代时讲求儿女满堂、承欢膝下的天伦之乐。而现在我们的家庭一般只有一个孩子。古人子孙众多，却也都不放松对孩子的教育，无论在学习事业还是道德修养上，都能躬身亲为地教育孩子，让他们长成有用的人才。因此我们应该学习古代家长们的教育方式，多引导多和孩子沟通，让孩子们也能全面地发展。

【原文】

养不教①，父之过②。教不严③，师之惰④。

【导读】

父母的职责不仅仅是抚养孩子长大，更是教孩子以做人的道理，懂得是非观念，让他们以健康积极的心态走向社会，成为对社会发展有用的人才。长大成人并不仅仅是单纯地养大而已，更重要的是教导其“成人”，成为能在社会上立足的有用之人。

孩子走进学堂，老师就担起了教育他的重任。正所谓严师手下出高徒，传道授业的时候老师的要求若是不严格，就是变相地害了孩子，是不负责的表现。

以上是《三字经》的第一部分，主要说明了环境对人的影响，由此表明教育对人的重要意义和从事教育的人应该遵循的原则。

养不教，父之过。教不严，师之惰。

【注释】

①养：养育、抚养。不教：不教导、不教育。教，教育、教导。②之：的。过：过错、过失。③不严：不严格。严，要求严格。④惰：懒惰、懈怠，马虎不尽责，与“勤”相对。

【译文】

父母如果认为只要将孩子们抚养长大，满足他们的物质需求就可以了，却没有教给他们做人的基本道理，这是父母的过错。

而老师不能严格要求学生，导致学生因为放任自流而荒废了学业，这是老师怠惰，没有认真担负起自己的责任。

【原文】

子不学①，非所宜②。幼不学③，老何为④？

【导读】

儿童生性爱玩，但是对孩子幼年时期的教育是极为重要的。在幼儿时期，人的记忆力很好，凡是记住的东西基本都能终生不忘。因此这段时期的学习不能耽误，因为所有的知识和本领都不是与生俱来的，都需要后天的学习和教导。正所谓“少壮不努力，老大徒伤悲”，在少年时期不好好学习知识和本领，荒废了最好的年华，将来一定会遗憾终身的。

【注释】

①子：子女、孩子。②非所宜：不应该。非，表示否定的意思；宜，合适、应该。③幼：年纪小的时候。④老何为：年纪大了能做什么。老，年老的时候；何：表示疑问的语气，什么；为，作为。

【译文】

如果父母和老师都尽到了自己的责任，创造了良好的学习环境，小孩子却不好好读书，这是不应该的。

一个人小时候不好好读书学习，等到年纪大了，什么都不懂，什么都不会，还能有什么作为呢？

【原文】

玉不琢①，不成器②。人不学，不知义③。

【导读】

玉石精美，是因为有能工巧匠对其精心打磨与雕琢，否则，只是一块顽石。人也一样，如若不经历学习与磨炼，就不能拥有健康的人格和正确的价值观。言行举止不符合道义，那么无论再怎么聪明伶俐，也不会得到社会认可，不能实现我们的人生价值，成为对社会有用的人才。所以从古至今，贤明君主都将教育视为治国中至关重要的环节。人只有经过学习才能激发自己的能力增益自己的德行，懂得自我约束。

玉不琢，不成器。

【注释】

①玉：玉石。琢：雕刻加工玉石。②成：成为。器：器皿、用具。③知：知道、懂得、明白。义：义理，公正合宜的事，思想行为的规范。

【译文】

璞玉刚开采出来的时候，看上去和普通的石头差不多，如果没有经过专门的雕刻加工，就不能成为珍贵的饰品和器皿。

人也是一样。一个人无论有多高的天赋，如果不学习，就不会懂得为人处世的正确道理，原本优良的天赋也无法得到充分发挥。

【原文】

为人子①，方少时②。亲师友③，习礼仪④。

【导读】

人在少年时期，对周围世界怀有浓厚的兴趣，学习知识和本领的速度也很快。但是小孩子却不具备独立辨别是非的能力，拥有自我学习的意识也很难，因而，就离不开老师的教导和帮助。老师有时候不仅充当良师，教导小孩学习学识修养和道德规范，更充当了益友的角色，日常的言行举止对小孩子产生潜移默化的影响。这样，小孩与老师亲近，将会获得更多的好处。而除了与老师接近，小孩每天接触最多的就是一起学习玩耍的小朋友，因此，交友就显得格外重要，正如孟母三迁只为创造良好的环境，一个小孩选择了什么样的小朋友交往，就会对小孩产生什么样的影响，因此在选择朋友的时候要格外慎重，多选择品行端正，学德兼优的小朋友为伙伴，注意学习他们身上的优点，取长补短，才能不断进步。

中华民族是礼仪之邦，五千年来一直传承着完善的礼仪规范，与清晰严明的道德标准。所以中国人素来以礼貌谦逊著称，待人处事都讲求以礼待人。小朋友天性活泼好动，不知何为礼节，因此，更需要在与良师益友亲近的时候，教以待人处事的良好举止，慢慢地将其培养成一个懂文明、讲礼貌、有道德的全面人才。

为人子，方少时。

【注释】

①为：作为。人子：儿女。②方：正当。少时：年少、年纪小的时候。③亲：亲近、接近。④习：学习。礼仪：礼节和仪式，指应对进退的分寸，以最恰当的方式来表达对他人的尊重。

【译文】

作为子女，应该趁着年少的时候，好好把握学习的机会。平时要跟老师多亲近，随时接受老师的言传身教，学习各种礼仪规范，了解如何待人处事；还要多结交好的朋友，在互相鼓励、互相帮助中一起成长。

【细说活解】

不学礼，无以立

孔子说：“不学礼，无以立也。”就是说不学会礼仪礼貌，就难以有立身之处。这句话说明了礼仪是古代社会生活的重要组成部分，是古代人安身立命、经世治民的重要行为准则。

孔子十分重视“礼”的教育。他在中国教育史上的一个重大贡献是将“礼”与“乐”“射”“御”“书”“数”合称“六艺”，并奠定其在教育中的首要地位，形成了六艺教育的优良传统。在孔子私学里，他对三千多弟子实施的就是六艺教育，其中“礼”是最主要的“课程”。“不学礼，无以立也”，是当时孔子用来教育其儿子孔鲤的。

有一天，孔子的弟子陈亢问孔鲤，在老师那里听到过什么特别的教诲，孔鲤说未也。后来孔子独自站在庭院中，孔鲤快步走过，便问孔鲤学礼了没有。孔鲤回答说未也。他说：“不学礼，无以立也。”于是孔鲤退而学礼。孔鲤受教学礼之事，被后人传为佳话。孔子教子之辞也被尊为“祖训”，并逐渐形成了孔氏家族“诗礼传家”的说法。

我们作为“礼仪之邦”的子民，应该知书达礼，以礼待人。如果一个人文化程度很高，但不懂得礼仪，那他也是一个对社会毫无用处的人。因为道德常常能填补智慧的缺陷，而智慧却永远也填补不了道德的缺陷。

礼仪是中华民族的传统美德，从古至今，源远流长。我们要从我做起，从现在做起，学习礼仪规范，用高尚的道德武装心灵，用文明的言行做事，互相理解、宽容待人、继承传统、倡导文明、讲究礼仪。培养协作精神，挑起传承礼仪的使命，是我们义不容辞的责任。

【原文】

香九龄①，能温席②。孝于亲③，所当执④。

【导读】

这节讲孝顺父母。与古代儿女成群的情况相比，现在每个家庭基本上只有一个孩子，因而，小孩子自小就享受到了更多的关爱和保护。但是在接受这些关爱和保护的时候，我们是否想过，自己为爸爸妈妈做了什么？爸爸妈妈这样为我们，这样无私奉献，我们是否也应该做些什么来回报他们的关心和爱护，报答他们的培养之情。小黄香自小失去了母亲但是却能对爸爸无微不至的关心和孝敬，我们要向小黄香学习，未必要做到和他一样，为父母扇枕温席，而是着重学习他发自内心为父母着想的孝敬之心。日常生活中，在我们能力范围内多为爸爸妈妈做些力所能及的事情，体谅和关心爸爸妈妈，以这种方式来表达我们对父母养育之情的感谢。

黄香温席。

【注释】

①香：人名，黄香是东汉时著名的孝子。九龄：九岁。龄，岁数，指年纪。②能：知道、懂得。温席：焐暖被窝。温：温暖、加热；席：用草或苇子编成的成片的东西，用来铺床或炕等，这里指睡觉用的被褥。③孝于亲：孝顺父母。孝，孝顺；亲，双亲、父母。④所当执：应该实行。当，应当、应该；执，执行、实行。

【译文】

黄香从小就非常孝顺，才九岁就知道在寒冷的冬天，自己先躺在冰冷的被窝里，用体温把被子焐暖和了，再让父亲睡觉。这种体贴孝顺父母的行为，每个做子女的都应该学着去做。

【细说活解】

百善孝为先

儒家的经典《孝经》中说，孝是各项美德的根本，“人之行，莫大于孝”，儒家认为“孝”是上天规定的规范，是每个人必须具备的德行。孝是中华民族传统文化的基础，我们常说“百善孝为先”，孝顺不单单是一种美好的德行，更是一个人的立身之本。

在我们小的时候，父母辛辛苦苦地把我们养育成人，他们无私的爱陪伴着我们长大。当我们长大了，要用感恩的心对待我们的父母，回报他们的养育之恩。

孝顺父母、回报父母的养育之恩，是每个人都应该做的天经地义的事情。正如父母无私无求地将我们抚养成人，我们也应该以赤诚的心去对待为我们付出一生的父母。

【原文】

融四岁[1]，能让梨[2]。弟于长[3]，宜先知[4]。

【导读】

在古代人的心中，一个大家庭的理想状态应该是父慈子孝，兄友弟恭。哥哥爱护弟弟，弟弟尊敬哥哥。然而在现代社会，这样的一个理想状态是很难实现的，现在大多数家庭都只有一个孩子，习惯了独来独往和独享全家人爱护的独生子女，不要说是手足之情，就连分享谦让是什么都很陌生。在这种情况下，孔融四岁让梨，对哥哥尊敬友爱，对弟弟爱护有加，先人后己，谦虚礼让就显得愈加珍贵，而拥有如此美德的孔融也就成了我们学习的榜样。在孔融身上，我们要学习他的谦让精神。在和小朋友相处交往的过程中，态度友善，举止大方，不能自私自利，过分计较个人得失。在大家都想要同一个东西的时候，要做到先人后己，不争不抢。每天以这样的方式来要求自己，培养自己的爱心，努力成为一个谦逊大度的人，那么一定会受到大家的尊敬和喜爱。

融四岁，能让梨。

【注释】

①融：人名，孔融，东汉时著名的文学家。②能：知道、懂得。让：谦让、礼让。③弟：这里和“悌”字意思相同，指弟弟敬爱哥哥。长：兄长。④宜：应该。先知：早点知道，这里是从小就懂得的意思。知，明白、了解。

【译文】

孔融四岁的时候，有一天吃梨，他挑了一个最小的，别人问他为什么这么做，他说要把大的梨让给哥哥吃。这种尊敬兄长、兄弟之间要互相友爱的道理，是我们每个人从小就应该知道的。

【原文】

首孝悌[1]，次见闻[2]。知某数[3]，识某文[4]。

【导读】

孝敬父母和尊敬兄长，是做人最基本的道理。只有明白并做到了这个道理，才能去学习知识增长见识。也就是说，只有学好如何做人，才能学习好如何做事。一个人如果在家不孝敬父母、不尊敬兄长，那么他在学校里也不会尊敬老师关爱同学，到了社会上更不会遵守社会秩序。像这样自私的人，就算学习了再多的知识，有再多的聪明才智，也是没有用的。

【注释】

①首：首先。孝悌：尊敬、孝顺父母，友爱兄弟。②次：其次。见闻：指看到、听到的知识、学问。③某：一些。数：算术。④识：认识，掌握。文：文字。

【译文】

我们首先要培养尊敬、孝顺父母，友爱兄弟姐妹的良好品质，其次要学习的才是生活中的各种常识，懂得算术，认识文字，然后才能逐步充实自己。

【细说活解】

孝悌为立身之本，见闻乃立世之根

《论语》中有“弟子入则孝，出则悌，谨而信，泛爱众而亲仁，行有余力，则以学文”，意思就是说，年轻人在家孝顺父母，在外恭敬有礼，为人谨慎诚信，广施爱心，亲近有仁义的人。如果上述的那些都能轻松做到，那么就可以学习研究了。在中国的传统文化中，“孝悌”是一切的基础、出发点，《弟子规》中有一句话“有余力，则学文”，意思就是应当先以学习“孝悌”之道为基础，有了余力再去学习知识文化。如果做不到“孝悌”之道的话，那么知识文化也就没有什么必要好学了。古代人认为，一个对长辈孝敬，对兄弟友爱恭敬的人，不可能是坏人。这样的人才可以放心地被传授知识；如果是不忠不孝的坏人，那么被授以知识文化，就是为虎作伥了。

首孝悌。

次见闻。

时代不断发展变迁，但是孝悌之道却不会随着时代的改变而改变，它是人人应该具备的品质，是人生而具有的天性，是传统中国文化中永恒的基础。至于接下来的“知某数，识某文”则是“孝悌”之后的事情了。

古人有“读万卷书，行万里路”的说法。“读万卷书”是指努力读书，增加自己的学识，正所谓“读书破万卷，下笔如有神”；“行万里路”则是增长见识，积累实际经验。这两者缺一不可。古时候人讲求广闻博知、知行合一，因此只有将知识与见识二者合一，在旅途中将书本上的知识升华为生活中的智慧，才能进入更高的境界。

【原文】

一而十①，十而百。百而千，千而万。

【导读】

从这段开始，我们将逐渐简单了解一些自然知识和人文知识。

首先是数字。从一到十，这十个数字看起来简单，但是运算起来变化无穷。从十衍化到百，百衍化到千，千衍化到万，无穷无尽变化无穷。算术是一门非常有用的学问，所有的科学发展都离不开算术的支持。因而学好基本中的基本，才能够在攀登科学的高峰上更上一层楼。

一而十，十而百。百而千，千而万。

【注释】

①而：到，这里表示按照顺序递进。

【译文】

一是数字的开始，也是计算的起点，一到十是最基本的十个数字。

十个一是十，十个十是一百，十个一百是一千，十个一千是一万……这样一直计算下去，结果是无穷无尽的。

认识了一到十这十个基本数字，掌握了初级算术，就能继续学习难度更高的数学问题。

【细说活解】

数学是学习的基础

数学是所有自然学科的基础，古希腊学者认为数学是哲学的起点，数学的希腊语的意思是“学问的基础”；在古代中国，数学也是六艺之一，是儒家要求学生掌握的六项基本才能，即礼、乐、射、御、书、数中的数。我国古代数学很发达，汉朝时就形成了以《九章算术》为标志的数学体系。

一提及我国古代教育，很多人都会以为是学习字形、字义、句读等，殊不知数学也是中国传统启蒙教育的重要组成部分之一，从《三字经》上看，学习知识最开始要掌握的就是数字。

先秦时期的《周礼》中有“养国子以道，乃教之六艺：一曰五礼，二曰六乐，三曰五射，四曰五驭，五曰六书，六曰九数”，就是我们常说的六艺，而“六艺”又有“大艺”“小艺”之分，礼、乐、射、御是大学的课程，是为大艺；书、数是小学的课程，称为“小艺”。

这里的“大学”和“小学”并不是现代意义上的学校，“小学“是传统语言文字学，即文字、音韵、训诂等“详训诂，明句读”的学问，而“大学”则是相对于“小学”的大人之学，是“修身、齐家、治国、平天下”的学问。

“小学”即是最基础的学问，那么数学也是基础中的基础。在我国传统教学中，孩子八岁时就应当掌握四则运算和九数等数学基础知识，然后再学习其他自然学科和社会学科。

【原文】

三才者①，天地人。三光者②，日月星。

【导读】

构成我们这个宇宙的三个最基本的事物便是天、地、人。人类的生存要依靠阳光空气，我们的生活离不开日月星辰的运转，寒暑四季的更迭，白天和黑夜的交替。同时我们也从大地上汲取水分获得营养，与周围各种动植物互相依存。在“三才”中，天地就是大自然，人类的生存离不开大自然的支持。因而人类作为已知宇宙中最高级的动物，不仅要利用自然改造自然，使得自然万物更适合人类的发展，更要保护爱护大自然，顺应它的发展规律，与之和谐共处。

三才者，天地人。

三光者，日月星。

【注释】

①三才：天、地、人。才，这里与“材”的用法相同，泛指一切原料或资料，这里指构成宇宙世界的基本要素。者：代名词，这里指代上面提到的“三才”。②三光：日光、月光、星光。光，光明，这里指光明的自然来源。

【译文】

“三才”，指天、地、人，是构成世界的三种基本要素。天地共同形成了生存空间：天空带来了万物生存必需的阳光、空气、雨雪，以及四季、寒暑、昼夜的交替；大地提供了水分、养料以及合适的地理条件；而我们人类，被称为“万物之灵”，是最高级的动物。“三光”，指太阳、月亮、星星三个发光体，是光明和能量的主要来源，有了它们，生物才能生存。

【原文】

三纲者①，君臣义②。父子亲③，夫妇顺④。

【导读】

古代人讲求“三纲五常”，而这三纲指的就是君臣关系、父子关系和夫妻关系。在现而今的社会，我们也应该看重并处理好这三者的关系，社会才能和谐地向前发展。

大的社会也是由一个一个小的家庭组成的，对于每一个家庭来说，父慈子孝，夫妻和睦是非常重要的。家庭成员之间相互关爱，相互沟通，只有这样才能互相了解，家庭也就因此而和顺兴旺，社会也会因此而和谐发展。

君臣义。

【注释】

①三纲：指君臣、父子、夫妻，君为臣纲，父为子纲，夫为妻纲。纲是渔网的总绳，抓住它就能拉起整张渔网，引申为要领，事物的关键部分，处在决定地位的事物。②君：君王、皇帝。臣：臣子、大臣。义：正义，这里指行为公正，符合法律制度及道德标准。③亲：亲密和睦。④夫：丈夫。妇：妻子。顺：和顺、和谐。

【译文】

“三纲”，是指三种最重要的社会伦理关系，即君臣关系、父子关系、夫妻关系。

君臣之间（在现代社会是上司与下属之间）要遵守法律制度的规定，认真履行职责；父母和子女之间要亲密融洽；夫妻之间要互相尊重、和睦相处。只有三纲之间维持应有的秩序，整个社会才能和谐欢乐。

【原文】

曰春夏[①]，曰秋冬。此四时[②]，运不穷[③]。

【导读】

四季不断交替，运行不息，是因为地球的公转和自转运动。地球的自转轴是倾斜的，地球公转的轨道又是椭圆的，因此就造成了阳光洒在地球上的时间有长有短，光线有强有弱，光照有多有少。于是地球上就有万物复苏、百花绽放、生机勃勃的春天，绿草如茵、夏树苍翠、热情似火的夏天，天朗气清、硕果累累、萧瑟寂寥的秋天，以及白雪皑皑、千里冰封、山寒水冷的冬天，并且循环往复永不止歇。

曰春夏，曰秋冬。此四时，运不穷。

【注释】

①曰：说，这里是叫作、称为的意思。②此：这，代名词，这里代指春夏秋冬四季。四时：四个时序，这里指春、夏、秋、冬四季。③运：运转、循环。不穷：无穷尽、无终极，没有停止的时候。穷，终止、停止。

【译文】

一年分为春、夏、秋、冬四个季节，先从温暖的春季到炎热的夏季，再从凉爽的秋季到寒冷的冬季，每一年，四季都这样按顺序循环交替。

还有，春耕、夏耘、秋收、冬藏，万物的生长及活动也都随着四季变化不息。

【原文】

曰南北①，曰西东。此四方②，应乎中③。

【导读】

我们站在地球上，前后左右就相应地成为东西南北四个方向。东西南北这四个方向，都是相对于一个中心而言的，如果没有一个确定的中心，那么就没有办法区分东南西北。原因是，地球是圆的，只要你朝着一个方向不停地走，最后都会返回原地，那么原来认定的方向就会成为相反的方向。所以，我们确定的任何一个方向，都是以当下所站立的一点决定的。有了一个确定的中心，那么能确定四个方向，而中心一旦改变，则方向也会跟着改变。

曰南北，曰西东。此四方，应乎中。

【注释】

①南北（西东）：方位名，指东、西、南、北四个方向。早晨太阳升起的方向是东方。②此：这，代名词，这里代指东南西北四方。③应乎中：与中心相对应。应，对应；乎：于、对；中：中央、中心。

【译文】

早晨起来面向太阳，前面是东方，后面是西方，左手边是北方，右手边是南方。

南、北、西、东四个空间方位，都是对应于一个中心基准点而言的。

【细说活解】

东西南北，四面八方

中国现为中华人民共和国简称，但在古代，中国又称中原、中土、中华等，意思是国之中、天地之中、华夏之中，即是天下的“中心”，广义上说是以河南为中心的黄河和洛河流域。在确定了中心后，古人又确定了东西南北四个方向。从造字上看，甲骨文的东字是由“日”“木”组合成的，取太阳初升之意，因此古人将太阳升起的地方定为东方。西字为象形字，《说文解字》解释它为“鸟在巢上”，有休息的意思，古人便以太阳落下的地方为西方。确定“东西”后，又确立了“南北”两个方向。

关于四方的确立，有伏羲指方向的传说。伏羲是与神农和黄帝并称的中华民族的人文始祖，相传他根据天地万物的变化，创造了八卦，还结绳为网，教授给人们渔猎的技能。一次伏羲挑了一些会打猎捕鱼的人，让他们分别去东西南北四个方向渔猎，大家不知东西南北如何分辨，伏羲便说：太阳东升西落，天气南热北冷。这样，大家就知道如何区分东西南北四方了。

关于方位，我国古代除了有四方还有六合和八荒。六合即是上下和东西南北四方，即天地四方，泛指天下或宇宙。八荒也叫八方，指东、西、南、北、东南、东北、西南、西北等八面方向，指离中原极远的地方。现在我们形容一个人机智灵活，遇事能多方观察分析为眼观六路，耳听八方，这里的“六路”和“八方”指的就是“六合”和“八荒”。

【原文】

曰水火，木金土[①]。此五行[②]，本乎数[③]。

【导读】

“五行”是中国古代的一种物质观，多用于哲学、中医学和占卜方面。古人把金、木、水、火、土这五种元素当作大自然组成的基本要素，并研究出其间复杂的相生相克的关系。金生水，水生木，木生火，火生土，土生金，此乃相生。金克木，木克土，土克水，水克火，火克金，此乃相克。古人对五行的研究有着极其深刻的道理，对于现在的中医养生有着非常重要的作用。

曰水火，木金土。此五行，本乎数。

【注释】

①金：金属。②五行：金、木、水、火、土，古人认为它们是构成宇宙万物的五种基本要素，是总称各项事物的抽象概念。③本乎数：根源于天地自然的数理。本，根源；数，天地自然之数。

【译文】

金、木、水、火、土是构成物质的五种基本元素，宇宙万物的形成、变化都是来源于此。对古人来说，宇宙天地的道理及奥妙，都包含在复杂的五行生克理论之中。

【原文】

曰仁义[①]，礼智信[②]。此五常[③]，不容紊[④]。

【导读】

仁、义、礼、智、信即是古人经常所讲的“三纲五常”中的“五常”，是中国儒家思想中的主要组成部分。对人怀仁爱之心，做事怀有羞恶之心，对人恭敬守礼，对事明辨是非，处事公正守信，这五点是中华民族传统文化中亘古不变的处世智慧，是几千年来智者哲人总结出的处世之道。因此我们要将这“五常”牢牢记在心里，以此为标准约束自己。如若人人都能这样做的话，那么社会将更加和谐，人与人之间的关系也会更加美好温暖。而秉承着这样的准则，无论我们走到哪里，都会受到别人的尊重和认可。

儒家认为仁义是礼的根本。

【注释】

①仁：仁爱，仁慈友爱的善良之心。义：正义、正直，符合道义标准的行为。②礼：礼貌，表示尊敬的态度和动作。智：明智，明辨事理的智慧。信：诚实，不欺骗。③常：永恒不变的法则。④容：容许。紊：乱。

【译文】

仁、义、礼、智、信是五种为人处世的基本原则，就是一个人应该有仁慈友爱的善良心肠，为人正直，行事公正，对人诚恳有礼，有明辨事理的智慧，对人要诚实守信。它们体现的智慧和价值是恒久不变的，因此被称作“五常”。每个人都应该遵守五常，随便乱来的行为是绝对不容许的。

【原文】

稻粱菽①，麦黍稷②。此六谷③，人所食④。

【导读】

自从神农氏教人民农耕劳作开始，古代中国由采集渔猎向农耕生产方向转变，人民开始种植农作物以代替奔波没有保障的游猎生活。大米、高粱、豆子、麦子、黄米和小米早在数千年前就出现在了人类的饭桌上，虽然现在的主食与过去不大相同，但是基本上没有太大的改变。而随着社会的发展，城市逐渐兴盛起来，现在的孩子们很难再认识这些谷物的样子，真的变成“四体不勤，五谷不分”了。所以家长有机会还是要让孩子亲近自然融入自

六谷。

然，这样孩子才懂得保护自然。

【注释】

①稻：稻子，去壳后称大米，南方人以稻米为主食，分水稻和旱稻，但“稻”通常指水稻。粱：即粟，其籽实未去壳称谷子，去壳后称小米。菽：豆类的总称。②麦：麦子。黍稷：同类异种的谷物，有黏性的是黍，又称黄米；没有黏性的是稷，又称小米。③谷：谷物，粮食。④食：吃。

【译文】

稻米、小米、豆类、麦子、黄米和稷，这六种谷物的果实颗粒饱满、产量丰富，是人类维持生存的主要粮食作物，合称为“六谷”。六谷既养活了中华民族的众多人口，又孕育了源远流长的中华文明。

【细说活解】

“六谷杂粮”

有一句成语：“四体不勤，五谷不分”，说的是一个人好吃懒做，不能分辨出五谷。我们也经常用“五谷丰登”来表示农作物的大丰收。但是《三字经》中却说有“六谷”，因为在古代，种植技术不像现在这样发达，所以适宜在南方生长的稻子并没有在北方耕种，而古代的经济文化中心一直在北方，因此五谷中没有稻子。后来随着人们耕种水平的不断提高，稻子在北方也变成一种常见的主食，也就被列为“五谷”之中，称为“六谷”了。

稻，就是水稻，碾制去壳后叫大米；粱，去壳后就是我们常说的小米；菽，是豆类的总称；麦，一般指小麦，脱皮去壳后，可磨成面粉；黍，是一种黏性比较大的黄米，而稷则是一种粳性比较大的黄米。

其实在古代，当时的农作物一定不仅仅就这几种，也存有“百谷”和“九谷”的说法。现在所谓五谷，实际只是粮食作物的总名称，或者泛指粮食作物罢了。“五谷”说之所以盛行，显然是受到五行思想的影响所致。因此，笼统地说来，“五谷”指的就是几种主要的粮食作物，是粮食的总称，因为受到五行思想的影响，而被称为“五谷”。

【原文】

马牛羊，鸡犬豕①。此六畜②，人所饲③。

【导读】

早在原始社会，勤劳勇敢的原始人就通过驯养吃剩下的野生动物，来改善自己的生活，随着所驯养动物数量的增加，原始人不用再每天奔波操劳的追逐野生动物来填饱肚子。现在我们所见到的马、牛、羊、鸡、狗、猪都是从野生动物驯化而来的。正是因为有了这种驯化动物的意识，人类的生产生活才有所改变，社会才有了长足发展。正是因为有了这些动物，人类才能够有温饱，因此我们应该对动物们怀着感恩的心态，保护它们爱护它们，养了宠物也不随便抛弃虐待。

【注释】

①犬：狗。豕：猪。②六畜：指马、牛、羊、鸡、狗、猪这六种家畜。畜，家畜。③饲：饲养、喂养。

【译文】

马、牛、羊、鸡、狗、猪开始都生活在野外，但是聪明的古人将它们驯服后，喂养在家里，它们从各方面改善了人们的生活，有的还能帮助人类干重活，节省了人的力气和时间。

马能供人骑乘、搬运重物，牛是农夫耕田的重要帮手，猪是人们日常生活中最主要的肉类来源，羊可以提供皮毛和肉类，狗能看家、保护人们的安全，鸡的肉、蛋可以食用。这六种动物对人们有不同的重要贡献，合称为“六畜”。

马牛羊，鸡犬豕（六畜）。

【细说活解】

六畜兴旺

常常与“五谷丰登”连用表示社会繁盛的成语即为“六畜兴旺”。六畜指马、牛、羊、猪、狗、鸡这六种动物，在《周礼·天官·膳夫》中，这六种动物又称“六牲”，《周礼·天官·冢宰下》称之为“六膳”，而《周礼·夏官·职方氏》又称之为六扰。

古人们在实际的生产和操作过程中，选择了马、牛、羊、猪、狗、鸡这六种动物驯化饲养，经过漫长的岁月，使它们脱去本身具有的野性，成为有利于人类劳作的禽畜。牛能助人耕田，马能负重致远，羊能供备祭器，鸡能司晨报晓，犬能看家护院，猪能宴飨宾客，这六种禽畜各有所长，为人们的生活提供了保障。古人对于禽畜的划分与现在不同，并不如现在这样明确，六畜中的鸡实际为家禽类。到现在，六畜指各种牲畜、家禽。

“六畜”中，除去马以外，又称为“五牲”，是古人祀神供祖所用的祭品。我国著名药学著作《本草纲目》中记载，古方多六畜心用药，以心治心，主要用于治疗心病。

【原文】

曰喜怒①，曰哀惧②。爱恶欲③，七情具④。

【导读】

七情是人体对外界客观事物的不同反映，是生命活动的正常现象，是生而就有的。虽然是自然的生命现象，但是我们也要学会自我控制这些感情。在表达感情的时候，不能无所顾忌：发生悲伤的事情时大声欢笑，发生欢乐的事情时放声痛哭。也不能没有节制，就像三国时代的周瑜，就是因为没有控制好自己的脾气，怒极攻心失去了生命。古人有云：“乐极生悲”。超过限度的表达感情，就算是因为快乐和高兴，也会给自己的身体带来伤害的。

【注释】

①喜：高兴、开心。怒：生气、愤怒。②哀：伤心、悲伤。惧：恐惧、害怕。③爱：喜欢、喜爱。恶：讨厌。欲：想得到某个东西或想达到某个目的。④七情：指喜、怒、哀、惧、爱、恶、欲这七种情绪。情，情绪、情感。具：具备。

【译文】

高兴、生气、悲伤、害怕、喜欢、讨厌、贪欲，这七种情感是人类共同拥有的，合称为“七情”。

喜、怒、忧、思、悲、恐、惊为七情。

这七种情绪是人类与生俱来的基本情绪，我们不能排斥或消灭它，但是放纵或过分压抑自己的情感都是不健康的，我们要学会掌握理智与情感之间的平衡。

【细说活解】

发乎情，止乎礼

七情是人与生俱来的七种感情，即喜、怒、哀、惧、爱、恶、欲。喜，即喜悦；怒，即气愤；哀，即忧伤；惧，即恐惧；爱，即爱恋；恶，即厌恶；欲，即欲求。虽然它们是人生而具有的感情，但是不能由得它们任意发展，儒家讲究“发乎情，止乎礼”，正常的感情表达是可以的，但是要用理智加以制约，不能逾越礼法的界限。

情感如果不加以抑制，放任感情的宣泄，就会导致疾病的发生。范进中举是一个十分有名的故事，讲述了范进从二十多岁开始应考，连续考了三十多年，由年轻力壮的青年变为年过半百的中年，才考上了秀才。考上秀才之后，范进又打算考举人，大家都纷纷劝他癞蛤蟆不要想着吃天鹅肉，还是教书赚钱比较好。范进执意去参加了考试，没想到真的中了举人。在接到中举的喜报后，范进跑着一边拍手一边大笑，不小心跌到池塘里再爬起来继续拍手大笑。范进因为中举喜不自胜而发疯了。

范进长期失败得不到成功，使他在面对突如其来的成功之时，没有办法控制自己的情绪，最终喜极而疯。

【原文】

匏土革①，木石金②。丝与竹③，乃八音④。

【导读】

八音是古代制作乐器的材料。中国古人对于音乐对人的教化十分地看重，对音乐的研究也十分详尽。音乐对于当时的人来说，不仅仅是听来放松心情舒缓压力的，更是教化国民，表达思想的一种方式，因此，音乐是我国传统文化中的重要组成部分。然而随着西洋音乐的传入，大部分的传统乐器已经失传，八音之说也很少使用，而且人们也不再以音乐作为教育方式了。

但是美好的音乐仍然是我们生活中不可或缺的一部分，它给我们的生活增添色彩，放松我们疲惫的身心，抚慰心灵的创伤，对人产生积极的作用。

【注释】

①匏：匏瓜，形状像葫芦，这里指匏瓜制成的乐器。土革：这里分别指用陶土烧制的“埙”以及用皮革制成的鼓、二胡等乐器。②木石金：指用木材、玉石、金属制成的乐器。③丝（竹）：用丝弦（竹管）演奏发声的乐器。④乃：是。

【译文】

古人把制造乐器的主要材质分为：匏瓜、陶土、皮革、木材、玉石、金属、丝线和竹子，用它们制成的乐器合称为“八音”。

匏土革，木石金。

“八音”的主要代表分别为笙、埙、鼓、板、磬、钟、琴、箫，它们的音色各具特点，听的人很容易就能分辨出来。八音经过组合变化能产生多种优美的旋律，使音乐更加丰富。

【原文】

高曾祖①，父而身②。身而子③，子而孙④。

【导读】

这“九族”代表着人的长幼尊卑秩序和家族血统的承续关系。除了血统的继承关系，九代人之间更有一种血浓于水的亲情。在“九族“之中自身，也就是我，居于中间，起着承上启下的作用，是血统传承关键中的关键。因此，自身的作为在亲族中就显得格外重要，既要承接着由上传下的优良传统，又要为后人起到模范带头作用。古人十分看重这种长幼尊卑秩序和家族血脉的传承，虽然我们生活在现代社会，这样的意识已经逐渐趋于淡漠，但是尊敬长辈仍然是不变的主题。

【注释】

①高：高祖父，是祖父的祖父。曾：曾祖父，是祖父的父亲。祖：祖父，是父亲的父亲。②父：父亲。身：指自己。③子：儿子。④孙：孙子。

【译文】

从高祖父、曾祖父、祖父、父亲，再到我们自己为止，这样从上往下一共是五代，代表着家族中的长幼秩序，是家庭伦理的基础。中华文化非常重视伦理传统，因为血缘亲情就是这样直接继承下来的。

【原文】

自子孙①，至玄曾②。乃九族③，人之伦④。

【导读】

这一段是讲古代家族的辈分关系，这是构成中国古代社会的家庭系统。

【注释】

①自：由，从。②玄：玄孙，指孙子的孙子。③九族：从高祖父到玄孙，一共九代人。④伦：人伦，指尊卑长幼之间的等级关系。

自子孙，至玄曾。乃九族，人之伦。

【译文】

从我们自己传到儿子、孙子，再往下传，就是曾孙与玄孙。从高祖父算起，曾祖父、祖父、父亲、自己、儿子、孙子、曾孙、玄孙，一共九代，就是“九族”。

古代家族往来十分密切，大家互相照应、祸福与共，因此特别强调长幼尊卑的伦理秩序，要求每个家族成员都要尽到自己的本分，共同维护家族的平安与荣誉。

【细说活解】

话说“九族”

我们在阅读古代历史小说或看历史戏的时候，常会看到皇帝处罚大臣时采取的最严酷的措施就是“灭门九族”，其意在剪草除根。由此也可以反证，看出古代家族关系的紧密性和重要性。由此我们也就可以明白，周朝“搜孤救孤”的故事的历史背景了。程婴等忠臣义士为了救一个孤儿，不惜一切，实际上是为了一个大家族的命运。

【原文】

父子恩①，夫妇从②。兄则友③，弟则恭④。

【导读】

古人十分重视“十义”，即父慈、子孝、夫和、妇从、兄友、弟恭、朋谊、友信、君敬、臣忠。十义是每个人必须遵从，不可以忽视的，这不仅仅是为人处世的道理，更是一个家庭和谐美满，和睦兴旺的基础。只有在家做到父慈子孝、夫和妇随、兄友弟恭，在外做到朋谊有信，君敬臣忠才能受到别人的尊敬，为社会所认可。

【注释】

①恩：恩情、慈爱。②从：顺从，和睦相处。②兄：兄长，哥哥。③则：表示并列关系。友：友爱、爱护。④恭：恭敬、敬重。

夫妇从。

【译文】

在家庭中，父母对子女要慈爱，子女对父母要孝顺，丈夫和妻子要和睦相处，兄弟姐妹之间要团结友爱，哥哥姐姐要爱护弟弟妹妹，弟弟妹妹则要尊敬哥哥姐姐。这些是家庭关系中最基本的道理。

家庭是社会的基本组成单位，只有每个家庭都和谐融洽，社会才可能安定祥和。

【细说活解】

为人处世的准则

父慈子孝、夫和妇随、兄友弟恭、朋谊友信、君敬臣忠是古人立为为人处世准则的“十义”，它明确地规定了人与人之间相处时应当持有的心态。如果人人都能注意长幼有序、尊卑有秩、言而有信、侍君有忠等方面，那么家庭和睦兴旺，社会和谐繁盛，达到“老吾老以及人之老，幼吾幼以及人之幼”的大同社会也就不远了。

古时有关兄友弟恭的故事很多，比如唐宋八大家中苏轼和苏辙。

苏轼和苏辙从小一同学习一同长大，兄弟二人手足情深，那曲著名的《水调歌头·明月几时有》就是苏轼在密州时中秋怀弟之作。苏轼兄弟情意甚笃，写作此词时，他与苏辙已有六年没见面了。这一年的中秋，皓月当空，银辉遍地，苏轼独自一人立于院中，手捧一壶浊酒，也想学学古人“对影成三人”，但看着这一轮明月却想起了自己多年未见的弟弟苏辙。想到自己仕路受挫，牵连着弟弟也一同坎坷，心中十分愧疚。不觉间，心潮起伏，于是乘酒兴正酣，挥笔写下了这首被称为“中秋词，自东坡水调歌头一出，余词俱废”的千古名篇。

第二年，苏轼出任徐州知府，苏辙在徐州停留百余日。临别之际，适逢中秋佳节，他们一同泛舟赏月，苏辙就写了《水调歌头·徐州中秋》来回赠苏轼。虽有重逢之乐，但苏辙想到中秋一过，两人就要再度分开，再聚不知何时，一想到当下二人的境遇，不由得悲从中来，泪沾衣衫。苏轼见弟弟如此，摇头微笑，在分手之时，苏轼再和之以《水调歌头·安石在东海》，开解弟弟。

当兄长被一贬再贬时，弟弟也因为受牵连而日子很不好过，但做弟弟的从来未有过丝毫怨言。在中国古代作家中，苏轼和苏辙不愧为一对的“兄友弟恭”模范兄弟。

【原文】

长幼序①，友与朋②。君则敬③，臣则忠④。

【导读】

这一段讲的是家庭之外的社会关系，社会关系也要讲秩序，这是“礼”的重要内容。

【注释】

①长幼：指年长的与年幼的。序：排列顺序，次序。②友：志趣相投，志向相同的人。朋：在同一个老师门下接受教育的人。③君：皇帝。敬：尊敬，敬重。④臣：大臣。忠：尽忠，诚心尽力做事。

【译文】

在人际交往中一定要注意长幼

五伦。

有序，不可以没大没小。朋友往来要讲信用，真诚相待。身为君主（在现代社会是上司），要懂得尊重、体恤臣民百姓（在现代社会是下属）；身为臣子（下属）要忠于职守，尽心竭力地做事。这些是社会上人际交往的基本原则。

掌握了这些基本道理，在应对交往中才有所依据，不会无缘无故惹来麻烦。

【原文】

此十义①，人所同②。

【导读】

这“十义”，是古代社会的整个秩序，从君主到平民都要遵守。

【注释】

①十义：指父慈、子孝、夫和、妇从、兄友、弟恭、朋谊、友信、君敬、臣忠十种美德。②同：共同遵守。

【译文】

古人认为上面提到的十种人伦关系是每个人都必须遵从的美德，于是称之为“十义”。

每个人都应该根据身份的变换，随时做出调整，努力遵循这十种人伦义理，因为这十义不是无理专制的规定，它可以帮助我们发挥人性善良美好的一面。

【原文】

凡训蒙①，须讲究②。详训诂③，明句读④。

【导读】

从这段开始，我们将简单地了解一下中国传统文化典籍的大致内容和学习方法。

对小孩子进行启蒙教育，不能操之过急，一口吃成胖子。小孩子虽然接受知识快，但是理解能力有限，所以教育他们的时候必须讲求循序渐进。正所谓千里之行，始于足下，读书要先从认字开始。在学习文章之前，先教之以字音、字形、字义。对于读书的小孩子来说，理清上下文的关系，理解句子的含义也是非常重要的。

凡训蒙，须讲究。

【注释】

①凡：凡是。训蒙：对小孩子进行启蒙教育。训，教育、教导；蒙，没有知识，这里指刚开始读书识字的儿童。②讲究：尽力做到精美完善。③详：详细。训诂：用通俗的话语解释古代语言文字或方言的字义。④明：明白。句读：标上标点符号，给文章断句。

【译文】

教育刚入学读书的儿童，必须注意方式方法，尽量做到无微不至、面面俱到。文章中每一个字的读音和意义都要详细讲解；一句话到哪里停顿意思才是完整的，都要解说得明明白白，这样才能正确标注标点符号，使段落间层次分明，方便儿童了解文意。

【细说活解】

训诂和句读

训诂一词出自《尔雅》的前三篇《释诂》《释言》《释训》，就是用简单易懂的当下用语去解释晦涩难懂的古代文字。训，即用较通俗的语言去解释字义。诂，即用当代的话去解释字的古义。

详训诂，明句读。

训诂有三种具体方式：形训、音训和义训。形训是通过文字形体结构，即字形来分析解释词义。我国古代主要有六种造字法，为象形、指事、会意、形声、转注和假借。分析字形对了解字的本义有着重要的作用。形训为三种训诂方式中最为基础的方式。音训是用音同或音近的词来解释词义；而义训则是直接说明词的含义。

句读是阅读古文时文词停顿的地方。古文是没有标点符号的，读书人在阅读时，会根据自己的理解在文章上加注句读。正确地标注句读对于文章阅读时语气通顺、文章本义传达是否恰当都具有重要的作用。因此正确地标注句读除了明白句子和文章原意，还可显现一个人基本的学识涵养。

【原文】

为学者①，必有初②。小学终③，至四书④。

【导读】

古人说：“不积跬步，无以至千里；不积小流，无以成江海。”意思就是说，无论多大的事情，最初都是从一点点做起的。就如同学习，不管学什么，都要从最基础的来，只有基础打好了，才能以此研究更加深刻的道理，探究更加神秘深奥的知识。古代人的启蒙教育是从“小学”开始，即字形、字音、字义的学习，而后才能去读“四书”。

为学者，必有初。

【注释】

①为学者：读书求学的人。为学：求学，研究学

问。②必：一定。初：开始、基础。③小学：指研究字形、字音、字义，并学会使用的学问，这里指古人编的讲字音、字形、字义方面知识的儿童启蒙课本。终：结束。④至：到，到达。四书：《论语》《孟子》《大学》《中庸》这四部书合称为“四书”。

【译文】

好的开始是成功的一半。每一个求学的人，都要打下坚实的基础。

刚入学的时候，必须先学习每个字的音、形、义。只有把小学里的知识学透了，才能开始研读经书。

《论语》《孟子》《大学》《中庸》是儒家的四部重要经典著作，合称为“四书”，它能让人了解并思考更深奥的道理。

【细说活解】

小学之道，在于训蒙

小学的意义，主要是对孩子进行启蒙教育。儒家文化认为，万事以“仁”为起点，要先成为一个有道德的人，才能做一个有知识的人。所以先让孩子明白了生活中应该注意的规范，养成良好的规矩，行为举止符合礼仪之后，再对其进行知识上的教育。

小学之道，在于训蒙。

古时小学的教育不仅是学习训诂和句读，也要学习算术等基本学问。怀抱之木始于毫末，只有将最基础的知识融会贯通了，才能去研究更加深刻的学问。从古至今，中国人一直都认为一个人字写得好不好，是和这个人的品德修养相关的。正所谓，心正字则正，心不正则字不正。

宋朝时著名的儒学家朱熹小时候在一个叫“半亩方塘”的地方读书，半亩方塘这个地方花红柳绿，景色宜人。一日桃花盛开，而朱熹正在窗前抄写唐诗《赠汪伦》。诗中有一句：桃花潭水深千尺，不及汪伦送我情。朱熹一想，外面桃花开得正艳，与其在这里写桃花，不如出去看桃花好了。于是，着急出去赏桃花的朱熹，一不小心将“桃”字写成了“挑”字，他自己也没有多做检查，就跑去给父亲检查。父亲看到这处错误，就指给朱熹说：“心正字则正，心不正则字不正。”

朱熹听到父亲的批评后非常羞愧，打算重新抄写一千遍“桃”字。这时，窗外忽然雷雨大作，倾盆大雨打落了一地的桃花。此时此刻的朱熹根本没有注意到窗外的场景，而是专心致志地抄写着“桃”字。当他把一千个“桃”字工工整整写好后送去给父亲看时，天空放晴，阳光明媚，枝头上的桃花又重新绽放。

【原文】

论语者①，二十篇②。群弟子③，记善言④。

【导读】

《论语》是儒家学派的经典著作，由孔子的弟子及其再传弟子编撰而成，记录了孔子及其弟子言行，集中体现了孔子的政治主张、伦理思想、道德观念及教育原则等。

【注释】

①论语：书名，儒家的经典著作之一，是孔子的弟子及其再传弟子对孔子及其弟子言行的记录。②二十篇：《论语》整部书一共有二十篇。③群：众多。弟子：徒弟，学生。④记：记录、记载。善言：有益的、有保存价值的重要语言。

论语是由孔子的弟子及其再传弟子编撰而成。

【译文】

《论语》总共有二十篇，是儒家最有代表性的著作之一，直接体现了孔子的思想、学说及处事原则。

相传孔子有三千多弟子，其中以贤能著称的有七十二人。《论语》就是孔子的弟子及其再传弟子编成的。他们将孔子的教诲，孔子和弟子相处时的情形，研究学问的内容，以及孔子应答当时人的言论等都整理记录了下来，孔子博大精深的思想和高尚的品德因此得以流传千古。

【原文】

孟子者①，七篇止②。讲道德③，说仁义④。

【导读】

《孟子》也是儒家学派的经典著作，是由孟子及其弟子共同编写而成，记录了孟子的语言、政治观点和政治行动。孟子继承了孔子的学说，以性善论出发，提出仁治，主张以德治人。

【注释】

①孟子：名轲，战国时代著名的思想家、政治家、教育家，这里是书名，指记录孟子言行的著作。②七篇止：共有七篇的意思。止，结束、停止。③讲：讲述、阐述。道德：人们共同生活及其行为的准则和规范。④说：论述、说明。仁义：宽厚正直、仁爱正义的行为。

【译文】

孟子是儒家的另一位代表人物，他继承孔子“仁”的思想，创立了“仁政”学说。《孟子》整部书共分七篇，由孟子及其弟子共同编写而成，文章气势浩然，长于辩论，言语犀利，说理透辟，充分阐述了儒家精神。

《孟子》这部书主要讲的是道德、仁义问题，主张个人修养浩然正气，希望君王实行王道和仁政，建设“老吾老以及人之老，幼吾幼以及人之幼”（对待别人家的老人、小孩和对待自己家的老人、小孩一样，一视同仁）的理想社会。

【细说活解】

浩然之气

《孟子》是儒家学派的经典之一，是由孟子及其弟子共同编撰而成。《孟子》一共七篇，表达了孟子的治国主张和政治策略。孟子继承了孔子的学说，主张仁义和道德。与言简意赅的《论语》相比，《孟子》中有非常多的长篇大论，但是孟子的语言直白，逻辑严明；善用排比，使文章节奏感增强，有气势磅礴之感；善于运用比喻和对比，将复杂的道理以非常生活化的比喻传输出来，易于被人接受。

孟子者，七篇止。讲道德，说仁义。

《孟子》中有一则“揠苗助长”的故事。从前有个宋国人，他每天看着自己家的禾苗，但是禾苗却不长高，他为此感到很着急。有一天他想到了一个好办法，他想：既然禾苗不长高，我把它们拔出来种高一些不就长高了么！想到这里，他觉得十分有道理，就着手做了起来。一天下来，他把地里的禾苗全部拔高了。晚上他筋疲力尽地回到家，看到自己的家人就非常高兴地说：“今大可把我累坏了啊，不过在我的帮助下，禾苗全部长高了！”他儿子一听，心想禾苗怎么可能一天就长高呢？于是顿感不妙，匆匆忙忙赶到田里去看禾苗，结果发现，他家地里所有的禾苗都枯萎了。

孟子认为，天下没有人不希望自己家的禾苗长得快一些。那些看着禾苗不长高就想放弃耕耘的人，就是不给禾苗除草的懒汉；而那些想帮助禾苗长高的人，就像那揠苗助长的人，不但没有好处，反而还害了禾苗。

这则故事是孟子在与公孙丑讲“浩然之气”时讲的一个小故事。孟子认为“浩然之气”应当用内心的道与义去培养，怀仁爱之心，行正直之事，才能培养出一身的浩然正气。只有当心中有了这种刚正博大的浩然之气，人们在面对威胁和诱惑的时候，才能做到处变不惊，真正达到“富贵不能淫，贫贱不能移，威武不能屈”的境界。

【原文】

作中庸①，子思笔②。中不偏③，庸不易④。

【导读】

《中庸》原是《小戴礼记》中的一篇。作者是孔子的孙子子思，后经秦代学者修改整理。《中庸》也是中国古代讨论教育理论的重要论著。“中庸”是要求为人处事不偏不倚，合乎法度，去除偏激极端，取道最正大、最适宜、最完满的光明正路，不同于有些人认为的“中庸就是抹稀泥”。孔子认为“过犹不及”，事情做得超过和事情做的不够是一样的，都是不符合中庸之道的。对于现代人而言，中庸就是言行举止适度得当，不偏激不走极端。

【注释】

①作：写作、创作。中庸：书名，作者是子思。②子思：本名孔伋，字子思，孔子的孙子，是儒家学说的重要传承者。笔：执笔、写作。③中：中正、不偏不倚。不偏：没有偏差。④庸：平常。易：改变。

作中庸，子思笔。

【译文】

子思写了《中庸》。“中”就是坚持原则，不偏不倚、不走极端；“庸”是永恒不变。

【原文】

作大学①，乃曾子②。自修齐③，至平治④。

【导读】

《大学》原为《礼记》中的一篇，经后人编排整理成为单独一本书。《大学》是由孔子的弟子曾子，记录孔子的言行，加以解释，再由曾子的弟子记录而流传下来的。“大学”是相对于之前讲“详训诂，明句读”的“小学”而言的，“大学”讲的是治国安邦的大道理，是大人之学。

《大学》中所讲述的内容对于现在的我们也是有着重要的意义，比如，其中提出的“修身齐家治国平天下”的道理，既是一种学习原则，也是学习目的。一个人要是想有所作为，成为社会的栋梁之才，首先要修养好自己的品德，学习好知识，然后才能整治好家庭，最终治理好国家。

【注释】

①大学：书名，原本是《礼记》中的一篇，作者曾参。②曾子：名参，字子舆，是孔子的弟子。③自：从。修齐：指修身齐家。修身，陶冶身心、涵养品德；齐家，治理家庭，使家族成员能够齐心协力、和睦相处。修，修身养性。④平治：治国平天下，治理国家，使天下太平。

作大学，乃曾子。

【译文】

曾子是孔子的学生，他写了《大学》这部书。

《大学》的主要内容是，一个人要想有所作为，首先必须学习为人处事的道理，提高自身品德修养，广泛吸收知识。只有这样，才能治理好家庭；家庭和睦融洽，才能为国家发展做出贡献；最后推广到世界上的其他地方，使天下太平。

【细说活解】

一屋不扫，何以扫天下

《大学》是四书中最短的一篇，全文只有一千七百多字。古时的“大学”与现在的“大学”不同，古时的“大学”是相对于“小学”的大人之学，学习的内容是治国安邦的道理，教导学生提高自身品德才是立世的根本。因此《大学》一开篇，就阐明了大学的三个纲领：在明明德，在亲民，在止于至善。就是说，大学的主旨，在于使人们的美德得以显明，在于鼓励天下的人革除自己身上的旧习，在于使人们达到善的最高境界。

大学之道，在明明德。

《大学》中有“修身齐家治国平天下”的说法，它认为只有修养好自身的品德，达到至美至善的德行，才能够整治好家庭；深谙齐家之道后，才能拥有治国的长远眼光；将一个国家治理得井井有条，才能谈及平定天下的事情。这就是“一屋不扫何以扫天下”的道理，提高自身品德才是根本，如果不以修养自身品德为基础，却妄想做到齐家治国平天下，那是不可能的。

【原文】

孝经通①，四书熟②。如六经③，始可读。

【导读】

《孝经》也是儒家学派经典的伦理学著作，相传为孔子所做。《孝经》以孝为中心，集中地阐述了儒家的伦理思想，认为孝是所有美好德行的本源。

孝经通，四书熟。如六经，始可读。

《孝经》作为儒家学说的基本思想，与“四书”一样，都是古人作为学习入门的典籍。只有熟记读懂这些基础的典籍，打下扎实的基础，才能更加深入的研究如“六经”这些比较难以理解的儒家经典，这样才不会觉得阅读困难。此处依旧是教导我们，读书要从简单的做起，一步一步将基础打好，而后才能去研究更深刻的道理。

【注释】

①孝经：书名，记载了孔子和弟子曾子谈论孝顺的道理。②通：通晓，了解，明白。熟：熟悉，了解透彻。③六经：指经过孔子整理而传授的六部先秦古籍，分别是《诗经》《尚书》《仪礼》《乐经》《周易》《春秋》。

【译文】

《孝经》是儒家的重要典籍，它从头到尾只讲了一个问题：什么是孝。俗话说“百善孝为先”，孝是中华民族的传统美德，是每个人都应该具备的品质。因此，把《孝经》的道理了解透彻，熟读《论语》《孟子》《大学》《中庸》四部经书，这样才算打牢了做学问的基础。

接下来就可以开始阅读更加深奥的六部经书了，它们分别是：《诗经》《尚书》《仪礼》《乐经》《周易》《春秋》。

【原文】

诗书易①，礼春秋②。号六经③，当讲求④。

【导读】

“六经”是指经过孔子整理而传授的六部先秦古籍，有《诗经》《尚书》《仪礼》《乐经》《周易》和《春秋》。其中《乐经》到现在已经失传了，所以现在我们常说的“四书五经”中的“五经”，就是没有了《乐经》的“六经”。这些书在古代被人奉为经典，是必不可少的学习基础。对现代人而言，“六经”则是研究古代儒家文化的重要依据，虽然随着时间的流逝，曾经的至理名言不再适用于当今社会，但是仍然有很重要的教育意义在其中，我们在阅读的过程中应该抱以“取之精华，弃之糟粕”的态度，才能将经典运用到生活当中。

诗书易，礼春秋。号六经，当讲求。

【注释】

①诗：这里是书名，即《诗经》。书：也是书名，即《书经》，又名《尚书》。易：书名，《易经》。②礼：书名，《仪礼》。春秋：书名，相传是孔子根据鲁国史书修订整理而成。③号：号称，称为。④当：应该，应当。讲求：仔细阅读、研究。

【译文】

《诗经》是我国第一部诗歌总集；《书经》又名《尚书》，中国上古历史文件的汇编，是我国最早的官方史书；《易经》讲述了宇宙和哲学，内容非常深邃；《仪礼》记载古代的典礼仪节；《春秋》相传是孔子根据鲁国史书修订整理而成。这五部书和早已失传的《乐经》合称“六经”，是儒家的重要经典。“六经”是了解古代政治、历史、思想、制度的重要途径，应当仔细阅读和研究。

【细说活解】

“六经”

“六经”是六部儒学经典，是经过孔子整理而传授的六部先秦古籍，分别是：《诗经》《尚书》《仪礼》《乐经》《周易》《春秋》。《乐经》在流传过程中失传，所以我们现在经常说“五经”。

如六经，始可读。

这“六经”在中国文化史上占据了非常重要的地位。《庄子·天下》篇对“六经”的价值进行了精辟的概括：“《诗》以道志，《书》以道事，《礼》以道行，《乐》以道和，《易》以道阴阳，《春秋》以道名分。”庄子认为，《诗经》用来表达思想感情，《尚书》用来记述政事，《仪礼》用来规范行为举止，《乐经》用来传递和谐的音律，《易经》用来阐明阴阳的奥秘，《春秋》则用来讲述名分的尊卑与序列。

古人认为，熟读六经，可以使人气质温厚，通达事理，举止端庄，聪慧爱人。但是在学习“六经”的过程中，我们也应当注意到“六经”中一些不良的影响。

世界上没有完美的书籍，无论什么样的书籍，都是由人编订的，势必会有这样那样的问题。《仪礼·经解》中就说“六经”可能会有的不良影响，如“诗之失，愚。书之失，诬。乐之失，奢。易之失，贼。礼之失，烦。春秋之失，乱。”所以学习“六经”一定要讲求方法，就是《三字经》中的那句“当讲求”。至于如何讲求，每本书又有每本书不同的方法。

【原文】

有连山①，有归藏②。有周易③，三易详④。

【导读】

《易经》最早有三个版本：《连山易》《归藏易》《周易》，分别形成于夏、商、周三代，其中《连山易》最早，《周易》最晚。现存于世的只有《周易》，相传是周文王所著。因此，现代人所说的《易经》就是指《周易》。《易经》是中国传统思想文化中自然哲学与伦理实践的根源，是中国最古老的占卜术原著。古代人以卜卦来进行对未来事态发展的预测，《易经》便是将预测的规律总结整理起来，以供后人参考学习。《易经》被誉为“群经之首，大道之源”。在古代是帝王之学，政治家、军事家、商家的必修之术。《易经》对于现今的各个领域都有着重要的影响。无论是社会还是生活，都有着深刻的影响。

【注释】

①连山：书名，相传是伏羲氏所作。②归藏：书名，相传是黄帝所作。③周易：书名，相传是周文王所作，古人用它来预测未来、决策国家大事、反映当前现象。④三易：指《连山易》《归藏易》《周易》三本书。详：详细，详尽，完备。

《易》有三个版本，即《连山》《归藏》《周易》。

【译文】

传说伏羲氏作《连山易》，黄帝作《归藏易》，周文王作《周易》，三本书虽然作者不同，但都是以“卦爻”来阐明天地万物生灭变化的道理，因此合称为“三易”。《连山易》《归藏易》已经失传，《周易》就是现在流行的《易经》。儒道两家都把《易经》尊为经典，其中所讲的阴阳之道及其变化规律，以及与时俱进、天人合一等哲学思想，对中国人产生了深远的影响。

【原文】

有典谟①，有训诰②。有誓命③，书之奥④。

【导读】

《尚书》又称《书》《书经》，为一部多体裁文献汇编，是中国现存最早的史书，主要记录了先秦时期君臣的言行事迹。其主旨在于阐述仁君治民之道，宣扬贤臣事君之道，留以后世取法。就文学方面的贡献而言，《尚书》是中国古代散文已经形成的标志。《尚书》的语言文字晦涩难懂，古奥迂涩，被后人称为“佶屈聱牙”，但是却对后代的散文家有着重要的影响。

【注释】

①典谟：古代文体，《尚书》中《尧典》《舜典》和《大禹谟》《皋陶谟》等篇的并称。典是立国、治国的基本原则，谟是计谋策略。②训诰：古代文体，《尚书》中《伊训》《召诰》等篇的并称。训是臣子劝导君王的进谏之词，诰是君王颁发的号令、通告。③誓命：古代文体，《尚书》中《秦誓》《说命》等篇的并称。誓是起兵讨伐时的文告，命是君王对臣子下达的命令。④书：这里指《书经》，又名《尚书》。奥：精深奥妙的道理。

有典谟，有训诰。有誓命，书之奥。

【译文】

《尚书》是夏、商、周三个朝代历史文献汇编。它的内容分六个部分：一典，记载立国、治国的基本原则；二谟，记载计谋策略；三训，记载臣子劝谏君王的言辞；四诰，记载君王颁发的号令、通告；五誓，是起兵讨伐时的文告；六命，是君王对臣子下达的命令。《尚书》丰富翔实的材料、精深奥妙的道理，就是通过这六种特别的体式展现的。

【细说活解】

焚书坑儒

《尚书》是我国现存最早的史书，“尚”是年代久远的意思，“书”就是文字记录，《尚书》即为年代久远的历史记录。《尚书》分为《虞书》《夏书》《商书》《周书》。战国时期总称《书》，汉代改为《尚书》，为“上古之书”的意思。后来《尚书》被列为儒家经典，因此又称为《书经》。

《尚书》有六种文体，就是《三字经》中的典、谟、训、诰、誓、命。典是记载嘉言懿行和典章制度的，谟是大臣为君主出谋划策的言谈，训是贤臣训导劝谏君主的言谈，诰是君主的命令，誓是君主讨伐出征时誓师的文告，命则是君主对大臣的训命。

《尚书》主要内容是阐明仁君治民之道，记古贤臣事君之道，供给后人学习之用。《尚书》战国后期成书，但是到了秦朝时，秦始皇在李斯的建议下焚烧《秦记》以外的各国史书，《尚书》也难逃厄运。到了汉朝初年的时候，原秦朝儒学博士伏胜，才将藏在墙中的部分《尚书》公诸于世，共二十九篇。后来的学者互相授受，分大小夏侯及欧阳三家。因后来的《尚书》是用汉隶书写，因此称今文《尚书》，以区别于古文《尚书》。

但是到了西晋初年，纷繁的战乱使《尚书》又再一次失散，东晋王朝建立后，一名叫梅赜的人进献了一本尚书，我们现在所能看到的《尚书》就是从这本来的。

虽然有学者质疑这本《尚书》的真实性，并确定了它是伪造的，但是我们仍然没有办法舍弃它。从《尚书》坎坷悲惨的命运中，我们应该意识到，传统文化遗产能够流传到今天，是多么地艰辛和不易，我们应当怀着敬畏之心去看待这些典籍，爱护保护它们。

【原文】

我周公①，作周礼②。著六官③，存治体④。

【导读】

周公是西周初期杰出的政治家、军事家和思想家，被尊为儒学奠基人。周公本指周朝的爵位，这里的周公指的是第一代周公。周公本名姬旦，是周武王姬发的弟弟，在武王死后辅佐周成王治理天下，平定叛乱，制礼作乐，建立典章制度，最后还政于成王。周公在巩固和发展周王朝的统治上起了关键性的作用，对中国历史的发展产生了深远影响。因为周公卓越的政治贡献以

我周公，作周礼。

及美好的德行，受到了后代的敬仰，是孔子一生最崇敬的古代圣人之一。

《周礼》也是儒家经典之一，所涉及的内容十分的丰富，分为：天官、地官、春官、夏官、秋官、冬官六篇，分别记录了周代的国家机构、政治体制和礼仪制度等，大至天文历象，小至草木虫鱼。凡邦国建制，政法文教，礼乐兵刑，赋税度支，膳食衣饰，寝庙车马，农商医卜，工艺制作，各种名物、典章、制度，无所不包。堪称为上古文化史之宝库。

【注释】

①周公：姓姬名旦，亦称叔旦，是周文王第四个孩子。②周礼：书名，最系统地记录了礼的体系，相传是周公所作。③著：写作、撰写。六官：《周礼》中以天官冢宰、地官司徒、春官宗伯、夏官司马、秋官司寇、冬官司空帮助君王掌管朝政，称“六官”或“六卿”。④存：保存，保全。治体：治理国家的纲领、要旨。

【译文】

周公在《周礼》一书中将周代的礼乐制度、行政官制与政府组织体系完整记录下来，为后代留存了宝贵的资料。

周朝设立天官冢宰、地官司徒、春官宗伯、夏官司马、秋官司寇、冬官司空这“六官”，各自掌管不同的职务，帮助君王治理朝政，使国家运作迈入正式的轨道。

【原文】

大小戴①，注礼记②。述圣言③，礼乐备④。

【导读】

古代关于讲述《礼记》的文章，出现了很多。西汉时期的戴德和戴圣叔侄俩各自选取了几十篇，分别编成了《大戴礼记》和《小戴礼记》。《大戴礼记》到唐代时已亡佚，现在我们所能看到的是戴圣所编的《小戴礼记》，也称《礼记》。东汉末年著名学者郑玄为《小戴礼记》作了注解，使得这个版本经久不衰，并由解说经文的著作逐渐成为经典。《礼记》主要是记载和论述了先秦时期的礼制、礼仪，解释仪礼，记录孔子和弟子等的问答，记述修身做人的准则等，体现了儒家的政治、哲学和伦理思想，是研究先秦社会的重要资料。

大小戴，述圣言。

【注释】

①大小戴：西汉今文经学家，大戴是戴德，小戴是戴圣，两人是叔侄关系。②注：解释古书原文的意义。③述：记述，阐述。圣言：圣人所说的话。④礼乐：礼节仪式及典礼乐章。备：完备，完整。

【译文】

西汉学者戴德和戴圣叔侄二人，都曾仔细研究过《礼记》这部书。叔叔戴德编辑的称为《大戴礼记》，侄子戴圣编纂的称为《小戴礼记》。

《大戴礼记》与《小戴礼记》的篇章内容虽略有不同，但都整理并详细注解了《礼记》，忠实记载了圣人的言论，其中各种礼节仪式及典礼乐章的制度都记述得十分完整详细，使后代人充分了解了前代的典章制度及礼乐文化的精神与意义。

【原文】

曰国风①，曰雅颂②。号四诗③，当讽咏④。

【导读】

《诗经》是我国第一部诗歌总集，收入自西周初年至春秋中叶五百多年的诗歌三百零五篇，又称《诗三百》。西汉时被尊为儒家经典，始称《诗经》，并沿用至今。

《诗经》在我国文化史上占有重要地位，是中国传统文化的经典之一。以先民的歌声入乐为诗，全面反映了当时的社会生活，是先秦时代的生活文化百科全书。

《诗经》按用途和内容分"风""雅""颂"三部分，其中"风"，即国风，是指各地方的民间歌谣，其中的"雅"大部分是贵族的宫廷正乐，又分为大雅和小雅，多为叙事诗，主要内容是褒扬或批评朝政。"颂"则是周天子和诸侯用以祭祀宗庙的舞乐。

【注释】

①国：这里指古代诸侯的封地。风：民间歌谣。②雅：朝廷正乐，宫廷宴飨、朝会时的乐歌，分为大雅和小雅，多数是朝廷官吏及公卿大夫的作品，有一小部分是民歌。颂：宗庙祭祀的乐歌和史诗，内容多是歌颂祖先的功业。③四诗：指国风、大雅、小雅、颂。④讽咏：朗诵吟咏。讽，不看着书本念，背书；咏，唱，声调有抑扬地念。

曰国风，曰雅颂。

【译文】

《诗经》是我国第一部诗歌总集，收入自西周初年至春秋中叶五百多年的诗歌共三百零五篇，又称《诗三百》，分为风、雅、颂三部分。

风，指国风，是各诸侯国地区的民间歌谣；雅，分为大雅、小雅，大雅多为西周王室贵族的作品，主要是赞颂天子功绩的乐歌，小雅是天子宴飨宾客时的乐歌；颂，分为周颂、鲁颂、商颂，是宗庙祭祀时赞颂祖先功业的乐歌和史诗。国风、大雅、小雅、颂合称为"四诗"。《诗经》的内容非常丰富，充满了浓郁的感情和生活气息，我们应该经常加以朗诵吟咏。

【细说活解】

四始六义

东汉名儒郑玄曾在文章中提到，“四始者，风也，小雅也，大雅也，颂也。此四者人君行之则为兴，废之则为衰。”“四始”就是指风、大雅、小雅和颂。

风，即国风，是黄河流域，各个诸侯国的民歌民谣。国风是《诗经》中的精华，是最主要的部分，国风中描写了周朝时期，各诸侯国劳动人民真实的生活，也记载了当时发生的很多事件，同时也表达了他们追求美好，反对剥削和压迫的的信念，是我国现实主义诗歌的源头。国风的内容十分丰富，主要表现在劳动人民对待剥削和压迫的反抗，以及讽刺统治阶级的荒淫无道的生活，描述了古代人民对于战争的反感，以及反映男女婚恋的诗歌。如果说国风是十分具有地方色彩的音乐歌谣的话，那么雅就是“王畿”之乐，是“正声”，即典范的音乐。大雅是诸侯觐见周天子时进献的诗歌，内容通常为赞颂周王室的功绩。小雅的内容则更丰富一些，一部分内容与国风相似，有关于战争和劳役的诗歌，也有反映上层社会欢乐和谐的飨宴诗，以及揭露当时政治腐朽黑暗，统治者残暴的怨刺诗。“颂者，美盛德之形容，以其成功告于神明者也。”颂主要是在宗庙祭祀的时候，表达对祖先和神明的赞颂。

《国风》大部分作品是劳动人民的集体创作。

关于四始的定义，司马迁认为四始是指《风》《大雅》《小雅》《颂》的四篇列首位的诗，即《关雎》为《风》之始，《鹿鸣》为《小雅》之始，《文王》为《大雅》之始，《清庙》为《颂》之始。

《诗经》的六义是风、雅、颂、赋、比、兴。一般认为风、雅、颂是诗的分类；赋、比、兴是诗的表现手法。“赋”是铺陈直叙地描写一件事情。“比”相当于现代修辞中的比喻，即用一个事物比喻另一个事物。“兴”是借他物来引出此物，相当于现代修辞中的象征。

【原文】

诗既亡①，春秋作②。寓褒贬③，别善恶④。

【导读】

随着周王朝的衰落，社会日渐混乱，诸侯并起，天下纷争，采集民歌来听取民间百姓赞扬和批评的制度也随之取消了。而后，孔子为表达自己对社会现实的看法，在记录鲁国历史的基础上执笔编撰了《春秋》。所以，《春秋》算是鲁国的编年史。《春秋》以其精练的笔法著称，语言极其简练却几乎每个句子都暗含褒贬之意，被后世称为“春秋笔法”，冠以“微言大义”之名。

但是《春秋》并不是一部严格意义上的史书。史书讲求说实话记实事，但是《春秋》的宗旨并不在记录史实，而是以史为鉴审判当时的统治者。因此《春秋》是经，不是史。

书中包含了孔子对现实政治的褒扬和贬抑，对好坏是非进行了区分辨别。

【注释】

①诗：这里指周朝曾经实行的到民间采诗的制度。既：已经。亡：失去，消失。②春秋：书名，相传是孔子根据鲁国史书修订整理而成。作：书写，创作。③寓：寄寓，包含。褒：赞美，称赞。贬：批评，指责。④别：区分，辨别。善：好的。恶：坏的。

春秋笔法，微言大义。

【译文】

自从把国都迁移到东方的洛邑之后，周天子的势力逐渐衰弱，各诸侯国都不将周天子放在眼里，互相争夺霸主的地位，《诗经》的礼乐教化已经不再受到重视，逐渐没落了。

孔子看见当时纷乱的情形，于是根据鲁国史书修订整理了《春秋》，书中以隐喻的方式评论史事，或是给予赞扬，或是给予指责，辨明了各国行为的是非善恶。

【原文】

三传者①，有公羊②。有左氏③，有谷梁④。

【导读】

孔子所编撰的《春秋》的原文仅有一万八千字，现存的版本则只有一万六千字，因其语言过于简练，后人不易理解，给阅读造成了很大的障碍。因此诠释之作相继问世，给以注释和解说，称之为“传”。其中左丘明的《春秋左氏传》、公羊高的《春秋公羊传》和谷梁赤的《春秋谷梁传》影响最大，合称为“春秋三传”，列入儒家经典。

三传中，《公羊传》和《谷梁传》以阐述孔子原意为主，《左传》以史实为主，补充了很多《春秋》中没有的史实大事，同时因为它“情韵并美，文采照耀”，是先秦时期最具文学色彩的历史散文。因而后人认为《左传》的价值要高于其他两部。

三传者，有公羊。有左氏，有谷梁。

【注释】

①传：替经书作注解的著作。三传就是指解释史书《春秋》的三部书《左传》《公羊传》《谷梁传》。②公羊：指《公羊传》，也叫《春秋公羊传》或《公羊春秋》。③左氏：指《左氏春秋》，也叫《春秋左

氏传》，简称《左传》。④谷梁：复姓，这里指《谷梁传》，也叫作《春秋谷梁传》或《谷梁春秋》。

【译文】

孔子撰写的《春秋》文字极其简练，却蕴藏精微深远的寓义，这样的微言大义不用功钻研是难以理解的。"三传"是解释《春秋》的三本书，分别是《公羊传》，相传为鲁国人公羊高所作；《春秋左氏传（左传）》，相传为鲁国人左丘明写成；《谷梁传》，相传为鲁国人谷梁赤所著。"三传"能帮助读书人更好地阅读、理解《春秋》这部书。

【原文】

经既明①，方读子②。撮其要③，记其事④。

【导读】

在中国源远流长的岁月长河中，儒家思想自从汉朝开始就被奉为正统学说，人们必须学习它研究它。所以在学完了儒家的经典之后，才能读其他诸子百家的学说典籍。然而诸子百家的著作繁多，内容杂乱，并非社会主流思想，因此，在阅读的过程中，只需要有选择性的阅读，掌握了其要点，记住主要内容便可。在阅读的过程中，我们也应该学习着掌握这种能力，清楚什么书籍应该精读细读，什么书籍只需要大致浏览，这样才能不浪费精力，将更多的精力花在有意义的学习上去。

经既明，方读子。撮其要，记其事。

【注释】

①经：圣贤所作，具有特殊性和权威性的典籍，这里主要指儒家经典。既：已经。②方：然后，才。子：记载诸子百家及佛道宗教思想的书籍。③撮：选取，选择。要：要点。④记：记下，记住。

【译文】

"四书""六经""三传"这些重要典籍都读熟之后，就可以开始接触诸子百家的思想了。这些记载各家各派思想言行的书，统称为"子书"。

"子书"数量庞大，内容包罗万象，必须选择比较重要的来读，并且仔细分辨读过的内容，抓要点，记住每件事的因果本末，才能收到事半功倍的效果。

【细说活解】

百家争鸣

百家争鸣是中国文化史上非常辉煌的一页，它是指春秋战国时期，知识分子中不同学派纷纷涌现，并争相斗艳的局面。

春秋中期，学习知识从官学变成了私学，人们想要学什么不需要再去跟随官员，因此各种学说在民间开始得到广泛的流传。战国时期，社会动荡、战火纷飞，各诸侯国都争相进行变法改革。新兴的地主阶级利用政权力量将封建领主制向封建地主制过渡，各国处于封建割据的状态。由于这些新兴的地主阶级，本身政权还不牢固，他们的思想也还没有成为封建社会的统治思想，因此，代表各阶级、阶层、政治力量的学者或思想家，都按照本身的利益和要求，对宇宙、社会进行解释。各个学派在这样一个波涛汹涌的背景下著书立说、广收门徒，指点江山、激扬文字，形成了一个思想领域里“百家争鸣”的局面。

“百家争鸣”时期，各家各派纷乱繁多，《汉书·艺文志》将战国主要思想学派分为十家——儒、墨、道、法、阴阳、名、纵横、杂、兵、小说。西汉人刘歆在《七略·诸子略》中将小说家去掉，称为“九流”。俗称“十家九流”就是从这里来的。

我国近代著名朴学大师章太炎先生认为，诸子百家中，儒、道、墨、法、名这五家是最为重要的，对后世的影响最为深远。

儒家的创始人是孔子，理论核心是“仁”；道家的创始人是老子，提倡“无为而治”；墨家学派创始人是墨子，主张“兼爱、非攻、尚贤”，代表人民的利益；法家的代表人物是韩非子，“以法为本”“法不阿贵”，法家学派代表新兴地主阶级的利益；名家则以善辩著称，代表人物是惠子和公孙龙。

【原文】

五子者①，有荀扬②。文中子③，及老庄④。

【导读】

在诸子百家中，最为重要的是荀子、扬雄、王通、老子和庄子。

荀子，名况，字卿，战国末期赵国人。是儒家代表人物之一，著名的思想家、文学家和政治家。主张性恶论，著有《荀子》一书。《荀子》论题鲜明，结构严谨，说理透彻，有很强的逻辑性。语言丰富多彩，善于比喻。

扬雄，字子云，西汉时期著名的文学家、哲学家和语言学家。早期以《长扬赋》《甘泉赋》《羽猎赋》等佳作闻名于世。后放弃辞赋之体，转而研究哲学，语言学，并仿《论语》作《法言》，仿《易经》作《太玄》，又著有记述西汉时期各地方言的《方言》，无论在文学还是语言学方面都有很高的成就。

王通，字仲淹，隋唐时期著名的哲学家和思想家，死后被尊称为“文中子”，其众弟子在他去世后编撰了《中说》一书，主要反映了王通在政治上和哲学上的思想。

老子像。

老子又称老聃、李耳，春秋时期楚国人，是我国古代伟大的哲学家和思想家，道家学派创始人。著有《道德经》，又称《老子》，提出了“道”的观点，主张“无为而治”。

庄子，名周，字子休，战国时期宋蒙人。庄子是我国先秦（战国）时期伟大的思想家、哲学家和文学家，是道家学说的主要代表人。庄子继承和发展了老子的学说，然文采更胜老子。著有《庄子》一书。主张“天人合一”以及“清静无为”。

【注释】

①五子：这里指荀子、扬子、文中子、老子与庄子。②荀：指荀子，姓荀名况，著名思想家、文学家、政治家，儒家代表人物之一。扬：扬子，名扬雄，西汉学者、辞赋家、语言学家。③文中子：指隋朝的王通，著名教育家、思想家。④老：指老子李耳，春秋人，我国古代最伟大的哲学家和思想家之一，道家学派的创始人，后被封为太上老君，在道教中被尊为道祖，著有《道德经》（又称《老子》）。庄：指庄子，名周，战国人，伟大的思想家、哲学家和文学家，道家学派的主要代表人物之一，与道家始祖老子并称为“老庄”，代表作为《庄子》，道家尊称此书为《南华经》。

【译文】

诸子百家的言论著作繁多，不胜枚举，其中比较重要和著名的有五位，即所谓的“五子”，分别是：荀子、扬子、文中子、老子、庄子。

荀子主张人性本恶，和孟子人性本善的观点恰好相反，著有《荀子》一书；扬子模拟《易经》作《太玄》，模拟《论语》作《法言》；文中子著有《续六经》（又称《王氏六经》），众弟子在他去世后，仿效孔子门徒作《论语》编撰了《中说》，保存了他讲课的主要内容，以及他与众弟子、学友、时人的对话；老子与庄子是道家的代表人物，老子著有《道德经》，庄子著有《南华经》，他们的哲学思想体系被思想学术界尊为“老庄哲学”。

【细说活解】

老庄之道，在于天人合一

我国传统文化主要受到儒、释、道三家思想的影响，这里的“道”指的就是道家。我国著名的史学家吕思勉在《先秦学术概论》中说：“道家之学，实为诸家之纲领。诸家皆于明一节之用，道家则总揽其全，诸家皆其用，而道家则其体。”

道家思想的核心是“道”，认为“道”是宇宙万物的本源，是自然界一切运动的法则。道家哲学和儒家哲学不同，道家直接从自然运行的层面入手，是以自然主义为主的哲学，是用自然原因或自然规律来解释一切现象的哲学观念。相对于儒家的社会哲学，道家认为社会只是一个存在的客体，生活在其中的人不受任何意识形态的束缚，重视人性的自由和心境的自由，讲究“天人合一”，即人和自然在本质上是一致的，因此应该顺乎自然规律，达到人与自然和谐发展。

无为，是道家思想中的重要概念。无为并不是字面意思上的什么都不做，而是行一切人事都遵从自然发展的规律。依靠民众的自为实现无为无不为，依靠民众的自治实现无治无不治。《淮南子》中认为，“所谓无为者，不先物为也”，遵循事物的自然规律而为，即是无为。汉朝初期，统治者采取了“无为而治”的政策，让百姓人民休养生息，对当时社会的稳定和发展都有着重要的作用。

道家对中国文化的影响不仅仅表现在政治上，对养生保健也有非常重要的影响。道家主张的清静无为和返璞归真，就是鼓励人们“少私寡欲”，无欲、无知、无为，回复到人生最初的状态，才有利于心神的保养。而道家文化在中国文学、绘画等艺术领域上的影响，更是占有绝对优势的地位，魏晋和隋唐时期的文人艺术家，都受到道家思想的影响。

【原文】

经子通①，读诸史②。考世系③，知终始④。

【导读】

通晓了儒家经典和诸子百家之后，就可以来了解中国五千年来源远流长的历史了。

古人常常以史为鉴，将历史作为一面明镜，来审视自己的所作所为是否得当。所以，学习历史是非常重要的，学习历史不仅可以了解中华民族的文化传统，认清人类发展道路上的普遍规律，还可以吸取前人的教训，掌握辨别是非的能力。

中国的历史是一部长长的朝代兴亡更替的封建史，因此了解我国泱泱五千年历史，就要从几千年朝代兴衰，帝王变更的主线来看。

经子通，读诸史。

【注释】

①经子：经书和子书。通：通透，了解透彻。②诸史：指历代以来的历史著作。③考：探究，研究。世系：家族世代相承的系统，这里指朝代的系统次序。④终始：从头到尾，这里指国家从兴起到灭亡。

【译文】

熟读经书与子书，了解、掌握了各种思想之后，就应该开始阅读各朝各代流传下来的史书了。

研读史书的时候要注意历代王朝的次序，深入研究其中的关系与因果，才能明白国家兴亡盛衰的道理，掌握治国的方法和原则。确切地研读史书才能从中吸取历史教训，避免再犯同样的过错。

【原文】

自羲农①，至黄帝②。号三皇③，居上世④。

【导读】

伏羲、神农和黄帝就是传说中的“三皇”。他们并不是真正意义上的君主，而是部落的首领。他们勤政爱民，而且有很多推动人类历史发展的发明创造，虽然以现代人的眼光来看，那些发明创造不应该为个人所为，应该是整个社会生产力不断提高，生产关系不断调整的原因。但是“三皇”良好的美德和对人民的贡献都是值得敬仰和尊重的。例如伏羲渔猎，神农尝百草，以及黄帝战蚩尤。

【注释】

①羲：指伏羲氏，号太昊，中华民族的人文始祖，是我国古籍中有记载的最早的王之一。农：指神农氏，即炎帝，远古传说中的太阳神，被后世尊为农业之神。②黄帝：有熊氏，姓公孙，名轩辕，他首先统一华

夏族的伟绩被载入史册，也是华夏民族文明的始祖，传说中远古时代华夏民族的共主，五帝之首。③三皇：指伏羲氏、神农氏、黄帝。④居：处于。上世：上古时代。

自羲农，至黄帝。号三皇，居上世。

【译文】

上古时的人过着茹毛饮血的原始生活。伏羲氏发明了八卦，成为中国古文字的源头，结束了“结绳记事”的历史。他又结绳为网来捕鸟打猎，并在人类中普及了这个方法，他的活动，标志着中华文明的开始。后来神农氏播种五谷、尝遍百草，教导人们耕种饲养，以及如何使用火，人类至此开始定居的生活。黄帝统一华夏族，又率领族人打败外敌，保卫家园。他的功绩包括创造文字，制作衣冠，建造舟车，发明指南车等，在中华文明中起着承前启后的重要作用。

伏羲氏、神农氏、黄帝都是勤政爱民的首领，被尊称为“三皇”。他们是上古时代功劳最大、最受敬爱的伟大领袖。

【细说活解】

黄帝战蚩尤

三皇中，黄帝对中华民族的影响最大。中国人称自己为“炎黄子孙”，就是因为黄帝对以后社会所做的巨大贡献。古人认为，黄帝发明了数学，组建了军队，推算出历法，创建了文字，规定了音乐，我们现在的衣食住行，无不与黄帝有关。关于黄帝最有名的传说，还是战争，如黄帝与炎帝的战争，黄帝和蚩尤的战争，

数千年前，中国黄河、长江流域一带住着许多氏族和部落。其中有两个部落是黄河流域最为有名的部落，就是黄帝所率领的部落和炎帝所率领的部落。后来，两个部落为争夺领地，展开阪泉之战，黄帝打败了炎帝，两个部落渐渐融合成华夏族。

炎帝部落中有一个支系，为九黎族，他们的首领名叫蚩尤，十分强悍。蚩尤有八十一个兄弟，他们个个兽身人面，铜头铁臂勇猛无比。他们擅长制造刀、弓弩等各种各样的兵器。在阪泉之战后，九黎部落不肯跟着炎帝投降。黄帝于是联合各部落首领，在涿鹿的田野上和蚩尤展开一场大决战，这就是著名的“涿鹿之战”。

战争之初，蚩尤凭借着良好的武器和勇猛的士兵，连连取胜。后来，黄帝请来熊罴貔貅貙虎六种猛兽助战。蚩尤的兵士虽然凶猛，但是遇到黄帝的军队，加上这一群猛兽，也抵挡不住，纷纷败逃。黄帝带领兵士乘胜追杀，忽然天昏地黑，浓雾迷漫，狂风大作，雷电交加，天上下起暴雨，黄帝的兵士无法继续追赶。原来蚩尤请来了“风伯”和“雨师”来助战。黄帝也不甘示弱，请来天上的“女魃”帮忙，驱散了风雨。一刹那，风止雨停，晴空万里。蚩尤又用妖术制造了一场大雾，使黄帝的兵士迷失了方向。黄帝利用天上北斗星永远指向北方的现象，造了一辆“指南车”，指引兵士冲出迷雾。

经过许多次激烈的战斗，黄帝先后杀死了蚩尤的八十一个兄弟，并最终活捉了蚩尤。黄帝命令给蚩尤带上枷锁，然后处死他。因为害怕蚩尤死后作怪，将他的头和身子分别葬在相距遥远的两个地方。蚩尤戴过的枷锁被扔在荒山上，化成了一片枫林，每一片血红的枫叶，都是蚩尤的斑斑血迹。蚩尤死后，他勇猛的形象仍然让人畏惧，黄帝把他的形象画在军旗上，用来鼓励自己的军队勇敢作战，也用来恐吓敢于和他作对的部落。后来，黄帝受到了许多部落的支持，渐渐成为所有部落的首领。

【原文】

唐有虞①，号二帝②。相揖逊③，称盛世④。

【导读】

尧帝和舜帝是黄帝之后部落的首领。尧帝在选择继承人的时候并没有传给与自己有血缘关系的人，而是传给了拥有美德和才能的舜帝，古人称之为“禅让”。在古人心中，尧舜二帝是最值得尊敬的君主，因其具有美好的德行和治国的才能，将国家治理得当，百姓安居乐业，社会和谐安稳，受到后人的万世敬仰。

【注释】

①唐：这里指陶唐氏，也就是尧。虞：指有虞氏，也就是舜。②二帝：指尧帝、舜帝。③相：互相。揖逊：揖让，这里是禅让的意思，即古代帝王让位给别人。④盛世：安定兴盛的时代。

唐有虞。

【译文】

黄帝之后，先是尧得了天下，国号唐；后来舜得了天下，国号虞，两位帝王都是古代贤明君王的代表，并称为“二帝”。

尧年老时，认为自己的儿子品行不好，不如德才兼备的舜，因此没有把帝位传给儿子，而传给了舜。舜果然不负尧所托，勤政爱民，到了年老时，就效法尧，将帝位传给比自己儿子更加优秀的禹。

尧和舜都是大公无私的优秀帝王，在他们的治理下，开创了安定繁荣、人人称颂的太平盛世。

【原文】

夏有禹①，商有汤②。周文王③，称三王④。

【导读】

夏朝的夏禹，商朝的成汤以及周朝的周文王，并称为“三王”。他们被认为是夏商周三个王朝的创始者，事实上却不是这样的。

舜帝因大禹治水有功，将首领的位置禅让给禹。禹死后，部落贵族们拥戴禹的儿子启做了部落首领，建立了夏王朝。而禹被追认为夏王朝的第一代帝王。周文王也一样，他的儿子周武王推翻了商朝建立了周王朝，周公旦才追封他为文王的。

【注释】

①夏：这里指夏朝。禹：夏禹，传说中夏朝的第一个君主，因治理洪水有功被尊称为“大禹”。②商：商朝。汤：指成汤，商朝的建立者。③周：周朝。④三王：指大禹、成汤、周文王。

【译文】

夏朝的开国君王是大禹，商朝的开国君王是成汤，周朝的开国君王是文王。这三个人都是德才兼备的好君王，勤于政事，爱护百姓，分别开创了一段太平盛世，因此被尊为“三王”。

【细说活解】

大禹治水

禹是与尧、舜齐名的贤圣帝王。禹最卓著的功绩，就是被人们周知和传颂的治理滔天洪水。后人称其为大禹，即伟大的禹的意思。同时，大禹也是我国历史上第一个奴隶制国家——夏朝的建立者，因此也被称为夏禹。

大禹成婚三日，便离开家去治理洪水。

在帝尧还在位的时候，黄河流域经常发生严重的洪水，房屋被冲毁，田地被淹没，也淹死了很多人，老百姓没有办法只得移到高地去住。于是帝尧召开会议，商量治水的问题。他征求四方部落首领的意见：派谁去治理洪水呢？首领们都推荐鲧。

鲧花了九年时间治水，没有把洪水制服。他用土掩的方法，哪里有洪水就把土堵到哪里，结果没有起到什么作用，洪水仍旧四处泛滥。他就偷了天上的一种土叫“息壤”，此土能自生自长。天帝知道了非常生气，就命令火神将鲧处死，鲧临死前嘱咐儿子一定要把水治好。

于是禹就接替了父亲的工作。当时，黄河中游有一座大山，叫龙门山。它堵塞了河水的去路，把河水挤得十分狭窄。奔腾东下的河水受到龙门山的阻挡，常常溢出河道，闹起水灾来。于是禹带领群众凿开了龙门，挖通了九条河，经过十年的努力，终于把洪水引到大海里去，地面上又可以供人种庄稼了。

禹到了三十多岁还没结婚，在涂山遇到一个名叫女娇的姑娘，两人相互爱慕，便成了亲。禹新婚仅仅三天，还来不及照顾妻子，便为了治水，到处奔波，三次经过自己的家门，都没有进去。第一次，妻子生了病，没进家去看望。第二次，妻子怀孕了，没进家去看望。第三次，他妻子涂山氏生下了儿子启，婴儿正在哇哇地哭，禹在门外经过，听见哭声，也狠下心没进去探望。这就是著名的“三过家门而不入”的故事。

【原文】

夏传子①，家天下②。四百载③，迁夏社④。

【导读】

从尧到舜再到禹，部落首领的位置都是通过禅让的方式传承的。而自夏朝开始，统治者就将天下看作自己的私有财产，皇位只传给自己的儿子，不再让位于贤能之人。于是夏朝就成了中国第一个子承父位的世袭王朝——以天下为家，将自己作为万民的君主，统领国家，夏朝也是中国历史上的第一个王朝。

【注释】

①传子：把王位传给自己的儿子。②家天下：帝王把国家政权据为己有，作为一个家族的私有财产，世代相传。③载：年。④迁：变迁、改变，这里是结束的意思。社：社稷，“社”是土神，“稷”是谷神，古代君主都要祭祀社稷，后借指国家。

【译文】

大禹年老时，将王位传给了儿子夏启。从此，尧舜以来的禅让制度被父传子的世袭制度所代替，国家成为一个家族的私有财产，世代相传。相传夏朝先后历经了十七位君王，维持了四百多年，直到成汤起兵才宣告结束。

【原文】

汤伐夏①，国号商②。六百载，至纣亡③。

【导读】

夏朝的最后一个君主叫作夏桀，是夏朝第十六代君主发之子，在位五十二年。夏桀文武双全却荒淫无度暴虐无道，最终被成汤所伐，被放逐而饿死。

成汤推翻夏朝后建立了商朝，同夏王朝一样，也是一个奴隶制国家。商王朝最早定都于亳，后几经辗转迁都至殷，因此，商朝又被称为“殷商”。商朝前后延续了近六百年，经历了三十一代君主，最终葬送在著名的商纣王手上。

夏桀荒淫无度。

【注释】

①汤：指成汤，商朝的建立者。伐：讨伐，出兵攻打。②国号，即国家的称号，或一个朝代的名称。国家或朝代创建后的第一件事就是确立国号。商：成汤的国号。③至：到。纣：指纣王，是商朝的最后一位君王。亡：灭亡。

【译文】

夏朝最后一位君王——夏桀的统治非常残暴。汤是夏朝一个附属小国的国王，他率领人民起兵讨伐夏桀，最后灭了夏朝，建立了新的国家，取名“商”。

汤王建立的商朝相传一共维持了五百多年，直到商纣王即位，商朝才走向灭亡。

【原文】

周武王①，始诛纣②。八百载，最长久③。

【导读】

周朝原为商朝的一个诸侯国，兴盛于周文王姬昌做首领的时候，他的统治使周部落势力强盛，死后他的儿子武王姬发才有条件伐纣灭商而建立周朝。周朝分为“西周”和“东周”，前后共经历三十七代帝王，延续了将近八百年，是中国历史上时间最长的王朝。而东周时期又被称为春秋战国时期，分为“春秋”和“战国”两个部分，诸侯纷争割据的情形严重，周王室只剩下虚名。

周武王誓师伐纣。

在中国古代的历史上，周朝的统治很有特点，主要有四大制度——封建制、宗法制、井田制与礼乐制。周朝的政治、礼法、文化对以后两千余年的中国社会产生了深远的影响。

【注释】

①周武王：姓姬名发，周文王的第二个儿子，西周的开国君王。②始：开始，才。诛：杀死有罪的人。③最长久：指周朝是历史上持续时间最长的朝代。

【译文】

商朝最后一位君王——纣王是历史上著名的暴君。周武王是商朝属国的国王，他雄才大略，趁机率领军队讨伐商朝。最后，纣王放火烧死了自己，商朝灭亡。武王建立了新的国家，取名为“周”。周朝总共持续了八百多年。放眼整个中国历史，没有任何朝代能与周朝的历史长度相比。

【原文】

周辙东①，王纲坠②。逞干戈③，尚游说④。

【导读】

周幽王即位后，宠幸妃子褒姒，为了博得冷若冰霜的褒姒一笑，竟然“烽火戏诸侯”，造成诸侯愤懑，民怨沸腾。西部的少数民族大举入侵，周幽王被杀。即位的周平王迁都洛邑，东周开始。周幽王被戎族所灭之前都城在镐京，后来平王东迁洛邑，因在镐京的东方，就有“西周”和“东周”之称。平王东迁之后的周王室不再有实际的控制能力，大权旁落，诸侯纷争加剧，进入了列国征战的春秋战国时期。诸侯国之间经常爆发战争以争夺土地和争霸权，于是擅长游说的谋士政客应运而生，他们奔走于各个诸侯国之间，向君主们陈述自己的主张政见，期望能被君主所采纳从而实现自己的人生理想，成就自己的人生地位。

春秋战国时代策士说客纵横天下。

【注释】

①辙：车轮经过留下的痕迹，这里指帝王的车驾。②王纲：君王的政治法度纲纪。坠：落下，掉下，引申为崩溃，衰落。③逞：放纵，任意。干戈：干和戈是古代常用武器，故而以“干戈”用作兵器的通称，引申为战争。④尚：尊重，注重。游说：用言语劝服他人听从自己的主张。这里指战国时代策士们周游列国，劝说君主采纳其政治主张的一种活动。

【译文】

周平王将周朝国都迁到东方的洛邑之后，东周时代开始了。从此，周天子在诸侯中的权势威望和统治力日益衰落。诸侯们不再听从周天子的号令，为了争夺霸主的地位，相互间战争不断。在乱世动荡中，有才能的士人各凭本事四处向国君推荐自己，希望能说服君王采用自己的政治主张，从而施展才华、实现抱负。

【细说活解】

烽火戏诸侯

周朝建立后，虽也发生过许多大事，但是一直处于一个相对稳定的局面上。直到历史上又一个著名的无道昏君继位，周王朝的命运由盛转衰。

周宣王去世后，他的儿子周幽王即位。周幽王昏庸无道，到处寻找美女。大夫越叔带劝他多理朝政。周幽王恼羞成怒，革去了越叔带的官职，把他撵了出去。这引起了大臣褒响的不满。褒响来劝周幽王，但被周幽王一怒之下关进监狱。

褒响在监狱里被关了三年。褒响的儿子知道周幽王爱美色，就将美女褒姒献给周幽王，周幽王才释放了褒响。周幽王一见褒姒，喜欢得不得了。但是褒姒却老皱着眉头，不爱笑，史书上形容褒姒“艳若桃李，冷若冰霜”，周幽王想尽法子引她发笑，褒姒就是不笑。虢石父对周幽王说：“从前为了防备西戎侵犯我们的京城，在翻山一带建造了二十多座烽火台，以防万一敌人打进来，就可点燃烽火，让邻近的诸侯瞧见，好出兵来救。现在天下太平，烽火台早没用了。不如把烽火点着，叫诸侯们上个大当。娘娘见了这些兵马一会儿跑过来，一会儿跑过去，就会笑的。您说我这个办法好不好？”

周幽王眯着眼睛一想，觉得不错就认可了。烽火一点起来，半夜里满天全是火光。邻近的诸侯看见了烽火，赶紧带着兵马跑到京城。听说大王在细山，又急忙赶到细山。没想到一个敌人也没看见，也不像打仗的样子，只听见奏乐和唱歌的声音。诸侯们面面相觑，都不知道是怎么回事。周幽王叫人去对他们说：“辛苦了，各位，没有敌人，你们回去吧！”诸侯们这才知道上了大王的当，十分愤怒，各自带兵回去了。

褒姒瞧见这么多兵马忙来忙去，于是笑了。周幽王很高兴，赏赐了虢石父。隔了没多久，西戎真的打到京城来了。周幽王赶紧把烽火点了起来。这些诸侯上回上了当，这回又当是在开玩笑，全都不理他。烽火点着，却没有一个救兵来，京城里的兵马本来就不多，只有一个郑伯友出去抵挡了一阵。可是他的人马太少，最后被敌人围住，被乱箭射死了。周幽王和虢石父都被西戎杀了，褒姒也被掳走了。

【原文】

始春秋①，终战国②。五霸强③，七雄出④。

【导读】

关于春秋时期的起讫，一般有两种说法：一种说法认为是公元前770年至公元前476年，另一种说法认为是公元前770年至公元前403年。孔子曾经编了一部记载当时鲁国历史的书，名叫《春秋》，其中记载的时间跨度与构成一个历史阶段的春秋时代大体相当，所以后人就将这一历史阶段称为春秋时期，基本上是东周的前半期。这个时期，周天子失去了往日的权威，天子反而依附于强大的诸侯。一些强大的诸侯国为了争夺霸权，互相征战，争做霸主，先后称霸的五个诸侯叫作"春秋五霸"。从古至今"春秋五霸"是哪五位君主一直众说纷纭，《史记》认为"春秋五霸"分别是指齐桓公、宋襄公、晋文公、秦穆公和楚庄王。

春秋五霸。

根据春秋时期的起讫不同，战国时代的起始也有两种说法：一种认为中国的战国时代指公元前475年至公元前221年，另一说法认为具体时间应该是从韩赵魏三家分晋开始算起直到秦始皇统一天下为止，即公元前403年至公元前221年。战国时代是中国古代重要的历史时期之一，其主体时间线处于东周末期。战国时代是中国历史上分裂对抗最严重且最持久的时代之一。此时出现的七个实力强大的诸侯国，被人们称为"战国七雄"，分别是齐、楚、燕、韩、赵、魏、秦。

【注释】

①始：开始。春秋（战国）：历史时期的名称。②终：结束。③五霸：春秋时期势力强大而称霸一时的五位诸侯，一般指齐桓公、晋文公、宋襄公、秦穆公、楚庄王。强：强盛，强大。④七雄：指战国时期秦、楚、齐、燕、韩、赵、魏这七个强大的诸侯国。

【译文】

历史上将东周分为两个时期：第一个是春秋时期，从鲁隐公元年起，到鲁哀公十四年为止，总共二百四十二年；第二个是战国时期，从春秋时代结束，到秦始皇统一六国为止，总共一百八十二年。

春秋时代先后称霸的诸侯君王依次是齐桓公、晋文公、宋襄公、秦穆公、楚庄王。战国时代则是秦、楚、齐、燕、韩、赵、魏这七个强大的诸侯国并立。

【原文】

嬴秦氏①，始兼并②。传二世③，楚汉争④。

【导读】

战国七雄中，秦王嬴政是位十分有作为的君主，他继承了秦国的大业后陆续统一了韩、魏、楚、燕、赵、齐六个诸侯国，结束了自春秋起五百年来分裂割据的局面，在公元前221年建立了中国历史上第一个统一的、多民族的、中央集权制国家。嬴政兼采传说中三皇五帝的尊号，宣布自己为这个国家的第一个皇帝，自称“始皇帝”，后世子孙代代相承，递称二世皇帝、三世皇帝，乃至万世皇帝。秦始皇采取的一系列措施例如车同轨、书同文、统一度量衡都对后世产生了巨大的积极意义。但是其在位期间，行政残暴，百姓受尽欺压。秦始皇死后，其子胡亥用计夺得皇位，所作所为更加的荒淫无道。全国各地反对暴政的武装起义纷纷爆发，天下大乱。

在推翻秦朝暴政的武装起义的队伍中，最有实力的，就是楚霸王项羽和汉王刘邦。

秦始皇像。

【注释】

①嬴秦氏：指秦国或秦王朝。秦国的国君姓嬴，故称嬴秦。这里指秦始皇嬴政。②兼并：大国吞并小国。③传：传位。二世：指秦始皇的儿子秦二世胡亥。秦朝自秦始皇始，只传了二世就因其严酷黑暗的统治而被农民起义所推翻。④楚：这里指西楚霸王项羽。汉：指汉高祖刘邦，他被封为汉王，最后建立了汉朝。争：这里指争夺王位。

【译文】

战国末年，秦国日渐强大，通过各个击破的方式吞并六国，统一天下，建立了中国历史上第一个封建王朝，秦国国君便自称为“始皇帝”。

秦始皇去世，他的儿子胡亥继承皇位。由于施行严刑峻法，加上宦官赵高专权，不过短短三年时间，秦朝的统治就被推翻了。

秦朝灭亡后，群雄并起，其中以西楚霸王项羽与汉王刘邦实力最强大，彼此争斗不止，各不相让。

【细说活解】

书同文，车同轨，统一度量衡

秦始皇是中国历史上第一个以汉族为主、多民族中央集权制帝国——秦朝的创立者，无论是中国历史还是世界历史，秦始皇都具有深远而重大的影响，因此被明代思想家李贽誉为“千古一帝”。《史记·秦始皇本纪》中记载着“一法度衡石丈尺，车同轨，书同文字”这样的内容，就是秦始皇在经济文化上做出的巨大贡献。

战国时期，诸侯国各自为政，文字的形体复杂紊乱，秦始皇统一六国后，各个区域的民间文字依旧存在着差异，不但阻碍了各地的经济文化交流，也影响了中央政策的推行，因此秦始皇命李斯等人对文字进行整理统一。李斯以秦国文字为基础，参照六国文字，制定出小篆作为官方规范文字，同时废除其他异体字；程邈根据当时民间流行的字体，整理出隶书。两种文字均在全国推广。

战国时期，由于连年征战，各诸侯国为互相防范在各地修筑很多关塞堡垒，各国间的道路宽窄不一，车辆形制也不统一，严重影响交通往来。秦始皇统一中国后，下令拆除关塞、堡垒，并陆续修建了以咸阳为中心的三条驰道，形成了以咸阳为中心的四通八达的交通网络，把全国各地联系在一起，规定车宽以六尺为制，一车可通全国，便利了交通往来，促进经济的交流发展。

战国时期，各诸侯国自铸货币、自立度量衡，使得各国货币和度量衡也很不统一（度量衡是指在日常生活中用于计量物体长短、容积、轻重的统称）。秦始皇下令将货币统一分为上币和下币两种：上币为黄金，以镒为单位；下币为圆形方孔铜钱，以半两为单位。秦始皇还把商鞅变法时制定的度量衡制度在全国推广，促进了商品的交换和经济的交流，促进了统一国家的发展。

【原文】

高祖兴①，汉业建②。至孝平③，王莽篡④。

【导读】

楚汉之争中，汉王刘邦在垓下打败项羽，也就是著名的“垓下之战”。最终刘邦取得了胜利，建立了汉王朝，定都长安，史上称之为汉高祖。汉朝也分为“西汉”和“东汉”两个历史时期。汉平帝时期，由于平帝年龄小，大臣王莽辅佐朝政，伺机篡夺了皇位，改国号为“新”。至此西汉结束。

高祖兴。

西汉时期是中华民族发展史上的一个重要时期，在典章制度、语言文字、文化教育、风俗习惯多方面都逐渐趋于统一，构成了共同的汉文化。

【注释】

①高祖：这里指汉高祖刘邦。兴：兴起。②汉业：指汉朝的天下大业。建：建立。③孝平：指汉平帝。④王莽：汉元帝王皇后的侄子，曾任汉朝宰相，后来自立为皇帝，建立了新朝。篡：特指封建时代臣子夺取君位。

【译文】

刘邦在楚汉之争中最后胜出，打败项羽，登上帝位，成了汉高祖，开启了刘家的天下大业。

到汉平帝时，野心勃勃的王莽掌握了国家大权，他杀了平帝，篡夺了帝位，建立了新朝。

【原文】

光武兴①，为东汉②。四百年，终于献③。

【导读】

由于腐败的王莽政权不得人心，天下大乱，割据一方的汉高祖刘邦的后代刘秀在昆阳大战中打败了王莽，其后随着实力不断壮大，统一了全国，史称汉光武帝。光武帝沿用汉朝国号，定都洛阳，后人称之为“东汉”。

光武帝后，东汉延续了两百年，到汉献帝刘协的时候，天下大乱，出现了军阀混战的局势，刘协为魏王曹丕所废，东汉王朝至此灭亡了。

光武帝刘秀开创东汉基业。

【注释】

①光武：东汉光武帝刘秀，东汉的开国君主。②东汉：刘秀恢复汉朝，建都洛阳。由于洛阳在东边，而汉朝以前的都城长安在西边，为了区别，后人就把光武帝之前的汉王朝称为“西汉”，把光武帝重新建立的汉王朝称为“东汉”。③终：终止，结束。于：在。献：指汉献帝，是东汉最后一位皇帝。

【译文】

王莽建立新朝后，人民无法安稳生活，于是国家重新陷入纷争局面。王莽在混乱中被杀，新朝灭亡。

刘秀沉稳冷静，又有谋略，最终打败其他势力，光复汉室，史称东汉，刘秀就是汉光武帝。汉朝到最后一位皇帝献帝为止，总共持续了四百年之久。

【原文】

魏蜀吴①，争汉鼎②。号三国③，迄两晋④。

【导读】

东汉末年，外戚专权，宦官秉政，政治腐败，天灾不断。汉灵帝时期，黄巾起义爆发，从此开始了近一百年的战乱时代。各地方政权相互吞并，最终剩下魏、蜀、吴三个势均力敌的政权。魏蜀吴三国鼎立的状态持续了五六十年，人们称这段时期为三国时期。

公元263年司马昭发兵攻蜀后，魏帝以并州等十郡封其为“晋公”，灭蜀后进爵为晋王。公元265年其子司马炎自立为皇帝，国号“晋”，定都洛阳，史称西晋，共传四帝五十二年。西晋为匈奴大军所灭后，司马睿在建康重建晋廷，为晋元帝，史称东晋，共传十一帝一百零四年，两晋总历时一百五十六年。

【注释】

①魏：国名，是三国中最强大的国家，曹操的儿子曹丕废除汉献帝后建立。蜀：这里是国名，刘备建立，定都成都，其国号“汉”意味着是汉朝的延续，又因其占据的益州俗称蜀地，也称“蜀汉”。吴：国名，孙权建立，定都金陵。②鼎：传国宝物，是王位和权力的象征。③三国：指魏、蜀、吴三个国家。④迄：到。两晋：指西晋与东晋。

魏蜀吴，争汉鼎。

【译文】

东汉末年，天下大乱，赤壁之战奠定了三国鼎立的局面：曹操占据了北方绝大部分地区，他的儿子曹丕取代汉献帝自立为王，国号“魏”；刘备占据西南，国号“汉”，史称“蜀汉”；孙权统治了长江下游地区，国号“吴”。魏、蜀、吴三分天下，史称三国时代。

公元 263 年魏军攻入益州，蜀国灭亡。然后司马炎逼迫魏王退位，改国号为“晋”。晋武帝司马炎灭吴，重新统一天下，结束分裂局面。之后，晋元帝往东迁都，定都建康（现在的南京），史称东晋。

【原文】

宋齐继①，梁陈承②。为南朝③，都金陵④。

【导读】

南朝是东晋之后建立于南方的四个朝代的总称。东晋王朝灭亡之后，在南方先后出现了宋、齐、梁、陈四个朝代，而它们存在的时间都相对较短。首先取代东晋王权的是宋王朝的宋武帝刘裕，六十年后，宋王朝又被齐高帝萧道成所建立的齐王朝所取代。二十年后，齐王朝又为梁武帝萧衍所建立的梁王朝取代。五十多年后，梁王朝被陈武帝陈霸先建立的陈王朝取代，陈王朝延续了三十多年。南朝时期是我国历史上朝代更迭较快的一段时间。虽然维系的时间短，但是南朝在中国历史上有着极其重要的地位，客观上为华夏文明的发展和传播做出了不可磨灭的贡献。

【注释】

①宋齐（梁陈）：南北朝时期南方的四个朝代名称。继：继续，继承。②承：承接，承继。③南朝：东晋之后建立于南方的四个朝代的总称，分别是宋、齐、梁、陈四国。④都：定都，建都。金陵：地名，即现在的南京。

【译文】

刘裕灭了东晋，改国号为“宋”。六十年后，萧道成灭宋，改国号为“齐”。二十三年后，萧衍亡齐，改国号为“梁”。五十六年后，陈霸先灭梁，改国号为“陈”。三十三年后，陈的国运也最终宣告结束。

宋、齐、梁、陈四朝都把国都设在金陵，国土都局限于长江以南地区，统治时间又都非常短暂，于是历史上合称为“南朝”。

【原文】

北元魏①，分东西②。宇文周③，与高齐④。

【导读】

北朝是我国历史上与南朝同时代的北方王朝的总称，其中包括了北魏、东魏、西魏、北齐、北周等数个王朝。北朝结束了从八王之乱起将近一百五十年的中原混战的局面。北魏王朝统一了北方地区，之后分裂为东魏和西魏两个国家。不久，东魏被高洋建立的北齐王朝所取代，而西魏被宇文觉建立的北周王朝所取代。两晋结束后，南朝北朝一直处在相互对峙的状态上，政权更替频繁，社会动荡不安，百姓流离失所，整个国家始终没有统一。

北魏孝文帝力排众议推行改革。

【注释】

①北：北方，北朝。元魏：北魏是拓跋氏建立，拓跋氏是鲜卑族，后改姓元，所以又称元魏。②分东西：元魏后来分为东魏、西魏。③宇文周：指宇文觉所建立的北周政权。宇文，复姓。④高齐：高洋所建立的北齐政权。高，姓。

【译文】

长江作为天然界线将南方政权和北方政权隔开。拓跋氏在北方建立了魏朝，又称元魏。元魏到了孝武帝时，大臣高欢独揽大权，孝武帝向西投奔宇文泰，于是北魏分裂为东魏和西魏。

宇文泰的儿子宇文觉趁势夺取皇位，建立周朝，史称北周（宇文周）。高欢的儿子高洋同样趁机灭了东魏，建立齐朝，史称北齐（高齐）。

【原文】

迨至隋①，一土宇②。不再传，失统绪③。

【导读】

隋朝是中国历史中最短命的朝代之一，上承南北朝、下启唐朝。公元 581 年隋文帝杨坚代北周称帝，改国号为隋。后灭南朝陈，统一中国，结束了中国自魏晋南北朝以来的长期分裂局面。

但是隋王朝延续的时间也相当短暂，它的第二个皇帝隋炀帝骄奢淫逸，多次发动战争劳民耗财，最终引起统治危机。全国各地纷纷叛乱，群雄割据。隋廷在此局势下迅速土崩瓦解。

隋朝在政治上、军事上、经济上施行的措施对后世都有很大的影响。隋朝还兴修了举世闻名的大运河，巩固了中央对东南地区的统治，加强了南北经济、文化的联系。

【注释】

①迨：等到。隋：指隋文帝杨坚建立的隋朝。②一：统一。土宇：土地和房屋，指国家、天下。③失统绪：亡国的意思。统绪，政权、统治。

【译文】

南北朝时期朝代不停变换，直到杨坚以武力再度统一天下，才结束了这段纷乱的历史。杨坚建立隋朝，史称隋文帝。可惜只传到隋炀帝就亡国了。

【原文】

唐高祖①，起义师②。除隋乱③，创国基④。

【导读】

唐朝是世界公认的中国最强盛的时代之一。隋朝末期，军阀割据，民不聊生，爆发隋末农民起义。隋朝大臣李渊趁机起兵反隋，夺位称帝，定国号为唐，隋朝灭亡。唐朝建立后，李渊派李世民征讨四方，剿灭各方群雄，统一中华大地。唐朝在文化、政治、经济、外交等方面都有辉煌的成就，中国是当时世界上最强大的国家。

【注释】

①唐高祖：指唐朝的开国皇帝李渊。②起：起义，兴起。义师：反抗残暴或为正义而战的军队。③除：去除，消除，平定。隋乱：指隋朝末年混乱的局面。④创：创立，开创。国基：国家基业。

唐高祖，起义师。

【译文】

隋炀帝好大喜功、荒淫残暴，到处发动战争，大量增加税收，百姓们生活在水深火热之中，于是纷纷起义对抗朝廷。

最后，李渊率领的军队脱颖而出，逐个铲平各地势力，李渊登基为唐高祖，开创了大唐帝国的基业。

【原文】

二十传①，三百载。梁灭之②，国乃改③。

【导读】

唐朝是我国历史上最为强盛的朝代之一，它不仅经济发达，文化昌盛，在疆域上也是十分广大。唐朝的疆域在最盛时期东至朝鲜半岛，西达中亚咸海以西的西亚一带，南到越南顺化一带，北包贝加尔湖至北冰洋以下一带，总面积达一千二百五十一万平方千米。唐朝的强盛影响深远，直到现在我们仍然受着唐朝文化的影响，世界其他各地华人会集的地方都称作“唐人街”。

在唐朝近三百年的历史中，共延续了二十个皇帝，其中还包括了著名的女皇武则天。

唐朝后期，战争不断，经济政治衰退，唐宣宗时爆发唐末农民起义，经过黄巢的打击，唐朝的统治基础被打破，唐朝统治名存实亡。公元907年，朱全忠逼唐哀帝李柷禅位，改国号梁，是为梁太祖，改元开平，定都于开封。唐朝灭亡。

朱全忠掌握大权，篡夺了唐昭宣帝的皇位，改国号为“梁”。

【注释】

①二十传：指唐朝自建国到灭亡，一共传了二十位皇帝。②梁：指五代时后梁开国皇帝梁太祖朱温（全忠）。之：代指唐朝。③国：国号。乃：才。

【译文】

唐朝从建国到灭亡，总计历经二十位皇帝，统治将近三百年之久。

唐朝是一个文治武功都很有成就的大帝国，不过在“安史之乱”后，国势逐渐衰落，又经历了几次大规模的动乱，最后朱全忠掌握大权，篡夺了唐昭宣帝的皇位，改国号为“梁”，为了与南北朝时期的梁朝相区别，史称“后梁”。

【细说活解】

盛极必衰，物极必反

事物发展到极端，会向相反方向转化。司马迁的《史记》中有“夫月满则亏，物盛则衰，天地之常也”，他认为“物极必反”是一个普遍的规律，就像是月满则亏这种自然规律一样。历史上有很多人都认同“物极必反”这一命题，《吕氏春秋·博智》中明确地提出了“全则必缺，极则必反，盈则必亏”。我们现在经常说的“乐极生悲”“否极泰来”也都有这样的意思。

唐朝经历了唐太宗贞观之治和唐玄宗的开元之治后，达到了极为鼎盛的状态。

“物极必反”的思想最早由老子提出，他在《道德经》中说：“物壮则老，谓之不道，不道早已。”事物壮盛到了极点就会衰朽，发展到极限就会向相反方面转化，这是“道”运行的必然结果，是自然运动的规律，世间万物内部就包含着对立的关系，万物消长盛衰，周而复始，都与事物内部的对立关系有关。

我国历史上也有很多“盛极必衰，物极必反”的例子，比如王朝的更替、家族的兴衰、个人的荣辱，“物极必反”作为一个自然界的普遍规律，存在于每个事物之中。

唐朝经历了唐太宗贞观之治和唐玄宗的开元之治后，达到了一个极为鼎盛的状态。在这之后，唐朝也像之前的朝代一样，出现了外戚专权、朝纲紊乱、朝廷昏暗的现象，最终导致了“安史之乱”的发生，使唐朝走向下坡路，最终灭亡。

唐玄宗晚年荒废政务，终于酿成了“安史之乱”。

【原文】

梁唐晋①，及汉周。称五代②，皆有由③。

【导读】

唐朝灭亡之后，在中原地区相继出现了后梁、后唐、后晋、后汉和后周五个朝代。同一时期，南方和北方地区相继出现了前蜀、后蜀、吴、南唐、吴越、闽、楚、南汉、南平、北汉，合称为“十国”。所以这段时期历史又被总称为“五代十国”。中国古代以正统史观为主，因五代建立于中原地区，占据着原唐朝疆域的中央地区，以正统自据，故后来的史学家著五代史。而十国及其余政权被称为割据势力。但无论是“五代”还是“十国”，每次王朝的更替者，都是掌握了国家实权的武将，说明在当时，兵权和时机就是成就一代帝王最有利的武器。

【注释】

①梁唐晋（汉周）：分别指后梁、后唐、后晋、后汉、后周。②五代：唐朝灭亡之后，在中原地区相继出现了五个朝代，即上面所说的后梁、后唐、后晋、后汉、后周。③皆有由：都是有原因的。皆，全、都；由，原因、缘由。

五代战乱不断，政权更迭频繁，是中国历史上最黑暗的时代。

【译文】

朱全忠篡唐建梁，史称后梁；李存勖篡梁建唐，史称后唐；石敬瑭篡唐建晋，史称后晋；刘知远篡晋建汉，史称后汉；郭威篡汉建周，史称后周，五个朝代合称“五代”。这些朝代最长的不过十几年，最短的甚至只有四年，是一个动荡不安的黑暗时代。

五代的开国君王都是篡夺了别人的帝位才当上皇帝，所以五个朝代的突然兴起和突然灭亡都是有原因的。

【原文】

炎宋兴①，受周禅②。十八传③，南北混④。

【导读】

宋朝是中国历史上承五代十国、下启元朝的时代，根据首都及疆域的变迁，可再分为“北宋”与“南宋”，合称“两宋”。

宋太祖赵匡胤原是后周王朝统率禁军的将领，他发动了“陈桥兵变”，自己做了宋朝的开国皇帝，因其发迹在宋州，故国号曰“宋”，定都汴梁。宋太祖建国时为避免唐安史之乱以来藩镇割据和宦官乱政的悲剧，遂采取重内轻外和重文抑武的国家政策，影响所及长远。靖康年间，金兵攻陷汴京，北宋遂亡。徽宗第九子赵构在临安重建宋王朝，史称“南宋”。

赵匡胤黄袍加身。

北宋的皇帝有九位，南宋的皇帝也有九位，共十八位，时历三百多年。因宋朝重文抑武的治国政策，使宋朝成为中国古代历史上经济与文化教育最繁荣的时代。

【注释】

①炎宋：自秦开始，历代王朝为标榜自己是正统，取代前朝是天命所归，便用五行的转换来解释朝代的更替，宣称自己是五行之一。宋朝认为自己代表“火德”，因此称宋朝为炎宋。炎，是火的意思。②周：这里指五代中的后周。禅：禅让，古代帝王让位给别人。③十八传：一共传了十八位皇帝。传，这里是指传授帝王权位。④混：混同，掺杂在一起。

【译文】

后周的恭帝七岁即位，大权便落入了禁军将领赵匡胤手中，他与部下合力演出“黄袍加身”的戏码，后周皇室知道大势已去，只好将帝位禅让给他。赵匡胤登基后，改国号为“宋”，就是宋太祖。

宋朝自建国至灭亡，总计经历了十八位皇帝，这时北方少数民族势力非常强大，经常南下袭击宋朝边境，造成南北混战的局面。

【原文】

辽与金①，皆称帝。元灭金②，绝宋世③。

【导读】

辽国和金国在当时都是强大的少数民族政权，是宋朝外在最大的威胁。辽国是五代十国、北宋时期以契丹族为主体建立，统治中国北部的封建王朝。辽国存在了近二百二十年，共有九代帝王，后为宋朝和金国联手所灭。金国是位于今日中国东北地区的女真族建立的一个政权。宋金联手消灭辽国后，金国大举南下灭掉了北宋王朝，但是南宋王朝又马上建立了起来。金国在1234年灭于蒙古与南宋联合进攻，共经历十位帝王。

完颜阿骨打建立金政权。

【注释】

①辽：国名，契丹人耶律阿保机建立，后为金所灭。金：国名，女真人完颜阿骨打建立，后为蒙古所灭。②元：指元朝，蒙古人建立的朝代。成吉思汗铁木真建国，初号蒙古，1271年忽必烈定国号为元，1279年灭南宋统一全国。③绝：断绝，消灭。宋世：宋朝的天下。

【译文】

宋朝建立前后，北方少数民族势力强大，契丹人、女真人与蒙古人先后称帝，建立了自己的国家。他们全都野心勃勃，想攻打南方，以夺取更广大的土地和更丰富的物产。

契丹人建立了辽国，女真人灭辽建金，最后成吉思汗统一各部落，建立了蒙古国，并先后灭掉金国与宋朝，结束了南北分裂的局面。忽必烈改国号为“元”，他就是元太祖。

【原文】

莅中国①，兼戎狄②。九十载，国祚废③。

【导读】

元朝，又称大元，是中国历史上第一个由少数民族建立并统治全国的封建王朝。

元朝的疆域空前广阔，今天的新疆、西藏、云南、东北、台湾及南海诸岛，都在元朝统治范围内。元朝自忽必烈定国号起，历十一帝九十八年。

蒙古族是一个历史悠久的民族，长期生活在蒙古高原，包括许多大大小小的氏族、部落。为了掠夺更多的财富，各个部落的奴隶主互相展开战争。蒙古诸部领袖铁木真通过残酷战争统一了蒙古高原各蒙古部落。铁木真被各部落推举为“成吉思汗”，建立政权于漠北，蒙古国成立，蒙古草原结束了长期混战的局面。蒙古汗国成立后，不断发动侵略战争扩张其疆域。先后灭西辽、西夏、金国、吐蕃、大理，最后灭南宋。

【注释】

①莅：治理，统治。中国：这里指中原地区，主要是现在的黄河中下游地区。②兼：兼并，大国吞并小国。戎狄：先秦时对中国北方、西北等地少数民族的统称。③国祚：祚是帝王的宝座。“国祚”引申为王朝统治的时间。废：废止，灭亡。

【译文】

蒙古人入主中原，又吞并了西方和北方各少数民族，统一全国。元朝疆域空前广阔，它的全盛时期，经济繁荣，国力强盛，在当时是世界上数一数二的大帝国。

元朝统治期间四处征战，导致民不聊生，结果只维持了短短九十年的时间就被农民起义推翻了。

【细说活解】

“一代天骄”成吉思汗

成吉思汗是世界史上杰出的政治家、军事家，是元朝的开国皇帝。铁木真年轻时就扫平蒙古草原上各个强大的部落，统一蒙古草原建立了“大蒙古国”，被推举为举世闻名的“成吉思汗”，成吉思汗的意思是“拥有海洋四方的大酋长”。建国后不久，成吉思汗就开始对外发动大规模征服战争，征服了将近整个欧亚大陆。成吉思汗和他的子孙建立了人类历史上疆域面积最大、人口最多、经济模式堪称第一的庞大帝国，元朝的疆域北至北冰洋沿岸，包括西伯利亚大部，南到南海诸岛，西南包括今西藏、云南，西北至今中亚，东北至外兴安岭（包括库页岛）、鄂霍次克海，领土不下两千万平方公里。

成吉思汗统一蒙古草原之前草原部族间常年战乱不断。

由于元朝的势力扩展到了西亚地区，使得欧洲和中国之间的交往便利起来，无论在经济、科学技术、文化艺术、天文历法、商业等方面，元朝都达到了前代所没有的水平，成为当时世界上最富庶的国家之一，在著名的《马可·波罗游记》都有体现。

成吉思汗建立了版图空前的蒙古国。

成吉思汗作为古今中外著名的政治军事家，近千年来，受到很多中外名人的赞颂。法兰西帝国的皇帝拿破仑曾说：“我不如成吉思汗。不要以为蒙古大军入侵欧洲是亚洲散沙在盲目移动，这个游牧民族有严格的军事组织和深思熟虑的指挥，他们要比自己的对手精明得多。”美国五星上将麦克阿瑟说：“那位令人惊异的领袖（成吉思汗）的成功使历史上大多数指挥官的成就黯然失色。”

【原文】

明太祖①，久亲师②。传建文③，方四祀④。

【导读】

明太祖朱元璋为明朝的开国皇帝，生于元朝末年，当时连逢灾年，战乱频仍，朱元璋家境贫寒生活困顿，父母兄长皆因病去世。朱元璋因对元朝腐败的统治不满，奋而参加起义，多年来一直随军征战，走南闯北，功勋卓著，所以职位不断升高，直至做到一军的统帅。朱元璋所指挥的北伐持续到洪武年间，其麾下战将徐达、常遇春将河南、山西攻陷，并直取元大都，最终灭元朝。朱元璋于南京称帝，改国号为大明，年号洪武。

明太祖，久亲师。

朱元璋布衣称帝且是亲手打下的江山，所以对于治理天下格外的严谨慎重，对贪官污吏深恶痛绝，一经发现便会严惩不贷，对黎民百姓的疾苦、农业发展与边防建设都很重视，其在位三十一年勤政不懈。朱元璋驾崩之后，将帝位传于嫡次孙朱允炆，史称建文帝，建文帝是少年天子，对自己手握兵权的各位藩王叔父十分忌惮，尤其是势力强大的燕王朱棣更是建文帝的心头大患，建文帝为稳固自己的帝位，意欲以削藩的手段削弱众藩王的势力，但终因处理不当遭到燕王朱棣发兵逼宫，最终建文帝不知所终，朱棣登基称帝，史上称此为“靖难之役”。而建文帝自登基至失踪才过了四个年头。

【注释】

①明太祖：明朝开国皇帝朱元璋。②久：多年，长久。亲师：亲自领兵出征。③传：传给，传位。建文：建文帝朱允炆，朱元璋皇长子朱标之子。④方：才，仅仅。四祀：四年。

【译文】

明太祖朱元璋，是一位亲身迎敌久历沙场的君王，其基业帝位皆是靠自己打下的，多年征战之后灭元建立大明王朝，是一位事事亲力亲为的开国之君。其去世后将帝位传于皇孙建文帝，可惜其孙生性懦弱胆怯，在与众皇叔的政治争斗中毫无反手之力，在位区区四年便被夺了帝位。

【原文】

迁北京①，永乐嗣②。迨崇祯③，煤山逝④。

【导读】

当年明太祖朱元璋建立大明王朝虽然最初定都于南京，但心中始终认为南京并非心中理想的都城之地，因其地处偏南，距离幅员辽阔的北方疆土甚远，增加了管理与控制的难度，曾有意设南北两个都城，后来因年事渐高而将此想法搁置。明成祖朱棣是朱元璋诸子中最有才能魄力，也是最类似其父的一个，父子心意相同，看法自然也接近。况且，支持建文帝的多是江南士族，对于朱棣夺位之举大加反对，朱棣因此杀人无数，这也是他厌恶江南的一个重要原因。

迁北京，永乐嗣。

而朱棣对于北京则有着另外一种情谊，他久居北京达二十余年，多次在这里出征抵御外敌，对北京的风土人情，地理地貌十分了解和喜爱。北方虏患不绝，居于北京便于就近部署军队抵御控制，于是自朱棣登基之后，便决定将都城迁往北京。

永乐四年（1406）起，浩大的迁都工程便开始实施，北京城的设计者为人称“黑衣宰相”的姚广孝。姚为僧人，在设计理念中加入了儒家的思想，因此北京城被设计成一座方城，层层而入，紫禁皇城便位于北京城的正中央。

北京城的建造与迁徙历经了十五年，期间，朱棣下令，命大量国民自江南向北京迁居，并不遗余力地建造疏导运河，将南北水上运输干线打通，一切完备之后，朱棣发迁都诏书，北京正式取代南京成为都城。

这之后明朝传承了十七代君王，直至到了崇祯帝时，李自成带领农民起义军进攻北京紫禁城，崇祯帝挥剑砍杀妃嫔与公主之后自紫禁城的北门逃至景山上，自缢身亡。

【注释】

①迁：迁都。②永乐：永乐为明成祖登基时所用年号，此处所指明成祖朱棣。嗣：继承，接续。③崇祯：崇祯为明朝最后一个皇帝朱由检的年号，此处指朱由检。④煤山：北京景山，朱由检于此山上吊自尽。逝：死去。

【译文】

明成祖朱棣登基之后，将首都从南京改迁至北京，自此代代延续直至明朝最后一个皇帝崇祯帝，在国破家亡之后，来到故宫北边的景山上上吊自尽。

【原文】

清太祖①，膺景命②。靖四方③，克大定④。

【导读】

清朝是由女真族建立起来的封建王朝，它是中国历史上继元朝之后的第二个由少数民族统治中国的时期，也是中国最后一个封建帝制国家。1616年，清太祖努尔哈赤建国称汗，国号大金，史称“后金”。1644年，李自成的大顺军攻占北京，明朝灭亡；驻守山海关的明将吴三桂降清，清摄政王多尔衮指挥清军入关，打败大顺农民军；同年清顺治帝迁都北京，从此清朝取代明朝成为全国的统治者。入关后二十年时间里，清朝先后灭亡大顺、大西和南明等政权，基本统一全国。

【注释】

①清太祖：即清太祖爱新觉罗·努尔哈赤。②膺：承受，接受。景命：上天的命令。③靖：平定，使秩序安定。四方：指国土各地。④克：能够，这里引申为完成。定：平安，安定。

【译文】

清太祖爱新觉罗·努尔哈赤声称自己接受了上天的旨意，建立了后金国（清朝的前身）。到清世祖顺治皇帝时，派兵进入山海关，打败了李自成，夺取了原本由他占领的北京，定为国都，成了第一位入主中原的大清皇帝。此后，清朝又先后平定了拥戴福王、鲁王、唐王、桂王等建立的南明小朝廷，以及全国各地的抗清斗争，建立了空前巩固的多民族国家。

清太祖努尔哈赤像。

【细说活解】

“清风不识字，何事乱翻书”

“清风不识字，何事乱翻书”是清朝雍正时期，翰林院庶吉士徐骏写下的两句诗。清朝廷认为这里的“清风”暗指了清政府，是存心诽谤，以“大不敬”的罪名实行了斩立决。这就是我们经常听说的文字狱。

文字狱是指封建社会统治者迫害知识分子的一种冤狱，《汉语大词典》定义为“旧时谓统治者为迫害知识分子，故意从其著作中摘取字句，罗织成罪”，顾名思义，就是统治者为了维护自己的统治，排除异己之见、迫害文人的一种方式，以明清时期最甚。

中国的文字狱由来已久，如魏晋时期嵇康因《与山巨源绝交书》被执政者司马师“闻而恶之”，而被斩于东市；北宋诗人苏轼也是因为统治者认为他诗中“包藏祸心，诽谤谩骂”而被捕入狱。到了清朝时期，清朝统治阶级为了维护地位，大兴文字狱，已经达到了空前绝后、登峰造极的程度。史料记载，顺治帝兴文字狱七次，康熙帝兴文字狱十二次，雍正帝兴文字狱十七次，乾隆帝兴文字狱一百三十多次。清朝文字狱大兴的原因是多重的，按照儒家“正统”观念，清王朝以少数民族入主中原，是“乾坤反覆，中原陆沉”，因此很多知识分子都对清政府持敌对态度。而文字狱的根本原因则是封建专制制度空前强化的产物。

从秦朝的焚书坑儒，到清朝的文字狱大兴，中国的传统文化一直在遭受浩劫，传统文化遗产能够流传至今，实属不易。我们更应当爱护我们现在所拥有的一切，尽自己最大的努力去发扬中国传统文化。

【原文】

读史者，考实录①。通古今②，若亲目③。

【导读】

以上所讲的几千年朝代兴衰，帝王变更就是前面开始所说的“考世系”，但是仅仅通过“考世系”来“知终始”是远远不够的。中国的历史十分悠久，前面所提到的一切不过是一个王朝的简单轮廓，若想彻底掌握历史，仅读史书是不够的。史书多带有作者自己的政治立场，以及是非好恶，真正的历史可能被掩埋在文字之下。同时统治者为了造就自己光辉灿烂的形象，也会偷偷地篡改销毁实录，把历史的真相掩藏起来。因此在阅读史书的同时还要参考实录、十通、帝王起居注、历代奏议等具体的史料，进行深入地了解和研究，才能真正地了解历史。以历史为镜，吸取更多的历史经验和教训。

读史者，考实录。

【注释】

①考：研究、推求。实录：符合实际的记载。②通：懂得，彻底了解。古今：古代和现代，这里指古往今来的历史脉络。③若：好像。亲目：亲眼看见。目，看。

【译文】

阅读史书还要注意进一步查找历史资料，和书籍互相对照参考，从多个角度和侧面去理解历史事件，对历史发展演变的过程及原因有一个比较客观的认识。

如果能做到这一点，就能深入透彻地掌握古往今来的历史脉络，好像自己身临其境，亲眼看见了历史上人、事、物盛衰兴亡的过程。

【原文】

口而诵①，心而惟②。朝于斯③，夕于斯④。

【导读】

读史书的时候，不仅要开口朗读出来，也要用心思考，还要早晚思量。

现代人认为，语言是思维的工具，能够流畅读出来的东西才是思维所理解了的东西，因此将看到的文章读出来，不仅可以矫正发音，还能帮助我们理清思路、理解文章的深层含义。

读史书还应当用心思考，历史绝对不是偶然的，一个大事件的发生是由一个又一个微小的事件共同导致的，因此只有一边阅读一边思考，才能够更加全面的了解历史真相，发现隐藏在历史现象背后的深刻道理，感悟出历史的发展规律。

口而诵，心而惟。朝于斯，夕于斯。

早晚思量是指读史时精神专一，不能三天打鱼两天晒网，把遇到的难题时时刻刻放到心上，否则是难以读懂历史，参透历史的。无论是读史书还是学习其他的知识，都要精神专注，用心思考和开口阅读。

【注释】

①诵：朗诵、朗读，有高低起伏地大声读出来。②惟：想，思考。③朝：早晨。于：在，到。斯：此、这，这里代指所读之书。④夕：夜晚，晚上。

【译文】

掌握了研究历史应该注意的事项之后，就该总结学习方法了。

读书时，不仅要大声朗读、背诵，还要用心思考，深入了解所学的内容，这样可以让记忆更深刻。勤奋地学习是最重要的，必须持之以恒，才能对书中的内容熟记不忘，并不断有新的收获。

【原文】

昔仲尼①，师项橐②。古圣贤，尚勤学③。

【导读】

昔仲尼，师项橐。

项橐是春秋时期鲁国的一位神童，虽然只有七岁，却能无师自通，聪明过人。孔子把他当作老师一般请教，后世尊项橐为圣公。

这里说孔子不浪费任何一个学习的机会，即便是一个七岁的孩童，他依然虚心学习请教，并不因对方年纪小就轻视他。如孔子一般的圣人都这样做到孜孜不倦的学习了，而我们就更应该抓住身边的每一个机会学习，无论对方是谁，身份如何，年龄大小，只要有值得我们学习的地方，我们都应该虚心学习。所谓“活到老学到老”，学习是永远没有尽头，只有不断地学习，才能不断地进步。

【注释】

①昔：以前，过去。仲尼：孔子。孔子名丘，字仲尼。②师：把……当作老师，就是向人学习。项橐：人名，春秋时鲁国的神童。③尚：尚且，还。

【译文】

鲁国有个叫项橐的小孩，他只有七岁，但小小年纪便已十分聪明，很有主见，孔子并不因为自己是公认的大学问家，而对方比自己年纪小，就觉得向他学习是丢脸的事，仍然把他当作老师一样虚心请教。像孔子这样伟大的圣贤，尚且不耻下问、勤奋好学，我们普通人应该更加努力才对。

【原文】

赵中令①，读鲁论②。彼既仕③，学且勤④。

【导读】

赵普，字则平，北宋初年宰相，是赵匡胤“黄袍加身”的预谋者、“杯酒释兵权”的导演者，三度为相，为一代名臣。虽足智多谋却不好读书，后来在赵匡胤的劝告下开始读《论语》，而后非常重视《论语》，纵使政务繁忙也经常阅读它。有“半部论语治天下”之说。

他的故事告诉我们，无论处在多高的位置，取得了多大的成就，读书和学习都是十分重要的。学习好基础是必要的。不能因为自己已经获得了功名利禄和社会地位就放弃对知识的学习和探究，学习是永无止境的。

赵中令，读鲁论。彼既仕，学且勤。

【注释】

①赵中令：指宋太宗时中书令赵普。中令，宋朝官名，相当于宰相。②鲁论：书名，指《论语》。《论语》有三种流传版本，《鲁论》《齐论》《古论》，现在我们通常读的《论语》是《鲁论》。③彼：他，这里指赵中令。既：已经。仕：做官。④且：尚且，还。

【译文】

宋太宗时的中书令赵普虽然做了大官，工作十分忙碌，但仍然没有放弃学习。在所有书籍中，赵普最爱读《论语》，一有机会就捧在手中反复品味，于是就有了“半部论语治天下”的典故。

赵普已经当了高官，尚且刻苦攻读，我们普通人更应不能放松对自己的要求。

【原文】

披蒲编①，削竹简②。彼无书③，且知勉④。

【导读】

路温舒，字长君，西汉著名的司法官。他读书的时候家贫，买不起书就借书抄到编起来的蒲草上。公孙弘，字季，一字次卿，起身于乡鄙之间，后身居宰相之职。公孙弘少时家贫寒，为富人放猪维持生活，买不起书就把书借来抄在削成的竹片上。

正是因为二人刻苦学习，家境贫寒仍不放弃学习，日后二人才有所作为。这两个人的故事告诉我们，要珍惜现在所拥有的学习机会。就算有时候没有学习的机会，只要拥有着一颗向上求学的赤诚之心，一定会拥有学习的机会，还会取得优秀的成绩，为众人所仰望。

公孙弘削竹简抄书。

【注释】

①披：翻开，翻阅。蒲编：编起来的蒲草，这里指用蒲草编成的书，讲的是西汉路温舒的故事。蒲，草名，又叫草蒲。②削竹简：将竹子削成薄片，编成书册。削，用刀切去或割去；竹简，竹片，战国至魏晋时代用来书写的材料，这里讲的是西汉公孙弘的故事。③彼：他们，指路温舒与公孙弘。无书：意思是贫穷买不起书。无，没有。④勉：勤勉，勤奋。

【译文】

纸发明以前，所有的书都是逐字抄录在绢帛、羊皮、竹简和木牍上的，因此价格十分昂贵。西汉路温舒家里很穷，买不起书，但一心上进的他，把向别人借来的书抄在编起来的蒲草上阅读。

西汉还有个名叫公孙弘的人，和路温舒一样穷得买不起书，就把竹子削成薄片，再把文字一个个刻在竹片上，编成书册，供自己平时苦读。

路温舒和公孙弘家境贫寒买不起书，尚且勤勉好学。我们在学习中遇到困难，千万不能放弃，经过不懈的努力，最后定能取得优异的成绩。

【原文】

头悬梁①，锥刺股②。彼不教③，自勤苦④。

【导读】

孙敬是东汉著名的政治家。孙敬读书时，随时记笔记，常常一直看到后半夜，有时不免会打起瞌睡。一觉醒来，又懊悔不已。因为古时候男子的头发很长，于是他就想出了一个特别的办法：找一根绳子，一头绑在房梁上，一头系住自己的头发。当他读书疲劳时打盹了，头一低，绳子就会牵住头发，这样会把头皮扯痛了，马上就变得清醒了，再继续读书学习。

苏秦，字季子，战国时期著名的纵横家。他出游学习，却一事无成，被兄弟嫂妹所讥笑，便下定决心，发奋读书。每当想睡觉的时候，他就拿一把锥子，往大腿上刺一下，这样猛然间感到疼痛，使自己醒来，再坚持读书。

现代人用“头悬梁，锥刺股”来形容一个人发奋读书的毅力和决心。孙敬和苏秦都非常珍惜时间的宝贵，抓紧一切时间读书汲取知识。而且在学习上，他二人都十分具有自觉性，不需要别人的督促和鞭策，就能自觉地学习。我们应当培养孙敬和苏秦他们刻苦学习的精神和毅力，却不提倡他们鞭策自己的方法。学习注重的是效率，疲劳时候学习会影响理解和记忆，什么都没学习到不说还耽误了休息。因此学习的时候还是应该注意休息，让自己有良好的精神状态和旺盛的精力，才能对学习的内容有更好的理解和认知，学习的效率才能提高。

【注释】

①头悬梁：头发挂在房梁上。头，这里指头发。悬，悬挂、吊挂。梁，房梁，架在墙上或柱子上支撑房顶的横木。这里说的是汉朝孙敬的故事。②锥刺股：用锥子刺自己的大腿。锥：锥子，尖头锐利的铁器；股：大腿。这里说的是战国苏秦的故事。③彼：他们，指孙敬和苏秦。不教：没有人教导。教，教导、教授。④自：自己。勤苦：勤奋刻苦。

【译文】

汉朝的孙敬为了防止自己读书时不小心打瞌睡，于是用绳子绑住头发，再把绳子悬挂在屋梁上，这样，只要打瞌睡时低下头，绳子就会拉扯头发，然后痛醒过来，抖擞精神接着读书。战国时的苏秦，只要读书时累得快睡着，就拿锥子刺自己的大腿，用疼痛战胜疲倦，强迫自己打起精神继续读书。

孙敬和苏秦两个人，没有人督促和教导他们学习，全靠自己勤奋刻苦。

【原文】

如囊萤①，如映雪②。家虽贫③，学不辍④。

【导读】

车胤，字武子，东晋人。自幼聪颖好学，勤奋攻读，博览群书，孜孜不倦。家境贫寒，常无油点灯，夏日捕几十只萤火虫，置入绢内，以萤光照明，夜以继日苦读，学识与日俱增。历任中书侍郎、侍中、国子监博学、骠骑长史、太常、护军将军、丹阳尹、吏部尚书。孙康，晋代人，官至御史大夫。孙康幼时酷爱学习，家中贫穷，没钱购买灯油。一到天黑，便没有办法读书。特别到了冬天，长夜漫漫，他觉得让时间这样白白跑掉，非常可惜。一日他发现月光映照在雪上反射的光十分明亮，因此整个冬天，他夜以继日地读书，不怕寒冷，也不感到疲倦，

车胤囊萤夜读。

常常一直读到鸡叫。即使是北风呼啸，滴水成冰，他也从来没中断学习。

“囊萤夜读”和“雪映窗纱”这两个故事告诉我们，无论生活条件如何艰苦，都不能改变对学习的态度，和对学习孜孜不倦的追求。坚持不放弃，只要抱着坚持不懈的决心，功夫不负有心人，一定能够有所成就，改变自己的现状。

【注释】

①如：比如，像。囊萤：把萤火虫装入袋子里。这里说的是晋朝车胤的故事。囊，用袋子装。②映雪：映着雪光，借着雪地反射的亮光。这里说的是晋朝孙康的故事。③虽：虽然。贫：贫穷。④辍：停止，中断。

【译文】

比如晋朝的车胤，家里贫穷，买不起油来点灯看书，于是把萤火虫装进用纱布做成的袋子里，借着它们发出的微弱亮光来读书。再比如晋朝的孙康，同样是家境贫困，买不起油点灯读书，他不顾冬夜的寒冷，借着屋外雪地反射出的亮光读书。

车胤和孙康虽然家境贫困，却从未停止学习。

【原文】

如负薪①，如挂角②。身虽劳③，犹苦卓④。

【导读】

汉朝时期的朱买臣，做官前家境贫寒，上山砍柴以维持生计。因其素爱读书，每次去砍柴的时候都是一边背着柴火一边看书，别人嘲笑他也不介意。隋朝的李密发迹之前为富人家放牛，每次放牛都要带几本书挂在牛角上，趁牛吃草的时候，他就坐在草地上用心读书。

这两个古人的事迹告诉我们，抓紧一切可以学习的机会学习。

李密放牛读《汉书》。

【注释】

①负薪：挑着木柴。负，背，挑担；薪，木柴、柴火。这里说的是汉朝朱买臣的故事。②挂角：（把书）挂在牛角上。角，指牛角。这里说的是隋朝李密的故事。③劳：劳累。④犹：依然，仍然，还。苦：用心，尽力。卓：高超不平凡。

【译文】

比如西汉朱买臣出身贫寒，靠砍柴卖钱勉强维持生计。他总是把书挂在担子前，在挑柴去卖的途中一边走路一边看书。还有隋朝的李密，从小帮人放牛，他就把书挂在牛角上，一边放牛一边看书。

朱买臣和李密两个人，虽然天天都要干活，身体上非常劳累，但是依然用心学习。

【细说活解】

一寸光阴一寸金

俗话说："一寸光阴一寸金，寸金难买寸光阴。""一寸光阴一寸金"中的光阴之所以称寸，是因为古人用"日晷"来测算时间，日晷是在一个圆形板上刻上表明时间的度数，在圆心的位置立一根小棍，放置在有太阳的地方。随着日升日落，小棍的阴影由长变短，由短变长地映在刻度上，就表示当时的时间。这种利用太阳投射的影子来测定时刻的方式，被人类沿用了几千年，是非常伟大的发明。

我们现在用"一寸光阴一寸金"来激励学子，利用任何能用的时光学习，不浪费一分一秒。隋朝有一个叫李密的人，小时候给人家放牛。每天出去都要带几本书挂在牛角上，趁牛吃草的时候，他就坐在草地上用心读书。有一回。当时的宰相杨素遇到他，并和他进行了一番交谈，认为他必定有大作为。杨素的儿子杨玄感因为李密才识过人，和他交上了朋友。他也参与了杨玄感起兵反隋。后来，李密投奔了瓦岗军，成为瓦岗军里一个重要的人物。李密正是抓住每一分每一秒的时间来学习，积累了知识，当历史给予他某种机遇的时候，他才能挺身而出，才能在历史上做出一番轰轰烈烈的事业。

我们都无法改变生命的长度，但是我们珍惜时间。我们都说，是金子总会发光的。现在一分一秒的学习，都是为了以后"发光"时能再为自己增添一丝丝的光亮，让这光亮更加地闪亮耀眼，令人惊叹。

【原文】

苏老泉①，二十七②。始发愤③，读书籍。

【导读】

苏洵是著名的北宋文学家，唐宋八大家之一，是苏轼和苏辙的父亲。在苏洵二十七岁之前，他都没有明确的人生目标，也不知进取。后来发奋读书，参加科举考试，没中便闭门不出，潜心学习十多年。最终带着两个儿子一同上京，获得欧阳修推举，至此声名远扬。虽然苏洵在事业上起步较晚，但是经过不懈的学习，仍然成就了自己，没有浪费自己大好的才华。苏洵的故事告诉我们：学习，什么时候开始都不算晚。只要有学习的决心和毅力，终究能干出一番大事业的。

苏老泉二十七始发愤。

【注释】

①苏老泉：北宋著名的文学家苏洵，大文豪苏东坡的父亲，唐宋八大家之一，老泉是他的号。②二十七：指二十七岁。③始：才。发愤：下定决心努力去做。

【译文】

北宋著名的文学家苏洵，年轻时贪玩不爱

学习，直到二十七岁才意识到自己的错误，下定决心努力向学。虽然起步比别人晚，但苏洵通过持之以恒地刻苦学习，最终成为大文学家。

【原文】

彼既老[①]，犹悔迟[②]。尔小生[③]，宜早思[④]。

【导读】

苏洵被欧阳修赏识推荐至朝廷的时候已经年近五十，虽然在文学上取得了很大的成就，但是在其晚年时回顾自己的一生时，仍然觉得后悔，自己读书读得太迟了。

因此我们应当以古人为戒，吸取前人所犯的教训，避开他人所走的弯路。早早地明白学习的重要性，早一点明确自己的人生目标，为之不断地努力学习，是有益而无害的。

【注释】

①彼：他，这里指苏老泉。既：已经。②犹：尚且。悔：后悔，懊悔。迟：慢，晚。③尔：你，你们。小生：小孩子，年轻人，对晚辈的称呼。④宜：应当，应该。早思：早点思考，早点想清楚。

【译文】

苏老泉到了二十七岁才发奋努力，尽管后来成了大文学家，但他还是后悔自己醒悟得太晚，只能更加勤奋以弥补过去浪费的时光。

你们这些小孩子，应该吸取苏老泉的教训，及早思考自己的人生道路，以免将来后悔。要珍惜最宝贵最适合读书的青春时光，努力用功。

【细说活解】

亡羊补牢，为时未晚

亡羊补牢这个成语出自《战国策》，意思是因为羊圈破损，羊被狼叼走，再去修补羊圈还不算晚。比喻问题出现后马上想办法补救，可以防止损失扩大。

战国时，楚国有一个叫庄辛的大臣，他看楚襄王身边总有四个讲究奢侈淫乐、不管国家大事的大臣在身边，就对楚襄王说这样太危险了。楚襄王不但没有听庄辛的劝谏，反而认为庄辛是在妖言惑众。庄辛一看楚襄王是这样的反应，就主动请求去赵国避难。

庄辛劝谏楚王。

庄辛到赵国才五个月，秦国就派兵攻打楚国，襄王被迫流亡。这时楚襄王突然想起庄辛之前说的话，觉得特别有道理，就赶紧派人把庄辛找回来，问他有什么办法。庄辛说："我听过一句俗语：'见到兔子以后再放出猎犬去追也不晚，羊丢了以后再去修补围栏也不迟，"后来楚襄王封庄辛为阳陵君，而庄辛也帮助楚襄王收复了不少失地。

我们都知道，学习应该从小学起，

这样循序渐进更加有利于掌握和理解知识。但是世事难料，有很多人因为这样那样的原因而错过了最佳的学习时机。错误是没有人能够避免的，但是犯了错误及时改正，并吸取教训，避免再犯同样的错误，才是正确的选择。就如同苏洵，年近而立，意识到自己的错误，开始潜心学习，最终干出一番事业。

苏洵的故事也提醒我们，在年轻的时候就确定自己的志向，为之努力奋斗，老了之后才不会后悔。

【原文】

若梁灏①，八十二②。对大廷③，魁多士④。

【导读】

梁灏，字太素，北宋人。二十三岁考中状元。并不是文中所说的八十二岁考中状元。虽然梁灏八十二岁夺得殿试第一名只是个传说，但是它却告诉世人一个道理：读书当有持之以恒的精神，不达目标绝不放弃的态度。一时没有得到认可没有关系，只要坚持一定会取得胜利。

梁灏登科。

【注释】

①若：如。梁灏：人名，生活在五代末北宋初。②八十二：这里指八十二岁。③对大廷：参加殿试（古代科举考试的最高一级，在皇宫的大殿上举行，由皇帝亲自主持）。对，答，回答，这里指回答皇帝的提问；大廷，朝廷。④魁：魁首、第一，这里指夺得第一名。多士：诸多考生。

【译文】

梁灏年轻时参加科举考试，成绩一直不理想，但他始终不放弃，终于在八十二岁那年金榜题名。他参加殿试时，对皇帝提出的问题总是对答如流，而且见解不凡，远远胜过其他诸多一同参加殿试的考生，最后高中状元。

【原文】

彼既成①，众称异②。尔小生，宜立志③。

【导读】

梁灏年八十二方中得状元，为世人所惊奇。虽然是讹传，但是这个故事仍然告诉我们这样一个道理：无论何时努力都为时不晚。我们应该趁着年轻，考虑清楚自己想要什么，想成为一个什么样的人。早早地立下目标，并为了这个目标不断地学习向前。才不会像传说中的梁灏那样，八十二岁的高龄才达到自己的目标。

【注释】

①彼：他，这里指梁灏。成：成功。②众：众人，大家。称异：感到惊异，认为是令人惊讶的。③立志：树立志向。

【译文】

和梁灏一同考上的人全都比他年纪小很多，对于梁灏勤奋好学，这么大年纪还能高中状元，大家都觉得既惊讶，又佩服。

你们这些小孩子，就应该向梁灏学习，树立远大的志向，不断向目标迈进。只要坚持到底，最后一定会有回报。

【原文】

莹八岁①，能咏诗②。泌七岁③，能赋棋④。

【导读】

祖莹，字元珍，北魏人。祖莹自幼喜欢读书，八岁的时候能够背诵《诗》《书》，十二岁时能背《尚书》，因才能超出一般人，曾被魏高祖召见。

李泌，字长源，唐朝大臣。七岁就能为文赋诗，受到朝廷君臣的一致重视。

祖莹和李泌自小就十分聪慧，而两人没有像方仲永一般，名声远扬后就忽视了学习。在学习方面他们仍旧很努力，后来才有了一番大的作为。

祖莹诵咏。

【注释】

①莹：祖莹，北魏人。②咏：唱，朗诵，声调有抑扬起伏地念。③泌：李泌，唐朝人。④赋棋：以下棋为题目作诗。赋，这里是作诗的意思。

【译文】

北魏的祖莹，从小聪明伶俐，喜欢读书，才八岁就会吟诗，让大人都惊叹不已。唐朝的李泌，同样从小聪明活泼，热爱读书。在他七岁时，皇帝召见了这个小神童，想看看他是否如传说的那样有真才实学，于是要小李泌以“棋”为题做一首诗。小李泌毫不慌张，当场写了一首好诗，皇帝大加赞赏。

【原文】

彼颖悟①，人称奇②。尔幼学③，当效之④。

【导读】

正所谓勤能补拙，笨鸟先飞。大多数的人都不像祖莹和李泌那样，自小拥有过人的天赋，但是也大可不必自卑。知识上的缺漏可以用勤奋来弥补。天资过人的祖莹和李泌若是没有后天孜孜不倦的学习，也不可能有大的作为，成为君主的肱骨之臣，社会的栋梁之才的。

【注释】

①彼：他，他们，这里指祖莹和李泌二人。②颖悟：天资聪慧，聪明过人（多指少年）。②称奇：因不寻常而表示惊奇。③幼学：初入学的儿童。④当：应该，应当。效之：学习他们。效，效法、向……学习；之，他们，同样指祖莹与李泌二人。

【译文】

祖莹与李泌二人，天资聪颖，又热爱学习，小小年纪就能吟诗作赋，大家对他们的优异表现都是既惊奇又赞叹。

你们这些刚入学的小朋友，应该以他们为榜样，从小培养对学习的热情，用功读书。

【细说活解】

勤能补拙，笨鸟先飞

天才和神童在世界中所占比例其实甚少，这个世界大多数都还是平凡的普通人。很多伟大的名人都强调勤奋的重要性。世界上最伟大的发明家爱迪生曾经说过我们都熟知的一句话：天才就是百分之一的灵感加上百分之九十九汗水。就连鲁迅先生也说过“哪里有天才，我是把别人喝咖啡的时间都用在工作上了”这样的话。没有卓越的才能，却能够百折不回的努力，一心不断的勤勉，也是能够立身于世间的。这就是勤能补拙的道理。因此有“书山有路勤为径”，或许我们不如天才与神童那般，生下来就拥有异于常人的天赋，但是天才若不继续学习，也只是普通人而已。没有异于常人的天赋的我们，只有更早、更勤奋地去学习技能，笨鸟先飞，也能够为社会为世界做出贡献的。

书山有路勤为径。

我国著名的戏曲表演艺术家梅兰芳先生曾说：“我是个笨拙的学艺者，没有充分的天才，全凭苦学。”梅兰芳小时候去拜师学戏时，被师傅说眼中灰暗呆滞，不是学习戏曲的材料而拒绝。但是梅兰芳并没有因为自己天资欠缺就灰心气馁。他通过各种方法锻炼自己的眼神，追寻鸽子在空中飞翔的身影，俯视水中的灵巧的游鱼。经过多年不断的努力，梅兰芳终于练得一双顾盼生姿，含情脉脉的双眼，最终成为全世界闻名的京剧艺术大师。我们可以说，梅兰芳先生的成功，就在于他勤奋和不服输的精神。

【原文】

蔡文姬①，能辨琴②。谢道韫③，能咏吟④。

【导读】

蔡文姬，名琰，原字昭姬，晋时避司马昭讳，改字文姬，东汉大文学家蔡邕的女儿，是中国历史上著名的才女和文学家。精于天文数理，既博学能文，又善诗赋，兼长辩才与音律。谢道韫，她自幼聪识，有才辩。咏絮之才的起源，东晋著名才女，中国古代四大才女之一。因小时候咏雪诗句的流传，被人们称为“咏絮才”。

【注释】

①蔡文姬：名琰，字文姬，东汉大文学家蔡邕的女儿，精通音乐，是历史上著名的才女。②辨琴：辨识琴声。③谢道韫：东晋宰相谢安的侄女，诗才敏捷，也是著名的才女。④咏吟：这里是作诗的意思。

文姬辨琴。

【译文】

蔡文姬是东汉末年大文学家蔡邕的女儿。她天资过人，尤其在音乐方面非常有天赋，她能准确分辨琴声好坏，甚至能听出弹奏者的感情。谢道韫是东晋宰相谢安的侄女。她文思敏捷，很小的时候就会吟诗作对，所作的咏雪诗句甚至压倒了其他兄弟。

【原文】

彼女子①，且聪敏②。尔男子，当自警③。

【导读】

古代社会重男轻女，女子是没有受教育的权力的。因此像蔡文姬和谢道韫这样的才女，顶住了世俗的压力，没有因为自己是女子就放松了对自己的要求。她们勤奋好学，最终以过人的才华令所有人折服，这样的精神是十分值得我们学习的。

【注释】

①彼：指蔡文姬和谢道韫。②且：尚且。聪敏：聪敏，反应敏捷。③自警：自我警醒。

【译文】

蔡文姬与谢道韫都是女孩子，尚且如此聪明，有才华，一个能分辨音律，一个能吟诗作对。

你们身为男子，看到女生优异的表现，更应当时时刻刻自我警醒，以她们为榜样，珍惜时光，不断充实自己。

【原文】

唐刘晏①，方七岁。举神童②，作正字③。

【导读】

“有志不在年高，无志空活百岁。”唐代的刘宴在少年时期十分勤学，才华横溢，名噪京师，时人称之神童。后任吏部尚书同平章事、领度支、铸钱、盐铁等使，实施了一系列的财政改革措施，为安史之乱后的唐朝经济发展做出了重要的贡献。我们要学习刘宴勤奋刻苦的精神，努力学习科学文化知识，励志做祖国合格的接班人。

刘晏出生于官宦家庭，从小接受良好的教育。

【注释】

①刘晏：唐代著名理财家。②举：选拔。神童：唐代科举考试科目之一。唐代设童子科，参加考试者称应神童试。③正字：秘书省中主管文字校正的官员。

【译文】

唐朝的刘晏，天赋很高，热爱学习，小小年纪就能作诗写文章，年仅七岁就被推选为神童。唐玄宗听说了他的事迹，为了表示赞赏与鼓励，选拔他担任正字官，负责校对书籍文字。

【原文】

彼虽幼①，身已仕②。有为者③，亦若是④。

【导读】

刘晏年纪轻轻，就成为朝廷重臣。有志向的人应该向刘晏学习，勤奋好学，早日掌握各种知识，为祖国为社会做出贡献。刘晏的故事告诉现在正开始学习的孩子，只要勤勉努力，自己也可以达到刘晏的成就。

【注释】

①彼：指刘晏。幼：年纪小。②身已仕：已经做官。已，已经；仕，做官。③有为者：指希望有所作为的人。④亦：也。若是：如同，像这样。若，如、像；是，这样。

【译文】

刘晏小小年纪就已经做了官，肩负重任，尽心尽力做好本职工作。希望将来能有所作为的人，应当像刘晏这样，认真负责、勤奋上进。

【原文】

犬守夜①，鸡司晨②。苟不学③，曷为人④。

【导读】

狗每晚不睡觉为我们守夜看家护院，鸡每天早上按时啼叫，报告天明。狗和鸡虽然没有自己的思想，但是都知道尽忠职守地做着自己该做的事情，那么人要是不学习，没有一技之长，不能为社会贡献自己的力量，终日只游手好闲，那么就没有资格称为人了。

我们必须正视学习的重要意义。倘若不学习的话，我们只能消耗这个社会的能量，根本谈不上贡献。对社会没有贡献，岂不是不如狗、鸡那些动物了吗？勤奋学习的意义远不止于此，“学，然后知不足”，我们只有不断地学习才能发现我们自身的不足，才能不断地完善自我。

【注释】

①犬：狗。守夜：晚上担任守卫看家。②司晨：早上打鸣报晓。司，掌管。③苟：假如、如果。④曷为人：怎么做人呢？曷，如何、怎么；为人，做人。

【译文】

狗会在晚上充当警卫，看守门户，保护主人的安全；公鸡每天清晨都会高声打鸣报晓，催促人们按时起床。

狗和鸡尚且能尽责工作，身为万物之灵的我们如果整天懒惰贪玩，不肯认真学习有用的本领，还怎么做人呢？

【原文】

蚕吐丝①，蜂酿蜜②。人不学，不如物③。

【导读】

蚕虫和蜜蜂都是昆虫，一个吐蚕丝供人类纺布制衣，一个采集花粉酝酿成蜜，供人类食用。它们虽然很小，却对人类有着很重要的作用。如果人不学习的话，就无法掌握知识和技能，就无法贡献社会，那么就是连蚕虫和蜜蜂这样的昆虫都不如了。

【注释】

①蚕：家蚕，一种动物，能够吐丝结茧，是丝绸的主要来源。②蜂：蜜蜂。酿：发酵酿造。③不如：比不上。物：这里指动物。

人要靠勤奋读书学习实现自己的价值。

【译文】

蚕会吐丝结茧，人们用它来制作布料、衣服。蜜蜂会采集花粉，酿成甘甜的蜂蜜给人食用。蚕、蜂和狗、鸡一样，都能尽职完成自己的工作。如果我们不懂得自己应尽的责任，不勤奋读书学习实现自己的价值，岂不是连这些动物都比不上吗？

【细说活解】

给永远比拿愉快

蚕的本能在于吐丝结茧，给人们制作衣服；蜜蜂的本能在于酿造蜂蜜，供人食用。动物都在尽自己的本分，来实现自己的价值，给人类提供方便，为这个社会贡献自己的力量；作为人类，我们也要勤奋学习，不断地充实自我、提升自我，为他人做更多的贡献，也只有这样，才能实现自身的人生价值，才能实现我们崇高的理想和抱负。

“赠人玫瑰，手留余香。”生命的价值在于奉献，我们的人生价值在于为别人贡献了什么，而不是取得了什么。我们在给别人的奉献和给予中，也在享受着别人的付出，收获自己心灵的慰藉，收获着属于自己的那份惊喜。作为祖国新时代的接班人，我们只有不断地学习科学文化知识，提高自己的综合素质，用知识的力量武装自己，才能不断地适应社会、服务他人，实现自己的人生价值，为建设和谐社会贡献出自己的一份力。

【原文】

幼而学，壮而行①。上致君②，下泽民③。

【导读】

小孩子现在好好读书，是为了长大之后能够用上这些知识和技能贡献社会。因此我们学习的目的就是报效祖国，造福人民。同时，也能实现自己的人生理想和人生价值，成为一个不折不扣的对自己、对社会有价值的人。

【注释】

①壮：壮年，古代以三十岁为壮年，泛指中年人。行：努力实行。②上：对上。致君：尽力辅佐国君。致，尽力。③下：对下。泽民：施恩惠于人民，使人民能得到福利。泽，恩泽，恩惠；民，人民，百姓。

【译文】

年轻的时候记忆力最好，学习能力最强，我们应当把握这段黄金时期，不断学习，努力充实自己，等到长大成人后，就要学以致用，用所学的知识和本领做出一番事业，对上为建设祖国贡献自己的力量，对下服务人民，造福百姓。

幼而学，壮而行。

【原文】

扬名声①，显父母②。光于前③，裕于后④。

【导读】

在封建社会中，只要一个人被授予官职，他的父母、祖、曾祖都会被封为不同的官职。哪怕祖父、曾祖父已经过世了，也会因为子孙后代的成功获得荣光。莘莘学子十年寒窗苦读，为的是一朝金榜题名，扬名天下，使父母感到荣耀。我们要掌握科学文化知识，学会做人的道理，使自己做事合乎礼仪，同时我们要不断培养我们的德行，为祖国和人民做出卓越的贡献，不仅我们会感到十分荣光，父母也会感到骄傲。

望子成龙、望女成凤是所有父母的心愿。现在好好学习以后成为对社会有用的栋梁之才，不仅实现了自己的人生目标，更能让辛辛苦苦将我们抚养长大的父母感到高兴。如果我们的成就能为社会所认可，那么我们的父母一定会感到荣耀无比，这就是我们对父母养育之恩最好的报答了。

【注释】

①扬：显扬，传播。名声：名誉声望。②显：传扬，显扬。③光：光耀、增光。前：前人，指祖先、祖宗。④裕：富裕，富足。后：指子孙后代。

【译文】

如果长大后能用自己所学的知识和本领为祖国、人民做出应有的贡献，人民自然会赞扬你的功绩，不但自己能名扬天下，也使父母感到荣耀，给祖先增光，还能给子孙后代树立好榜样，使他们受益匪浅。

【原文】

人遗子①，金满籯②。我教子③，惟一经。

【导读】

这句话是作者对全书的总结。正所谓，授人以鱼不如授之以渔，给子女留下千金不如教之以做人的道理。这样子女们拥有了这些做人的基础，才能走上正确的道路，今后无论遇到什么样的困难和打击都能以健康的心态去面对，才能开创出一番属于自己的事业，实现自己的人生价值。做人的道理是任何事物都比不上的财富。

【注释】

①人：别人，有的人。遗：留给，遗留。子：孩子，子孙。②金满籯：满筐金子，意思是巨大的财富。籯，竹子编的筐。③教：教育。

【译文】

有的人疼爱子女，给子孙留下许多钱财，希望他们能过上富裕的生活。我的想法和那些人不同，留下来教育子孙的，只有这本《三字经》。希望能教给他们做人的道理，还有自己的人生经验和教训，让他们努力学习，打好根基，将来能开创自己的事业。

古人提倡以道德传家，耕读传家次之，诗书传家又次之。

【细说活解】

授人以鱼，不如授之以渔

授人以鱼只救一时之急，授人以渔则可解一生之需。鱼是目的，钓鱼是手段。送给别人一条鱼，只能解决他一时的饥饿，不能解决他长久的饥饿；想要他永远都能有鱼吃，就要教授给他钓鱼的方法，比喻想要帮助他人解决难题，不如传授给他解决难题的方法。

这句话在当今家长教育孩子的问题上仍然具有重要的意义。孩子在成长的过程中，需要的不仅仅是解决问题，更需要解决问题的能力。家长是孩子的启蒙老师，家长的一言一行对于孩子都具有潜移默化的作用。所以，家长不仅要给孩子提供物质基础，还应该教给孩子做人的道理，分析人生的价值和意义，引导孩子走向正确的人生方向。

【原文】

勤有功①，戏无益②。戒之哉③，宜勉力④。

【导读】

古人云：业精于勤而荒于嬉。《三字经》中例举了很多事实，讲述了很多道理，无非就是告诫我们应该勤奋地读书学习。正所谓“书山有路勤为径，学海无涯苦作舟”，勤奋苦学才是通向成功的捷径，耽于游戏和享乐是不可能有一番作为的，成日游手好闲不思进取，最后只会徒劳伤悲。

【注释】

①勤：勤奋，勤劳。有功：取得成就。功，功绩、功劳。②戏：玩乐，嬉戏玩耍。无益：没有好处。益，好处、利益。③戒之哉：要以此为警戒啊。戒：警戒、警惕；之：代指前面所说的“勤有功，戏无益”；哉：啊，表示感叹的语气。④宜：应该，应当。勉力：尽力，辛勤努力。

【译文】

勤奋努力的人最后一定能取得相应的成就，这就是俗话说的“有志者，事竟成”“一分耕耘，一分收获”。相反，如果只知道贪玩，最终一定会后悔自己白白浪费了宝贵的时光，却一无所获。我们一定要把“少壮不努力，老大徒伤悲”的教训牢记在心，以此为警戒，经常提醒自己，珍惜时光，认真学习。

【细说活解】

书山有路勤为径

顾炎武在《与友人书》中说，“人之为学，不日进则日退”。人做学问，如果不是每天在进步，那么就是每天在退步。只有勤奋向学，才能有所收获。所谓耕耘才能有收获，努力总会有所得。韩愈说：“业精于勤，荒于嬉；行成于思，毁于随”，荒废人生，沉迷于玩乐只会让光阴白白消逝，而人的身体也会受到损坏，是没有益处的。

非学无以广才，非志无以成学。

“书山有路勤为径，学海无涯苦作舟”是韩愈一句治学名联，意思是想要攀上知识的顶峰，那么勤奋是唯一路径；想要到达知识海洋的彼岸，刻苦是仅有的行舟。他告诉人们，在学习的道路上，没有捷径可走，只能靠着不懈的努力和奋斗，才能在广博的书山和无尽的学海中获得更多更广的知识。这句话，激励着一代代年轻人走向成功。

第二卷

百家姓

百家姓

《百家姓》是一本关于中国姓氏的书，成书于北宋初。原收集姓氏411个，后增补到504个，其中单姓444个，复姓60个。全文四字一句，句句押韵，像一首四言诗一样，读来琅琅上口，易学好记。关于本书的作者，目前还没有定论，一般认为是由北宋初年杭州的一位读书人编著的。《百家姓》的次序的形成是有历史原因的，“赵钱孙李”成为《百家姓》前四姓是因为百家姓形成于宋朝的吴越钱塘地区，故而宋朝皇帝的赵氏、吴越国国王钱氏、吴越国王钱俶正妃孙氏以及南唐国王李氏成为百家姓前四位。

《百家姓》问世以后，广受欢迎，家喻户晓，代代流传。中国人是十分重视祖先、家族的。姓氏不仅代表一个人，还承载着浓重的家族、地域内涵和历史文化内容。

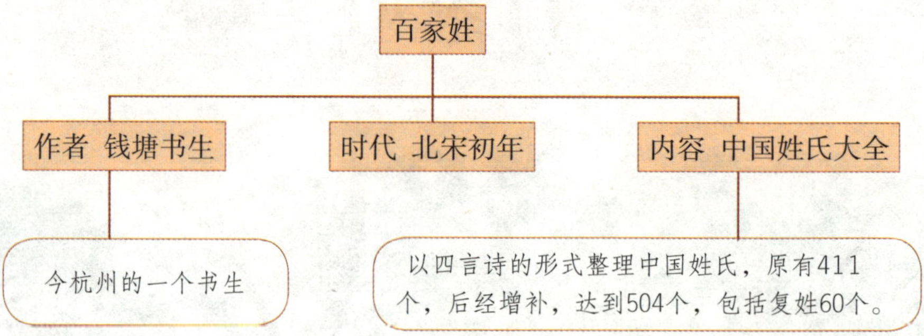

zhào
赵

【姓氏来源】

其一：出自嬴姓，其始祖为以擅于驾车著名的造父。

西周时期，传说颛顼帝的子孙，有一个名叫造父的，他善于驯马和驾车，深得周穆王的喜爱。周穆王西巡去见西王母时，乘坐的就是造父在桃林一带挑选的八匹骏马拉的车。正当周穆王在西王母那游玩乐而忘返的时候，徐偃王叛乱了。造父及时驾

造父驾车。

车护送周穆王回都城，因为造父护送周穆王回都有功，周穆王便把赵城赐给他作为封地。造父的后代们就以封地为姓，世世代代都姓赵。到了春秋时期，造父的第五世孙赵夙到晋国做将军，赵家的势力在晋国日益壮大。到了春秋末期，赵家的权势更大，进一步与同为大夫的韩家和魏家瓜分了晋国，成立了赵国，这就是历史上著名的“三家分晋”。后来，赵国越来越强大，成为“战国七雄”之一。

其二：出自他族改姓。

由匈奴、南蛮等少数民族改赵姓或赵宋王朝赐姓而来。如《汉书》所载，赵安稽，本匈奴人。《旧唐书》中记载，赵曳天，南蛮人。五代时期的赵国珍，原是牂牁酋长的后裔等。

【郡望堂号】

天水郡：西汉时期置郡，治所在平襄（今甘肃通渭），此支赵氏开基始祖为代王赵嘉。

颍川郡：秦时置郡，治所在阳翟（今河南禹州），此支赵氏开基始祖为西汉京兆尹赵广汉。

赵氏堂号有“天水”“孝思”“半部”等。

【繁衍变迁】

赵姓发源于山西。到战国七雄之一的赵国灭亡时，赵姓已分布于山西、河北、河南、山东等地。秦初，始皇派赵公辅任西戎地区的行政长官，居住在天水，很快就繁衍成当地一大望族。同时，赵王赵迁因流放到今湖北房县，子孙在今湖北繁衍；后赵佗建立南越国，又把赵姓推进到两广。由涿郡赵氏赵匡胤建立的北宋，使赵姓人口得到了空前的发展，自宋代以后，赵姓遍布全国。

赵姓是当代中国人口排行第八位的姓氏，总人口约2600万，约占全国人口的2.06%，主要分布于黄河沿岸的省份和东北地区。

【历史名人】

赵雍：就是赵武灵王，他实行“胡服骑射”，改革军事装备和作战方法，以增强军事力量。同时积极倡导国家制度和文化风俗的改革，使赵国成为战国时期仅次于秦国和齐国的军事强国。

赵胜：平原君赵胜，是“战国四公子”之一，以“食客数千人”著称，曾任赵国宰相，著名的成语“毛遂自荐”就是源自毛遂向赵胜自荐的典故。

赵云：字子龙，三国时期的蜀汉名将，有胆有识武艺高强，在汉中以数十骑拒曹操大军，被刘备誉为“子龙一身都是胆也”，军士们都称他为“威武将军”。

赵匡胤：北宋王朝的建立者，为加强中央集权，策划了“杯酒释兵权”的事件，提倡文人政治，开创了中国的文治盛世，是一位卓越的政治家。

杯酒释兵权。

赵孟頫：元代杰出书法家，楷书四大家之一，精于正、行书和小楷，笔法圆转遒丽，人称“赵体”。在绘画方面，开创元代新画风，被称为“元人冠冕”。

赵普：字则平，北宋名相。足智多谋，后读《论语》，有“半部《论语》治天下”之说，普三世孙概自洛阳迁亳，为亳州始祖。五世孙赵期，为云塘赵氏始祖。

【姓氏名人故事】

半部《论语》治天下

赵普是北宋著名的政治家，是宋太祖赵匡胤的手下，为赵匡胤出谋划策，发动兵变，做了皇帝。后来，赵普又辅佐宋太祖东征西讨，统一了全国，被宋太祖任命为宰相。宋太祖死后，他的弟弟赵光义继位，史称宋太宗。赵普仍然担任宰相。赵普读书不多，学问也不大，宋太祖赵匡胤曾劝他说：“不读书是不行的，一定要多读书，才能有学问。”于是赵普便记在心里，无论朝政多么繁忙，也要钻研《论语》。

后来有人对宋太宗说赵普不学无术，所读过的书仅仅是一部《论语》而已，当宰相不合适。宋太宗不以为然地说：“赵普虽然读书不多，这我一直都知道的。但是若说他只读过一部《论语》，我可不相信。”

于是，一次宋太宗和赵普闲聊，宋太宗想起这件事，随意问道：“有人说你只读一部《论语》，是真的吗？”赵普老老实实地回答说：“臣读的书不多，所知道的，确实不超出《论语》这部分。但是过去臣以半部《论语》辅助太祖平定天下建立王朝，现在臣用半部《论语》辅助陛下，使天下太平。”后来赵普因为年老体衰病逝，家人打开他的书箧，发现里面果真只有一部《论语》。

qián
钱

【姓氏来源】

钱姓出自彭姓，是以官职命名的姓氏。颛顼帝有玄孙陆终，陆终有子名篯铿，被封于大彭，建彭国，为商朝的诸侯国。因此篯铿又称彭铿。彭铿长寿，寿过八百，被称为彭祖。彭祖有孙子名叫孚，西周时任钱府上士。是掌管朝廷的钱财、负责钱财的管理和调度的职位，于是以官职为姓就姓“钱”了。孚的子孙也都以官名为姓，称钱氏。钱姓发源于陕西，兴盛于江浙。唐朝末年，钱镠（liú）建立吴越国，政绩卓著。

彭祖像。

【郡望堂号】

钱姓的郡望主要有下邳郡、彭城郡、吴兴郡等。

下邳郡：东汉时改临淮郡置国，治所在下邳（今江苏睢宁西北）。南朝宋及隋大业时改为郡。

彭城郡：西汉时改楚国置彭城郡，不久复为楚国。东汉时又改为彭城国，治所在彭城（今江苏省徐州市）。

吴兴郡：三国吴时置郡，治所在乌程（今浙江省湖州市吴兴区）。

钱姓的堂号有“吴越堂”等。

【繁衍变迁】

钱姓发源于今陕西西安，之后逐渐向南方发展。秦朝有御史大夫钱产，其子孙居下邳（今江苏邳州）。西汉徐州人钱林，因王莽专政，弃官隐居长兴（今属浙江）；钱逊，因避王莽乱，徙居乌程（今浙江湖州）。唐初，光州固始（今河南省固始县境内）人陈政、陈元光父子入今福建开辟漳州，有钱姓将佐随往，在今福建安家落户。宋元时期，钱姓人发展到今广东、四川、安徽、湖南等省。明清时期，今上海、云南、湖北等省市均有钱姓的人聚居点。从清代开始，居住在今福建、广东及其他省市沿海地区的钱姓人陆续有迁至台湾、进而徙居海外者。

钱姓是当代中国人口排行第九十六位的姓氏，总人口近220万，约占全国人口的0.18%，尤盛于江苏、浙江、安徽。

【历史名人】

钱起：字仲文，唐朝大诗人，为“大历十才子”之一，与朗士元齐名，世称“钱朗”。有《钱考功集》。

钱惟演：字希圣，北宋大臣，西昆体骨干诗人。著有《家王故事》《金坡遗事》。

钱大昕：字晓征，清朝考据学家、史学家、汉学家。著有《唐石经考异》《经典文字考异》等。

sūn

孙

【姓氏来源】

孙姓的起源主要有六：

其一：出自姬姓，为卫国国君康叔的后代。后稷继承姬姓，成为周族的始祖。周文王的小儿子康叔，因封于康，故称康叔。周公旦平定武庚叛乱后，将原来商都附近地区和殷民七族分封给康叔，即卫国。春秋时期，卫康叔的八世孙卫武公有子名惠孙，惠孙之子名耳，为卫国上卿，姬耳之子名乙，字武仲，武仲根据周制，以祖父的字命氏，即为孙氏。

孙子像。

其二：出自芈姓，为春秋时期楚国令尹孙叔敖之后。传说颛顼的后裔陆终之子季连，赐姓芈。季连的后裔熊绎在周康王时被封于荆山，建立荆国。后改国号为楚，战国时期，楚国称为“战国七雄”之一。熊绎的子孙蒍艾猎，即为孙叔敖，字孙叔，为楚国令尹，因其开发水利有功，深受楚民爱戴，其子孙便以他的字命氏，为孙氏。

其三：出自妫姓。相传舜帝曾住在妫河边，因此其后代又有妫姓。陈厉公时，陈完因内乱逃至齐国，改姓为田。田完五世孙田桓子无宇的儿子田书因伐莒有功，齐景公封田书于乐安，赐姓孙氏。后齐国内乱，孙书后人出奔逃至吴国。

其四：出自子姓，为商纣王的叔父比干之后裔。帝喾之后裔契，因协助大禹治水有功，被封于商，赐子姓。后世孙建立商朝。比干因直言进谏，被纣王挖心而死，其子孙为了避祸而改姓，有的以本为王族子孙之故，改为孙姓。

其五：出自他姓改姓。如夏侯婴曾孙夏侯颇取公主为妻，该公主随母亲外家的姓，称“孙公主”，夏侯颇的子女也随之为孙姓。又如战国时期著名军事家荀卿的后裔，在西汉时期，为避讳汉宣帝刘询，改为孙卿。后又复为荀卿，但一部分子孙没有改回，仍称孙氏。

其六：出自他族改姓。如北魏孝文帝时期，因实行汉化政策，将鲜卑族复姓拔拔氏改为汉字单姓孙氏。

【郡望堂号】

孙姓的郡望主要有汲郡、陈留郡、太原郡、乐安郡、富春郡等。

汲郡：晋时置郡，治所在汲县（今河南卫辉市西南）。此支孙氏，为孙氏世居之地，是晋名隐士孙登之族所在。

陈留郡：西汉时置郡，治所在陈留县（今河南开封东南）。

乐安郡：东汉置郡，治所在临济（今山东省高青县高苑路东北）。此支孙氏，为“兵圣”孙武之族所在。

富春郡，秦置郡，治所在今浙江富阳。此支孙氏，为乐安孙氏之分支，其开基始祖为孙武次子孙明。

太原郡：战国秦庄襄王时置郡，治所在晋阳（今山西省太原市）。此支孙氏，为富春孙氏之分支，其开基始祖为孙明的十一世孙福。

孙氏又以“太原”“乐安”为其堂号。

【繁衍变迁】

孙姓发源于河南和山东，春秋末期，居于河南的卫国，后孙姓氏族北迁晋国；战国时，山东境内的孙姓氏族也繁盛发展，妫姓孙氏成为孙姓人的主力。秦汉以后，孙姓人由山东向西发展至山西，向南发展到浙江和湖北等地。三国时期，孙吴政权使得孙姓家族得到了空前的发展。魏晋南北朝时期，北方、中原、江南各地都有孙姓氏族的聚集，名家望族辈出，等到唐宋时期，孙姓人就遍布全国大江南北。明末清初，孙姓人开始渡海迁向台湾，并逐渐向海外发展。

【历史名人】

孙叔敖：芳氏，名敖，字孙叔，春秋时期杰出的政治家，楚国名臣。主持修建了中国古代最早的大型渠系水利工程——期思陂，对当时农业经济的发展起到了重要的作用。

孙武：字长卿，春秋末期伟大军事家。应用了五行相生相克的原理，编撰成《孙子兵法》，被誉为“兵学圣典”。

孙权：字仲谋，三国时期吴国的建立者。是杰出的政治家、战略家，拥有雄才谋略，骁勇善战，后世有“生子当如孙仲谋”之说。

孙思邈：唐代著名的医学家，是著名的医师与道士，在中国乃至世界史上医药史上都占据着重要的地位，著有《千金药方》《千金翼方》，被后人誉为“药王”。

孙中山：名孙文，字载之，中国近代民族民主主义革命的开拓者，中国民主革命伟大先行者，中华民国和中国国民党创始人，实行“三民主义”，被尊为“中华民国国父”。

lǐ

李

【姓氏来源】

李姓的来源主要有三：

李煜创作诗词。

其一：出自嬴姓，为颛顼高阳氏的后裔。颛顼的后裔皋陶在尧帝时担任大理的职务，他的儿子伯益因为帮助大禹治水有功，被赐为嬴姓，伯益的子孙世袭大理的职务。按照当时的社会习俗，以官为氏，称理氏。到了商朝末年，皋陶的后人理徵为人正直，在朝廷做官，因为敢于直谏得罪于商纣王，被纣王处死。理徵的妻子带着儿子利贞逃到“伊侯之墟”藏匿起来，好几日没有吃饭的他们因为不敢走远，只得在附近寻找可以充饥的东西，终于靠着木子，也就是李子的果实得以活命，不敢再姓理，改姓李氏，以示纪念和避祸。

其二：出自他族改姓。据记载，三国时期蜀汉丞相诸葛亮平定哀牢夷后，曾赐当地各少数民族以赵、张、杨、李等姓。而北魏时期，鲜卑族有复姓叱李氏，在北魏孝文帝迁都洛阳后，实行全面汉化政策，改为汉字单姓李氏。

其三：出自他姓改姓。据记载，唐朝开国元勋以及有功之臣，都被赐予国姓，即李姓。如徐世勣，后改为李勣。

【郡望堂号】

李氏郡望主要有陇西郡、赵郡、顿丘郡、渤海郡和中山郡等。其中赵郡和陇西郡声望最盛。

陇西郡：战国时置郡，治所在狄道（今甘肃临洮南）。此支李氏，其开基始祖为秦司徒李昙长子李崇。

赵郡：汉时置郡，治所在邯郸（今河北省邯郸市西南）。此支李氏，其开基始祖为秦太傅李玑次子李牧。

顿丘郡：西晋时置郡，治所在顿丘（今河南清丰西南）。此支李氏陇西李氏分支，其开基始祖为西汉名将李广一世孙李忠。

李姓的诸多郡望中，陇西郡和赵郡最为著名，除了少数民族改复姓为单姓和赐姓李氏外，其他分支几乎都是从这两支中衍生出来的，故李姓又以这两个郡望为堂号。又有“平棘”等堂号。

【繁衍变迁】

李姓发源于河南，西汉时开始向山东迁徙；东汉时，李姓人开始向西南地区发展，在四川、云南地区都有所分布，其中，有融入当地少数民族的。唐朝之后，主要驻守北方的李姓开始迁向南方，进入福建等地。因为李姓在唐朝时为国姓，因此李姓在这一时期的发展达到巅峰。明朝初期，居住在福建的李姓人就开始渡海向日本等海外国家迁移，而明朝末期，有大部分的李姓人移居台湾。

李姓是当代中国人口最多的姓氏，全世界李姓的人数已经超过一亿，是世界上数量最多的同姓人群。

【历史名人】

李耳：即老子，又称老聃，是道家学派的创始人，著有《道德经》，主张无为而治，对中国哲学发展具有深刻影响。

李世民：唐朝皇帝，又称唐太宗，是一位出色的政治家，在位期间是历史上著名的“贞观之治”时期。

李白：唐朝诗人，伟大的浪漫主义诗人，被称为诗仙，存世诗文千余篇，代表作有《蜀道难》《行路难》《梦游天姥吟留别》《将进酒》等诗篇。

李春：隋朝著名工匠，世界上保存完好、最古老的单孔大石桥赵州桥的设计者，开创了中国桥梁建造的崭新局面。

李广：西汉名将，多次参加反击匈奴的战争，以勇敢善战著称。在任右北平太守时，匈奴数年不敢攻扰，称之为“飞将军”。

李清照：南宋女词人。论词强调协律，崇尚典雅、情致，提出词“别是一家”之说。

李时珍：我国古代伟大的医学家、药物学家，历时二十七年编成《本草纲目》一书，是我国古代药物学的总结性巨著，被世人称为“药王神医”。

李自成：明朝末年的农民起义军领袖，杰出的军事家，率领起义军推翻明王朝，人称“李闯王”。

zhōu

周

【姓氏来源】

周姓的起源主要有三：

其一：周姓的最早出现，可追溯到黄帝时期。据《姓氏考略》所载，黄帝时期就有一位名叫周昌的大将。到商朝，又有一名叫周任的太史，两人的后人均以周为姓氏，分散于各地。

其二：出自姬姓，为周文王之后。后稷因管理农业有功，帝尧封他为有邰氏的国君。夏朝末期，第十二代孙古公亶父，即周太王，为戎狄所逼，迁至周原，改国号为周，称为周氏。周武王时，推翻商朝建立周朝，其后人多以国名、以地名为姓，姬姓越来越少。等到秦国灭周后，周宗室子孙和周朝遗民纷纷以周为氏。如周平王少子烈，被封于汝川，人们谓之为周家，因以为氏；周赧王被秦国罢黜为庶人，迁至惮狐，称周赧王为周家，其后称周氏；周公旦被封周地，史称周公，其后人也以周为姓。

周太王为戎狄所逼，迁至周原，改国号为周，称为周氏。

其三：出自他氏、他族改姓。如唐先天年间，唐玄宗名叫李隆基，有姬氏为避讳改为周氏。

又如北魏孝文帝时期，将鲜卑族复姓贺鲁氏改汉字单姓周氏。

【郡望堂号】

周姓郡望主要有汝南郡、沛郡、陈留郡、浔阳郡等。

汝南郡：汉时置郡，治所在今河南上蔡西南。此支周氏，为周平王少子烈的后代，其开基始祖为周平王少子姬烈第十八代裔孙周邕。

沛郡：汉高帝时置郡，治所在今安徽省濉溪县。此支周氏，其开基始祖为汉代汾阴侯周昌。

陈留郡：秦时置郡。治所在今河南省开封地区。此支周氏，为汉代周仁之后，其开基始祖为晋代的周震。

周姓的堂号有“汝南”“爱莲”“浔江”等。

【繁衍变迁】

周姓起源于山西，秦汉时期，周姓人主要集中在河南和陕西两地，形成了汝南郡和陈留郡等名门望族，后来周姓人逐渐向江苏、安徽、山东等地迁居。魏晋南北朝时期，因为常年战乱，大部分的周姓氏族开始向南迁徙，到湖北、江西、江苏等地。唐朝时，周姓人有徙居到福建、广东等沿海地区的。到了宋元时期，周姓人继续南迁。在这一时期，南方周姓氏族出现很多知名人士。明清时期是周姓发展的比较繁荣的时期，云南、贵州、四川等西南地区都有了周姓氏族。康乾时期，居住在广东、福建等东南沿海地区的周姓人开始向台湾、海外移居。

周姓在当代中国人口排行中排位第九。

【历史名人】

周公：周文王姬昌第四子。是西周初期杰出的政治家、军事家和思想家，被尊为儒学奠基人，孔子一生最崇敬的古代圣人之一。

周瑜：字公瑾，三国时期吴国名将，相貌英俊，有“周郎”之称。周瑜精通军事、善音律，率东吴军与刘备军联合，击败曹操南犯大军，以少胜多赢得赤壁之战。

周敦颐：北宋著名哲学家。理学大师朱熹曾推崇他为理学的开创人，著《太极图说》《爱莲说》等。

周树人：即鲁迅，伟大的文学家、思想家、革命家，中国现代文学奠基人，著作有《狂人日记》《呐喊》《彷徨》等。

周恩来：中华人民共和国第一任总理，杰出的革命家、政治家、军事家和外交家。为了党和人民无私奉献，获得了中国人民和世界人民的爱戴和尊敬。

【姓氏名人故事】

周郎顾曲

周瑜是东汉末年东吴杰出军事家，他率军与刘备军队联合击败曹操，赢得了历史上著名的以少胜多的赤壁之战。陈寿称赞他“年少有美才”，文韬武略在万人之上。周瑜不但胆略过人，还气度恢宏，性度恢廓。程普曾评价周瑜，“与周公瑾交，若饮醇醪，不觉自醉”。与人相交如饮醇酒，可见周瑜与众不同的气度。

周瑜不但精通军事，还擅长音律。周瑜身长精壮，容貌俊朗，因此有“周郎”之称。江东便有“曲有误，周郎顾”的说法。周瑜从小就爱好并精通音乐，薄酒三杯过后，有些醉意了，演奏的曲子中如果有错误，周瑜还是能听得出来，听出来一定会回头帮人改正过来。

相传周瑜还创作《长河吟》，与著名的《广陵散》并称于世。

wú

吴

【姓氏来源】

吴姓的起源主要有二：

其一：出自姬姓，为黄帝轩辕氏之后裔。后稷的第十二代孙古公亶父有三个儿子，太伯、仲雍和季历，太伯和仲雍让贤后，到荆蛮之地。季历之子姬昌为振兴周族苦心经营，最终由其子周武王姬发一举灭商，建立起周王朝。继而周王朝封太伯、仲雍后裔受封于吴，建立起强大的吴国，后世吴姓子孙则多把太伯、仲雍尊为得姓始祖。到了春秋时期，吴国逐渐强盛起来，但因夫差骄傲自大，被越国勾践所灭。吴国被灭后，其子孙以国为氏，称吴氏。

风流倜傥的儒将周瑜。

其二：出自虞氏或者有虞氏。仲雍的后代受封于虞国，后被晋国所灭，其子孙以国为氏，称虞氏。又相传上古时期部落，称有虞氏，舜乃其领袖。因金文中，虞和吴相通，因而其子孙也有吴氏。

【郡望堂号】

吴姓郡望主要有延陵县、濮阳郡、渤海郡、陈留郡等。

延陵县：春秋时吴国贵族受封于此，治所在今江苏丹阳西南。

濮阳郡：晋时置郡，治所在濮阳（今河南省濮阳市西南）。此支吴氏，属季札直系后裔，其开基始祖为广平侯吴汉的裔孙吴遵。

陈留郡：西汉时置郡，治所在陈留（今河南开封东南）。此支吴氏，亦为季札后裔，为东汉吴恢一族之所在。

吴姓堂号有“延陵”“至德”“濮阳”等。

【繁衍变迁】

吴姓起源于我国南方地区，战国时期，吴国被越国攻灭后，吴王夫差的后裔开始向江苏、浙江、安徽、山东、河南、山西等地迁居发展。秦汉时期，是吴姓第一个发展时期，吴姓人因参与秦末起义被封王，因此推动了吴姓的繁荣。南朝时，湖北地区的一部分吴姓人向四川迁徙。宋元时，吴姓在东南地区繁衍昌盛起来。明清及近现代，陆续有吴姓氏族向东南亚以及其他国家迁徙。

吴姓在当代中国人口排行中排位第十。

【历史名人】

吴起：战国初期著名的政治家、军事家，著有《吴子》，与孙武的《孙子》合称《孙吴兵法》，在中国古代军事典籍中占有重要地位。

吴广：秦末农民起义领袖。与陈胜一同发动反秦起义，建立张楚政权。

吴道子：唐代著名画家。他作品线条遒劲雄放，画风独特，被人们称为“吴带当风”。被后人尊为“画圣”。

吴承恩：字汝忠，是我国四大名著之一《西游记》的作者，明朝杰出小说家。

吴敬梓：字敏轩，清代著名批判现实主义小说家，著有《儒林外史》，是我国文学史上一部杰出的现实主义的章回体长篇讽刺小说。

吴起像。

zhèng

郑

【姓氏来源】

郑姓的起源比较纯正，出自姬姓，以国为氏，为黄帝裔孙后稷之后。黄帝之后，后稷继承姬姓，其后世周武王灭商建周。周宣王静将同父异母的少弟姬友封于郑地，称郑桓公。后平王东迁时，郑桓公之子郑武公借机占领了郐和东虢两国，在新郑一带建立郑国。郑国在春秋初期为强国，后来日渐衰落，最终为韩国所灭。郑氏宗族纷纷外迁，以国为姓，称郑氏。

后稷像。

【郡望堂号】

郑姓的郡望主要有荥阳郡、洛阳郡、高密郡等。

荥阳郡：三国时置郡，治所在荥阳（今河南省荥阳市东北）。

洛阳郡：战国时置县，南北朝时置郡，治所在洛阳（今河南洛阳白马寺东汉水北岸）。

高密郡：西汉时置郡，治所在高密（今山东省高密市西南）。

郑姓的堂号有“荥阳”“博经”“安远”等。

【繁衍变迁】

郑姓发源于河南和陕西地区，春秋时，郑国灭亡，子孙后裔分布在河南、山东、山西、安徽、河北等地，还有少部分郑姓人迁居至四川。西汉时，因强宗大族不得聚居的政策，郑姓人南迁到浙江。西晋时，郑姓人因“永嘉之乱”而大规模南迁。唐朝时，郑姓人进入福建，在东南沿海地区集中发展。明朝时，郑成功收复台湾，郑姓人移居至台湾；清朝时，郑姓人逐渐移至海外。

郑姓在当代中国人口排行中排位第二十一，在浙江、福建、台湾地区最为昌盛。

【历史名人】

郑玄：字康成，东汉末年的经学大师。遍注群经，著有《天文七政论》《中侯》等书，共百万余言，世称“郑学”，为汉代经学的集大成者。

郑和：原名马三宝。明朝著名航海家。

郑成功：字明俨，明末清初军事家，民族英雄。赶走荷兰殖民者、收复祖国领土台湾。有《延平王集》存世。

郑板桥：即郑燮，字克柔，清代官吏，著名书画家、文学家。其诗、书、画被称“三绝”。为“扬州八怪”之一。

wáng

王

【姓氏来源】

王姓的姓氏来源主要有五：

其一：出自姬姓，是周文王之后。据《通志氏族略》中所载，京兆郡、河间有王姓，为周文王十五子毕公高的后裔。毕公高被分封在毕地，为公爵，因而被称为毕公高。春秋时候，其子孙毕万去晋国当司徒，被分封于魏。到后来为秦所灭，子孙四散，因为是王者之后，而被称为王家，是为王姓。又有东周灵王太子晋，因直谏被废为庶民，由洛阳迁居于琅玡、太原，世人称其为“王”家，其后以“王”为姓，称为王氏。这一支王氏，后成为天下王氏最主要的支派。

毕公高像。

其二：出自妫姓，为齐田和之后。周武王灭商后，追封帝舜的后裔妫满于陈。春秋时期，陈厉公之子陈完，避难逃到齐国，为陈氏。其五世孙陈恒子在齐国做大夫，食于田，遂改姓为田。其后裔田和成为齐国国君，即历史上著名的“田氏代齐”。后来齐国为秦国所灭，到项羽反秦时，其裔田安被封为济北王，其后人为了纪念，便改“妫”姓为“王”姓，称为王氏。

其三：出自子姓，是殷商王子比干之后。商朝末期，商纣王昏庸无道，殷商王子比干因屡次直言进谏，被剖心而死。王子比干被杀后，就葬在当时的国都朝歌附近，他的子孙世世代代居于此处为他守灵，同时改姓为王，纪念为国献身的祖先。

其四：由少数民族改姓而来。据相关史料记载，鲜卑族的可频氏、西羌钳耳氏、高丽族、乌丸族均是北魏孝文帝时期，改复姓为汉字单姓时改为王姓的。

其五：出自赐姓或者冒姓的王姓。如《汉书》所载，西汉王莽新政时，赐姓战国燕王朱丹的玄孙喜为王姓；隋朝末年有王世充，本姓支氏。朱明王朝也赐许多蒙古人王姓，多为冒姓。

【郡望堂号】

王氏郡望主要有太原郡、琅玡郡、北海郡、东海郡等，其中以太原郡和琅邪郡最为名望，后发展成天下王姓最主要的支派。

太原郡：战国秦庄王置郡，治所在晋阳（今山西太原西南）。此支王氏，出自周灵王太子晋之后，分为祁县王氏和晋阳王氏两部分，祁县王氏以东汉司徒王允为开基始祖，晋阳王氏以魏司空王昶为开基始祖。

琅玡郡：秦始皇置。治所在琅玡（今山东省青岛市黄岛区一带）。此支王氏，也出自周灵王太子晋之后，以西汉谏议大夫王吉为开基始祖。

王氏以太原、琅玡、京兆三郡及三槐最为名望，便以“三槐”“槐阴”等为其堂号。

【繁衍变迁】

王姓起源于我国北方地区，早期主要在北方发展繁衍。秦时，周灵王的后裔为避战乱迁徙到山东地区。世居山西的王姓家族，辗转迁居到河南地区。西晋末年，王姓氏族开始向江南迁徙。唐朝时，原居于河南境内的王姓人进入福建，同时也有一支王姓人迁往四川、安徽、江西等地。北宋末期，开始有王姓在浙江、江苏一带定居。宋末元初，在福建地区的王姓人开始向两广地区迁徙。明朝末期，王姓氏族有向台湾迁居的；明清时期，王姓人向海外迁居，主要集中在欧美和东南亚等国家地区。

王姓在当代中国人口排行中排位第二。

【历史名人】

王诩：即鬼谷子，春秋战国时期纵横家的鼻祖，军事教育家，苏秦、张仪的老师。著有《鬼谷子兵法》。

王昭君：名嫱，字昭君，乳名皓月。西汉人。中国古代四大美女之一。是汉朝与少数民族的和平使者。

王羲之：字逸少。晋代著名书法家，有“书圣”之称。为会稽内史，领右将军，人称“王右军”。代表作品《兰亭序》。

王维，字摩诘。盛唐诗人、有“诗佛”之称。诗风独特，“诗中有画，画中有诗”，是田园诗派的代表诗人。精通诗画，佛学以及音乐。代表作品《使至塞上》《九月九日忆山东兄弟》等。

王安石：字介甫，号半山，封荆国公。北宋杰出的政治家、思想家、文学家、改革家，“唐宋八大家”之一。

féng

冯

【姓氏来源】

冯姓的起源主要有二：

其一：出自姬姓，为周文王之后。文王的第十五个儿子毕公高，因随其兄周武王伐商有功，周朝建立后被封于毕。其后裔毕万，于晋国做大夫，随献公四处征战，战功无数，被封于魏。春秋时期，与韩氏、赵氏“三家分晋”瓜分了晋国，建立魏国。后为周威烈王承认为诸侯，并封其子孙中的一支于冯城，其后世子孙便以邑为氏，称冯氏。

其二：出自归姓，为冯简子之后。春秋时期，郑国有大夫名为冯简子，因受封在冯地而得氏。后来冯邑被晋国所吞，成为魏氏子孙长卿的冯邑，因此，长卿的后裔也称冯姓。

毕万像。

【郡望堂号】

冯姓的郡望主要有始平郡、杜陵县、颍川郡、上党郡等，其中以始平郡和杜陵县为最望。

始平郡：晋时置郡，治所在槐里（今陕西省兴平市东南）。

杜陵县：西汉时置郡，治所在今陕西西安市东南。此支冯氏，其开基始祖为冯唐之弟冯骞。

上党郡：战国时置郡，治所在壶关（今山西省长治市北）。此支冯氏，其开基始祖为战国时韩国上党太守冯亭。

冯氏的堂号有“同舆”“始平”“杜陵”等。

【繁衍变迁】

冯姓发源于河南，春秋战国时，韩国冯亭的后人散居在山西和河北境内，家族兴旺，在三国以前，冯姓人已经遍布山西、山东、陕西、四川以及河南等地。三国两晋南北朝时，冯姓人大量南迁至江苏、安徽、江西、浙江地区，并形成了一些颇有名望的大族。到唐宋时，冯姓人继续向南迁徙，并散布在江南各个地区。元明清时，冯姓人进入东南沿海、台湾，及海外地区。

冯姓在当代中国人口排行中排位第三十一。

【历史名人】

冯谖：战国时期齐国人，是孟尝君门下的食客之一，是一位高瞻远瞩战略家。有“狡兔三窟”的典故。

冯延巳：字正中，南唐时期著名词人，其词风恬淡优雅，对后世有巨大的影响。有《谒金门·风乍起》等脍炙人口的作品流传于世。

冯梦龙：字犹龙，明代文学家、戏曲家。著有“三言”，是中国白话短篇小说的经典代表。

冯玉祥：字焕章，民国时期著名军阀、爱国将领。

【姓氏名人故事】

冯谖市义

冯谖，战国时齐人，是薛国（今山东省滕州市东南）国君孟尝君门下的食客之一，为战国时期一位高瞻远瞩、颇具深远眼光的战略家。

冯谖曾受孟尝君之命到薛地收债，可他到了薛地后，就派官吏把该还债务的百姓找来核验契据。核验完毕后，他当场就把债券烧掉。还不上钱的百姓都高呼着“万岁”。然后冯谖就马不停蹄地回到齐都，求见孟尝君。

冯谖烧券市义。

孟尝君见冯谖回来的如此之快，感到非常奇怪，便问道：“债都收完了吗？怎么回得这么快？”冯谖答道：“都收了。”“那买什么回来了？”孟尝君又问。冯谖回答说：“我走之前您曾说‘看我家缺什么’，我想了想，您宫中积满珍珠财宝，外面马房也有很多猎狗和骏马，也不缺少美女。我看您家里缺的是‘仁义’，所以我用债款为您买了‘仁义’回来。”孟尝君不解，问道：“买仁义是怎么回事？”冯谖说：“现在您只是有一块小小的薛地，如果不关爱当地的百姓，却用商贾之道向人民图利，这怎么行呢？所以我假造了您的命令，把债款赏赐给百姓，还顺便烧掉了契据，百姓们都欢呼‘万岁’，这就是我为您买的‘义’。”孟尝君听后虽然心里不快，但也无可奈何，只得挥挥手说：“嗯，先生，算了吧。”

又过了一年，有人在齐湣王面前诋毁孟尝君，湣王对孟尝君说：“我可不敢把先王的臣子当作我的臣子。”于是就罢了孟尝君的相位。孟尝君只得落寞地返回自己的领地。当离薛地还有百里之远时，只见薛地的人民纷纷扶老携幼，等在路旁迎接孟尝君。孟尝君见此情景，极为感慨，信服地望着冯谖道：“先生为我买的‘义’，我今天见到了。”

冯谖为孟尝君立下了汗马功劳，使其政治事业久盛不衰。

chén
陈

【姓氏起源】

陈姓的主要来源有四：

其一：出自妫姓，为虞舜之后裔。相传帝尧为考验虞舜将两个女儿嫁给他，令其居住在妫汭河边，其后世子孙便以地为姓，称妫姓。武王灭商以后，追封虞舜后人妫满于陈地，妫满为陈侯，称胡公满。后陈国子孙争夺王位，胡公满第十世孙妫完出奔齐国报名，被齐桓公任命为工正，以国为氏，称陈氏。后改为田氏。“田氏代齐”后，齐国称为“战国七雄”之一。后来齐国为秦国所灭，子孙纷纷改姓避难，齐王之子田轸逃至楚国拜相，恢复陈姓。这一支陈氏家族兴旺，历代子孙有很多为朝廷重臣，是陈氏中最大的一支。这一支普遍被认为是陈姓氏族的共同祖先，史称陈姓正宗。

胡公满像。

其二：出自陈国公族后裔。在陈国内乱至亡国期间，除陈完之外，还有三支陈国公族后裔避居他乡，亦以国为氏姓陈。一是居陈留者，出自陈哀公之子留；二是居阳武或颍川者，出自陈潜公之长子陈衍；三是居固始者，出自陈滑公次子温之后陈琏。

其三：出自他姓改姓。据《河南官氏志》所记载，隋朝初年，白永贵改姓为陈，其后裔也多改姓陈。又《通志氏族略》所载，广陵的陈姓，为刘矫之后裔。

其四：出自少数民族改姓。北魏孝文帝时期，实行汉化政策，改复姓侯莫陈氏为汉字单姓，称陈氏。

【郡望堂号】

陈姓郡望主要有颍川郡、汝南郡、下邳郡、广陵郡、东海郡、河南郡等，其中以颍川郡、汝南郡、下邳郡、广陵郡、东海郡最为名望，成为五大郡望。

颍川郡：秦时置郡，治所在阳翟（今河南省禹州市）。此支陈氏，其开基始祖为齐王建三子陈轸。

广陵郡：西汉置郡，治所在广陵（今江苏扬州）。此支陈氏，汉武帝之子广陵王刘胥之后改姓陈氏。

汝南郡：汉时置郡，治所在上蔡（今河南上蔡）。

陈氏堂号，有以郡名命堂号的，如“颍川”“汝南”等。也有取其德泽传家或者勉励后世从武的，如“德聚”“渑武”等。

【繁衍变迁】

陈姓发源于河南，在河南有“老陈户”的说法。春秋时期，陈国发生内乱，使陈姓氏族分散在河南各地。西晋末年，陈轸的后裔迁至江苏、浙江等地。南朝时，陈霸先建立了陈国，使陈姓得到一定的发展。唐朝时，有陈姓人开始向福建徙居。南宋时，陈姓人开始进入广东。明朝初期，有陈姓人跨海向日本迁徙。明朝末期，居住在福建等地的陈姓人开始入住台湾；陈姓人迁居东南亚各国和欧美等国是在明清以后。

陈姓在当代中国人口排行中排位第五。

【历史名人】

陈胜：秦朝末年反秦义军的首领。与吴广联合反秦，不久后在陈郡称王，建立张楚政权。

陈琳：字孔璋，汉末文学家。广陵人，“建安七子”之一。陈琳诗、文、赋兼善。代表作《饮马长城窟行》《武军赋》《神武赋》等。

陈寿：字承祚，西晋史学家。《三国志》的作者。

陈子昂：字伯玉，唐代文学家。因曾任右拾遗，后世称陈拾遗。于诗标举汉魏风骨，是唐诗革新的前驱者，对唐代诗歌影响巨大。有《登幽州台歌》《感遇》为后人千古传诵。

chǔ

褚

【姓氏来源】

褚姓的起源主要有二：

其一：出自子姓，以官名为氏，为春秋宋公恭之子公子段的后代。相关史料记载，春秋时期诸侯割据、各自为政，诸侯的管辖之下都设有“褚师”的官职，“褚师”是掌管市场的官员，又叫市令。担任“褚师”这一官职的后代以官名为姓，称褚氏。《通志·氏族略》上有“本自殷（商）后人宋恭公子段食采于褚，其德可师，号曰褚师，因而命氏”，大意是春秋时期，宋国有宋恭公之子名段，字子石，受封于褚地。因为宋恭段品德良好高尚，被人尊为“褚师”。褚师的后人遂以之为姓，称褚师氏，后简化为褚氏。据史料记载，褚姓出自子姓，为殷商王族后裔。

公子段像。

其二：以地名为氏。据《姓氏寻源》上记载：“周有褚地，居之者以为氏。”周朝时，有居住在褚地的人，有的以地名为姓，称褚氏。《左传》中提到过洛阳县南部有褚氏亭，《后汉书·郡国志》上也有记载，洛阳有褚氏渠。

【郡望堂号】

河南郡：西汉时置郡，治所在今河南洛阳东北。

【繁衍变迁】

褚姓的起源有两种说法，但是无论是以官职为姓，或是以地名为姓，其发源地都是今河南地区。目前为止，没有发现褚姓有被赐姓和冒姓的文字记载，因此褚姓的血统是十分单纯的，都是纯粹的汉族，历史上也名人辈出，如湖北应城的褚姓的始祖就是著名书法家褚遂良。褚姓的郡望是河南郡，汉时置郡，在今河南洛阳一带。宋朝时，褚姓人就已经分布在今河北、湖北、安徽、江苏、浙江等地。明朝时，褚姓人在今浙江、山西、河北境内比较集中。

褚姓在中国人口排名中排行二百二十五位，人口主要集中在江苏、浙江，以及渤海湾沿岸等地。

【历史名人】

褚少孙：号先生，西汉时期著名的经学家、史学家。褚少孙做过司马迁《史记》的修正工作，《史记》中“褚先生曰”就是他的补作。

褚遂良：字登善，唐朝初期著名书法家，与欧阳询、虞世南、薛稷并称唐初四大书法家，代表作有《房玄龄碑》《伊阙佛龛碑》《雁塔圣教序》等。

褚廷璋：字左莪，号筠心。清朝杰出学者、官员，精通等音字母之学，著有《西域图志》《西域同文志》《筠心书屋诗钞》等。

wèi

卫

【姓氏起源】

卫姓的起源主要有二：

其一：出自姬姓，以国为氏，为周文王第九子、卫国国君康叔的后代。西周初年，周公旦平定武庚的反叛后，将原来商朝都城周围地区和殷民七族分封给弟弟康叔，建卫国，称卫康叔。后来秦国一统天下，卫国被秦国吞并。约定以国名为姓，子孙都姓卫，称卫氏。

其二：出自少数民族改姓。据《后燕录》记载，东汉时，昌黎鲜卑族有改为卫姓的；《后汉书》中记载，东汉时长水地区的卫姓是由匈奴人所改；《九国志》中，五代时期有卫姓，为吐谷浑族所改。

【郡望堂号】

卫姓的郡望主要有河东郡、陈留郡和辽东郡。

河东郡：秦时置郡，治所在今山西省夏县西北。

辽东郡：战国时期燕国置郡，治所在襄平（今辽宁辽阳）。

卫姓的堂号主要有“陈留”“光大”“永世”等。

【繁衍变迁】

春秋时期，卫国作为周朝的诸侯国，其地域大致在黄河北岸，太行山脉东麓，即今河南鹤壁、新乡附近。因此，卫姓起源于河南。等到秦朝时，因为各种原因，卫姓人已进入山西、河北、陕西、山东等地，秦二世时灭卫国以及秦末农民起义时期有卫姓后裔在朝鲜称王。汉朝及魏晋时期，卫姓子孙已经在河南、山西、山东、河北、江苏等地都有分布，并逐渐形成了陈留和河东两个重要的郡望。唐朝以后，卫姓人就开始广泛分布，今河南、山西、山东、浙江、上海、广东、东北等地都有卫姓人的聚集。清朝之后，卫姓人散布在全国各地。

【历史名人】

卫青：字仲卿，另曰仲青，西汉时期著名武将。他曾先后七次率骑兵抗击匈奴侵扰，屡建战功，是历史上出身最低，功劳最大，官位最高的代表人物。

卫瓘：字伯玉，西晋书法家，擅长隶书、章草，风格流便秀美。

卫玠：西晋时期著名的清谈名士和玄理学家，中国古代著名美男子之一。

卫夫人：名铄，字茂猗，晋代著名女书法家，“书圣”王羲之的书法老师。

【姓氏名人故事】

卫青的故事

卫青是汉武帝在位时著名的大司马大将军。卫青本是奴隶出身，经过不懈地努力和十年的戎马生活，最终成为大司马大将军，是皇帝之下最高的军政首脑。

卫青的姐姐卫子夫长得十分好看，被汉武帝相中，卫青也随着姐姐一同入宫，在建章宫当差。后来卫子夫有了身孕，汉武帝的皇后十分嫉妒，就派人抓住卫青，想把他杀掉。

卫青的好友公孙敖听到消息后，及时过去营救。汉武帝得知这一事件，十分生气，即刻封赏了卫青一家人，并任命卫青为建章监、侍中，赐以千金。这件事情，改变了卫青一家人的命运。

后来卫青又被任命为太中大夫，出入皇帝左右，深得汉武帝喜欢。后来匈奴挥兵南下，汉武帝果断任命卫青为车骑将军，对抗匈奴。

卫青取得龙城大捷。

卫青虽首次出征，因为在战法上有所革新，出其不意地攻破了敌人的祭天圣地龙城，取得了龙城大捷。龙城之战是汉朝和匈奴的战争史上十分具有意义的一战，可以说是汉匈战争的转折点，龙城大捷打破了汉初以来“匈奴不可战胜”的神话，鼓舞了汉军的士气，为后来汉军更进一步反击匈奴打下了良好的基础。

这之后，卫青又进一步收复了河朔地区，并于公元前119年，与外甥骠骑将军霍去病一同深入漠北地区，歼灭匈奴主力。汉军经过实战的锻炼和丰富的作战经验，加上卫青运用了车守骑攻、协同作战的新战术，使得汉军最终战胜了匈奴，歼灭了匈奴主力军，使其一时无力南下，基本解决了危害汉朝百余年的匈奴边患。

卫青位高权重，才干过人，对人仍然谦虚有礼，十分敬重贤才。卫青为将，号令十分严明，能与将士们同甘苦共患难，在军中威信很高，将士都愿意为之所用。

jiǎng
蒋

【姓氏来源】

蒋姓的起源比较纯正，主要出自姬姓，为周公后裔。周朝建立初期，武王去世，周成王即位，周公因成王年幼便摄政。其兄弟三监不服，联合商纣王之后武庚以及东方夷族反叛，周公出兵平定反叛。之后，周公创立典章制度，分封诸侯。其中，周公三子名叫伯龄，被封于蒋地，建蒋国。春秋时期，蒋国被楚国所灭，伯龄的子孙便以国名为姓，称蒋氏。

蒋伯龄像。

【郡望堂号】

蒋姓的郡望主要有东莱郡、乐安郡等。

东莱郡：西汉时置郡，治所在掖县（今山东省莱州市）。

乐安郡：东汉时置国，治所在临济（今山东省高青县高苑路西北），三国魏时改郡，移治所与高苑（今山东博兴西南）。

蒋姓的堂号主要有“居易”“亦政”“慎枢”“乐安”等。

【繁衍变迁】

蒋姓发源于河南，春秋时，蒋国被楚国所灭，蒋国人大部分外迁。秦汉时，蒋姓人向西迁至陕西，向东迁至山东，在山东繁衍的十分兴盛。汉朝时，蒋姓人开始南迁。东汉时，有蒋横的九个儿子为避祸，分散在江苏、江西、浙江、四川、湖南、湖北等地，并成为当地蒋姓氏族的开基始祖。唐朝初期，蒋姓人开始进入福建。宋朝以后，福建和广东等地的蒋姓开始兴旺起来。明清时期，福建和广东等地的蒋姓人移居海外。

【历史名人】

蒋琬：字公琰，三国时期著名的政治家。诸葛亮逝后接替其为蜀汉宰相。

蒋防：字子徵，唐朝时期杰出文学家，著有唐传奇《霍小玉传》，被明代文学家胡应麟推崇为“唐人最精彩动人之传奇”。

蒋廷锡：字扬孙，清朝中期重要的宫廷画家，开创了“蒋派”花鸟画。传世作品有《竹石图》《花卉图》卷等。

蒋介石：名中正，字介石，国民革命军总司令，中华民国首任总统。有“国民革命军之父”或“中华民国国军之父”的称号。

shěn

沈

【姓氏来源】

沈姓的起源主要有三：

其一：出自姬姓，以国为姓，为黄帝后裔。周王朝建立后不久，周武王驾崩。年幼的周成王即位，周公旦摄政。武王在位时分封的用以监察殷商遗民的三监：霍叔、管叔和蔡叔，因为不服气周公旦的摄政，遂与武庚勾结，联合东方夷族反叛，后来为周公旦所灭。文王十子季载，因平叛有功，成王将其封于沈国，又称聃国。因此季载又称冉季载。聃又写作冉，古时，冉、沈读音相同。春秋时，沈国为蔡国所灭，季载的后裔子逞，逃奔楚国，其子孙后裔遂以国为氏，称沈氏。

其二：出自芈姓，为颛顼后裔。春秋时期，楚庄王之子公子贞被封于沈邑，其后世子孙以封邑名为姓，称沈氏。

其三：出自少昊金天氏。据《左传》和《姓氏考略》中所记载，沈、姒、蓐、黄四国皆为少昊裔孙台骀氏之后。春秋时期，沈国为蔡国所灭，其子孙以国为氏，称沈氏。

【郡望堂号】

沈姓的郡望主要有吴兴郡、汝南郡等。

吴兴郡：三国时置郡，治所在乌程（今浙江省湖州市吴兴区南，晋义熙初移吴兴）。

汝南郡：汉时置郡，治所在上蔡（今河南上蔡西南）。

沈姓的堂号主要有“吴兴”“梦溪”“三善”“六礼”等。

【繁衍变迁】

沈姓发源于河南，沈国被蔡国攻灭后，其子孙后代出奔到楚国，在河南定居。东汉时，沈姓人开始南迁，主要迁至浙江等地。沈姓人大举南迁，是从魏晋南北朝时期，到了唐朝时期，沈姓人就已经分布在江苏、浙江、江西、湖北、湖南、四川各地了。唐宋之际，中原地区的沈姓人开始进入东南沿海，如福建等地。明朝末期，福建以及广东地区的沈姓人渡海移居至台湾，也有向海外迁徙的。

【历史名人】

沈约：字休文，南北朝时期梁国文学家、史学家、声律学家。创作了《二十四史》中的《宋书》。并创有“四声”之说，在文学史上具有非常重要的作用。著有《晋书》《四声谱》等书。

沈佺期：字云卿，唐代著名诗人，与宋之问齐名，并称“沈宋”。著有《独不见》《夜宿七盘岭》等诗歌。

沈既济：唐代文学家，长于史学，又善作小说。撰有《建中实录》十卷及传奇小说《枕中记》《任氏传》等。《枕中记》就是“黄粱梦”的出处。明代汤显祖写的杂剧《邯郸记》即以它为题材写成的。

沈括：字存中，号梦溪丈人，北宋科学家、改革家，是我国历史上最卓越的科学家之一。他精通天文、数学、物理学等各种自然科学，被誉为“中国科技史上的的里程碑”。

沈周：字启南，明代杰出书画家，为明代吴门画派四家之一。与文征明、唐寅、仇英合称“明四家”。著有《石田集》《江南春词》《石田诗钞》《石田杂记》等。

hán

韩

【姓氏来源】

韩姓的起源主要有二：

其一：出自姬姓，以邑为氏或以国为氏，为唐叔虞之后裔。西周初期，周公灭唐后，将唐国分封给虞，史称晋国，因都城在唐，所以虞又称为唐叔虞。到春秋初期，晋昭侯将曲沃分封给叔父成师，造成了晋国分裂的局面，后又由曲沃武公统一。曲沃武公统一晋国后，继而灭掉了韩国，并封其小叔姬万于韩，称韩武子。韩武子的子孙以封邑为氏，称韩氏。至战国初期，韩武子后裔韩虔与赵氏、魏氏“三家分晋”，建立韩国，并成为“战国七雄”之一。最后为秦国所灭，于是韩国的宗室子孙遂以国为姓，称韩氏。

韩非像。

其二：出自他族改姓。据《魏书》记载，后魏有复姓大汗氏，北魏孝文帝迁都洛阳后，改为汉字单姓韩姓。

【郡望堂号】

韩姓的郡望主要有颍川郡、南阳郡两处。

颍川郡：秦时置郡，治所在阳翟（今河南禹州）。

南阳郡：战国时置郡，治所在今河南省南阳市。此支韩氏，其开基始祖为西汉末年韩骞。

韩姓的堂号主要也是“颍川”“南阳”，还有“泣杖”和“昌黎”等。

【繁衍变迁】

韩姓发源于山西和陕西，战国时韩国建立，因三次迁都，使得韩姓在山西河南各地得到广泛的发展。等到秦国灭韩国后，河南颍川变成了河南韩姓氏族聚集的中心。秦汉时期，韩姓族人向浙江、四川、山东、甘肃、河北、北京等地移居。唐朝时，河南人韩愈被贬为潮州刺史，成为最早进入广东地区的韩姓人。唐朝末年，韩姓氏族大量进入福建地区。到了清康熙年间，韩姓人已经有渡海到台湾定居，或移居到东南亚各国以及欧美各国家的。

韩姓在当代中国人口排行中排位第二十六。

【历史名人】

韩非：战国末期著名的哲学家、政论家和散文家，是法家思想的集大成者，后世称之为“韩子”或“韩非子”，是我国古代著名法家思想的代表人物。

韩信：字重言，西汉开国功臣，中国历史上杰出的军事家。智勇双全，治军严明，有“韩信点兵，多多益善”的典故流传于世。与张良、萧何并称“汉初三杰”。著有《兵法》三篇。

韩愈：字退之，唐朝诗人，“唐宋八大家”之首，与柳宗元并称“韩柳”，是古文运动的倡导者。苏轼称他为“文起八代之衰”，有“百代文宗”之美誉。

韩世忠：字良臣，两宋时期的著名将领，与岳飞同是南宋抗金民族英雄。在抗金战争中立下了汗马功劳。

yáng

杨

【姓氏来源】

杨姓的来源主要有四：

其一：出自姬姓。周成王封其弟叔虞于唐，为唐侯。又唐地临晋水，因而称晋国。春秋时期，晋国内乱，晋武公灭瑨侯统一晋国。长子晋献公灭包括杨国在内的周围诸小国。后晋献公封其二弟伯侨领地于杨，以地取姓为杨姓。伯侨遂为杨氏得姓始祖。

其二：出自赐姓。如三国时期，诸葛亮平定哀牢夷后，赐当地少数民族赵、张、杨、李等姓。又隋代杨义臣，本姓尉迟氏，因其父的功绩而被赐予皇室姓氏。

其三：出自他族改姓。北魏孝文帝时期，实行汉化政策，将原莫胡卢氏改汉字单姓，为杨姓。

其四：出自他姓改姓。据载，广东梅州有杨氏，原为林姓。

【郡望堂号】

杨姓郡望主要有弘农郡、天水郡、河内郡。

弘农郡：西汉时置郡，治所在弘农（今河南灵宝北），曾一再改名恒农郡。

天水郡：西汉时置郡，治所在平襄（今甘肃通渭西北）。西晋移治上邦（今甘肃省天水市）。

河内郡：楚汉时置郡，治所在怀县（今河南省武陟县西南）。西晋移治野王（今河南沁阳）。此支杨氏，其开基始祖为韩襄王将领杨苞。

杨姓的堂号较多，主要有“四知”“清白”“衔善”等，其中以“四知堂”最为著名。

【繁衍变迁】

杨姓发源于山西，春秋时期，杨国被晋国所灭，杨国子孙向西迁移，陕西、河南等地都有杨姓人的分布。春秋战国时，有部分杨姓人已经迁至湖北等地，并进一步向东南方向播迁至江西地区。另有一支杨姓人从山西向江苏、安徽等地区迁徙。秦汉时期，杨姓人就已经散布在四川。魏晋南北朝时，杨姓人继续向江南地区迁移。唐朝时，朝鲜半岛已经有了杨姓氏族的分布。及至宋朝时，杨姓已经以福建为中心，遍及江南各地。元朝末期以后，广东、福建等东南沿海地区的杨姓陆续向海外移民，主要迁至东南亚各国。

杨姓在当代中国人口排行中排位第六。

【历史名人】

杨修：字德祖，东汉末期著名文学家、政治家。以学识渊博而著称。代表作有《答临淄侯笺》《神女赋》《孔雀赋》等。

杨坚：即隋文帝，隋朝的开国皇帝。

杨玉环：即杨贵妃，中国古代四大美女之一。

杨业：北宋名将，又叫杨继业。抗击契丹的战斗中骁勇善战，与儿孙杨延昭和杨文广等并称为“杨家将”。

杨万里：字廷秀，南宋时期著名诗人，与范成大、陆游、尤袤合称南宋“中兴四大诗人”。他的《晓出净慈寺送林子方》和《小池》至今被人吟咏传唱。

杨炯：弘农华阴人，初唐四杰排名第二，与王勃、卢照邻、骆宾王齐名，并称“初唐四杰”。其诗尤以描写军事题材的边塞诗影响最大，有《杨炯集》传世。

杨业抗击契丹。

zhū

朱

【姓氏来源】

朱姓的起源主要有四：

其一：出自曹姓，为颛顼之后裔。古帝颛顼的玄孙陆终共有六子，第五子名安，封于曹，赐曹姓。周武王灭商建立周朝后，因封弟弟振铎在曹，所以改封曹安的后裔曹挟在邾，建立邾国，称邾子挟。到了战国时期，邾国为楚国所灭，邾国贵族以国为氏，即为邾氏。邾国君主的支庶子孙又去邑旁为朱姓。

邾子挟像。

其二：出自朱虎之后裔。朱虎是舜时的大臣，其后裔便有以朱为氏。

其三：出自宋微子启之后裔。后汉有朱晖，是宋国开国君主宋微子启（纣王的庶兄）的后裔，以国名为氏，称宋氏。春秋时期，诸侯灭宋，后裔子孙逃至砀地，改宋氏为朱氏。

其四：出自他族改姓。北魏孝文帝时期，实行汉化政策，鲜卑族复姓浊浑氏、朱可浑氏改为汉字单姓朱氏。

【郡望堂号】

朱氏的郡望主要有吴郡、沛郡、河南郡、凤阳郡等。

沛郡：西汉时置郡，治所在相县（今安徽濉溪）。此支朱氏，其开基始祖为西汉大司马朱诩。

吴郡：东汉时置郡，治所在吴县（今江苏苏州）。此支朱氏，为沛郡世祖朱诩之后。

河南郡：西汉时置郡，治所在雒阳（今河南洛阳东北）。此支朱氏，主要为北魏时期浊浑氏、朱可浑氏所改的朱氏后裔。

朱氏的堂号主要有“白鹿”“居敬”“凤阳”等。

【繁衍变迁】

朱姓发源于河南、山东、江苏境内。先秦时期，包括河南、山东、河北、山西的中原地区为朱姓人的主要生活地区。秦汉时期，朱姓发展较为迅速，两汉时已经发展形成了很多名门望族。魏晋南北朝时期，时局动荡，朱姓人向南部徙居与当地的少数民族融合，更进一步扩大朱姓家族的势力。经隋唐、五代时期，朱姓人已经散布在安徽、广东、湖南各地。明朝时期，朱姓作为国姓得到了空前的发展繁衍，各地都出现了大家王族。在清朝时期，朱姓已经遍布全国各地。

朱姓在当代中国人口排行中排位第十三。

【历史名人】

朱亥：战国勇士，传闻他力大无穷，勇气过人，与“信陵君”魏无忌一同窃符救国，挽救了处在危急情境下的赵国。

朱熹：字元晦，南宋著名的理学家、思想家，是闽学派的代表人物，世称“朱子”，是孔子、孟子以后最为杰出的儒学大师。著有《四书章句集注》《楚辞集注》，影响深远。

朱元璋：即明太祖，明朝开国皇帝。元末农民起义，统领红巾军推翻元朝，建立明朝，统治时期被称为“洪武之治”。

朱耷：字良月，明末清初著名画家、书法家。清初画坛“四僧”之一，绘画以大笔水墨写意著称，世称“八大山人”。

朱自清：字佩弦，现代著名作家、散文家、学者、民主战士。其散文文笔清丽，语言洗练。主要作品有《背影》《荷塘月色》，均为脍炙人口的名篇。

qín

秦

【姓氏来源】

秦姓的起源主要有三：

其一：出自嬴姓，以国为氏，为颛顼帝后裔。相传颛顼的孙女名叫女修，因吃鸽子蛋而生皋陶。皋陶的儿子伯益因为帮助大禹治水有功，被赐为嬴姓，并将本族姚姓女子嫁给他为妻，生有二子。长子名大廉，承父亲技业，调训鸟兽，因而又称鸟俗氏。商朝时鸟俗氏被封为诸侯。到了周朝建立以后，鸟俗氏的后裔有叫大骆的，被周穆王封于犬丘。大骆的庶子非子，因善于畜牧，为周孝王养马，深得孝王喜爱，被封在陇西秦亭为附庸国，让他恢复嬴姓，称秦嬴。秦国传至秦襄公时，因保护周平王东迁有功，被升为诸侯。秦孝公时任用商鞅变法，使秦国成为“战国七雄”之首，并逐步攻灭六国，统一天下，成为中国历史上第一个统一的中央集权的封建王朝。后秦朝被刘邦推翻，王族子孙以国名作为姓氏，称秦氏。

其二：出自姬姓，以邑为氏，为文王后裔。周武王建立周朝后，将少昊之墟曲阜封给其弟周公旦，为鲁公。后来武王去世，周公旦留在周都辅佐年幼的周成王，周公旦之子伯禽遂接封鲁国，食采于秦邑。伯禽后裔有的以邑为姓，称秦氏。

其三：古代大秦人来中国，其中有以“秦”为氏。大秦即罗马帝国。东汉时班超曾派遣甘英出使大秦。后大秦皇帝亦派使者前来中国。晋朝时大秦再次遣使来中国通好，有留居中国的人，以“秦”为姓。

【郡望堂号】

秦姓的郡望主要有天水郡和太原郡等。

天水郡：西汉时置郡，治所在平襄（今甘肃通渭西北）。

太原郡：战国时置郡，治所在晋阳（今山西省太原市西南）。

秦姓的堂号亦有“天水”“太原”“三贤”等。

【繁衍变迁】

秦姓主要分为西北和东南两支，西北部发源于甘肃，东南部发源于山东、河南一带。先秦时期，秦姓人主要散居在河南、陕西、山东、湖北、河北等地。西汉初期，山东秦姓人徙居至陕西，这支秦姓人发展地十分兴旺，世号“万石秦氏”。两汉到南北朝时，秦姓人遍及甘肃、四川和山西等地区。历经宋、元、明三朝，秦姓人已经分布在广西、贵州、福建、北京、上海等地，并有秦姓人远渡重洋，移居海外。

【历史名人】

秦冉：字开，亦作子开，春秋时期蔡国人，唐代开元年间追封“彭衙伯”，宋封“新息侯”。

秦宓：字子勑，三国时期蜀汉著名谋臣，有辩才。

秦观：字少游，北宋著名婉约派词人。与黄庭坚、晁补之、张耒并称“苏门四学士”。

秦桧：字会之，南宋投降派代表人物，中国历史上十大奸臣之一，是南北宋期间的一个传奇人物。

yóu

尤

【姓氏起源】

尤姓是一个比较年轻的姓氏，其起源主要有三：

其一：出自沈姓。周朝建立不久周武王就驾崩了，年幼的周成王在周公旦的辅佐下登上王位。但是霍叔、管叔和蔡叔不服周公旦的摄政，遂与武庚勾结，联合东方夷族反叛，后来为周公旦所灭。文王的十子季载因平叛有功，被封于沈国，又称聃国。因此季载又称冉季载。聃又写作冉，古时，冉、沈读音相同。后来沈国被蔡国所灭，子孙后裔为了避难，就将沈字中的三点水旁去掉，改为尤姓，是周文王之子季载的后人。

另有出自沈姓一说，为五代时期，福建地区有闽国，闽王名为王审知。因此为避讳王审知的“审”的读音，福建地区沈姓的人就将去掉偏旁，改为尤姓。

其二：出自仇姓。仇、尤两个字古时发音相同，而且都有怨恨的意思，因此有些仇姓人将自己改为尤姓。

其三：出自少数民族改姓或固有姓氏。清朝时有赫哲族尤可勒氏，汉姓为尤；满族人中亦有尤姓；西北回族人中，因伊斯兰教经“尤素夫”而选择汉姓时多以尤字为首，因以为尤姓。

【郡望堂号】

尤姓的郡望主要有吴兴郡和汝南郡。

吴兴郡：三国吴时置郡，治所在乌程（今浙江省湖州市吴兴区）。

汝南郡：汉高祖时置郡，治所在今河南颍河、淮河之间。

堂号主要有“树德”“志清”“吴兴”等。

【繁衍变迁】

尤姓因出自沈姓，因此起源于沈国的疆域——河南境内。东汉时期，有尤姓人分布在今陕西、江西等地。福建地区建立闽国后，尤姓开始兴盛起来，闽国被唐朝所灭，致使北宋之前尤姓人寥若晨星。南宋时期，由于仕宦等原因，浙江地区涌入大量的尤姓人民。到了宋末时期，广东、江西、湖北、湖南等地都有尤姓人的聚集，更有一些大胆的尤姓人迁至北方，生根立业。明朝初期，山西地区的尤姓人又被分迁于北京、江苏、安徽等地。福建沿海地区的尤姓人有渡海远去，在台湾、东南亚等地繁衍生息的。

【历史名人】

尤袤：字延之，号遂初居士，南宋著名诗人、大臣，与杨万里、范成大、陆游并称“南宋四大家”。

尤侗：字同人，号悔庵，晚号艮斋，明末清初文学家、戏曲家。曾参与修纂《明史》，被康熙称为“老名士”。代表作有《艮斋杂记》《鹤栖堂文集》《西堂杂俎》及传奇《钧天乐》、杂剧《读离骚》《吊琵琶》等。

尤文献：又名鹅津。宋朝绍圣元年进士，官至兵部尚书，知枢密院事及观文殿大学士，因善于绘图，皇上曾题词“尤图”。

尤怡：清代医学家、诗人。医术益精，著有《伤寒贯珠集》《金匮心典》《医学读书》《静香楼医案》等。

【姓氏名人故事】

嗜书珍书尤书橱

尤袤是我国南宋时期著名的诗人，他出生于书香门第，从小受家庭的熏陶，五岁能为诗句，十岁时就有“神童”的称号，十五岁时，尤袤在词赋方面的才华已经全郡皆知。

长大后，尤袤举进士，开始为官。尤袤勤于政事，忧国忧民，得到宋孝宗的赞赏。

他在做官的过程中，看到了百姓的痛苦，朝廷的昏暗，便极力劝谏皇上改革。但是新上任的宋光宗并没有听从他的建议，反而听信了奸臣的谗言，将尤袤贬为知府。宋光宗有时也会采纳尤袤的建议，但有时会对尤袤的劝谏大发雷霆。面对这样朝令夕改、反复无常的君主，尤袤觉得十分不满，多次要求返乡归田。直到尤袤七十岁时，他才如愿以偿告老还乡，在家乡无锡的束带河旁建造了园圃题名乐溪。

尤袤做官时极力劝谏皇上改革，但是不被采纳。

尤袤最大的成就在于他的诗歌创作和大量的图书收藏。尤袤的诗歌平易自然，清新通畅，既没有华丽的辞藻罗列，也没有生动的典故堆积，却能够表达出诗人对山河破碎的忧愤，以及对百姓疾苦的关心，与杨万里、范成大、陆游并称为“南宋四大诗人”。

尤袤嗜书如命，有“尤书橱”之称，他对于图书已经到了“嗜好既笃，网罗斯备”的地步。据说凡是他没有读过的书，他都会想尽办法找来阅读，读完不但要做笔记，还要抄录收藏。尤袤因为爱好收藏图书，同时担任过国使馆编修等职务，因此他的藏书十分丰富，一生藏书三万多卷，其中不乏珍本、善本。陆游形容尤袤的藏书为“异书名刻堆满屋，欠身欲起遗书围”，可见尤袤藏书之多。尤袤还将家中的藏书汇编成一卷《遂初堂书目》，是我国最早的一部版本目录，在研究古籍方面相当具有参考价值。

可惜的是，尤袤的大量诗稿和三万多卷藏书在一次火灾中全部被毁，仅剩下一本《遂初堂书目》流传于世。

xǔ

许

【姓氏来源】

许姓的起源主要有二：

其一：帝尧时许由的后代。相传许由是尧舜时期的高士贤人，帝尧非常敬重他的德行，想把自己的帝位让给许由，但是许由坚持不答应。并且逃至箕山隐居，自己种田养活自己。后来帝尧又请许由做九州长官，许由就到颍水边洗耳，表示不愿听到。许由死后葬于箕山，后人也称为许由山。而颍水流域的箕山附近，正是后来许国建立的地方，因此后来许氏子孙多以许由作为始祖。

许由像。

其二：出自姜姓，以国为氏，为炎帝神农氏的后裔。许氏与齐氏同祖，为上古四岳伯夷之后。“四岳”是由姜姓发展出来的四支胞族，他们和姬姓部落结成联盟，打败了商纣王，建立了周朝。周成王时，商的旧地分封给了一些姬姓诸侯国和姜姓诸侯国，许国正是被分封的姜姓诸侯国之一，其始祖为文叔，也称为许文叔。战国初期许国被楚国所灭，子孙后代遂以国为氏，称许氏。

【郡望堂号】

许姓的郡望主要有汝南郡、高阳郡、河南郡、太原郡、会稽郡等，其中以汝南郡为最望。

汝南郡：汉时置郡，治所在上蔡（今河南上蔡西南）。此支许氏，其开基始祖为秦末隐居不仕的高逸之士许猗。

高阳郡：东汉时置郡，治所在高阳（今河北省高阳县东）。此支许氏，为汝南许氏分支，是十六国许据的五世孙高阳太守许茂之族所在。

河南郡：汉时置郡，治所在雒阳（今河南省洛阳市东北）。此支许氏，为许文叔直系后裔。

太原郡：战国时置郡，治所在晋阳（今山西太原西南）。此支许氏，为汝南平舆许氏分支，是东汉末年大名士许劭之后。

许姓的堂号主要有“洗耳”“得仁”“训诂”“高阳”等。

【繁衍变迁】

许姓发源于河南，战国初期，许国被攻灭后，少数许姓人迁往湖南、湖北等地，大部分的许姓人则北上迁居至河北境内。秦汉以后，北方的许姓人大部分落籍于河北、河南、安徽、山西、陕西等地。到了魏晋南北朝时期，许姓开始南迁。唐朝初年，居住在河南的许姓人迁入福建地区，之后就出现了大规模的南迁，江苏、浙江、湖北、福建等地均有大量许姓氏族聚集。宋末元初，许姓人迁居广东。明朝时，则有定居在福建的许姓人渡海赴台，继而移居海外；也有一些许姓人向西南地区迁移，如广东三省和广西等地，与当地的少数民族融合在一起。

【历史名人】

许行：战国时期著名农学家、思想家。主张“贤者与民耕而食，饔飧而治”，是先秦时期农家的代表人物。

许褚：字仲康，三国时期魏国武将。忠心耿耿，勇猛非凡，有“虎痴”的绰号。

许慎：字叔重，东汉时期著名的经学家、文字学家，有“字圣”之称，是中国文字学的开拓者。所著《说文解字》在世界范围内都有着深远的影响。

许浑：字用晦，晚唐时期最有影响力的诗人之一。其代表作《咸阳城东楼》中“山雨欲来风满楼”为后世千古传诵。

hé

何

【姓氏来源】

何氏的起源主要有三：

其一：出自姬姓，为周文王之后。周成王有一个弟弟名叫唐叔虞，其后裔被封于韩原，称韩姓。春秋时期，韩国不断发展壮大，与赵、魏两国形成了“三家分晋”的局面。后，韩国为秦国所灭，韩姓子孙散居各地，其中一只逃难至江淮一带，因当地人“韩”“何”不分，遂演变为何姓。

其二：唐代的“昭武九姓”之一为何氏。隋唐时期，西域地区，有月氏人建立的康居政权，被匈奴人打败，后建立了康国。西域的其他政权先后归附了康国，均以昭武为姓，史称“昭武九姓”，即康、史、安、曹、石、米、何、火寻和戊地。

其三：出自他族改姓、冒姓或赐姓。如南北朝时，北魏孝文帝迁都洛阳后，将鲜卑族复姓贺拔氏改为汉字单姓何氏。又有汉时有人名何苗，本姓朱，冒姓何。又如元末吐蕃宣慰使锁南，其子铭为河州卫指挥同知，被朝廷赐姓何氏，其后人有以何为氏的。

【郡望堂号】

何氏的郡望主要有庐江郡、东海郡、陈郡、郫县、扶风郡等。

庐江郡：西晋时置郡，治所在舒县（今安徽省庐江县）。

东海郡：秦时置郡，治所在郯（今山东郯城北）。

何氏的堂号主要有“水部”“庐江”“忠孝”等。

【繁衍变迁】

何姓发源于江淮流域以及江淮流域以北的地区，主要为江苏、安徽两地。两汉和魏晋南北朝时期，何姓人开始向北迁徙，至山东、河南、河北、山西、陕西以及四川等地，这些地区，为何姓在北方地区主要繁衍发展的地域，并形成了庐江、陈、东海三大郡望，涌现出相当一部分文化和政治上的名人。晋朝时，何姓人开始南迁至福建等地，成为入闽八姓之一。隋唐时期，何姓在南北方都有所发展，南方地区更为繁盛。到了明清之际，何姓族人已经遍布全国各地。

何姓人在当代中国人口排行中排位第十八位。

【历史名人】

何晏：字平叔，三国时玄学家，为魏晋玄学的主要创始者之一。

何景明：字仲默，明朝文学家，是明朝“文坛四杰”中的重要人物，也是明代著名的“前七子”之一，与李梦阳并称文坛领袖。

何绍基：字子贞，晚清诗人、画家、书法家。何绍基兄弟四人均习文善书，人称“何氏四杰”。

何香凝：著名的中国国民党左派，民革主要创始人之一，是国民党领袖廖仲恺的革命伴侣，是中国现代杰出的妇女领袖。

【姓氏名人故事】

天才俊逸何景明

何景明是明朝杰出的文学家，是“文坛四杰”中的重要人物，也是明代著名的“前七子”之一，与李梦阳并称明初文坛领袖。

据说何景明出生的时候，他母亲李氏梦见太阳落到了自己怀里，所以取名景明。何景明自幼聪慧，六岁可以对联，八岁可以写文章，十二岁时就能讲解《尚书》，十六岁时与二哥同时中举，第二年参加春试时，因为文中多奇子，主考官不欣赏而名落孙山。二十岁时考取了进士。

何景明是明朝的“前七子”之一，后人赞誉为“天下语诗文，必并称何、李”。考中进士后，何景明与李梦阳等人合力倡导改革文风，以“文必秦汉，诗必盛唐”相号召，反对台阁体和八股文，具有积极意义。何景明勤奋好学，著有辞赋三十二篇、诗歌一千多首，被收录在《四库全书》里，流传至海外，在国外也有一定的影响。

何景明性格耿直，为官清廉，做钦差大臣时不收取当地官吏的一金一物。何景明痛恨当时政治黑暗，常常直言进谏。他的诗歌中也常揭露官军屠掠人民的罪行，讽刺皇室的奢欲和贼臣的专权，还有描绘百姓生活风土人情的作品，都具有一定的人文性。

lǚ

吕

【姓氏来源】

吕姓的起源主要有三：

其一：出自姜姓，以国为氏，为齐太公吕尚之后。相传，炎帝因居姜水流域，因而称姜姓。尧舜时，由姜姓发展出来的四支胞族即“四岳”，即齐、吕、申、许。四岳族首领伯夷，因协助大禹治水有功，其后人太岳又为大禹的重臣，故封之为吕侯。夏商周时期，吕国皆为诸侯国。直到春秋战国时期，吕国东迁新蔡，后被田氏所篡失国，其后世子孙散居在韩、魏、齐、鲁各地，以国为氏，称吕氏。

其二：出自姬姓魏氏。春秋时，有魏犨，又称魏武子在晋国公子重耳外逃的过程中，随同重耳。至重耳回国做国君后，遂封魏犨为大夫，封魏犨之子魏锜于吕地，魏锜又称吕锜。吕锜后裔以封地为氏，称吕氏。

其三：出自少数民族改姓。如南北朝时期，北魏孝文帝迁都洛阳，实行汉化政策，将鲜卑族复姓叱吕氏、叱丘氏改为汉字单姓吕氏。至五代后周时期，又将俟吕陵氏改为汉字单姓吕氏。

姜太公吕尚像。

【郡望堂号】

吕姓的郡望主要有河东郡、东平郡、淮南郡、金华县等。

河东郡：秦时置郡，治所在安邑（今山西省夏县西北）。此支吕氏，其开基始祖为春秋时期晋国大夫吕锜之后。

淮南郡：汉时置淮南国，治所在寿春（今安徽省寿县）。三国魏时改淮南郡。此支吕氏，其开基始祖为吕谦。

东平郡：汉时置国，治所在无盐（今山东东平东），南朝时改为郡。此支吕氏，大概为吕尚十九世孙孙康公吕贷之后。

金华县：东汉时置县，治所在金华（今属浙江）。此支吕氏，为淮南郡吕氏分支。

吕姓的堂号主要有“河东”“渭滨”“东莱”“锦上”等。

【繁衍变迁】

吕姓发源于河南，吕国灭亡后，遗民主要分散在河南、安徽、湖北等地。两汉时期，吕姓氏族散播到河北、山西、内蒙古等地，东汉末期有吕姓氏族向安徽和陕西迁入。吕姓进入浙江、江苏等地区，是南北朝时期。北宋初年，许姓氏族南下移居到福建、广州地区。到了清朝康熙年间，福建广州这两地的许姓人渡海向台湾徙居，并开始散播海外。

【历史名人】

吕不韦：战国末期卫国著名商人，杂家思想的代表人物。以“奇货可居”闻名于世，据传有门客三千。组织门客编写了《吕氏春秋》，又称《吕览》。“一字千金”这个成语正是与吕不韦有关。

吕雉：汉高祖皇后，人称吕后。曾辅佐刘邦平定天下，是中国历史上第一位有记载的皇后和皇太后，也是封建王朝第一个临朝称制的女子，掌握汉朝政权长达十六年。

吕蒙：字子明，三国时期东吴名将，鲁肃赞其为学识渊博，“非复吴下阿蒙”。有“不探虎穴，安得虎子”的典故。

吕洞宾：原名吕岩，字洞宾，号纯阳子。唐朝八仙之一、全真道祖师，被道教全真派尊为北五祖之一。

吕向：字子同，唐代书法家、学者，能一笔环写百字，世称“连锦书”。

shī

施

【姓氏起源】

施姓的起源主要有四：

其一：出自姬姓，为春秋时鲁惠公之子姬尾的后裔，以祖字为氏。据相关史料记载，春秋时期鲁国鲁惠公之子，名尾，字施父，人称施父尾。据说他擅长音律，通过别人赏乐姿态之变化，看人的生死。其后世子孙以施父字为姓，为施姓。

其二：出自上古施国，以国名为氏。据《姓氏考略》所载，夏时诸侯有施氏，施国灭亡后，王族子孙就以国名为氏，称施氏。

另有一说出自子姓，为商民七族之一。《左传》上记载，周初，卫康叔管辖“殷民七族”，即陶氏、施氏、繁氏、锜氏、饥氏、樊氏和终葵氏等。施氏主要为制旗帜的工匠，其后代遂称施氏。

其三：出自方姓，为避难改姓，为明朝方孝孺同族方氏。《姓氏词典》上记载，明朝名士方孝孺，因为拒绝为明成祖朱棣起草登基诏书，被诛十族。其同族外逃避难，改为施姓，因“施”字拆开为“方人也”。

其四：出自他族改姓。明清时期，云南土司有施姓；云南白族中有以海螺为图腾的氏族，其汉姓为施姓。

【郡望堂号】

吴兴郡：周朝始置县，三国时期吴国置郡，治所在乌程（今浙江省湖州市吴兴区）。

【繁衍变迁】

施姓主要起源于先秦时期的鲁国，即山东地区。因此，施姓最开始活动在山东、安徽地带。之后逐渐南下，一部分进入湖南、贵州，另有一部分迁徙至四川和云南等地，成为西南地区施姓的主要聚集地。唐朝时期，在浙江地区形成了施姓的郡望——吴兴郡。宋朝时，施姓就已经散播到江南各个地区，主要集中在浙江、江苏、安徽等地，并在西部川鄂和东方浙苏皖地区形成了两大聚集区。明朝以后，浙江成为施姓的第一大省，江西、福建、江苏都有分布。

【历史名人】

施之常：春秋时鲁国人，是鲁惠公第八世孙，孔门七十二贤之一。

西施：原名施夷光，居西村苎萝，故名西施，是中国古代四大美人之一，又称西子。

施耐庵：名子安，又名肇瑞，字彦端，号耐庵，明朝著名作家，中国古典四大名著之一《水浒传》的作者。

施闰章：清代文学家，安徽宣城人，顺治年间进士，任山东学政，曾为蒲松龄的老师。博览群书，工诗善文，享有盛誉。著有《学余堂文集》二十八卷。

施琅：字尊侯，号琢公，明末清初著名将领，平定郑氏，收复了台湾。

zhāng

张

【姓氏来源】

张姓的主要来源有三：

其一：出自黄帝之后挥。据相关史料记载，黄帝后裔挥，因为受到太阳运行轨迹的启发，发明了弓。在以狩猎为生的当时，发明弓是非常了不起的事情，因此黄帝封挥为专门制造弓的官叫“弓正”，也称“弓长”，又将官名合二为一赐他“张”姓。

其二：出自姬姓，黄帝的后代。据《通志·氏族略》所记载，春秋时期，晋国有大夫解张，字张侯，其子孙以字命氏，称张氏。后来张氏子孙到晋国做官，“三家分晋”后，大部分张氏子孙迁移开来，使得张姓成员不断增加扩大。

其三：出自赐姓或他族改姓。据相关资料记载，三国时期，世居云南的南蛮酋长被蜀相诸葛亮赐姓张；元末有蒙古族将领伯颜帖木儿，归附明朝后，被明太祖赐予张姓。另有韩、姬等姓人士和乌桓、女真、羯、鲜卑、匈奴、契丹等少数民族分支改姓张姓。

兴汉第一谋士张良。

【郡望堂号】

张氏的郡望主要有清河郡、范阳郡、太原郡、京兆郡等。

清河郡：汉时置郡，治所在清阳（今河北省清河县东南）。此支张氏，其开基始祖为西汉留侯张良裔孙张歆。

范阳郡：三国时置郡，治所在涿县（今属河北省涿州市）。此支张氏，其开基始祖为东汉司空张皓之子张宇。

太原郡：战国时置郡，治所在晋阳（今山西省太原市西南）。此支张氏，其开基始祖为北魏平东将军、营州刺史张伟。

张氏堂号有“清河”“金鉴”“孝友”“亲睦”等。

【繁衍变迁】

张姓发源于河北、河南、山西地区。汉朝以前，张姓人就已经分布在陕西、河南、山东、河北等黄河流域地区。同一时期，也有张姓人向四川等地区迁徙。汉朝时，张姓氏族散播到江苏以及东北和西北等地。汉朝末期到西晋时期，张姓人在南部地区开始兴盛起来，以江苏的吴郡为首向我国东南沿海的各个地区扩展。到了唐宋时期，张姓人大规模向南迁徙，使从宋朝一直到清朝，张姓人成为一个非常庞大的族群，分布在我国大江南北的各个地域。

【历史名人】

张良：字子房。汉初名臣，著名的政治家、谋略家，“汉初三杰”之一。协汉高祖平定天下，被誉为“第一谋士”。

张骞：字子文，西汉时期外交家。两次出使西域，开辟出丝绸之路，使汉朝能与中亚交流。

张衡：字平子，是东汉时期伟大的天文学家、发明家、地理学家、制图学家等，发明了浑天仪、地动仪、指南车。有“科圣”之称。

张仲景：东汉末年著名医学家，被称为“医圣”。著有《伤寒杂病论》，为后代历代医学家所推崇。

张飞：字益德，三国时期蜀汉名将。有智有谋，嫉恶如仇，“蜀汉三杰”之一。

kǒng

孔

【姓氏来源】

孔姓的主要来源有五：

其一：出自子姓，为商汤王后裔。相传上古时期，帝喾有一个妃子名叫简狄，因捡到一只燕子蛋，吃后生下契，赐子姓。后来契因辅助大禹治水有功，被封于商。传至第十代孙汤，因其祖先是吞乙卵而生，因而名履，字太乙。汤成为商族首领后，灭夏建立了商王朝。因为汤是商朝的开国君主，深受百姓爱戴，因此其后代就把“子”和“乙”相拼，成孔字，是为孔氏。

其二：出自子姓，为春秋时宋国王族孔父嘉。商朝末年，纣王荒淫暴虐，最终为周武王姬发所灭，建立周朝。商纣王的庶兄微子启很顺从周氏王朝，遂封之以商都一带，建立宋国，命他管理商朝遗民。微子启死后由弟弟仲衍继位，仲衍的曾孙宋襄公有子名嘉，字孔父，又称孔父嘉，任宋国大司马。春秋时，孔父嘉的后代就以孔为氏。

其三：出自郑国姬姓。据史料记载，春秋时期，郑穆公有十三子，其中两个为孔氏。

其四：出自卫国姬姓。周公旦平定武庚的叛乱后，将原来商朝都城附近的地区和殷民七族分封给自己的弟弟康叔，建立卫国。到了春秋时期，卫国有名臣孔悝，其后代子孙有以其先祖的字为氏的，称孔氏。

其五：出自陈国妫姓。周武王灭商后，建立周朝。周公旦追封帝舜的后裔妫满于陈地，建立陈国。到春秋时，陈国有大夫孔宁，以先祖名字为氏，称孔氏。

【郡望堂号】

孔姓的郡望主要有鲁郡、京兆郡、河南郡、会稽郡等。

鲁郡：西汉置鲁国，治所在鲁县（今山东曲阜）。晋时改为郡。

京兆郡：西汉时改右内式置京兆尹，治所在长安（今陕西省西安市西北），三国魏时改称京兆尹郡。

河南郡：西汉时改秦三川置郡，治所在雒阳（今河南省洛阳市东北）。

会稽郡：秦时置郡，治所在吴县（今江苏省苏州市）。

孔姓的堂号有有“阙里”和“至圣”等。

【繁衍变迁】

孔姓发源于河南，孔父嘉的后人为避难，逃到位于今山东地区的鲁国境内，并定居下来。这次徙居，是孔姓氏族第一次进行东迁，并且使山东成为孔姓氏族的聚集地。汉朝时，因为战乱和官职的变动，有部分孔姓人纷纷向别处迁徙。孔姓人大举南迁到浙江、安徽等地，是在三国两晋南北朝时。唐朝时期，孔姓人发展繁盛，散播到江苏、江西等地。明朝时，山西、辽宁、云南、贵州、四川等地都有孔姓氏族的分布。清朝以后，孔姓人遍布全国，并开始有向海外地区迁徙的。

【历史名人】

孔子：名丘，字仲尼，春秋末期的思想家和教育家，儒家思想的创始人，被后世统治者尊为孔圣人、至圣先师等。

孔融：字文举，东汉文学家，“建安七子”之首。代表作是《荐祢衡表》。

孔颖达：字冲远，唐代著名经学家，著名的“十八学士”之一，所疏或正义的经书包括《周易》《尚书》《诗经》《礼记》和《左传》等。

孔尚任：字聘之，号东塘，清朝初期诗人、戏曲作家。著名戏剧《桃花扇》的作者，时人将他与《长生殿》作者洪昇并论，称“南洪北孔”。

cáo

曹

【姓氏来源】

曹姓的起源主要有三：

曹安像。

其一：以国为氏，出自颛顼玄孙陆终之子安。相传，颛顼的玄孙陆终，其第五子曹安因为协助大禹治水有功，被封于曹国。到了周朝时，武王改封曹安的后裔曹挟于邾国。后邾国被楚国所灭。邾国人有以国为氏，改朱氏；有以曹为氏，称曹氏。

其二：出自姬姓，始祖为振铎。周朝建立后，周武王改封曹安的后裔于邾国，便封弟弟振铎于曹国。后曹国为宋国所灭，其后裔子孙便以国为氏，称曹氏。

其三：出自他姓、他族加入。如后汉有曹嵩，本姓夏侯，后改姓曹。另有突厥部建有康国，其分支有曹国，其中有以曹为姓的。以及西域阿姆河、锡尔河流域各民族的“昭武九姓”中，有曹姓。

【郡望堂号】

曹姓的郡望主要有谯郡、彭城郡、高平郡、巨野县等，以谯郡为最望。

谯郡：东汉时置郡。治所在亳州（今安徽亳州）。

彭城郡：西汉时置郡，治所在彭城（今江苏省徐州市）。

高平郡：晋时置郡，治所在今山东金乡。

巨野县：西汉时置县，治所在今山东巨野。

曹姓的堂号主要有“清靖”“谯国”“敬思”“崇孝”等。

【繁衍变迁】

曹姓发源于山东地区，先秦时期，曹姓主要聚集在山东、甘肃和江苏北部。秦汉之际，曹姓人已经在山东、安徽、河南、江苏等华东地区繁衍发展。唐朝时，因其初期末期的战乱，使得很大一部分中原人开始向南方移民，曹姓氏族也在其中。宋元明时期，北方战争不断，以中原地区为主要聚集地的曹姓氏族，开始向江南地区转移。宋朝初年，曹姓人徙居到广西和广东两个地区，清朝初期渡海向台湾迁徙，进而迁至海外。

曹姓在当代中国人口排行中排位第二十七位。

【历史名人】

曹刿：春秋时期鲁国著名的军事理论家。有“一鼓作气”的成语典故。

曹参：字敬伯，西汉开国功臣。秦末随刘邦起义，汉朝建立后，他被封为平阳侯，任宰相。

曹操：字孟德，三国时的著名政治家、军事家、诗人。三国中曹魏的奠基人和主要缔造者，其子曹丕称帝后，追尊他为魏武帝。善作诗歌，代表作品有《观沧海》《龟虽寿》等。

曹雪芹：名霑，字梦阮，号雪芹，清代著名作家，所著《红楼梦》是中国古代四大名著之一。

yán

严

【姓氏来源】

严姓的起源主要有四：

其一，出自芈姓，以谥号为氏，为战国时期楚庄王之后。传说颛顼的后裔陆终之子季连，赐姓芈。季连的后裔熊绎在周康王时被封于荆山，建立荆国。后改国号为楚，为楚国。根据《元和姓纂》的记载，楚庄王的一部分子孙以其谥号为氏，称庄氏。汉朝时期，为避讳汉明帝刘庄的名讳，改庄姓为严姓。到了魏晋时期，有严姓恢复庄姓的，就形成了庄、严两家，因此有两家有“庄严不通婚”的古训。

其二：以邑名为氏，为战国时期秦孝公之子君疾的后裔。战国时期，秦孝公的儿子君疾，受封于严道县，以邑名为氏，故称严君疾，其子孙后代遂以严为姓，称严氏。

其三：据《姓考》所载，古时有严国，其国人以国为氏，为严姓。

其四：出自少数民族姓氏。据《晋书》记载，南北朝时，后燕慕容盛丁零族中有以严为氏的，称严姓。满、彝、土、锡伯、朝鲜等族都有严姓。

【郡望堂号】

严姓的郡望主要有天水郡、冯翊郡和华阴郡。

天水郡：西汉时置郡，治所在平襄（今甘肃省通渭县西北）。东汉时改为汉阳郡，移治冀县（今甘肃甘谷东南），西晋移治上邦（今甘肃省天水市）。

冯翊郡：汉武帝置左冯翊，三国魏改置冯翊郡，治所在临晋（今陕西省大荔县一带）。

华阴郡：汉时置华阴县，治所在今陕西省华阴市东，南朝时移治今陕西省勉县西北。唐朝时改华州置华阴郡，治所在郑县（今陕西省渭南市华州区）。

严姓的堂号主要有“天水”“富春”“古秋”等。

【繁衍变迁】

严姓主要由庄姓改姓而来。因此在成姓之初分布就十分广泛。史料记载，东汉时，在山东、湖北、安徽、浙江一带均有分布，四川、云南等地也有严姓的聚集。魏晋南北朝时期，严姓多居住在陕西、山西等地区，以陕西和甘肃最旺，严姓的三大郡望就是出自这两个地方。后世战乱纷繁，严姓大批南迁，明清以后严姓大多居住在安徽、江苏、浙江、福建沿海等南部地区，云南、广东也有严姓的足迹。清朝康熙年间，开始有严姓人渡海入台。

【历史名人】

严忌：本姓庄，东汉时避讳明帝名讳，改为严姓，是西汉初期著名的辞赋家。严忌才识过人，人称“严夫子”。

严光：字子陵，东汉时期著名隐士。严光曾为汉光武帝刘秀的同学，积极帮助刘秀起义。刘秀即位后，他隐姓埋名，以“高风亮节”闻名于世。

严羽：字丹丘，一字仪卿，自号沧浪逋客，世称严沧浪，南宋杰出的诗论家、诗人，所著《沧浪诗话》是宋朝最负盛名、对后世影响最大的一部关于诗歌的理论批评著作。

严复：原名宗光，字又陵，后改名复，字几道，近代启蒙思想家、翻译家、教育家，是中国近代史上向西方国家寻找真理的“先进的中国人”之一。

huà

华

【姓氏来源】

华姓的起源主要有二：

其一：出自子姓，以邑名为氏，为春秋时期宋戴公之孙子督的后裔。周朝建立初期，商纣王的微子启被封以商都一带，建立宋国。据《名贤氏族言行类稿》《广韵》和《辞源》等史料记载，宋戴公之孙子督，字华父，为宋国的公卿。其后人遂以先祖字为氏，称为华氏。

其二：出自少数民族改姓。元明清时期，蒙古部落有谟锡呼氏、扎拉尔氏等汉化改为华氏。明朝时，有回族以祖先名字汉化为氏，称华姓。满族和锡伯族有以部落名称汉化为氏的，称为华氏。

华父像。

【郡望堂号】

华姓的郡望主要有平原郡、武陵郡和沛国。

平原郡：汉时置郡，治所在平原（今山东省平原县西南）。

武陵郡：汉时置郡，治所在义陵（今湖南溆浦南）。

沛国：西汉时置沛郡，东汉时改为沛国，治所在相县（今安徽省濉溪县西北）。

华姓的堂号主要有“武陵”“华岳”“平原”“敦厚”等。

【繁衍变迁】

华姓起源于河南、陕西一带。春秋时期，华姓人已经散布到湖北、江苏、山东等地。汉朝初期，华氏家族中有跟随刘邦征战有功被封为列侯，华姓在山东平原一带形成望族，在沛国地区也形成了大的华氏家族。王莽之乱时，北方华氏避乱向南迁徙，在湖南地区形成了武陵郡望。三国两晋南北朝时，华氏族人为避乱迁到江苏、浙江等地。隋唐时期，华氏族人有向福建迁入的。宋朝时期，华姓已经广布黄河、长江、珠江中下游地区。到了明朝时，江苏成为华姓的第一大省，形成了以江苏为中心的华姓聚集区。明清之后，华氏族人遍布西南、西北、东北和台湾各地。

【历史名人】

华佗：字元化，东汉末期医学家，与董奉、张仲景并称为“建安三神医”。华佗是世界医学史上最早使用全身麻醉进行手术治疗的人。

华歆：字子鱼，三国时魏国名士，以才华横溢著称，政治上主张重农非战，重视文教德化，为官清廉自奉，被陈寿评价为“清纯德素”。

华蘅芳：字若汀，清朝末期著名的数学家、翻译家和教育家，译有大量数学著作，对当时洋务运动的兴起有着巨大的影响。

华镇：会稽人，北宋官吏。神宗进士，官至朝奉大夫，知漳州军事。平生好读书，工诗文。有《扬子法言训解》《云溪居士集》等。

【姓氏名人故事】

外科鼻祖华佗

华佗是三国时期著名的医学家，他医术全面，尤其擅长外科，被后人称为“外科圣手”“外科鼻祖”。华佗通过观察人在醉酒时的沉睡状态，以及总结前人对麻醉剂的研究，发明了麻沸散，用于医学，是世界上最早的麻醉剂。《后汉书·华佗传》中记载，若是疾病的发结于体内，针灸和入药都不能治愈，就应先用酒服用麻沸散，使患者没有知觉，再剖开病患处，取出肿块。麻沸散的运用，提高了外科手术的技术和疗效。

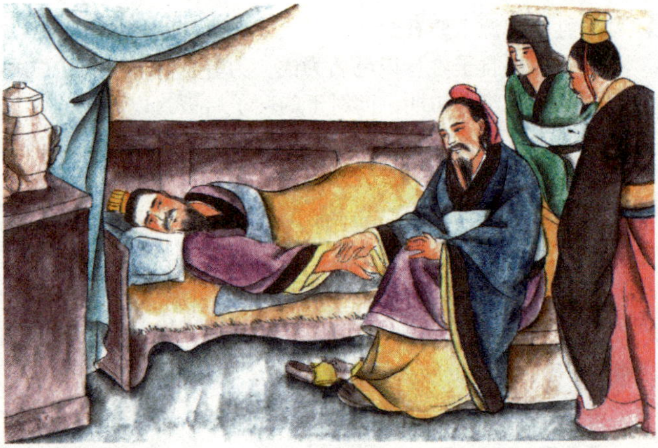

外科鼻祖华佗。

华佗不仅擅长外科手术，在针灸和中药方面也十分有研究，在医疗体育方面，他还创立了著名的五禽戏。华佗因其医术高明，且医德高尚，深受百姓的爱戴，名声也越来越大。

曹操有头疼之症，遍寻良医也没有成效，华歆向曹操推荐了华佗。华佗诊了曹操的病情，觉得曹操的病因是在脑中，药物难以根治，应该先服用麻沸散，再开颅取出“风涎”。但是曹操不相信，觉得开颅手术是不可能的。之前曹操曾要求华佗做自己的专门的侍医，华佗以妻子生病为由坚决不从，曹操怀恨在心，不顾谋士的一再求情，杀死了这位千古一人的名医。后来曹操的小儿子曹冲因病而死，曹操才十分后悔杀了华佗。

传统中国以儒学为主，主张“身体发肤，受之父母”，而外科手术的治疗方法违背了这一主张，因此在中医学中并没有大规模的发展起来。

jīn

金

【姓氏来源】

金姓的起源主要有四：

其一：出自少昊金天氏。相传少昊是东夷族的首领，上古五帝之一，为黄帝的己姓子孙。少昊死后被尊为西方大帝，因古人有五行的学说，西方属金，所以少昊又称金天氏。少昊的后裔中有以金为姓的，称金氏。

少昊像。

其二：出自匈奴休屠王太子金日磾之后。汉朝时，匈奴休屠王有子叫日磾，汉朝初年时，归顺汉武帝，后来是汉室非常重要的辅国大臣。他曾铸造过铜人像用以祭天，因铜像人又称金人，因此被赐姓“金”氏，称金日磾，其子孙后代遂也世世代代称金氏。

其三：为刘姓改姓为金氏。唐末五代时，十国之一的吴越国其开国之王叫钱镠，因“镠”与“刘”为同音字，为了避嫌，就将吴越国中的刘氏改为金氏。

其四：出自他族或改姓。如南北朝时，羌族中有金姓；唐朝时，新罗国有金姓；明朝永乐年间，蒙古归顺明朝，赐姓金氏；另元时有金覆祥，其先本为刘氏，后改为金氏，以及清代文学评论家金圣叹，本姓张，后改姓金氏。

【郡望堂号】

彭城郡：西汉时改楚国为彭城郡。东汉时又改为彭城国，治所在彭城（今江苏省徐州市）。南朝时改为郡。

京兆郡：汉时置京兆尹，为三辅之一，治所在长安（今陕西省西安市西北）。三国辖区改为京兆郡。

金姓的堂号主要有“彭城”“京兆”“鸿文”等。

【繁衍变迁】

金姓发源地较多，少昊帝在山东曲阜登帝，其后代世居山东。新罗与高丽、百济三国国王均为金姓。汉朝时有金日磾家族居住陕西，世代为官。到了魏晋南北朝时，金姓人中有移居到甘肃的。唐朝，金姓已经成为山西、四川部分地区的大姓。宋朝到明朝这一时期，居住在南方的金姓人散居在浙江、江苏、江西、安徽、湖南、湖北、福建、广东等地区；居住在北方的金姓人，多聚集在河南、河北、辽宁等地。从清朝嘉庆年开始，福建、广东等东南沿海地区的金姓氏族陆续迁至台湾，继而远徙海外。

【历史名人】

金圣叹：名采，字若采，明末清初人，著名的文学家、文学批评家。主要成就在于文学批评，对《水浒传》《西厢记》《左传》等书都有评点。

金农：字寿门、司农、吉金，清朝著名书画家兼诗人，“扬州八怪”之一。

金岳霖：字龙荪，中国哲学家、逻辑学家，是最早把现代逻辑系统地介绍到中国来的逻辑学家之一。

wèi

魏

【姓氏来源】

魏姓的起源主要有二：

其一：出自姬姓，为周文王裔孙毕万之后，以邑为氏，或以国名为氏。周朝建立后，周文王的第十五个儿子毕公高受封于毕地，后毕国被西戎攻灭，毕公高的后裔毕万投奔晋国，做晋国大夫。后来，毕万因在晋国攻灭他国的战争中立下大功，晋献公便将魏地赐给他为邑，毕万的子孙后代便以邑为氏，称魏氏。后来，晋国发生内乱，晋公子重耳被迫出逃，毕万的孙子魏犨在重耳流亡的过程中始终陪伴。后晋公子重耳在秦穆公的帮助下成为晋国国君，即晋文公。晋文公封魏犨为大夫，世袭魏氏封邑。后来，毕万的后代魏斯联合韩、赵两家瓜分晋国，成立了魏国。战国末期，魏国被秦国攻灭，亡国后，魏国王族以国为氏，称魏氏。

晋献公将魏地赐给毕万为邑。

其二：出自他姓改姓：据史料记载，战国时秦国有魏冉，本姓芈，后改姓魏。又南宋蒲江人有魏了翁，本姓高，后改姓魏。另明朝有昆山人魏校，本姓李，后改姓魏。

【郡望堂号】

魏姓的郡望主要有巨鹿郡和任城郡等，以巨鹿郡为最望。

巨鹿郡：秦时置郡，治所在巨鹿（今河北平乡西南）。

任城郡：夏商周时置国，秦后置县，东汉时分东平国置国，三国魏时置郡，治所在今山东省微山县一带。西晋复任城国。北魏时，置任成郡。

魏姓的堂号主要有“巨鹿”“敬爱”“治礼”“十思”等。

【繁衍变迁】

魏姓发源于陕西、山西，成姓早期，大部分魏姓人繁衍于山西、陕西、河南、山东等中原地区，少部分魏姓人居住在湖北、湖南等两湖地区。西汉时，河北巨鹿地区形成了魏姓史上最为著名的郡望。同一时期，魏姓人开始迁徙至江浙、甘肃、宁夏等地。到了三国两晋南北朝时，因为连年战火，魏姓氏族大举南迁，至四川、江西、福建等地。魏姓人徙居福建、广东等地是始于唐朝。宋朝末年，魏姓人就已遍布江南大部分地区。经历元、明、清三朝，魏姓人远徙海外。

【历史名人】

魏无忌：号信陵君，与齐国孟尝君、赵国平原君、楚国春申君并称“战国四公子”。

魏延：字文长，三国时蜀汉名将。

魏徵：字玄成，唐代著名大臣、政治家，提出“水能载舟，亦能覆舟”等治世名言，是中国史上最负盛名的谏臣。著有《群书治要》等书。

魏源：原名远达，字默深，清代启蒙思想家、政治家、文学家，近代中国“睁眼看世界”的先行者之一。提出“师夷长技以制夷”的新思想。

姓氏名人故事】

直谏敢言的魏徵

魏徵是我国唐朝时著名的政治家，他以直谏敢言著称，是我国历史上最负盛名的谏臣。

魏徵年少时父亲就去世了，生活窘迫的他仍然奋力读书，拥有远大的志向。后来隋末农民大起义，魏徵也参加过瓦岗寨起义。唐朝建国后，魏徵在李建成手下为官，玄武门事变后，唐太宗即位，太宗看中魏徵的才华，便命魏徵担任谏议大夫的职位。魏徵性格刚毅直率，而且才华横溢，常常犯颜进谏皇帝，即便惹怒了皇帝，魏徵也临危不惧，泰然自若。魏徵纠正了唐太宗很多的错误行为，是太宗重要的辅佐之臣。

直谏敢言的魏徵。

贞观之治中期，唐太宗日益怠惰，懒于政事，追求玩乐享受，魏徵便上奏著名的《十渐不克终疏》，直接列举了太宗从执政当初一直到现在的十个变化，并像太宗提出了十条劝谏。在这篇文章中，魏徵向唐太宗论述了君和民的关系，就如同舟与水的关系，他认为民心才是事业成败的关键。

魏徵生活简朴，为官清廉。后来魏徵病重在床，太宗亲自去看望他，发现魏徵家无正寝，十分节俭。魏徵死后，唐太宗去吊唁他时，说：“以铜作为镜子，可以端正衣冠；以历史作为镜子，可以明白国家兴亡的道理；以人作为镜子，可以知晓自己的得失。现在魏徵去世了，我失去了一面镜子！”

jiāng

姜

【姓氏来源】

姜姓的起源主要有二：

其一：出自炎帝神农氏的后裔。相传炎帝神农氏生于姜水，遂得姜姓。炎帝的裔孙有伯夷，因治四岳有功，被封于吕地，建吕国。后有吕尚，辅佐周室得天下有功，遂封于齐，建齐国。后吕国齐国纷纷亡国，后世子孙亦有以姜为姓的。

其二：出自桓氏改姓。据《通志·氏族略》所载，唐朝上元时，有桓姓者改为姜姓。

【郡望堂号】

姜姓的郡望主要有天水郡、广汉郡等。

天水郡：西汉时置郡，治所在平襄（今甘肃通渭西北），西晋移治上邽（今甘肃省天水市）。

广汉郡：西汉时置郡，治所在乘乡（今四川金堂东），东汉移治雒县（今四川广汉北）。

姜姓的堂号主要有“天水”“渭水”“龙泰”等。

【繁衍变迁】

姜姓的发源于陕西、河南和山东一带。汉初，河南、山东的姜姓人向关中迁徙，落籍于甘肃地区，也有向南播迁至江苏、四川等地者。魏晋南北朝时，姜姓人为避战乱徙居至江南。唐朝时，姜姓人迁至福建。唐宋之际，河北、河南、浙江、江西、安徽、山东及广东等地均有姜姓人的分布。明清时期，姜姓人在山西、陕西、贵州、湖南、福建、湖北等省都有聚居。并有女真族的姜佳氏部族的姜氏后裔，在辽宁等地聚集。清乾隆年间，有姜姓人渡海赴台，进而远徙东南亚以及欧美各国。

【历史名人】

姜子牙：本名吕尚，名望，字子牙，中国历史上最负盛名的政治家、军事家和谋略家。

姜小白：即齐桓公，齐国君主，任管仲为相，在“尊王攘夷”的旗帜下，南征北战，最终使齐国成为“春秋五霸”之首。

姜维：字伯约，三国时期蜀汉著名军事家、军事统帅。

姜夔：字尧章，别号白石道人，南宋著名词人、文学家和音乐家。代表作有《扬州慢》《暗香》等。

姜宸英：清初书画家、文学家，被誉为“江南三布衣”之一。有《湛园文稿》等。

军事统帅姜维。

qī

戚

【姓氏来源】

戚姓的起源比较单一，出自姬姓，以封邑名为氏，为春秋时卫国大夫孙林父的后裔。周文王的小儿子康叔，因封于康，故称康叔。周公旦平定武庚叛乱后，将原来商都附近地区和殷民七族分封给康叔，即卫国。春秋时期，卫康叔的八世孙卫武公有子名惠孙，根据周制，惠孙的后代以祖父的字命氏，即为孙氏。惠孙的第七世孙孙林父在卫献公时任上卿，后因失宠先后去了晋国和齐国，卫殇公时回国被封于戚邑，孙林父的支庶子孙世居戚邑，遂以封邑名为氏，称戚姓。

【郡望堂号】

戚姓的郡望主要有东海郡等。

东海郡：秦时置郡，治所在郯城（今山东郯城北一带），东晋时移治海虞县（今江苏常熟）。

戚姓的主要堂号有“享伦”“三礼”“景文”等。

【繁衍变迁】

戚姓发源于河南地区。秦汉时期，卫国灭亡后，戚姓子孙有逃至山东、江苏等地避难的。南北朝在江苏和山东之间地形成了东海郡望，并以此为中心向安徽、浙江等地散播。唐、五代时，战乱北方的戚姓族人向江南地区迁徙。两宋时，戚姓的繁衍中心移到浙江和江苏地区，元朝之后，戚姓人散居在华东、华南、西南各省。明朝初期，山西境内的戚姓人分迁至河南、河北、山东、陕西、湖北等地。明朝末期，戚姓人开始渡海赴台。清康熙年间，山东地区的戚姓人开始向东北三省迁徙。

【历史名人】

戚同文：字文约，北宋初年著名的教育家，与范仲淹共创高平学派。

戚文秀：宋朝杰出画家，善画水，画有《清济灌河图》。

戚继光：字元敬，明朝抗倭名将，著名的军事家、民族英雄，著有《纪效新书》《练兵纪实》《莅戎要略》《武备新书》等书。

【姓氏名人故事】

戚继光与戚家军

明朝时期，东南沿海地区经常受到来自日本的海盗的侵扰。古代时，日本被称为倭，因此从日本来的海盗就称为倭寇。倭寇以当地奸民为向导，以海螺号为联络方式，用武士刀埋伏偷袭，百姓深受其害。

戚继光平息倭患。

戚继光出生在山东沿海地区的将门世家，受到父亲的影响，戚继光从小就喜欢军事游戏，在练习武艺的同时不忘读书识字，学习为人处世的道理，长大后考中武举。在蒙古兵围攻北京城时，戚继光担任京城九门守卫的工作。后来被提升都指挥佥事，管理山东部分地区的卫所，防御山东沿海的倭寇。在戚继光的领导和训练下，山东沿海的防务有了很大的提高。几年后，戚继光被调往浙江，与倭寇作战，多次取得胜利。但是戚继光认为，明军缺乏作战训练，作战效率低，多次向上级提出练兵的建议。得到上司同意后，戚继光到义乌招募农民和矿工，最后从中招募了四千人，进行了严格的教导和训练。这支军队战绩辉煌，就是后来以纪律严明，能征善战著称的戚家军。

戚继光根据地形和倭寇的特点，创造了独特的“鸳鸯阵”战略，率领着戚家军以先后十三战十三捷的成绩，取得了重大的胜利，基本解决了浙江的倭患问题，其中台州大捷，使戚家军闻名天下。

后来，戚继光带领着戚家军，历时十余年，扫平浙、闽、粤沿海各地的倭患，是我国历史上著名的民族英雄。

xiè

谢

【姓氏来源】

谢姓的起源主要有三：

其一：出自姜姓，为炎帝后裔申伯之后。炎帝因居住在姜水流域，因此以姜为氏。传至商朝末年，有后裔孤竹君，其子伯夷和叔齐投奔周，后武王伐纣，伯夷和叔齐均反对这种诸侯伐君的不仁行为，极力劝谏。等到武王灭商后，两人隐居在首阳山，不食周粟而死。但两人子孙仍留在周朝，到武王去世，成王即位后，封伯夷的后裔为申侯，称申伯。厉王时娶申伯之女为妃子，生子为宣王。宣王即位后，封母舅申伯于谢国。后申国为楚国所灭，其子孙后代便以邑名为姓，称谢氏。

伯夷、叔齐隐居首阳山。

其二：出自任姓，为黄帝之后。据《左传》《古今姓氏书辩证》等书记载，黄帝有子二十五人，得十二姓，其中第七为任姓。任姓建有十个小国，其中之一为谢国。后周宣王时，将谢国赐予申伯。谢已失国，子孙四散，遂以国为氏，称谢氏。

其三：为他族改姓。南北朝时鲜卑族直勒氏改为谢姓。

【郡望堂号】

谢姓的郡望主要有会稽郡、陈留郡、陈郡、下邳郡等。

陈留郡：西汉时置郡，治所在陈留（今河南省开封市祥符区东南陈留镇）。

陈郡：秦时置郡，治所在陈县（今河南省周口市淮阳区）。

下邳郡：东汉时置国，南宋改郡。治所在下邳（今江苏睢宁西北）。

谢姓的堂号有“陈留”“会稽”“咸怀”等。

【繁衍变迁】

谢姓发源于河南。谢国被攻灭，有部分谢姓人迁至淮河中上游地区，而部分谢姓人则迁入湖北。战国末期，秦国灭楚后，谢姓人向南迁至重庆地区。到了汉魏时期，浙江地区的谢姓人开始兴旺发展起来。魏晋南北朝时，社会动荡，军阀混战，谢姓人为避战乱，一部分南迁至江西，一部分北上到陕西，一部分魏姓则向西，进入四川、云南等地。唐朝时，有谢姓氏族迁至江西。宋朝时，有谢姓人向福建迁居。历元、明、清三朝，谢姓人在南方的繁衍发展要超过北方。明朝末期，谢姓人开始渡海入台，并且远迁至菲律宾等东南亚地区。清朝早期，居住在广东境内的谢姓人迁至欧美等地。

【历史名人】

谢安：字安石，东晋著名政治家，一代名士和宰相，是著名以少胜多的淝水之战东晋方决策者。

谢玄：字幼度，东晋名将、文学家、军事家，指挥了著名战役淝水之战。

谢灵运：原名谢公义，字灵运，又称谢康乐，东晋末年著名的文学家、诗人，是山水诗派的开创者。

谢朓：字玄晖，南朝齐时著名的山水诗人。世称“小谢”，为“竟陵八友”之一。

zōu

邹

【姓氏来源】

邹姓的起源主要有四：

叔梁纥像。

其一：出自蚩尤之后，以地名为氏。相传黄帝和蚩尤曾在涿鹿展开了一场大战，后来黄帝将蚩尤部落打败。蚩尤部落的遗民迁至邹屠，以地名命族为邹屠氏，后分为邹氏和屠氏。

其二：出自曹姓，为颛顼帝后裔挟之后。古帝颛顼的玄孙陆终共有六子，第五子名安，封于曹，赐曹姓。周武王灭商建立周朝后，因封弟弟振铎在曹，所以改封曹安的后裔曹挟于邾，建立邾娄国。到了春秋时，邾娄国迁都成为鲁国的附属国，战国时被鲁穆公改为邹国。后来邹国被楚国所灭，邹国子孙有以国为姓的，称邹姓。

其三：出自子姓，为商纣王庶兄微子启之后。西周初期，周公旦平定武庚和东方夷族的反叛后，将商朝旧都周围的地区封给微子启，是为宋国。传至宋湣公时，有孙名考父，三朝采食于邹邑，到了他第五世孙叔梁纥时，以邑为姓，称邹氏。

其四：出自姒姓，为越王勾践之后。据《史记》所载，闽越王无诸以及越东海王摇，为越王勾践的后裔，为驺姓，驺亦作邹。

【郡望堂号】

邹姓的郡望主要有范阳郡、太原郡等。

范阳郡：三国魏时置郡，其治所在蓟县（今北京城西南）。

太原郡：秦汉时置郡，治所在晋阳（今山西省太原市西南）。

【繁衍变迁】

邹姓发源于山东，秦汉之际，有一支邹姓徙居至河北，西汉后逐渐向河南迁徙，是邹姓家族中较为旺盛的一支。汉朝时，有河北的邹姓氏族迁往陕西、青海、甘肃和宁夏等地。东晋时，北方战乱，邹姓人向南迁徙，落籍在江苏、浙江、安徽、江西等地。唐朝初年时，已经有邹姓人定居到福建地区。北宋时期，邹姓人迁居至广东，并于南宋时，向广西散居。后来逐渐开始有广东、福建等东南沿海地区的邹姓人移居台湾，继而侨居新加坡等东南亚国家的。

【历史名人】

邹衍：战国时期阴阳家学派创始者，著名的思想家。因他“尽言天事”，当时人们称他“谈天衍”，又称邹子。

邹亮：字克明，明朝杰出学者，为“景泰十才子”之一，著有《鸣珂》《漱芳》等书。

dòu

窦

【姓氏来源】

窦姓的起源主要有四：

其一：出自姒姓，以地名为氏，为夏帝少康之后。据《风俗演义》及《新唐书·宰相世系表》等所载，夏朝创建者夏启的儿子太康在位时，政事荒废，沉湎田猎享乐。一次在去洛水南打猎的时候，有穷氏的首领后羿趁机起兵，夺取了夏朝的都城，并阻拦太康回国。最终太康因病而死。后来太康的妃子后缗怀孕临近产期，自窦逃出，投奔娘家有仍氏，生下遗腹子少康。后来少康成为夏朝的君主，为纪念这件事情，赐窦姓给自己留居有仍的儿子，世代相传，形成窦氏。

其二：出自古代氐族。今陕西、甘肃、四川一带，有古代氐族，据《魏志》记载，其中有窦氏，为氐王窦茂。

其三：出自少数民族改姓。魏晋南北朝时，北魏孝文帝将鲜卑族没鹿回氏、纥豆陵氏改为汉姓窦氏。

其四：战国时期，魏国有窦公，其后世子孙简改为窦氏。

少康像。

【郡望堂号】

窦姓的郡望主要有扶风郡、河南郡和清河郡等。

扶风郡：汉时置右扶风，为三辅之一。三国魏时改为扶风郡，治所在槐里（今陕西省兴平市东南）。

河南郡：汉时置郡，治所在雒阳（今河南省洛阳市）。

窦姓的主要堂号有“世和”“承恩”等。

【繁衍变迁】

窦氏主要起源于今山东省地区，历商周两朝逐渐向外扩张，先秦时期，窦姓人又落籍到山西、河南地区。秦汉之际，窦姓人在山东、河北及陕西等地落户安家。汉末时期，有窦辅为避仇逃至湖南地区，曹操平定荆州后，又徙至江苏。三国两晋南北朝时，窦姓人遍及黄河中下游地区，还有一部分窦姓人迁居到辽宁和北京一带。唐末五代时，窦姓人向南迁至安徽、江苏、浙江、湖北、湖南等地。南宋时，窦姓在南方各省分布区域渐广。明朝初期，山西地区窦姓人被分迁于山东、江苏、浙江、河北、河南、天津等地。清朝时，窦氏族人已经在全国分布广泛。

【历史名人】

窦太后：是西汉时期汉文帝刘恒的皇后，汉景帝的母亲。窦太后出身贫寒，由民女到宫女，最后成为辅佐文景武三位帝王治理大汉江山的杰出女性。

窦婴：字王孙，西汉著名大臣，推崇儒术，反对道表法里的黄老学说。

窦融：字周公，东汉时著名将领，从破隗嚣，被封为安丰侯。

zhāng

章

【姓氏来源】

章姓的起源主要有二：

其一：出自姜姓，以国名为氏，为炎帝神农氏的后裔，始祖为姜子牙。西周初，姜子牙受封于齐地，建立齐国，鄣国为齐国的附庸国。后来姜子牙将鄣国分封给自己的庶子，于是鄣国为姜姓。后来春秋时鄣国被齐国攻灭，鄣国人以国名为氏，去掉表示国家的“阝”旁，意为国家已不复存在，成章姓。

其二：出自他姓改姓。汉朝时，章弃原姓仇，为避仇而改姓章；《元史·孝友传》上记载元朝时有章卿孙，原姓刘，由章姓人抚养成人，因此为章姓。

姜太公钓鱼。

【郡望堂号】

章姓的郡望主要有武都郡、京兆郡和豫章郡等。

武都郡：春秋时置郡。治所在今陕西省汉中东部，是章姓的第一个郡望。

京兆郡：汉朝前置郡，治所在今陕西中部、甘肃东南部及宁夏、青海各一部。

豫章郡：汉时置郡，治所在洪州（今江西南昌）。

章姓的堂号主要有：“思绮”“莱山”“豫章”“式训”等。

【繁衍变迁】

章姓发源于山东，春秋时期，鄣国被其同宗齐国吞灭，章姓人散居在山东、河北的齐国境内。秦汉之际，章姓人向北进入蒙古，向西进入陕西，南至江西、江苏等地。魏晋南北朝时期，章姓在江西豫章已经形成名门望族。隋唐时期，江苏、浙江、江西、安徽、四川等地都有了章姓氏族的分布。章姓人徙居福建，是从五代十国开始的。到了两宋时期，章姓名家辈出，不过因为北方时局动荡，战争频繁，章姓氏族纷纷向南方迁徙。明朝初期，山西章姓人落籍于湖南、湖北、陕西、河北、北京等地。明清时期，章姓人在各地都有散播与发展，居住在沿海地区的章姓人渡海迁往台湾，以及东南亚和欧美等地。

【历史名人】

章邯：秦朝末期著名将领、军事支柱，是秦朝的最后一员大将。

章鉴：字公秉，号杭山，南宋大臣。累官至右丞相兼枢密使。其为政严谨，居官清廉，宽厚待人，人称“满朝欢”。

章学诚：字实斋，清朝史学家、文学家，诚倡“六经皆史”的论点，著有学术理论著作《文史通义》。

章太炎：名炳麟，字枚叔，清末民初民主革命家、思想家以及近代著名朴学大师。他与蔡元培等合作发起光复会，在文学、历史、哲学等方面都有较高的成就，著有《章氏丛书》等，人称“太炎先生”。

【姓氏名人故事】

识时务者为俊杰

章邯，秦末上将军。秦二世时任少府，为秦朝的军事支柱。后追随项羽，被封为雍王。

章邯择明主成大事。

陈胜、吴广起义后，他受命讨伐，对朝廷忠心耿耿。因其性情直率，不喜谄媚，对当时掌控朝政的权臣赵高也不逢迎。赵高为了报复他，竟对他的大功视而不见，更无封赏之意。

项羽崛起后，章邯多有败绩。不想赵高为置其于死地，不仅不派兵援助，还将告急文书一律扣压。秦二世昏庸无道，听信谗言，竟下诏对他大加指责，言辞甚厉。

章邯接诏，一时六神无主。从长史司马欣那里得知，赵高对他有心排斥。此时，赵将陈余派人送书前来，劝他反叛秦国。他见信落泪。皇上不识奸佞，反责忠臣，他不想反叛，可是不得不反。

于是，章邯向项羽投降，随项羽攻城略地，最后攻下咸阳，灭秦。后来，被项羽封为雍王。识时务者为俊杰，他的反叛加速了秦朝的灭亡和一个新朝代的建立。

“良禽择木而栖，贤臣择木而事。”做人要辨别是非曲直，做忠臣可以，但不要做愚忠之臣。遇到小人暗算而又无路可走时，最佳的办法便是弃暗投明，另择明主。

sū

苏

【姓氏来源】

苏姓的起源主要有三：

其一：出自己姓，为颛顼帝高阳氏后裔。传说，帝颛顼裔孙陆终有六子，长子名樊，赐己姓，封于昆吾，以封地名为姓，称昆吾氏。后分为四姓，分别为苏、顾、温、董。昆吾国夏朝时，为诸侯国。至周朝时，有司寇名忿生，因为能够教化百姓，被周公旦分封于苏，称苏忿生。春秋时期，苏国为狄人所灭，苏忿生后裔遂以国名为氏，称苏氏。

其二：出自少数民族姓氏。《汉书》上记载，辽东乌桓族汉武帝时有改姓苏的。

其三：出自他族改姓。南北朝时期，北魏孝文帝迁都洛阳，实行汉化，改鲜卑族复姓跋略氏为汉字单姓苏氏。

【郡望堂号】

苏姓的郡望主要有武功郡、扶风郡、蓝田县、河南郡、河内郡等。

武功郡：战国时秦置县，治所在今陕西省眉县东四十里、渭河北岸。

扶风郡：汉时置右扶风，三国魏时改为扶风郡，治所在槐里（今陕西省兴平市东南）。

河南郡：汉时置郡，治所在雒阳（今河南省洛阳市东北）。

河内郡：楚汉之际置郡，治所在怀县（今河南武陟西南）。

苏姓的堂号主要有“芦山”“忠孝”“蓝田”等。

【繁衍变迁】

苏姓发源于河南，西周末期，周王室为犬戎所灭，周天子迁都洛阳，随行为官者中有苏姓。春秋时期，苏姓已经定居于湖北、湖南地区。汉朝初期，有苏姓氏族进入陕西地区。汉朝末期，有苏姓又迁至四川，之后大规模迁居江南。唐朝初年，苏姓人进入福建。北宋时，湖南等地的苏姓人因避难，逃至两广、云南地区，更远至越南、老挝、泰国等国家。南宋时，有居住在福建的苏姓人徙居广东。历宋、元、明三朝，苏姓人已经有渡海入台，继而移居海外的。清朝时，苏姓人遍布全国。

【历史名人】

苏秦：字季子，战国时期著名的纵横家。游说六国合纵抗秦，任六国宰相。成语“悬梁刺股”中的“刺股”正是出自苏秦发奋读书的典故。

苏轼：字子瞻，号“东坡居士”，北宋著名文学家、书画家，豪放派词人代表。他和父亲苏洵、弟弟苏辙合称为“三苏”，是“唐宋八大家”之一。

苏武：字子卿，西汉时期著名使臣。出使匈奴时被扣留，留居匈奴十九年持节不屈，死后被列为“麒麟阁十一功臣”之一。

苏颂：字子容，宋朝出色的天文学家、药学家。以制作水运仪象台闻名于世。

pān
潘

【姓氏来源】

潘姓的起源主要有三：

其一：出自姬姓，以邑为姓或以国为姓。据史料记载，周文王的第十五个儿子名高，因封于毕地，称毕公高。毕公高有子叫伯季食采于潘地，因伯季治理潘地有功，因此又被加封为伯爵国。春秋时期，楚国军队进攻潘国，潘国不敌，为楚国所吞并，潘国子孙为纪念故国，遂以国为姓，称潘氏。

其二：出自芈姓，以字为氏。相传颛顼帝的后裔陆终有六子，其中小儿子叫季连，赐姓芈。季连的后裔鬻熊因做过周文王老师，在武王伐商建国后，封鬻熊的后代熊绎于荆山，建荆国。熊绎后代改国号为楚，称楚文王。楚国有大夫芈潘崇，协助楚穆王夺得王位。潘崇子孙以其字命氏，奉潘崇为潘姓始祖。

其三：出自他姓改姓。南北朝时期，北魏孝文帝南迁洛阳，将鲜卑族三字姓破多罗氏，改为汉字单姓潘氏。

伯季像。

【郡望堂号】

潘姓的郡望主要有、荥阳郡、广宗郡、河南郡、豫章郡等。

荥阳郡：三国时置郡，治所在荥阳（今河南省荥阳市东北）。此支潘氏，为汉献帝时尚书左丞潘勖之族所在。

广宗郡：东汉时置县，治所在今河北省威县东。此支潘氏，为潘勖之后，其开基始祖为晋代广宗太守潘才。

潘姓的主要堂号有“荥阳”“荣杨”“承志”“如在”等。

【繁衍变迁】

潘姓发源于湖北、陕西等地，早期发展在湖北地区，春秋战国后，开始向山东、山西、湖南移居。汉朝时，有潘姓氏族北迁至河南、江苏等地。三国以前，潘姓人中，已经有徙居到山东、湖南、浙江等地者。到了晋朝，有潘姓人落籍于河北，向南有播迁至广东者。唐朝初期，有河南的潘姓氏族进入福建地区。宋时，潘姓人向广东、云南等地迁居。元、明、清三朝，潘姓已经分布在全国各地。

【历史名人】

潘璋：字文珪，三国时期吴国将领。关公父子败走麦城后，即被潘璋所擒。

潘岳：字安仁，西晋文学家、名臣。以“美姿容”著称。代表作有《闲居赋》《秋兴赋》《悼亡诗》等。

潘平格：字用微，明清之际思想家。提出“浑然一体”“见在真心”的理论，著有《求仁录》《著道录》等。

潘季驯：字时良，明代著名水利家。嘉靖二十九年（1550）进士。四次担任治理黄河的官职，形成了“以河治河，以水攻沙”的思想，被誉为“千古治黄第一人”。著有《两河管见》《宸断大工录》《河防一览》等。

gě

葛

【姓氏来源】

葛姓的起源主要有三：

其一：出自嬴姓，以封地名为氏，为黄帝后裔。《通志·氏族略》和《孟子·滕文公》

上记载，夏朝时，黄帝的支庶子孙，颛顼的后裔伯益的次子飞廉，受封于葛地，建立葛国，为葛伯。后来葛国被商汤攻灭，其后世子孙以国为氏，称葛姓。

其二：以部落名为氏。《风俗通义》中记载，远古时有名为葛天氏的部落，其后裔遂以葛为姓，称葛氏。

其三：出自他族改姓。魏晋南北朝时期，北魏孝文帝迁都洛阳，施行汉化政策，改鲜卑族复姓贺葛氏为汉字单姓葛；清朝时，满族八旗中有墨勒哲埒氏、格济勒氏改为葛姓；赫哲族中，葛依克勒氏的汉姓也为葛；鄂伦春族的葛瓦依尔氏，其汉字单姓亦为葛姓。

葛伯像。

【郡望堂号】

葛姓的郡望主要有顿丘郡和颍川郡等。

顿丘郡：汉时置县，晋时改为郡，治所在今河南清丰西南。

颍川郡：战国秦时置郡，治所在阳翟（今河南禹州）。

葛姓的堂号主要有“清柳”“梁国”“余庆”“崇德”等。

【繁衍变迁】

葛姓起源于河南，很长一段时间内，葛姓人一直在中原地区繁衍发展。西周时期，有葛姓人向四川迁徙。到了秦朝时，葛姓人有向安徽徙居的。两汉时，葛姓人开始在河南和山西两地兴旺起来，并有葛姓氏族迁居至江南一带，在吴中地区形成大家望族，繁衍得十分昌盛。魏晋南北朝时期，河南地区的葛姓人开始向江南迁徙，东晋时的葛洪就徙居至广东地区。隋唐时，葛姓人开始在山东、山西、安徽、江苏、浙江、江西、广东等地聚居。两宋时，在江苏和浙江一带的葛姓人发展得最为兴旺。明清时，葛姓已经分布在河南、陕西、江苏、山东、河北、天津、北京各地。从清朝开始，福建和广东的葛姓人开始向台湾、海外等地播迁。

【历史名人】

葛玄：字孝先，又称葛天师，三国时期孙吴国道士，道教尊称其为太极仙翁。在部分道教流派中葛玄与张道陵、许逊、萨守坚共为四大天师。

葛洪：字稚川，自号抱朴子，东晋道教学者、著名炼丹家、医药学家，是葛玄的侄孙，人称小仙翁。代表作有《神仙传》《抱朴子》《肘后备急方》《西京杂记》等。

fàn
范

【姓氏来源】

范姓的起源主要有二：

其一：出自祁姓，是帝尧陶唐氏之后裔。相传帝尧出身在伊祁山，伊祁山就又叫作尧山，尧因地名而为祁姓。帝尧的后裔有一支以祁为姓，被封于刘国，其子孙遂以国名为氏，为刘氏。到了夏朝时，刘国有一个名字叫刘累的人，因善于养龙，被封为“御龙氏”。后来迁至鲁县，其子孙在商朝时因封于豕韦，遂更为豕韦氏。又封于唐地，建唐国以唐为姓。周朝时期，唐国不服从号令，被周成王所灭，迁至杜地，更为杜氏，称唐杜氏。唐杜国君在桓在朝中任大夫一职，人称杜伯。因周宣王一妃子爱慕杜伯的英姿，遂百般勾引，杜伯不为所动，这个妃子气急败坏之下跟宣王告状，宣王便杀掉了杜伯，子孙逃到晋国，杜芀在晋国担任士师，封于范，子孙遂以封邑范为姓，称范氏。

刘累像。

其二：出自南蛮林邑王范文。晋朝时期，南蛮有林邑王范文。范文原是日南郡西卷县元帅范稚的奴仆，后由林邑王范逸赐他名为范文，成为范逸的重要辅佐大臣。后来范逸逝世后，范文即其位，成为在历史上最著名的林邑王。

【郡望堂号】

范姓的郡望主要有南阳郡、高平郡、钱塘郡等。

南阳郡：战国秦时置郡，治所在宛县（今河南省南阳市）。

高平郡：西汉时置县，治所在今宁夏固原市。北魏时改郡。

钱塘郡：秦置钱唐县，在灵隐山麓，隋移今浙江省杭州市。唐时将“溏”改加“土”偏旁为钱塘。民国与仁和县合并为杭县。治所在今浙江省杭州市。

范姓的主要堂号有“高平”“后乐”“芝堂”“山阳”等。

【繁衍变迁】

范姓发源于河南，春秋末期，河南的范姓氏族定居到湖北。战国伊始，已经有范姓人迁居至河南、河北、山西等地。秦汉之际，安徽、四川、浙江、江西均有范姓人分布。西汉中期，范姓人中有迁至山东等地。东汉末年，范姓人落籍于浙江和山西地区。西晋时期，范姓人迁往安徽、甘肃等地。唐朝时，河南的范姓氏族落居于浙江、江苏和福建各省。宋朝，福建境内的范姓人向广东迁徙。明朝初期，有范姓人北上迁至辽宁。清朝时，有范姓人在北京繁衍得非常兴旺。

【历史名人】

范蠡：字少伯，又称范伯、陶朱公。春秋后期越国著名政治家、军事家、谋略家。

范增：著名秦末楚王重臣，政治家、谋略家，是秦末农民战争中项羽的主要谋士。被尊称他为“亚父”。

范晔：字蔚宗，南朝刘宋时期著名史学家、散文家。著《后汉书》。

范仲淹：字希文，北宋著名政治家、文学家、思想家和军事家。著有《范文正公集》。

范成大：字致能，号石湖居士，南宋著名大臣，“田园诗派”的集大成者。是著名的“中兴四大诗人”之一。

péng

彭

【姓氏来源】

彭姓的起源主要有二：

其一：为颛顼帝后裔，以国为氏，始祖为彭祖。相传，颛顼帝有玄孙陆终，陆终有子名篯铿，被封于大彭，建彭国，为商朝的诸侯国。因此篯铿又称彭铿。相传彭铿长寿，活了八百多岁，因而被称为彭祖。其子孙后代以国为姓，称彭氏。

其二：出自他族加入。汉朝以后，胡、西羌、南蛮均有彭氏；清朝时满、蒙、回、苗等民族也有彭姓。

【郡望堂号】

彭姓的郡望主要有陇西郡、淮阳郡、宜春县等，其中以陇西郡最为名望。

陇西郡：秦时置郡，治所在狄道（今甘肃临洮南）。

淮阳郡：汉时置国，都城在陈（今河南省周口市淮阳区），隋时改为郡。

宜春县：西汉时置县，隋唐时设州，治所在宜春（今江西西部）。

彭姓的堂号主要有“长寿”“可祖”“彭城”“陇西”“淮阳”等。

【繁衍变迁】

彭姓发源于江苏。商朝末期，有彭姓人迁至河南、湖北。秦末，有彭姓人徙居甘肃地区。汉朝时，有河南的彭姓氏族迁居到河南。魏晋时，社会动乱，北方的彭姓人大规模南迁至山东、陕西、甘肃、江西、四川、福建等省。北朝时，有彭姓人迁居河北。唐初，彭姓人在江西发展得十分兴盛，并自江西向福建、湖南迁徙。宋朝时有彭姓氏族迁入广东，又向福建地区扩散，并逐渐成为当地的望族。明朝时，山西彭姓作为迁民之一，分迁至河南、甘肃、山东、河北、湖北、湖南等地。清朝伊始，东南沿海地区的彭姓人徙居台湾，进一步向东南亚和欧美各国迁移。

【历史名人】

彭咸：字福康，商朝末期著名贤大夫。因直谏纣王而不被纳，投江而死，后人赞称彭咸为“天下第一谏”。

彭越：字仲，楚汉战争时汉军著名将领，西汉开国功臣，与韩信、英布并称汉初三大名将。

彭孙贻：字仲谋，清代诗画家。与吴蕃昌创“瞻社”，时人称他们为“武原二仲”。著有《茗斋集》《五言妙境》等作品。

彭玉麟：字雪琴，清朝著名政治家、军事家。与曾国藩、左宗棠并称“大清三杰”，又与曾国藩、左宗棠、胡林翼并称大清“中兴四大名臣”，是中国近代海军奠基人。

彭湃：原名彭汉育，是中国无产阶级革命家，中国共产党早期农民运动的主要领导人之一，海陆丰农民运动和革命根据地的创始人。被毛泽东称之为“中国农民运动大王”。

wéi

韦

【姓氏来源】

韦姓的起源主要有三：

其一：出自彭姓，以国为姓。颛顼的后裔大彭是夏朝的诸侯，夏朝中兴少康当政时，封大彭氏的后裔于豕韦，豕韦国又称韦国，商时称韦伯。周襄王时始失国，迁居彭城，其子孙遂以国名为姓，称为韦氏。史称韦氏正宗。

韩信像。

其二：出自韩氏。西汉初年，韩信为吕后所杀，韩信一族险遭灭门，萧何派人将韩信的儿子暗中送往南粤避难。韩信子孙为避仇，便去了“韩”字的半边，以“韦”为姓氏。

其三：出自少数民族姓氏。据《汉书》所载，汉朝西北少数民族中疏勒国有韦姓。

【郡望堂号】

韦姓的郡望主要有京兆郡。

京兆郡：秦时设置内史官，三国魏时改称京兆郡，治所在长安（今陕西省西安市西北）。

韦姓也以“京兆”为其堂号，另有“扶阳”“传经”和“一经”等。

【繁衍变迁】

韦姓发源于河南。豕韦国被灭后，韦姓人一部分北迁至东北地区，一部分西迁，散居在陕西、甘肃各地。汉朝时，河南、山东、陕西、山西、河北各地均有韦姓人的分布。到了三国两晋南北朝时，除少部分到南方躲避战乱的韦姓人外，大部于韦姓人在北方繁衍生息。隋唐之际，韦姓人在陕西繁衍得最为旺盛，并有南迁到江苏、四川、安徽等地的。历五代十国到宋、元、明、清时期，韦姓人虽有南迁者，但北方的数量仍为多数。

【历史名人】

韦应物：唐代著名诗人，善于描写田园景物。因做过苏州刺史，人称“韦苏州”。代表作为《滁州西涧》等。

韦庄：字端己，唐朝花间派词人，与温庭筠齐名，并成为“温韦”。其代表作为《秦妇吟》。

韦昌辉：太平天国前期领导人之一，官封北王。

【姓氏名人故事】

山水诗人韦应物

韦应物是唐朝山水田园诗派诗人，后人常常将他与王维、孟浩然、柳宗元并称为“王孟韦柳”。

韦应物出生于京兆杜陵韦氏，是关中的世家大族。十五岁的时候就担任三卫郎，在玄宗身边做近侍，出入宫闱之地，以此自傲，性格豪放不羁。

安史之乱后，唐玄宗怆惶出长安，南下至蜀地。韦应物流落失职，才痛改前非，立志读书，从富贵子弟变为忠厚仁爱的儒者，并开始了诗歌创作。韦应物的诗歌中描写田园风光的诗篇最为著名。他的山水诗也因景致优美、情感细腻，清新自然没有矫揉造作之意，而受到世人的称赞。他的“春潮带雨晚来急，野渡无人舟自横”，写景如画，是韦应物最负盛名的佳句。

山水诗人韦应物。

韦应物多在外地为官，也有短期时间在长安故园闲居。闲居时，他少食寡欲，常“焚香扫地而坐”。在地方担任官吏时，勤政爱民，常常为自己没有尽到责任而反省自责。他的田园诗中也渐渐有一些反映民间记录的内容，富于同情心。

韦应物退职后，幽居山林，心安理得地享受自然之景物，过起了隐逸的生活。

mǎ
马

【姓氏来源】

马姓的起源主要有三：

其一：出自嬴姓，为帝颛顼裔孙伯益之后，其始祖为赵奢。伯益有子孙，名叫造父，善于驯马和驾车，深得周穆王的喜爱，因及时护送穆王回国都，平定徐偃王之乱，被周穆王封在赵城，称为赵氏。后来赵国日渐强大，成为“战国七雄”之一。当时赵王有一子名叫赵奢，因善于用兵，大破秦兵，被赵惠文王封于马服，称为马服君。其后世子孙最初以国为氏，称马服氏，后省去“服”字，遂为马氏。

马致远像。

其二：出自他姓改姓。如汉代有戚人叫马宫，本姓马矢，后因仕学显于朝野，遂改姓马。

其三：出自他族改姓。如西域人马庆祥，因居住在临洮狄道，遂以马为姓。又有元朝礼部尚书月乃和，本为蒙古人，因祖父曾任金朝的兵马判官，改姓为“马”，名祖常。其后人亦为马氏。

【郡望堂号】

马姓的郡望主要有扶风郡、京兆郡、广陵郡、华阴郡等，其中扶风郡最有名望。

扶风郡：西汉时置郡，治所在槐里（今陕西省兴平市东南）。

广陵郡：秦时置郡，治所在广陵今江苏扬州西北。

华阴郡：汉时置郡，治所在郑县（今陕西省渭南市华州区）。

马姓的堂号主要有“扶风”“驷德”“回升”等。

【繁衍变迁】

马姓发源于河北。战国末期，有马姓迁居陕西，并使当地发展为繁衍中心。两汉至南北朝，马姓人分布在河南、河北、山东、湖北、四川、甘肃、江苏、浙江等地，同时，有大规模西迁到西北地区，以及东迁至黄淮地区的。唐朝末期，河南的马姓人进入福建落居。五代十国时，楚国的建立，使马姓人得以分布于湖南、广西、广东、贵州等地区。宋朝以后，福建、广东地区定居的马姓人逐渐增多，到了清代，开始渡海移居至台湾地区，并远徙东南亚及欧美各国。

【历史名人】

马融：字季长，东汉儒家学者，著名经学家。注有《老子》《淮南子》，世称“通儒”。

马超：字孟起，三国时期蜀汉名将。诸葛亮称他文武全才，勇猛过人。

马皇后：名秀英，明太祖朱元璋的皇后。

马致远：字千里，元代著名的杂剧和散曲作家，与关汉卿、白朴、郑光祖被誉为“元曲四大家”。代表作有《汉宫秋》《天净沙·秋思》等。

马建忠：字眉叔，清末语言学家，精通多国语言，著有《马氏文通》，为中国第一部较全面系统的语法著作。

huā

花

【姓氏来源】

花姓的起源主要有四：

其一：出自何姓。根据《通志·氏族略》的记载，花姓由何姓所分，原因已不可考，有说法认为古时“花”字与“何”字读音相近，因此改姓。

其二：出自华姓。据《姓氏考略》记载，花姓出自华氏，古时没有花字，都通作华字。唐朝时，花字专门用来指花草之花，因此华姓有改为花姓的。

其三：出自他姓改姓。金朝时，有范用吉改姓花，人称花将军，其后代子孙遂称花氏。

其四：出自他族改姓。金朝时，有女真人孛术鲁氏改汉姓为花；清朝时满洲八旗姓博都哩氏后改为花姓；蒙古族的伯颜氏，其汉姓为花。

花用吉像。

【郡望堂号】

花姓的郡望主要有东平郡和开封府。

东平郡：汉时置东平国，南朝改置郡，治所在无盐（今天山东省泰安市东平一带）。

开封府：汉时置县，五代十国时后梁建国，以汴州为开封府（今河南省开封市）。

花姓的主要堂号为“东平”“紫云”“珠树”等。

【繁衍变迁】

花姓的发源不详，最早出现在正史中是在唐朝时期。唐末五代时期，北方各国纷战，动乱不堪，北方的花姓人开始向南方迁徙，播迁到四川、安徽、江苏、浙江、江西等地。宋元时期，花姓在江南的分布已经相当广泛，福建、广东、湖南、湖北等地都有花姓落籍。明朝初期，山西境内的花姓人，分迁于山东、河北、河南、安徽、江苏等地，继而又传播到贵州、云南、广西，东北地区也开始有花姓氏族的分布，东南沿海地区开始有花姓向台湾迁入。清朝康乾年间，“闯关东”的风潮使得山东的花姓开始向东北三省和内蒙古的东北地区徙居。

【历史名人】

花云：明朝初期杰出将领，骁勇善战，追随朱元璋征战屡建奇功，是明朝的开国元勋。

花润生：字蕴玉，号介轩，明朝官吏，永乐年间进士，善诗文，著有《介轩集》。

【姓氏名人故事】

黑将军花云

花云是朱元璋麾下一名勇将，相传他面相粗黑、身材奇伟，骁勇善战。朱元璋初见花云时，就觉得他有异于常人的才能，后来派他带兵攻打城池，他也总是能够得胜而归。一次朱元璋攻取滁州，花云随之前往。途中忽然遇上几千名敌军，花云当即拔剑策马，冲向敌军阵营，将敌军杀得一阵混乱，纷纷大惊道：“这个黑将军真是太勇猛了！锐气不可挡啊！”

朱元璋的军队很快就攻下了滁州，花云凭借其勇猛和忠诚，升任为禁军总管。朱元璋军队又继而攻下镇江、丹阳、丹徒、金坛等地。在路过马驮沙的时候，有几百名强盗拦路，花云一边赶路一边与强盗开战，战斗了三天三夜，强盗们全部被杀或被擒。

黑将军花云。

朱元璋在太平建立了行枢密院，并提拔了花云做枢密院的院判。这时陈友谅的军队进犯当涂，当涂是南京的屏障，地理位置十分重要。但是朱元璋的大军远在扬子江，面对十分严峻的形式，花云挺身上阵，打算背水一战。陈友谅的军队，趁着河水涨水，利用大船攻陷了城池。花云被擒后挣断绳子，夺下看守者的刀，大叫着砍杀陈军，最终被乱箭射死，年龄只有三十九岁。

当涂的人民修建了“忠烈祠”来纪念花云将军的功绩和忠烈，还编了一首“花将军歌”在民间广为传唱。

fāng

方

【姓氏来源】

方姓的起源主要有三：

其一：出自姬姓，以祖字为氏。据《元和姓纂》及《通志·氏族略》等记载，西周后期，周宣王有大夫姬方叔，姓姬，字方叔，多次奉命征伐淮夷、北方民族玁狁和南方荆蛮，立下赫赫战功。为表彰其功劳，周宣王遂封方叔于洛，其子孙以他的字为氏，称方氏。

其二：出自方雷氏及方相氏之后裔。相传炎帝神农氏的后裔有雷姓，至八代帝榆罔有子叫雷。在黄帝伐蚩尤时，雷因功被封于方山，称方雷氏。后分为雷姓和方姓。又有方相氏，相传为黄帝的次妃嫫母的后裔，后分为方姓和相姓。

其三：出自姬姓，为翁氏所分。西周初期，周昭王的庶子，被封于翁山，其后遂以邑名为姓，称翁氏。据《六桂堂丛刊》所载，宋朝初年，福建有翁乾度，生有六子，分姓洪、江、翁、方、龚、汪。其中四子分得方姓，其子孙后裔遂称方氏。

方叔像。

【郡望堂号】

方姓的郡望主要有河南郡、新安郡等。

河南郡：治所在雒阳（今河南省洛阳市东北），汉高祖二年（前205）改奉三川郡置郡。

新安郡：西晋时置郡，治所在始新（今浙江淳安），后移治安徽省歙县一带。

方姓的堂号有“河南”“敦叙”“六桂”“立本”等。

【繁衍变迁】

方姓发源于河南。西汉末年，就有方姓人迁居到安徽、江西、福建等地。隋唐以前，山东、山西等北方地区均有方姓人分布。唐朝初年，有河南方姓人落籍于福建。宋元之际，为避乱，有方姓人徙居海南。明朝初期，山西地区的方姓迁至河南、河北、山东、安徽、陕西等地。清朝初期，福建、广东境内的方姓人渡海赴台，进而远播海外。

【历史名人】

方干：字雄飞，号玄英，唐朝才子诗人。生前无人赏识，死后却扬名立万，人称“身无一寸禄，名传千万里”。成语“身后识方干”与之相关。

方腊：北宋末年农民起义领袖，建立政权称帝，号“圣公”。“方腊起义”是影响中国历史的一百个重大事件之一。

方孝孺：字希直，一字希古，明朝著名思想家、文学家，人称“正学先生”。著有《方正学先生集》《逊志斋集》等。

方苞：字灵皋，清朝散文家，桐城派的创始人。与姚鼐、刘大櫆合称“桐城三祖”。著有《狱中杂记》《左忠毅公逸事》等。

yú

俞

【姓氏来源】

俞姓的起源主要有三：

其一：出自黄帝时期的名医跗之后，以物事为氏。据《通志·氏族略》和《史记》等史料记载，上古黄帝时期，有医术精湛高超的医生，叫跗，他精于脉经之术，而古时“俞”字与“腧”字相通，腧是“脉之所注”的意思，“俞”和“痊愈”的“愈”字同音。因此，这个人又被称为俞跗。俞跗的后人以物事为姓，彰显先人医术技艺，遂称俞氏。

其二：出自春秋时郑、楚两国的公族。《路史》中记载，春秋时期，郑国和楚国两个诸侯国的公族中，都有俞姓。

其三：出自少数民族或他族改姓。如清朝时，满族人中就有姓氏为俞的；而满洲八旗中有尼玛哈氏，后改为俞姓。

【郡望堂号】

俞姓的郡望主要有河东郡、河内郡、河间郡和江陵郡等。

河东郡：秦时置郡，治所在安邑（今山西省夏县西北），东晋时移治蒲坂（今山西省永济市蒲州镇）。

河内郡：楚汉之际置郡，治所在怀县（今河南武陟西南），西晋时移治野王（今河南沁阳）。

河间郡：汉有河间郡，治所在乐城（今河北省献县东南），北魏时置郡，移治今河北河间。

江陵郡：汉时置县，治所在南郡。南朝齐时改置江陵郡，治所在今湖北江陵。

俞姓主要堂号有“流水”“江陵”“高山”“春在”“正气”“思本”等。

【繁衍变迁】

俞姓得姓于五千多年前的黄帝时期，春秋时有郑、楚两国公族加入俞姓。但是隋唐以前，能够在史册中查到的俞姓人少之又少。隋唐之前，湖北地区有俞姓的族人发展繁衍，并跨过了长江继续向南散播。隋唐之际，俞姓人已经在山西、河南、河北等地发展得十分兴旺；武则天在位时，有俞文俊激怒了武则天，而被流放到岭南地区，因此部分俞姓人迁居到了两广地区。宋朝时，俞姓人已经分布在浙江、安徽、福建、江苏、江西等地区，并出现了很多知名人士，在《中国历代人名大辞典》中，宋朝时期入载的俞姓人一共四十四人。明朝初期，俞姓人从山西迁居到了陕西、甘肃、河北、天津等地。到了明末清初，俞姓人大多还是定居在华东地区，其他地区散居的俞姓也开始增加了。

俞姓在当代中国人口排行中排名第一百一十九位。

【历史名人】

俞跗：黄帝时期著名的医学家，擅长外科手术。在上古黄帝时期，他与雷公和岐伯为公认的三位名医。

俞琰：字玉吾，号全阳子、林屋山人、石涧道人，宋末元初著名思想家、文学家，擅长词赋，精通《周易》，著有《周易集说》《易图纂要》等。

俞樾：字荫甫，自号曲园居士，清朝时期著名文学家、教育家、书法家。注重教育，诲人不倦，求学者络绎不绝，号称“门秀三千”。工于治经，著述甚丰，有《群经平议》《诸子平议》《春在堂随笔》《茶香室丛钞》《宾萌集》《春在堂诗编》等，声名远播日本。

俞宗礼：字人仪，号凡在，清朝杰出画家。善画山水及写真，笔法精湛，有“龙眼复生”的美誉。

rén

任

【姓氏来源】

任姓的起源主要有六：

其一：由远古妊姓衍传，与女性妊娠有关，可认为是母系氏族社会产生的古姓之一。姓起源于母系社会时期，因生得姓，从女从生，为妊姓，后传为任姓。

其二：出自黄帝的后代，为天子赐姓。相传黄帝有二十五个儿子，共十二姓。其中被赐予任姓的儿子，他的后裔就以任为姓，称任氏。

其三：出自黄帝少子禹阳的后裔，以国为氏。相传禺阳被封于任国，其后裔遂以国为姓，称任氏。

其四：出自风姓，为伏羲之后。据《通志·氏族略》所载，任国本是风姓之国，相传为伏羲帝太昊之后。战国时期，任国灭亡，其后代子孙遂以国名为姓，称任氏。

其五：出自南方少数民族。历史上，我国南方少数民族中亦有任姓，如西夏、明代哈尼族有任姓。

其六：出自他姓改姓。如元代王倍之子宣，为避难改任姓，其后代遂为任姓。

【郡望堂号】

任姓的郡望主要有乐安郡、东安县等。

乐安郡：东汉时改千乘郡治国，治所在临济（今山东高青县高苑路西北）。三国魏时改为郡，移治高苑（今山东博兴西南）。南朝宋时移治千乘（今山东广饶北）。

东安县：今浙江省杭州市富阳区。

任姓的主要堂号有“玉知”“乐安”“叙伦”等。

【繁衍变迁】

任姓发源于山东，先秦时期，已散居在湖北、山西、陕西等地。秦朝，任性人已经迁至广东等地。汉朝时，山东、山西、河南、陕西、四川、江苏、广东等地均有任姓人落居。魏晋南北朝时，为避战乱，任姓人大规模迁往江苏、安徽、浙江、湖北等地，并进入福建。南宋末年，任姓人繁衍于南方各省。明朝初年，山西的任姓人作为迁民之一，迁播到山东、河南、河北、江苏、陕西等地。清朝起，福建、广东的任姓人开始向海外徙居。

【历史名人】

任不齐：字子选，春秋时期楚国人，孔子七十二贤弟子之一。

任光：字伯卿，东汉时期著名将领，为“云台二十八将”之一。

任昉：字彦升，南朝梁国著名文学家、散文家。“竟陵八友”之一，擅长多种文体，与诗坛圣手沈约并称“任笔沈诗”。

任仁发：字子明，号月山道人，元朝杰出的画家、水利家。传世作品有《张果见明皇》《二骏图》等。

yuán
袁

【姓氏来源】

袁姓的起源比较单一，主要出自妫姓，为虞舜的后代。相传舜是颛顼的后代，因为生在姚墟，因此得姚姓。因为曾经住在妫汭河，所以后代又有妫姓。周朝建立后，帝舜的后裔妫满封于陈，称陈胡满。陈胡满十一世孙名诸，字伯爰，伯爰的孙子涛涂以祖父字“爰”为氏，称爰氏。春秋时期爰氏子孙世袭陈国上卿。因为当时“爰”字和“袁、辕、榬、溒、援”等字音同，于是后来的子孙就分别以这六个字为姓。到秦朝末年，辕涛涂的后裔辕告有少子名政，以袁为氏，称袁氏。

【郡望堂号】

袁姓的郡望主要有陈郡、汝南郡、河南郡、东光县等，其中以陈郡和汝南郡为最望。

陈郡：秦时置郡，治所在陈县（今河南省周口市淮阳区）。此支袁氏，为涛涂裔孙直系地望。

汝南郡：汉时置郡，治所在上蔡（今属河南省上蔡县西北）。此支袁氏，为陈郡袁氏分支，其开基始祖为后汉司徒袁安。

彭城郡：西汉时置郡，治所在彭城（今江苏省徐州市）。此支袁氏，为陈郡袁氏分支，为袁生之后。

东光县：汉时置县，治所在今河北东光。此支袁氏，出自汝南袁氏，为袁绍之后。

袁姓的堂号主要有“卧雪”“陈郡”“汝南”“彭城”等。

【繁衍变迁】

袁姓发源于河南，早期以河南、安徽为发展中心。秦汉以后向外播迁，分布在江苏、山西、河北等地，江淮地区以及陕西等地也均有分布。南宋以前，袁氏人迁徙至福建、广东。清朝，居住在福建、广东的袁姓人开始渡海赴台，继而徙居新加坡、印尼。

【历史名人】

袁绍：字本初，东汉末年群雄之一，是三国时代前期势力最强的诸侯，官渡之战中为曹操所败。

袁天罡：唐初天文学家、星象学家、预测家，唐代最著名的大相师，著有《六壬课》《五行相书》《推背图》《袁天罡称骨歌》等。

袁枚：字子才，清代诗人、散文家，乾嘉时期代表诗人之一，与赵翼、蒋士铨合称“乾隆三大家”。

袁崇焕：字元素，明末著名政治人物、文官将领。击退清军，毙伤努尔哈赤。

袁世凯：字慰亭，是北洋军阀首领，在辛亥革命后当选为中华民国第一任大总统，是我国历史上颇具争议的人物。

liǔ

柳

【姓氏来源】

柳姓的起源主要有三：

其一：出自姬姓，以邑名为氏，为春秋时期鲁国展禽的后裔。据《广韵》和《元和姓纂》上记载，春秋时期，鲁国鲁孝公有儿子姬展，姬展的孙子无骇，按周礼以祖父字为姓，为展姓。后来传到了展禽的时候，因为食采于柳下，于是展禽的后人就以柳为姓，称柳氏。

其二：出自芈姓，以城市名为氏，是春秋时期楚怀王的孙子心的后裔。秦朝末年，楚怀王之孙心，在秦末大起义时被推为起义军的首领，号义帝，建都于柳地。心的子孙中有的以都城名为氏的，称柳姓。

其三：出自他姓改柳姓，以及少数民族固有姓氏。明朝末年，著名说书人柳敬亭，原名曹逢春；明末著名女诗人柳如是，本名杨爱，后改名柳隐，字如是；满、蒙、彝、苗、水等少数民族中都有柳姓。

柳下惠像。

【郡望堂号】

柳姓的郡望以河东郡为主。

河东郡：秦时置郡，治所在今山西黄河以东的夏县一带，东晋时移治蒲坂（今山西省永济市蒲州镇）。

柳姓堂号主要有“河东”“愈思”等。

【繁衍变迁】

柳姓发源于河南和山东，春秋时期，鲁国被楚国攻灭，鲁国中的柳姓人有随之入居楚地的，即今湖北、河南、安徽、江西、山东、四川和江苏、浙江的部分地区。秦始皇灭六国统一天下后，有柳姓氏族进入山西地区，并发展为大家望族。从秦朝一直到唐朝这一段时间，柳姓家族一直都在北方地区活跃，有部分支派进入了四川、广西、福建等地区。柳姓开始在南方散播，是在唐朝以后，在唐高宗时进入到了福建地域。明朝时期，山西地区的柳姓人迁到山东、河北、河南等地。清朝时，居住在福建、广东等东南沿海地区的柳姓人开始渡海赴台，并向海外迁徙。

柳姓在当代中国人口排行中排名第一百三十三位。

【历史名人】

柳公权：字诚悬，唐朝著名书法家，工于楷书，有“颜筋柳骨”之称。传世碑刻有《送梨帖跋》《玄秘塔》《金刚经》《神策军碑》。

柳宗元：字子厚，唐朝著名的文学家和哲学家，“唐宋八大家”之一，与韩愈齐名，并称“韩柳”，诗文均佳，散文蕴意深刻。传世作品有《柳河东集》，也称《唐柳先生集》。

柳冲冲：唐朝初期人。著名姓氏学鼻祖。唐太宗命诸儒撰《氏族志》，柳冲冲在此期间撰有《大唐姓系录》二百卷，并与柳芳合撰有《永泰谱》，从此开创了中国各姓氏研究和家谱创建之先河。

柳永：原名三变，字耆卿，北宋著名词人，是婉约词派的代表人物。代表作有《乐章集》《雨霖铃》等。

bào

鲍

【姓氏来源】

鲍姓的起源主要有三：

其一：出自姒姓，以邑名为氏，为春秋时期，夏禹的裔孙敬叔之后。根据《姓苑》《通志·氏族略》《元和姓纂》等相关史料记载，杞国是夏朝的诸侯国，为夏禹的后裔。春秋时期，杞国公子敬叔在齐国做官，食采于鲍邑。敬叔的后人就以邑名为氏，称鲍姓。

其二：出自庖牺氏，即伏羲氏的后裔，其后有鲍姓。

其三：出自他族改姓。《魏书》上记载，魏晋南北朝时，北魏孝文帝迁都洛阳，实行汉化政策，积极与汉民族融合，将俟力伐氏和鲍俎氏改为汉字单姓鲍氏；清朝时，满洲八旗中有保佳氏、瓜尔佳氏等，有改为鲍姓的；内蒙古蒙古孛儿只斤氏，有改为汉字单姓鲍姓的；景颇族金别氏和佤族羊布拉氏，其汉姓均为鲍姓。

【郡望堂号】

鲍姓的郡望主要有上党郡、泰山郡和东海郡等。

上党郡：战国韩时置郡，西汉移治长子（今山西长子西南），东汉移治壶关（今山西长治北）。

泰山郡：西汉时置郡，治所在博地（今山东泰安东南）。

东海郡：秦汉时置郡，治所在郯地（今山东郯城北）。

鲍姓主要堂号有“清望”“东海”“亦政”“上党”等。

【繁衍变迁】

鲍姓发源于山东，春秋时期，鲍姓人多在河南地区定居。到了战国初期，发生了著名的田氏代齐，鲍姓子孙有逃往今河北、河南、山东、江苏等地者。秦汉之际，鲍姓人遍布黄河中下游地区，并留居安徽。鲍姓人迁入浙江和湖北等地，是魏晋南北朝时期。唐朝到五代时期，鲍姓人已经分散在江西、湖南、四川等地。两宋时期，在山东、安徽、江苏、浙江等地的鲍姓氏族发展得十分兴旺。鲍姓氏族在元朝时开始向福建和两广地区迁徙。明朝初期，山西的鲍姓家族迁居到安徽、江苏、河北、河南等地。明朝中期，鲍姓人赴台定居。清朝时，鲍姓的分布已经十分广泛，遍布我国大江南北。

【历史名人】

鲍叔牙：亦称“鲍叔”“鲍子”，是春秋时期齐国的大夫，协助齐桓公当上齐国的君主，并举荐管仲为相，以知人著称。

鲍姑：名潜光，晋朝著名炼丹术家，是东晋医学家葛洪的妻子，也是我国医学史上第一位女灸学家。

鲍敬言：两晋时期著名的思想家，主张“无君论”思想，具有朴素唯物主义的思想。

鲍照：字明远，南朝宋文学家，与颜延之、谢灵运合称“元嘉三大家”。擅长乐府诗，对后世，尤其是唐朝时期的诗歌发展有着重要的意义，著有《鲍参军集》。

【姓氏名人故事】

管鲍之交

“管鲍之交”这个成语说的是春秋时期，齐国的管仲和鲍叔牙之间深厚的友谊。现在，人们经常用管鲍之交来形容朋友之间亲密无间、交情深厚的友谊关系。

管鲍之交。

鲍叔牙是齐国的大夫，以知人著称。管仲在年轻的时候就经常和鲍叔牙交往，鲍叔牙看得出管仲有贤才，一直待他很好。两个人一起做买卖，管仲出的钱少，拿的钱多，鲍叔牙也从来不计较。管仲一次替鲍叔牙办事，结果事情变得十分无法收拾，鲍叔牙也不生气，认为并不是管仲的计策不好，而是时机不对。

后来管仲辅佐齐国的公子纠，而鲍叔牙服侍公子小白。纠和小白争夺齐国的王位，最终公子小白登上王位，成为齐桓公，公子纠被杀死，管仲也被囚禁。这时，鲍叔牙就向齐桓公推荐管仲为相，他对齐桓公说：“如果您只是想要治理齐国，那么有我和高傒就足够了，但是您要是想称霸天下，那么非管仲不可。”齐桓公后来拜管仲为相，而鲍叔牙也甘心位居管仲之下。在管仲和鲍叔牙的合力治理下，齐国终于成为诸侯国中实力最强的国家，而齐桓公也得到了霸主的地位。

鲍叔牙死后，管仲在他的墓碑前痛哭不止，他想起从前鲍叔牙对他的理解和支持，感慨道：“生我者父母，知我者鲍子也。”

管仲和鲍叔牙之间深厚的友谊，被传为佳话，流传至今。

shǐ
史

【姓氏来源】

史姓的起源主要有四：

其一：出自黄帝时创造文字的“史皇”仓颉。相传仓颉是黄帝时期造字的史官，原姓侯冈，名颉，号史皇氏，因造“鸟迹书”，黄帝赐以仓姓。仓颉的后人衍生了仓氏、史氏、侯氏、侯冈氏、夷门氏、仓颉氏。其后裔有以官为氏的，称史氏。

其二：出自周太史史佚之后。西周初年有太史史佚，为人严正，后人皆称赞他为后世史官的楷模，与太公、周公、召公并称为“四圣“。他在周朝任太史，其子孙遂以官名为氏。春秋时期，列国的他姓史官多以官为氏。

其三：出自隋唐时代“昭武九姓”之一。汉唐时期，西域地区，有月氏人建立的康居政权，后被匈奴人打败，建立了康国。西域的其他政权先后归附了康国，均以昭武为姓，史称“昭武九姓”，即康、史、安、曹、石、米、何、火寻和戊地。史国有人来中原居住者，以国名为氏，称史氏。

仓颉像。

其四：出自他族改姓。北魏时期，突厥族有阿史那部，后有归附唐朝者，改姓史氏。

【郡望堂号】

史姓的郡望主要有建康郡、宣城郡、高密郡、京兆郡和河南郡等。

建康郡：十六国前凉时置郡，治所在今甘肃高台西南。北朝魏废。

宣城郡：晋时置郡，治所在宛陵（今安徽宣城）。

高密郡：西汉时改胶西郡置国，治所在高密（今山东省高密市西南）。西晋复置国，南朝宋改为郡，治所在桑犊城（今山东省潍坊市东）。

京兆郡：汉时改内右史置京兆尹，为三辅之一。治所在长安（今陕西省西安市西北）。

史姓的堂号有“忠烈堂”等。

【繁衍变迁】

史姓发源于陕西一带，东周时，以官名为史氏者众多，因此各地均有史姓。先秦时期，史姓人遍布黄河流域和长江流域。西汉时，两广地区也有史姓人的分布。东汉时，有史姓人落籍于四川。汉到魏晋南北朝这一时期，六大史姓郡望形成，后又有史姓人迁至甘肃、江苏、山东等地。隋唐之际，有少数民族加入史姓。宋元时期，史姓人大规模南迁。明朝时，山西史姓人迁往河南、山东、陕西、安徽、湖北各地。清朝以后，开始有史姓人迁至海外、侨居新加坡等国。

【历史名人】

史佚：原名尹佚，尹逸，西周初年太史，为人正直，有“君无戏言”的典故。

史思明：初名窣干，唐玄宗李隆基赐名思明，唐朝叛将，“安史之乱”祸首之一。

史可法：字宪之，明末政治家、军事统帅、抗清名将，是我国著名的民族英雄。

táng

唐

【姓氏来源】

唐姓的来源主要有二：

其一：出自祁姓和姬姓，为黄帝轩辕氏之后。相传帝尧是黄帝轩辕氏的玄孙，姓伊祁，名放勋，因被封于陶，后来迁至唐，因而称陶唐氏。尧成为天子后，以“唐”为国号，故又称唐尧。后尧让位给舜，帝舜封尧的儿子丹朱于唐，为唐侯。到周武王时，唐侯作乱为周成王所灭，唐国被封给成王之弟唐叔虞，原帝尧后裔则被迁往杜国，称唐杜氏。唐杜氏的后裔有以国为氏的，称唐氏。唐叔虞的子孙也以国为氏，为唐姓。到周昭王时，又封丹朱之后刘累裔孙为唐侯，后为楚所灭，其子孙亦姓唐。春秋时，也有一支姬姓唐诸侯国，被楚昭王灭后，其后也称为唐氏。

其二：出自他族加入。据相关史料所载，南方白狼王有唐姓，陇西羌族亦有唐姓。畏兀人有唐仁祖，其子孙以唐为姓。

【郡望堂号】

唐姓的郡望主要有晋昌郡、北海郡、鲁国、晋阳县等，其中以晋昌郡为最名望。

晋昌郡：晋时置郡，治所在长乐（今陕西省石泉县）。此支唐氏，其开基始祖为十六国前凉凌江将军唐郓。

北海郡：汉时置郡，治所在营陵（今山东昌乐东南）。

鲁国：西汉时置鲁国，治所在鲁县（今山东曲阜）。晋改为郡。

唐姓的堂号主要有“晋阳”“晋昌”“北海”“移风”等。

【繁衍变迁】

唐姓发源于陕西、山西、河南、湖北等地。秦汉时，唐姓人已经散布在山东、江苏、江西、四川、广东、安徽等地。魏晋南北朝时，唐姓人在南方分布得更加广泛，并在湖南成为大姓，在浙江、甘肃等地也形成了较大规模的聚居点。隋唐时期，河南的唐姓人移居福建。宋元时期，北方唐姓大举南迁，定居于南方。明清之际，唐姓人移居至台湾，进而远徙海外。

【历史名人】

唐昧：战国时期楚国著名将领。

唐婉：字蕙仙，南宋才女，南宋著名诗人陆游的第一任妻子，代表作《钗头凤·世情薄》千古流传。

唐寅：字伯虎，明朝著名画家、文学家、书法家。善诗文，与祝允明、文征明、徐祯卿并称“江南四才子”；其画更著，与沈周、文征明、仇英并称“吴门四家”。

唐赛儿：明朝著名女英雄，是明朝初年起兵反朝廷的白莲教首领。

唐鉴：字镜海，清末理学家，是当时义理学派的巨擘之一，有“理学大师”之美誉。

fèi

费

【姓氏来源】

费姓的起源主要有六：

其一：出自嬴姓，以祖名为氏，为颛顼帝裔孙伯益的次子若木的后人。相传颛顼是黄帝孙，有裔孙伯益，伯益又称为大费。伯益因协助大禹治水有功，帝舜除了赐他嬴姓以外，还将本族姚姓女子嫁给他。姚女为他诞下二子，小儿子便是若木。若木及其后人以父亲的名字为氏，是为费姓。

若木像。

其二：出自姒姓，以祖名为氏，为夏禹后裔费昌、费仲之后。根据《元和姓纂》《轩辕黄帝传》等相关史料记载，夏禹（姒姓）的后裔费昌、费仲的子孙，以祖名为氏，称费氏。

其三：出自姬姓，以国名为氏，为春秋时期鲁国大夫费序父的后人。春秋时期，鲁国有大夫费序父，食采于费地，其后世子孙遂以封地名为姓，称费氏。

其四：出自姬姓，以邑名为氏，为春秋时期楚国大夫费无极的后裔。据《元和姓纂》记载，春秋时期，鲁国鲁懿公的孙子，大夫无极被封于费县，故称费无极。费无极的后人就以封邑名为姓，称费氏。

其五：出自他族改姓。如，魏晋南北朝时期，北魏孝文帝改革迁都，施行汉化，将鲜卑族原费连氏改为汉字单姓费姓；清朝时，满族中有复姓开头为“富”“费”的人，后来多取单字汉族“费”为氏。

其六：出自姬姓，以邑名为氏，为鲁恒公之子季友的后人。据《梁相费泛碑》上记载，春秋时期，春秋时期鲁国鲁恒公的儿子季友，因为有功，被鲁僖公封与费地，其后人遂以封邑名为姓，称费氏。这里的费字读“bì”音。

【郡望堂号】

费姓的郡望主要有江夏郡和琅玡郡。

江夏郡：西汉时置郡，治所在安陆（今湖北云梦），南北朝时期宋国移治到夏口（今湖北武昌）。

琅玡郡：又称琅琊国、琅琊郡。秦时置郡，治所均在琅玡（今山东省青岛市黄岛区琅玡镇夏河城），西汉时期移治东武（今山东诸城）。琅玡郡为费氏郡望。

费姓的堂号主要有“江夏”“衍庆”“念本”等。

【繁衍变迁】

费姓发源于山东，春秋时期，鲁大夫费父、季友、楚大夫费无极分别封于费地，费姓家族不断壮大，扩展到了湖北境域。两汉时期，费姓人有迁居至云南、贵州等西南地区，以及江苏、浙江等地的。魏晋南北朝时，随着北魏孝文帝的改革，鲜卑族的一些姓氏也改为费姓，在河南、山西、河北等地形成了新的费姓氏族。唐末五代时期，中原地区连年征战，费姓人也随之逃难，迁居安徽、江苏、浙江，并有一支费姓氏族进入福建地区。南宋末年，江浙地区也变成了硝烟弥漫的战场，费姓人继续向南迁徙，到两广地区繁衍生息。明朝初年，山西地区的费姓人分迁于山东、江苏、天津、河北、河南等地。明清时期，费姓人又有北上落户于北京的。清朝中叶，费姓人分布在我国各地，并开始跨越海峡定居台湾。

费姓在当代中国人口中排行第一百九十九位。

【历史名人】

费直：字长翁，西汉古文易学“费氏学”的开创者。费直依古文古字本汉《易》，称《古文易》。

费缉：晋朝四川南安人，清俭有治干，举秀才，南安五费（费贻、费诗、费立、费缉、费求，均为乐山历史上清廉有气节的人物）之一。

费信：字公晓，明朝著名航海家、外交家，曾四次随郑和下西洋，担任翻译。在我国南沙群岛中，有个岛被称为“费信岛”，就是为纪念费信而命名的。所著《星槎胜览》，是现在研究郑和下西洋的重要资料。

费杰：字世彦，浙江绍兴人，明朝著名医家。凡遇重疾者求治，虽百里外，亦赴不辞，且投剂辄效，著有《名医抄》《经验良方》等。

费丹旭：字子苕，号晓楼，别号环溪生，清朝著名画家。善于画群像，人物形象生动。有《东轩吟诗图》《姚燮纤绮图像》《果园感旧图》等传世，著有《依旧草堂遗稿》等。

xuē

薛

【姓氏来源】

薛姓的起源主要有三：

其一：出自任姓，以国为氏，为黄帝裔孙奚仲之后。传说黄帝有二十五个儿子，分别得十二个姓。其中有一个儿子名叫禺阳，被封于任地，遂得任姓。夏禹时，禺阳的第十二世孙奚仲为车正，相传是车的制造者。因居于薛地，遂称薛侯。后迁至邳。至奚仲十二世孙仲虺，复居薛。其裔孙成，迁于挚，改号为挚国。商朝末期，周伯季历娶了挚国女太任为妻，生姬昌，即周文王。武王灭商后，复封成的后裔为薛侯。战国时为齐国所灭，其后人遂以国为姓，称薛氏。

奚仲造车。

其二：出自妫姓，以邑为氏，为孟尝君之后。相传帝舜因生在姚墟，因而得姚姓。又因住在妫汭河，又有妫姓。武王灭商建立周朝，封千代圣王的后人妫满于陈。陈侯的第十世孙妫完因内乱逃出陈国，投奔齐国，称陈氏。后陈完有后裔陈恒子，因食于田，称田和，改田氏，并夺取了齐国大权。战国时期，田和后裔田文，即“战国四公子”之一的孟尝君，因其父田婴被封于薛，遂袭其父封爵，称薛公。至秦灭六国，子孙分散，以封邑命氏，称薛氏。

其三：出自他姓或他族改姓。南北朝时期，北魏孝文帝迁都洛阳后，实行汉化，将鲜卑的复姓叱干氏改汉字单姓薛氏。有出自周文王的姬姓冯氏之后，如唐朝有薛怀义，本姓冯，后改为薛姓。又据《通志·氏族略》所载，辽西有薛姓。

【郡望堂号】

薛姓的郡望主要河东郡、新蔡郡、沛郡、高平郡等。

河东郡：秦时置郡，治所在安邑县（今山西省夏县西北）。此支薛氏，其开基始祖为魏时光禄大夫薛齐。

新蔡郡：晋时置郡，治所在今河南省新蔡县。

沛郡：汉时置郡，治所在今安徽省濉溪县西北。

高平郡：晋时置郡，治所在昌邑（今山东省巨野县南）。

薛姓的堂号主要有“河东”“新蔡”“沛国”“高平”等。

【繁衍变迁】

薛姓发源于今山东，后向江苏迁徙。战国时，已经有薛姓人迁至今湖北、湖南、江苏、河南、河北等省。三国时期，薛姓人迁居至甘肃。到了南朝，已经有薛姓人落籍于福建。北宋初期，居住在安徽的薛姓氏族迁往湖南、广东等地，并成为当地薛姓人的始祖。明朝初年，山西薛姓人迁往江苏、河南、陕西、山东、北京等地。明清时期，开始有薛姓人渡海赴台，继而远播海外。

【历史名人】

薛稷：字嗣通，唐朝著名书画家。他的书法与欧阳询、虞世南、褚遂良并称“唐初四大家”。

薛涛：字洪度，唐朝女诗人，与刘采春，鱼玄机，李治，并称唐朝“四大女诗人”。

薛礼：字仁贵，唐朝名将，著名军事家、政治家。骁勇善战，“良策息干戈”“三箭定天山”“神勇收辽东”等薛仁贵的故事在民间广为流传。

léi

雷

【姓氏来源】

雷姓的起源主要有三：

其一：出自方雷氏，炎帝神农氏的九世孙方雷之后，以国名为氏。据《元和姓纂》及《通志·氏族略》所载，相传方雷氏是炎帝神农氏的九世孙，因战功被黄帝封于方山（在河南省中北部嵩山一带），建立诸侯国。其子孙以国名为氏，为复姓方雷氏，后又分为两支，一支姓方氏，一支姓雷氏。

其二：出自黄帝有臣子名雷公，其后以祖名为氏。据《姓苑》所载，雷姓是个古老的姓氏。相传黄帝有大臣雷公，是个名医，精通医术，曾与黄帝讨论医学理论。据《素问·著至教书论》说：“黄帝坐明堂，召雷公问之。”殷纣王有宠臣雷开，其后子孙以雷为氏。

其三：出自他族改姓。东汉末期以及南北朝时期，南方蛮族和西南的羌族中就有以雷为姓的人，据史料记载，“潳山蛮”和“南安羌”后都改为雷姓。

【郡望堂号】

雷姓的郡望主要有冯翊郡、豫章郡等。

冯翊郡：西汉时设置“左冯翊”，为三辅之一。三国改左冯翊置郡，治所在临晋（今陕西大荔）。北魏移治高陆（今陕西省西安市高陵区）。此支雷氏，其开基始祖为西晋雷焕一族的后裔。

豫章郡：汉时置郡，治所在南昌（今江西南昌）。

雷姓的主要堂号有“冯翊”“豫章”“精易”“亦山”等。

【繁衍变迁】

雷姓发源于以河南为主的中原地区，东汉至三国时，雷姓人迁徙至江西、湖北、安徽、四川等地。晋朝时，江西的雷姓人向陕西迁徙。唐宋之后，广东、陕西、四川、江西、湖南、山西、内蒙和广西均有雷姓人的分布，其中江南、两广地区的部分雷姓人，融入苗、瑶、彝、侗、畲、壮、黎、布依等族。明朝初期，山西雷姓人作为迁民之一，分迁至今陕西、甘肃、湖南、山东、河南、河北等地。清朝中期，有雷姓人开始移居海外。

【历史名人】

雷义：字仲公，东汉时名臣，与陈重情笃，被誉为交友的典范，人称“胶漆自谓坚，不如雷与陈。”成语“胶漆相投”正是由其而来。

雷敩：南朝宋时著名药物学家，以著《雷公炮炙论》三卷著称。著有《论合药分剂料理法则》等。

雷焕：字孔章，晋代天文学家。

雷发达：字明所，明末清初建筑工匠。曾参与过北京故宫太和殿等工程的重建，圆明园和颐和园中大部分建筑均为雷氏设计，有“样式雷”之称。

【姓氏名人故事】

雷义拒银

雷义是东汉时期鄱阳县人，他为官公正清廉，刚正不阿，在雷义任郡里功曹期间，他经常为了查案而不辞辛苦地奔走于街头巷尾，四处查找蛛丝马迹。

一次雷义查到一个被判处了极刑的犯人，犯罪的原因是偶然失手，而此人并不是一个罪大恶极之人，于是酌情上奏。看过雷义言辞恳切的奏折之后，皇上也觉得此人情有可原，当即赦免这个人的死罪。

雷义拒银。

那个犯人原本以为自己必死无疑，突然间死里逃生，不禁又惊又喜。他得知自己能够活命，全都因为雷义的明察秋毫，心中对雷义感激不尽，于是竟拿了大笔银两登门到雷义的家中致谢。雷义执意不收，只淡然地道：“当官为民，理应如此。”命此人将银子带回。

这人心中大为感动，觉得救命之恩不能不报，他见雷义不肯受，于是趁雷义外出之时，偷偷爬上雷义家的房梁，将银子放在了梁上。

此事隔了很久，直到有一次，雷义对年久失修的住房进行修缮，忽然发现了这包银子。雷义忆及前事，明白是那名死里逃生的囚犯所放，于是拿了银子打算还给此人。谁知他四处查访之后，发现这个人已经不在人世了，于是他毫不迟疑地把这包银子原封不动地上缴县曹。

雷义后来官至尚书侍郎，他一生明镜高悬，不徇私情，克己奉公，敢于直言，惩处了不少枉法的贪官，他清廉的事迹也广为流传。

hè

贺

【姓氏来源】

贺姓的起源主要有二：

其一：出自姜姓，为避讳改姓。春秋时期，齐桓公有个孙子叫公孙庆克，他的儿子庆封因以父名命氏，故称庆氏。庆封在齐灵公在位时任大夫，后在庄公时为上卿，执掌国政。再升为相国。后来庆封把政事交给儿子庆舍处理，自己耽于酒色，遭到亲信的反对。亲信趁庆封外出之机，杀死了庆舍，庆封得知后逃到吴国。吴王将朱方封给庆封，庆氏宗族闻讯赶来相聚。东汉时，有裔孙庆纯官拜侍中，为避汉安帝的父亲刘庆的名讳，“庆”字改为同义的“贺”字。庆纯改为贺纯，称贺氏。

其二：出自他族改姓。南北朝时，北魏孝文帝迁都洛阳后，实行汉化，将贺兰氏、贺拔氏、贺狄氏、贺赖氏、贺敦氏等鲜卑族复姓，皆改为汉字单姓贺氏。

【郡望堂号】

贺姓的郡望主要有会稽郡、河南郡、广平郡等。

会稽郡：秦时置郡，治所在吴县（今江苏省苏州市）。此支贺氏，其开基始祖为东汉庆纯。

河南郡：西汉时改秦三川郡置郡，治所在雒阳（今河南省洛阳市东北）。此支贺氏，其开基始祖为北魏贺兰氏、贺赖氏改贺氏之后裔。

广平郡：汉时置郡，治所在广平（今河北鸡泽东南）。此支贺氏，其开基始祖有二说，其一为东汉庆纯之后，其二为北魏贺兰氏、贺赖氏改贺氏之后裔。

贺氏以“会稽”“四明”“河南”为其堂号。

【繁衍变迁】

贺姓发源于江苏，得姓之初就在当地形成贺姓望族。到了魏晋南北朝时，北方战火不断，各民族大举南迁，使得南方贺姓人分布范围更加广泛。北魏孝文帝迁都后，鲜卑族的贺姓家族与贺姓家族融合，在河南、河北地区形成了两大郡望。唐朝时，世居南方的贺姓人开始大规模北上。唐宋之际，东部地区均有贺姓人分布，在河南、河北、山西、山东、陕西分布最为集中。明初，山西贺姓人迁往江苏、河南、山东、湖北、河北等地。明清以后，贺姓人遍及大江南北，并远徙到海外。

【历史名人】

贺知章：字季真，唐朝著名诗人、书法家。所著《回乡偶书》《咏柳》等传诵颇广。

贺铸：字方回，号庆湖遗老，北宋杰出词人，代表作有《青玉案·横塘路》《鹧鸪天·半死桐》《芳心苦（踏莎行·杨柳回塘）》，至今为后人传诵。

贺岳：明朝著名医学家，著有《明医会要》《医经大旨》《药性准绳》等。

tāng

汤

【姓氏来源】

汤姓的起源主要有三：

其一：源出子姓。帝喾之子契，其十四代孙名履、字汤，其后人以他的字为氏。

其二：以谥号为氏。契第十四世孙汤，姓子，名履。夏朝末年，夏君桀暴虐无道，汤灭夏建商，定都于亳。汤死后，谥号为“成汤”。其子孙中有以谥号命氏的，称汤氏。

其三：因避祸改姓。西周初期，周公旦平定反叛后，将商朝旧都周围的地区封给商纣王庶兄微子启，建立宋国。传至秦朝时，秦始皇焚书坑儒，子孙后裔遂因畏祸将子姓改为汤姓。

成汤像。

【郡望堂号】

汤姓的郡望主要有中山郡、范阳郡等，以中山郡为最望。

中山郡：西汉时置郡，景帝改为国，治所在卢奴（今河北省定州市）。

范阳郡：三国魏时置郡，治所在涿县（今河北涿州）。

汤姓的堂号有“中山”“范阳”“临川”“义士”“叙睦”等。

【繁衍变迁】

汤姓发源于河南，商朝自建立一直到亡国，前后七次迁都，因此汤姓在商朝时就已经遍布河南、山西、河北等地区。秦汉之际，汤姓在河北地区比较兴旺，形成了中山和范阳两个重要的汤姓聚集地，期间，也有汤姓人向南迁到今越南地区。汤姓大举南迁，始于魏晋南北朝。唐末五代，中原的汤姓又进一步向南部迁居到湖南、江苏、浙江等地。汤姓也开始成为南方姓氏，在北方较为少见。两宋时期，汤姓人主要散步在江苏、浙江、江西、安徽、湖南、福建、四川等省。明朝初期，山西汤姓徙居到河南、河北、山东、江苏等地，又逐渐有汤姓人向两广地区迁居。清朝康熙年间，居住在广东的汤姓人开始渡海赴台，继而迁徙到东南亚地区。

【历史名人】

汤和：字鼎臣，明朝开国功臣，著名军事家。

汤显祖：字义仍，号海若，明朝戏曲作家、文学家。所著《紫钗记》《还魂记》《南柯记》《邯郸记》，合称“临川四梦”，其中尤以《还魂记》最负盛名。

汤应曾：明朝末期琵琶演奏家，人称“汤琵琶”。

汤球：字伯玕，清朝著名学者、史学家。

【姓氏名人故事】

东方莎士比亚——汤显祖

汤显祖是明朝时期著名的戏剧家，在戏剧史上，他与关汉卿、王实甫齐名，在中国甚至是世界文学史上都占据非常重要的地位，被誉为东方的莎士比亚。

汤显祖出生在一个书香世家，从小受到家庭环境的良好熏陶，早早就显露了他过人的才华。十二岁时，汤显祖的诗作就已经名扬乡里，二十一岁时中举，二十六岁时就已经刊印了第一部诗集。汤显祖不仅精通古文诗词，对天文地理和医药卜筮等方面也十分有研究。

汤显祖三十四岁的时候中进士，继而入朝为官。然而官场的黑暗和官僚的腐败，让汤显祖非常失望，他所希望的“朝廷有威风之臣，郡邑无饿虎之吏”是没有办法实现的。因此他打消了仕进的念头，在家潜心创作戏剧和诗歌。

汤显祖在文学上的成就当以戏剧为最，他的戏剧中最著名的是“临川四梦”，也叫“玉茗堂四梦”，分别为《还魂记》(又名《牡丹亭》)《紫钗记》《南柯记》和《邯郸记》。这些戏剧不但被百姓所喜欢，甚至传播到海外，成为世界戏剧艺术的珍品。汤显祖戏剧中的女性表现出的对爱情的追求，对自由的向往，摆脱了传统观念的束缚，十分具有个性解放的思想。

汤显祖不仅精于戏剧，对戏剧理论和批评也有自己的见解，认为内容要高于形式，强调以感情感动观众。在古文诗词方面，他刊印了《红泉逸草》《雍藻》以及《问棘邮草》三本诗集。

luó
罗

【姓氏来源】

罗姓的起源主要有二：

其一：出自妘姓，为颛顼帝之孙祝融氏之后裔。传说在帝喾时，有掌管民事的火官重黎，是颛顼的后裔，因为广大黎民服务，当火官有功，帝喾便赐以他“祝融”的封号。祝融的后裔，分为八姓，即己、董、彭、秃、妘、曹、斟、芈等，史书上称之为“祝融八姓”。周朝初期，祝融的子孙被封于宜城，称为罗国。春秋时，罗国为楚国所灭，祝融氏的子孙遂迁移，以原国名罗为氏，繁衍生息。

火神祝融。

其二：出自他族、他姓改姓。如南北朝时，北魏孝文帝实行汉化政策，将鲜卑族复姓多罗氏和叱罗氏改为汉字单姓罗。又有唐朝时，西突厥可汗斛瑟罗归附李唐，其子孙以“斛瑟罗”为氏，后简称罗氏，定居中国。据相关史料记载，有部分赖氏族人，春秋战国时期为楚灵王所害，改为罗、傅二氏避难。另清代爱新觉罗氏中有也改罗氏的。

【郡望堂号】

罗姓的郡望主要有豫章郡、长沙郡、襄阳郡等。

豫章郡：楚汉之际置郡，治所在南昌（今江西省南昌市）。

长沙郡：秦时置郡，治所在临湘（今湖南省长沙市）。

襄阳郡：东汉时置郡，治所在襄阳（今湖北省襄阳市）。

罗姓的堂号主要有“豫章”“尊尧”等。

【繁衍变迁】

罗姓起源于湖北，春秋战国时期，罗国为楚国所灭，罗姓人向南迁移至湖南地区。三国两晋南北朝时，北方战乱，罗姓人大规模南迁至江西、广东、福建等省，并在南方形成一大姓氏。唐宋之际，罗姓发展进入鼎盛期。元、明、清三朝，罗姓人为避战乱继续迁徙，并与各民族融合，进一步发展壮大，且成为部分少数民族的重要姓氏。

【历史名人】

罗邺：唐代诗人，有“诗虎”之称，被世人誉为“素有英姿，笔端超绝”，为唐代“三罗”之一。

罗隐：字昭谏，唐代诗人。因著有《谗书》而被朝廷厌恶，数十次考取科举均不中，史称“十上不第”。鲁迅评价《谗书》为“几乎全部是抗争和愤激之谈”。

罗贯中：名本，字贯中，号湖海散人。他是元末明初著名小说家、戏曲家，是中国章回小说的鼻祖。代表作《三国志通俗演义》（简称《三国演义》）为“中国古代四大名著”之一。

罗聘：字遁夫，清代著名画家，为“扬州八怪”之一。代表作为《鬼趣图》。

qí

齐

【姓氏来源】

齐姓的起源主要三：

其一：出自姜姓，以国名为氏，为炎帝后裔姜太公之后。相传炎帝因为曾居住在姜水边，因此为姜姓。根据《通志·氏族略》和《元和姓纂》等史料的记载，炎帝的后裔姜尚，因辅助武王伐纣有功，被封于齐，建齐国。其子孙后裔中有以国为姓的，称齐氏。

其二：出自姬姓，以祖字为氏，为卫大夫齐子之后。《通志·氏族略》和《姓氏考略》中记载，春秋时期卫国有大夫齐子，他的子孙以祖父字为姓，称齐氏。

其三：出自改姓以及少数民族固有姓氏。《元和姓纂》上

姜太公像。

记载，唐朝宣城郡司马齐光，本姓是，其后代改姓为齐；清朝满洲八旗中有喜塔喇氏、齐佳氏等，均有改为汉字单姓齐姓的；《晋书》记载，武都氐人中有齐姓；清朝时，云南纳西族中亦有齐姓。

【郡望堂号】

齐姓的郡望主要有汝南郡、高阳郡和中山郡。

汝南郡：汉时置郡，治所在上蔡（今河南上蔡西北）。

高阳郡：战国时置高阳邑。汉时改为郡，治所在高阳（今河北高省阳县东一带）。

中山郡：战国时为中山国，国都在顾地（今河北省定州市），汉时置郡，治所在今河北北部地区。

齐姓的堂号主要有“汝南”“玉芝”“中山”“高阳”等。

【繁衍变迁】

齐姓发源于山东，春秋后期，齐姓人开始向河南和河北等地徙居。秦汉时期，齐姓人大多遍及在北方地区，并形成了一些比较有规模的大的郡望。直到魏晋南北朝时，硝烟四起，战争频繁，饱受战争之苦的中原人开始向南方迁徙，齐姓人也举族避难，安居在四川、湖北、安徽、江苏、浙江等地区。唐朝初年，社会稳定，迁居到四川、湖北等地的齐姓人逐渐发展壮大起来。宋元时期，南北方的齐姓人发展得都非常繁盛。明朝初年，定居在山西的齐姓人作为迁民，也散居到河北、河南、北京、天津等地。明清之际，开始有少数齐姓人迁居台湾，继而远徙海外。清朝时，“闯关东”热潮使得河北、山东等地的齐姓在东北三省发展得十分旺盛。

【历史名人】

齐德之：元朝著名医学家，精于外科，著有《外科精义》三卷，为后世医学家所推崇、重视。

齐召南：字次风，号琼台，晚号息园，清朝杰出的大臣、学者，擅长地理之学，与齐周华合称天台二齐。著有《水道提纲》《历代帝王年表》等。

齐大勇：河北省昌黎县人，清朝雍正八年状元（1730）。官至湖广提督的武状元齐大勇，生前多次征战西南，为维护国家的统一作出了一些贡献。齐大勇还工于书法。

齐彦槐：字梦树，号梅麓，江西婺源人，清代官吏、学者。嘉庆进士，曾任江苏金匮知县，有治绩，以知府后补。以诗文书法知名于世，精于鉴赏。著有《梅麓联存》等。

hǎo

郝

【姓氏来源】

郝氏的起源主要有三：

其一：出自子姓，其始祖为帝乙。相传帝喾有一个妃子名叫简狄，因拣到一只燕子蛋，吃后生下契。后来契因辅助大禹治水有功，被封于商，赐子姓。商族不断的壮大，在契的十四代孙汤的领导下，推翻了夏桀的统治，建立商朝。传至殷商第二十七代天子帝乙即位，将其子子期封于太原郝乡。后来商朝被周朝所灭，子期的后裔便有的以地为氏，称郝氏。

其二：出自复姓。据《新唐书·宰相世系表》所载，相传在炎帝神农氏时，有姓郝骨氏的人，是太昊的辅佐。郝氏中可能就有源自郝骨氏这一支的。

其三：为古代南方少数民族姓氏。据《旧唐书·南蛮传》所载，唐朝南蛮有郝、杨、刘三姓。

帝乙像。

【郡望堂号】

郝姓的郡望主要有太原郡。

太原郡：战国秦置郡，治所在晋阳（今山西太原西南）。

郝姓以“太原”等为堂号。

【繁衍变迁】

郝姓发源于山西。秦汉时期，郝姓已经散布在山西全境以及陕西、河南、河北等地。到了两晋南北朝时，河北的郝姓人为避战乱迁居进入山东，而河南地区的郝姓人则徙居安徽等地。隋唐之际，郝姓人落籍于湖北、四川等地。明朝初年，郝姓作为山西迁民之一，分布在河北、北京、山东、天津等地。明清时期，郝姓人在南方分布较广，并有进入湖南、福建者，同时，辽宁地区也有了郝姓人的聚集。清朝时期，居住在山西北部的郝姓人迁居至内蒙古和甘肃，而东南沿海地区的郝姓则渡海进入台湾，或者远徙东南亚国家。

【历史名人】

郝昭：字伯道，东汉末年至曹魏初年的著名将领。

郝孝德：隋末农民起义领袖。

郝澄：字长源，宋朝杰出画家。

郝懿行：字恂九，号兰皋，清朝著名的经学家、训诂学家。所著有《尔雅义疏》《山海经笺疏》《易说》《书说》《春秋说略》《竹书纪年校正》等书。

bì

毕

【姓氏来源】

毕姓的起源主要有三：

其一：出自姬姓，以国名为氏，为周文王第十五子毕公高之后。根据《通志·氏族略》和《新唐书·宰相世系表》上的记载，周文王的第十五个儿子毕公高，因随其兄周武王伐商有功，周朝建立后被封于毕，建立了毕国。毕公高的后裔毕万，在晋国做大夫，随献公四处征战，战功无数，被封于魏。春秋时期，与韩氏、赵氏“三家分晋”瓜分了晋国，建立了魏国。仍居住在毕国的人，就以国名为姓，称毕氏。

其二：出自任姓。据《世本》的记载，毕姓由任姓所改。

其三：出自他族改姓或少数民族固有姓氏。如《魏书·官氏志》有记载，魏晋南北朝时期，北魏孝文帝进行汉化改革，将代北鲜卑族的出连氏改为汉字单姓毕；达斡尔族的毕力夹氏，其汉姓为毕姓或杨姓；赫哲族的毕拉氏，其汉姓也为毕；匈奴屠各族中有毕姓。

【郡望堂号】

毕姓的郡望主要有河内郡、河南郡和东平郡等。

河内郡：楚汉之际置郡，治所在怀县（今河南省武陟县一带）。

河南郡：汉时将秦朝三川郡改为河南郡，治所在今河南洛阳。

东平郡：汉时改大河郡为东平国，治所在无盐（今山东东平东），南朝宋时改为郡。

毕姓的堂号主要有："经训""廉介""河内"等。

【繁衍变迁】

毕姓发源于陕西，春秋战国时期，毕姓主要居住在山西、山东、河南等地，以山西和河南最为繁盛。西汉时期，毕姓人向北已经散播到河北地区，向南已经迁居到广西地区，而向东则远徙到山东东平，并形成了当地的望族。魏晋南北朝时，北魏孝文帝的汉化政策，使鲜卑族一部分融入毕姓，使河南毕姓一时间十分繁盛。唐朝末年，有毕姓人进入湖北、湖南地区。北宋时，则有毕姓氏族为避难迁居至江西、浙江、安徽等地。明朝初年，山西毕姓人被分迁，散居在陕西、山东、河南、河北、北京、天津等地。清朝乾隆以后，开始了闯关东的浪潮，河南、山东等地的毕姓人也有随之向东北三省迁徙的。同时，东南沿海地区的毕姓则有入迁到台湾，以及东南亚和欧美各地的。

【历史名人】

毕宏：唐朝著名画家，工于山水画。杜甫的《戏韦偃为双松图歌》中有"天下几人画古松，毕宏已老韦偃少"来赞美他。

毕昇：宋朝著名发明家，发明了活字版印刷术，推动了整个世界文明的进步。

毕沅：字湘蘅，一字秋帆，自号灵严山人，清朝著名学者，好著书，著有《续资治通鉴》等书籍。

【姓氏名人故事】

毕昇与活字印刷术

毕昇是北宋时期著名的发明家，他发明了胶泥活字印刷术，是世界上最早的活字印刷术，也是中国的四大发明之一。

根据沈括所著的《梦溪笔谈》的记载，毕昇是一名普通老百姓，最初为印刷厂从事雕版印刷的工人。在工作中他发现了雕版印书术的缺点，每印一本书，就需要重新雕一次版，不仅费时费力，而且还加大了印刷的成本。而且一旦刻错一个字，就要重新雕版，十分麻烦。而活字印刷术则是用泥雕制一副活字，印制不同的书籍只需要排列活字的顺序，一些常用字可以多雕刻一些，既方便又快速，还避开了雕错字的麻烦，在印刷史上是非常有意义的一次变革。

毕昇发明活字印刷术。

活字印刷术经由阿拉伯商人传到欧洲，加快了欧洲社会的发展进程。活字印刷术加快了出版的效率，为书籍的传播提供了更便利的条件，为文艺复兴提供了基础。马克思将印刷术、火药、指南针的发明称为“是资产阶级发展的必要前提”。

活字印刷术是中国劳动人民对实践经验的科学总结，是古代中国对整个世界的发展进程加快做出的巨大贡献。

ān

安

【姓氏来源】

安姓的起源主要有三：

其一：出自姬姓，以国名为氏，为黄帝之孙安的后代。《唐书·宰相世系表》上记载，黄帝有子叫昌意，昌意有一个儿子叫安，在遥远的西部建立了安息国。安息国的子孙中有以国名为姓的，称安氏。汉朝时，安息国才与中原地区有所往来。

其二：唐朝的“昭武九姓”之一为安氏。隋唐时期，西域地区的月氏人建立了康国。后来逐渐其他政权加入，都以昭武为姓，遂称昭武九姓，其中有安姓，是以其原来的国家“安国”为氏。

其三：出自改姓。根据《魏书·官氏志》的记载，南北朝时期，北魏孝文帝的汉化政策，使得鲜卑族的安迟氏改为汉字单姓安；唐朝时，鼎鼎大名的安禄山，是由康姓改安姓；唐朝时的回鹘人、奚人，以及明清时期彝族沙骂氏、村密氏，以及其他少数民族中的很多复姓都有改为单姓安氏的；另有明朝时的元人孟格、达色等被赐为安姓。

【郡望堂号】

安姓的郡望主要有凉州、武陵郡和河内郡。

凉州：东汉时置州，治所在陇县（今甘肃省张家川回族自治县），是汉武帝十三刺史部之一，三国魏时移治姑臧（今甘肃武威）。

武陵郡：汉时置郡，治所在义陵（今湖南溆浦南），后移治临沅（今湖南常德西）。

河内郡：楚汉之际置郡，治所在怀县（今河南武陟西南），西晋时移治野王（今河南沁阳）。

安姓的堂号主要为“正伦”“济世”“中和”“天全”“武威”等。

【繁衍变迁】

安姓发源于西亚地区的安息国，汉朝时期进入中原后，散居在河南、甘肃和湖南等地，尤其在甘肃和湖南两地发展的比较繁盛。三国两晋南北朝，北方战争频繁，民不聊生，居住在中原地区的安姓人随着大规模的南迁的队伍，迁入湖南等地。北魏孝文帝汉化改革时，将鲜卑族的安迟氏改为安氏，繁荣了河南地区的安姓氏族。宋元时期，安姓人继续南下，进入安徽、江苏、浙江等地。明朝初年，安姓人作为迁民，被分迁山东、河南、安徽等地。清朝时，居住在广东、福建等沿海地区的安姓人渡海赴台，更远徙居至新加坡等东南亚地区。

安姓在当代中国人口排行中位居第一百一十位。

【历史名人】

安清：字世高，汉朝时期著名佛教学者。安清本为安息国太子，信奉佛教，精通梵语，为向中原传播佛教，将三十余部经书译为汉语。

安民：宋朝著名的石匠，善刻碑，品德高洁，不畏强暴。

chánɡ
常

【姓氏来源】

常姓的起源主要有四：

其一：出自黄帝之臣常仪和大司空常先之后，为祖姓常氏。相传在五千年前的黄帝时代，就有以常为氏的，并且数量相当多。如《帝王纪》中记载，周族与商族的首领高辛氏的次妃叫常仪，以善于占卜月的晦、朔、弦、望著名。《史记·五帝本纪》有常先，曾被黄帝任命为大司空，是史书上能见到的最早的常姓。

其二：出自姬姓，以邑为氏，为卫康叔之后裔。周武王灭商建周后，将自己同母少弟封于康地，故称康叔。后来武王去世，年幼的成王继位，周公旦辅佐成王摄政。但建国之初分封的用以监管殷商遗民的“三监”——管叔、蔡叔、和霍叔不服周公摄政，就联合商纣王之子武庚以及东方夷族反叛。周公挥师东征平定叛乱，之后便大规模地分封诸侯。周公将原来商都周围地区和殷民七族分封给当时素有贤名的康叔，改封康叔为卫君。康叔建立卫国，故又称卫康叔。卫康叔有一子受封于常地。后秦国统一天下，卫国国君被贬为庶人，其子孙后裔中有以邑名“常”为氏姓的，称常氏。

常先像。

其三：出自姬姓，以邑为氏，战国时吴国公族之后。据《姓氏考略》所载：“吴后有常姓”。吴国始祖是古公亶父的长子太伯和次子仲雍，二人让贤于弟弟季历，即周文王姬昌的父亲之后，建都于吴。但何人何时因何而得为常氏，未见古籍记载。

其四：出自恒姓，为避讳改姓。据《通志·氏族略》载，古代“恒”“常”同义，北宋真宗时有恒姓，为楚国公族恒思公之后，因避讳真宗名讳恒，遂将“恒”姓改为同义的“常”姓。

【郡望堂号】

常姓的郡望主要有太原郡、平原郡、河内郡和武威郡等。

太原郡：战国秦时置郡，治所在晋阳（今山西太原西南）。此支常氏，为汉昭帝时光禄大夫、右将军常惠之族所在。

平原郡：西汉时置郡，治所在平原（今山东省平原县西南）。

河内郡：楚汉之际置郡，治所在怀县（今河南省武陟县西南），西晋移治野王（今河南沁阳）。此支常氏，为曹魏时大司农常林之族所在。

武威郡：西汉时置郡，治所在武威（今甘肃民勤东北），东汉时移治姑臧（今甘肃武威）。

常姓的堂号主要有“太原”“积善”“受宜”“学古”等。

【繁衍变迁】

常姓发源于山东、江苏。战国时期，河南、河北、山东、安徽、湖北、江西、四川和江苏、浙江一带均有常姓人的分布。西汉时期，山西的常姓人发展得十分壮大，地位显赫。三国时期，四川的常姓人发展得较为兴旺。曹魏时，河南和甘肃地区的常姓人形成望族。隋唐时期，常姓人有徙居到福建的。宋朝，江苏、浙江、江西、湖北等地的常姓人向今福建、广东、云南、贵州等地迁徙。清朝时，开始有常姓人进入台湾，进而远赴新加坡等地定居。

【历史名人】

常惠：今山西太原人，汉代官至右将军。他曾随苏武出使匈奴，被拘留十余年而始终不屈。获释回国后被昭帝拜为光禄大夫，封长罗侯，后代替苏武为典属国。常惠之后又有数人封侯，太原常氏由此显赫。班固所作的《汉书》也曾特别为他列传。他为汉朝与西域的文化交流做出了很大贡献。

常璩：字道将，东晋史学家。著有《华阳国志》《汉之书》等。

常遇春：明朝名将，今安徽怀远人，曾为朱元璋建立明朝立下了汗马功劳。善射，力大无比，自称能率十万之众横行天下，军中号称“常十万”。

常志美：清代山东伊斯兰教学者。他精于波斯文，注重研究宗教哲学。除阿拉伯文经稿著述之外，还重视讲授波斯文的经典教义，后来发展为中国伊斯兰教寺院经堂教育中的山东学派，影响很大。

yú
于

【姓氏来源】

于姓的起源主要有三：

其一：出自姬姓，以国为氏，为周武王姬发的后代。武王灭商后，建立周朝。分封其第二子邘叔于邘国，邘叔后裔便以国为氏，一部分姓邘，一部分则去阝旁姓于，称于氏。

邘叔像。

其二：出自他族改姓。据《路史》所载，东海有于公后裔，本为汉人，后随鲜卑族迁移至代北为万忸于氏，后北魏孝文帝迁都洛阳，实施汉化改革，又恢复于姓。

其三：出自避讳改姓。据《古今姓氏书辩证》所载，淳于公的子孙，以国为氏，称淳于氏。唐朝初年，皇族七姓中亦有淳于氏。至唐宪宗李纯时，为避讳皇帝的名讳，遂改复姓淳于氏为单姓于氏。直到宋朝，有部分于姓恢复为淳于姓，也有部分未改的，形成此支于氏。

【郡望堂号】

于姓的主要堂号有河南郡、东海郡和河内郡等。

河南郡：汉时置郡，治所在洛阳（今河南省洛阳市东北）。此支于氏，概为于氏始祖邘叔的直系后裔。

东海郡：秦时置郡，治所在郯（今山东郯城北）。此支于氏，应为春秋战国时于泰后裔及北魏鲜卑族复姓万忸于氏改汉字单姓于氏的后裔。

河内郡：楚汉时置郡，治所在怀县（今河南武陟西南）。此支于氏，亦为邘叔的直系后裔。

于氏的堂号有“东海”“为叙”“福谦”“佑启”等。

【繁衍变迁】

于姓发源于河南。秦汉时期，于姓人北迁至山西、河北，东迁到安徽、山东，西迁至陕西、甘肃。到了魏晋南北朝时，连年战乱使得于姓人大举南下，进入湖北、四川、湖南等地。隋唐时期，北方形成了几处于姓望族。北宋末年，有于姓人落籍黑龙江。南宋后期，浙江的于姓开始进入福建，并由福建进入广东。明朝初期，山西于姓作为迁民之一，分迁至山东、河南、河北、陕西、江苏等地。清朝时期，随着“闯关东”的热潮，河南、河北、山东地区的于姓人在东北三省定居，于姓遍布大江南北。

【历史名人】

于公：汉代东海郯人，曾官廷尉，执法公允。他所洗雪的“东海孝妇”一案，以善于决狱而成名，留下了为善为恶“万应不爽”的典故。

于禁：字文则，三国时期曹魏武将，曹操时期外姓第一将。骁勇善战，曹操称赞他可与古代名将相比。

于昕：北朝怀朔、武川镇将。在北魏击破柔然的过程中，立有大功。

于谦：字廷益，明朝名臣，民族英雄。于谦与岳飞、张煌言并称“西湖三杰”。

于慎行：字无可，明代政治家、学者、诗人、文学家。为“山左三大家”之一，标举“齐风”，提倡创新。

于成龙：字北溟，清朝官吏。为官清廉，爱民如子，康熙称赞他为“天下廉吏第一”。

【姓氏名人故事】

两袖清风的于谦

于谦是明朝著名的民族英雄和诗人。他为人耿直，做官时作风廉洁。但是于谦生活的那个时代，朝政十分腐败，贪污贿赂成风，宦官王振以权谋私。每到了进京朝见皇帝的时候，各地官僚都会准备珠宝白银献给王振，悉心讨好王振。但是于谦每次进京奏事的时候，总是不带任何礼品，他的同僚见了就劝他，说：“你虽然不想攀求富贵，不想奉金献宝，但是总不能什么礼物都不带啊，好歹要带一些土特产，比如绢帕、蘑菇、线香啊，好歹当是人情啊。”

于谦笑着举起袖子说：“我带着清风啊！”于谦觉得，绢帕、蘑菇、线香这些东西本是供给人民的，但是因为贪官污吏的搜刮，反倒给人民带去了灾难，所以自己什么也不带，就带着两袖的清风去拜见皇上。表达了于谦对那些阿谀奉承的贪官的嘲弄，同时表现了他为官清廉、不与世俗同流合污的铮铮风骨。“两袖清风”这一成语也就流传了下来。

fù

傅

【姓氏来源】

傅姓的起源主要有四：

其一：出于殷商名相傅说的后裔，以地名为氏。传说盘庚将商都迁至殷地后，商朝只繁盛了一小段时间，之后开始逐渐衰微。商高宗武丁即位后，想要重振朝纲，却没有可以任用的大臣，武丁为此非常苦恼。直到后来，武丁通过自己的梦境，在虞虢之界的一个叫做傅岩的地方，找到了一名叫做说的奴隶。武丁拜说为宰相后，修政行德，使商朝又达到了一个极盛的状态。武丁因而被誉为“中兴明主”。而说因为发于傅岩，其后世遂以地名为氏，称傅氏。

武丁举傅说。

其二：出自姬姓，为黄帝裔孙大由之后。据《新唐书·宰相世系表》所载，黄帝的裔孙大由被分封于傅邑这个地方，其后裔子孙便将邑名作为姓氏，称傅氏。

其三：出自赖姓。根据《赖氏族谱》上的记载，春秋时期，赖氏族人中，有为楚灵王所害的，为避难就改为罗、傅二氏，因两氏毗邻，并且有姻戚关系，因而有赖、罗、傅联宗的说法。

其四：出自他族改姓。如清朝时期，有满洲人傅恒，本姓富察氏，以及傅开，本姓郎佳氏，均改傅氏。还有高丽族、蒙古族、回族等少数民族改为傅姓。

【郡望堂号】

傅氏的郡望主要有北地郡、清河郡等。

北地郡：战国秦时置郡，治所在义渠（今甘肃省庆阳市西北）。此支傅氏，其开基始祖为西汉义阳侯傅介子。

清河郡：汉时置郡，治所在清阳（今河北清河东北）。

傅姓的堂号主要有“兴商”“清河”“版筑”“野版”等。

【繁衍变迁】

傅姓发源于山西、山东等地。汉晋之间，有傅姓人迁至陕西、甘肃、宁夏等地。后又东迁至河北。汉朝时，开始有傅姓人向贵州迁徙。汉末三国时，傅姓人进入四川。两晋之际，傅姓人在河北发展得较为快速。魏晋南北朝之际，傅姓人为避战乱，南迁至浙江境内。唐朝末期，开始有傅姓人进入福建地区。北宋末年，河北傅姓向南迁至福建。南宋末年，由河北迁至福建的傅姓人又南迁至广东。宋朝以后，傅姓人遍布全国。

【历史人物】

傅玄：字休奕，西晋著名哲学家、文学家。学识渊博，著有《傅子》等，其作品在两晋文学史上占有重要地位。

傅山：字青竹，明清之际著名医学家、思想家。有《傅青主女科》《傅青主男科》等书流传于世。

傅介子：西汉时期著名勇士和使者，使计斩杀楼兰王，安定西域，重新打通“丝绸之路”，保护了“丝绸之路”的安全。

kāng

康

【姓氏来源】

康姓的起源主要有三：

其一：出自姬姓，为周武王弟康叔后裔，以祖上谥号或封邑为氏。周武王灭商建周后，将自己同母少弟封于康地，故称康叔。后来武王去世，年幼的成王继位，周公旦辅佐成王摄政。但建国之初分封的用以监管殷商遗民的“三监”——管叔、蔡叔、和霍叔不服周公摄政，就联合商纣王之子武庚以及东方夷族反叛。周公挥师东征平定叛乱，之后便大规模地分封诸侯。周公将原来商都周围地区和殷民七族分封给当时有贤名的康叔，改封康叔为卫君，建立卫国，故又称卫康叔。卫康叔死后谥号是“康”，其后代遂有以谥号为氏，或以封邑为姓，称康氏。

康叔像。

其二：出自西域康居国王子之后裔，以国为氏。据《梁书》中记载，汉朝时，朝廷在西域设置都护，西域的康居国派其王子来到中国，以表示对汉室的臣服。那位王子到达我国后就在河西落脚待诏，后定居河西，其后人以国为氏，称康氏。隋唐之时，这个国家仍然存在，称康国。

其三：出自他族或他姓改姓。西魏时建立政权的突厥族中有康姓。金时女真人纳喇氏、清时满洲赫舍里氏、达斡尔族华力提氏，其汉姓均为康姓。又有宋时，因避宋太祖赵匡胤名讳，有匡姓氏族改为音近的康姓氏族。

【郡望堂号】

康姓郡望主要有京兆郡、东平郡、会稽郡等，其中以京兆郡最望。

京兆郡：三国魏时置郡名，西汉时改右内史置京兆尹，为“三辅”之首。治所在长安（今陕西省西安市北）。

东平郡：汉时改大河郡为东平国，治所在无盐（今山东东平东），南朝宋时改为郡。

会稽郡：秦时置郡，治所在吴县（今江苏省苏州市）

康姓的堂号亦有“京兆”“华山”“会稽”等。

【繁衍变迁】

康姓发源于河南、甘肃等地。秦朝时，康姓人迁居到陕西、山东等地。魏晋南北朝时，甘肃地区的康姓人落居陕西，后又向东南地区迁移。唐朝时，宁夏地区的康姓氏族向浙江发展。宋末元初，大批的康姓人向南方徙迁。明朝时，山西的康姓人作为迁民之一，分别徙居至河北、河南、山东、安徽、江苏、湖北等地。清朝以后，福建、广东等东南沿海地区的康姓人陆续迁往台湾，进而播迁海外。

【历史名人】

康泰：三国时吴国出使南海的官员，是历史记载的，中国古代最早航海到东南亚、南亚的旅行家，著有《吴时外国传》等。

康海：字德涵，号对山，明朝文学家，“前七子”之一，代表作品有《中山狼》《浒东乐府》《对山集》等。

康昆仑：唐朝著名琵琶演奏家，有“长安第一手”之称。

康进之：元朝杰出戏曲家，现存其杂剧《李逵负荆》一剧。

康有为：又名祖诒，字广厦，号长素，近代著名政治家、思想家、社会改革家。资产阶级改良派代表人物之一，发动了著名的“戊戌变法”。著作有《新学伪经考》《孔子改制考》等。

【姓氏名人故事】

敢为天下先的康有为

康有为是清光绪年间著名的“戊戌变法”的奠基人与主要发起人。当时的清朝政府昏庸腐败，国家屡遭外强欺凌，令康有为忧心忡忡。

康有为在北京参加举人的会试之时听说，清政府要与日本订立丧权辱国的《马关条约》后，极为愤慨。于是连夜起草了一份过万字的上皇帝书，并召集各省上千人的举人一起集会，通过了这个万言书。这份万言书后来被送交都察院，就是历史上有名的“公车上书”。

康有为在会试之后中了进士，随后被任命为工部主事。他认为国家已经到了危急时刻，必须变法才可救国，于是持续不断地向光绪帝上书希望变法维新。

康有为起草万言书。

此举深得光绪帝赞赏，光绪帝下旨：以后康有为如有奏折，即日呈递，不得阻拦。很快，光绪皇帝根据康有为等人的建议，颁布了一系列变法诏书和谕令，其中主要为：经济上，设立农工商局、路矿总局，提倡开办实业；修筑铁路，开采矿藏；组织商会；改革财政。政治上，广开言路，开放报禁，允许士民上书言事；裁汰绿营，编练新军。文化上，废八股，兴西学；创办京师大学堂；设译书局，派留学生；奖励科学著作和发明。

但是此举很快遭受朝廷中保守派的一致反对，他们接连向慈禧太后上书请求处死康有为等人，当时光绪帝虽然已经亲政，然而国家真正的大权还是掌握在太后慈禧手中。

慈禧太后最终因惧怕变法革新会削夺自己的权力而出手阻止，她连夜将光绪皇帝囚禁于中南海的瀛台，然后发布训政诏书，再次临朝“训政”，康有为被迫逃亡国外。

“戊戌政变”前后只施行了不过百余天便告夭折，是以历史上又称为“百日维新”。

wǔ

伍

【姓氏来源】

伍姓的起源主要有二：

其一：以祖名为氏，为黄帝时大臣伍胥之后。根据《玄女兵法》记载，伍胥是上古时期黄帝部落的一个大臣，是传说中的古代术士。黄帝与蚩尤激战时，伍胥曾与邓伯温一同制定策略，帮助黄帝击败蚩尤。伍胥的子孙就以祖父名为姓，称伍氏。

其二：出自芈姓，以名为氏，楚大夫伍参之后。春秋时期，楚庄王有宠臣伍参。楚国与晋国争霸时，一次两军相遇。孙叔敖主张撤军，而伍参则劝谏楚庄王果断出击，并分析了楚国军队的优势和晋国军队的弱点，楚庄王听从了他的意见。结果楚国军队大获全胜，楚庄王便封伍参为大夫，伍参便以名为姓，称伍氏。

【郡望堂号】

伍姓的郡望主要有安定郡和武陵郡。

安定郡：西汉时置郡，治所在高平（今宁夏回族自治区固原市），东汉时移治临泾（今甘肃镇原东南）。

武陵郡：汉时置郡，治所在义陵（今湖南省溆浦县南），后移治临沅（今湖南常德西）。

伍姓的堂号主要有“孝友”“明辅”“敦睦”“务本”等。

【繁衍变迁】

伍姓发源于湖南，秦汉时期，伍姓家族在安徽、湖北、陕西一带有所分布。魏晋南北朝时，伍姓人已经散居在河南、四川、湖南、湖北等地。唐朝“安史之乱”以后，伍姓人东迁至浙江、江苏、福建等地。宋元时期，伍姓人逐渐向广东地区迁居。明朝初年，山西伍姓氏族被分迁到陕西、甘肃、河北等地。清朝时，居于东南沿海地区的伍姓人迁徙至台湾，继而远居至新加坡等东南亚国家。

【历史名人】

伍子胥：名员，字子胥，春秋末期吴国大夫、军事家、谋略家。刚直谏诤，辅助阖闾成就霸业，是姑苏城的创建者。

伍乔：南唐杰出诗人，工六经，善《周易》，诗文皆佳，尤以七律见长，是南唐保大年间状元。著有《伍乔集》。

伍钝：字文琏，明朝著名孝子，才华出众，善于辩论。侍奉母亲不离左右，母亲去世后，结庐守墓三年，乡里称之为“伍孝子”。

伍廷芳：本名叙，字文爵，号秩庸，清末民初杰出的外交家、法学家，是中国近代第一个法学博士。

yú

余

【姓氏来源】

余姓的起源比较纯正，出自春秋时期秦国名相由余之后。春秋时期，西戎地区有一名臣，名叫由余，他的祖先是晋国人，为了逃避战乱去了西戎。由余在西戎做官，后来奉命出使秦国。由余见秦穆公贤德大度，便留在秦国辅助秦穆公，任上卿（即宰相）。通过他的出谋划策，使秦国成为西方霸主。他的子孙中有以其名中的“余”为姓的，称余氏。

由余像。

【郡望堂号】

余姓的郡望主要有新安郡、下邳郡、吴兴郡等。

新安郡：晋时置郡，治所在始新（今浙江淳安西）。

下邳郡：东汉时置国，治所在下邳（今江苏睢宁西北），南宋时改为郡。

吴兴郡：三国时置郡，治所在乌程（今浙江省湖州市吴兴区南）。

余姓的堂号主要有“下邳”“清严”“忠惠”等。

【繁衍变迁】

余姓发源于陕西，秦汉以后，有余姓人落居于河南、安徽等地。魏晋南北朝时，两湖地区有余姓人的迁入。余姓人迁居福建始于唐朝初期，并在唐僖宗年间，继续徙进广东、湖南、浙江、江西等地。宋朝时，余姓人已经遍布大江南北。明朝初年，山西的余姓人作为迁民之一，迁往陕西、甘肃、河南、山东、江苏、浙江、河北、安徽等地。清朝时，福建地区的余姓人渡海进入台湾，并进一步移居海外。

【历史名人】

余靖：本名希古，字安道，北宋官员，庆历四谏官之一，与欧阳修、王素、蔡襄同任知谏院，合称为“四谏”。

余象斗：字仰止。明代书坊刻书家、著名的通俗小说编著者和刊行者，经他编著和刊行的小说有《四游记》《列国志传》《全汉志传》等。

余怀：字澹心，清代文学家，与杜浚、白梦鼎齐名，时称“余、杜、白”。

余叔岩：字小云，著名京剧表演艺术家，“新谭派”的代表人物，世称“余派”。

gù
顾

【姓氏来源】

顾姓的起源主要有二：

其一：出自己姓，以国为氏，为昆吾氏之后。相传颛顼的孙子吴回在帝尧时担任火神祝融的职位。吴回有一子，名终。因为被封于陆乡，所以叫陆终。陆终有六子，长子名樊，赐己姓，封于昆吾，以封地名为姓，称昆吾氏。昆吾氏有子孙被封于顾国，世称顾伯。到了夏朝末期，顾国被商汤所灭，散居各地的顾伯子孙便以国名为姓，称顾氏。

其二：出自姒姓，为越王勾践的后裔，以祖上封号为氏。相传大禹死后葬于会稽，其子启在山上建立宗庙祭祀他。到夏帝少康时，将庶子无余封在会稽，主持禹的祭祀，建立越国，都城会稽。其后人以国为氏，称越氏。春秋末年，越国常与吴国交战，后被吴国打败，越王勾践卧薪尝胆，后终于攻灭吴国，成为霸主。战国时越国为楚国所灭。汉朝，传至勾践的七世孙摇，摇因助刘邦灭项羽有功，被封为东海王，因都城在东瓯，遂有俗号东瓯王。后来摇封自己的儿子为顾余侯，其子孙以其封号的第一字为姓，称顾氏。

【郡望堂号】

顾姓的郡望主要有会稽郡、武陵郡等。

会稽郡：秦时置郡，治所在吴县（今江苏省苏州市）。清时移治山阴（今浙江绍兴）。

武陵郡：汉时置郡，治所在义陵（今湖南溆浦南）。

顾姓的堂号有“会稽”“三绝”等。

【繁衍变迁】

顾姓的起源分为两支，一支为北顾，发源于河南；一支为南顾，发源于浙江。南顾成姓不久就成为当地一带的大姓，而北顾发展的则不如南顾。唐朝以后，顾姓人开始向南北各地发展。明初，住在山西的顾姓人被分迁到河北、河南、山东、安徽、江苏等地。明代中期，安徽、湖北、湖南、福建、广东、四川等地均有顾姓人分布，在北方的山东、山西、陕西、河北和内蒙古等地也有所散布。明朝末年到清朝中期，有福建和广东等东南沿海的顾姓人徙居台湾，进而远播海外。

【历史名人】

顾恺之：字长康，东晋著名画家、绘画理论家、诗人，“六朝四大家”之一。著有《论画》《魏晋胜流画赞》《画云台山记》等。

顾况：字逋翁，号华阳真逸，晚年自号悲翁，唐朝著名诗人、画家、鉴赏家。

顾炎武：本名继坤，改炎武，字宁人，清朝著名思想家、史学家、语言学家，与黄宗羲、王夫之并称为明末清初三大儒。

顾太清：名春，字梅仙，清代著名女词人。著作小说《红楼梦影》，是中国小说史上第一位女性小说家。

【姓氏名人故事】

顾炎武自督读书

顾炎武是明朝万历年间江苏昆山人，曾用名顾绛。清顺治二年（1645）清兵南下，明军崩溃，因为敬仰南宋民族英雄文天祥的门生王炎午的忠贞品格，为自己更名炎武。“天下兴亡，匹夫有责。”这句家喻户晓的名言，就是由顾炎武所说。

一代大家顾炎武。

顾炎武自幼十分勤学，十一岁那年，他的祖父蠡源公要求他通读《资治通鉴》，并告诫他说：“有的人不求甚解，读书只是粗略而过，那样从书中不能学到什么，更有的人只图省事,看书只去浏览一下《纲目》之类的便以为万事皆知了，这是不足取的。”

这番话使顾炎武领悟到，读书做学问是必须务实的，如若不以勤奋严谨的态度去读书，那么收效甚微。从此，顾炎武开始了“自督读书”。

他给自己立下了多条读书规矩，首先，每日规定好必须读完的卷数，并且限定自己每天读完后把所读的书逐字逐句地抄写一遍。因此他在读完《资治通鉴》后，一部书变成了两部书。

随后是自己每读一本书都要做读书笔记，看后认真写下心得体会。这个习惯他一直保持着，后来，他的一部分读书笔记，汇成了著名的《日知录》一书。

最后,他在每年春秋两季,都要温习前半年读过的书籍,边默诵,边请人朗读,发现差异,立刻查对。他规定自己每天这样温习，温习不完，决不休息。

顾炎武后来成了著名的思想家与学者，他“自督读书”的故事也为众多后世学子们用来自勉。

mèng
孟

【姓氏来源】

孟姓的起源主要有二：

其一：出自姬姓，为鲁庄公的庶兄庆父共仲之后裔。春秋时期，鲁庄公的庶兄庆父共仲，为人专横，不但与自己的嫂子，鲁庄公的夫人哀姜私通，还设计害死了继位的公子般，另立哀姜的妹妹叔姜之子姬启，为鲁闵公。后又杀害了闵公，制造内乱，想自立为君。庆父的弟弟季友带着鲁庄公的另一个儿子姬申逃到邾国，并发出文告声讨庆父。鲁国人民纷纷响应，庆父为逃避罪名，出奔莒国。后季友贿赂莒国，请求送回庆父，庆父在归国途中自杀。庆父死后，季友让庆父之子公孙敖继承庆父的禄位。因庆父在兄弟中排行老大，而“孟”字表示兄弟排行次序里最大的那一个，其子孙就称孟孙氏。后来又为避讳弑君之罪，孟孙氏就将姓氏简化，称孟氏。

其二：出自姬姓，为卫灵公之兄孟縶的后裔。西周初年，周公旦平定武庚的反叛后，将原来商朝都城周围地区和殷民七族分封给弟弟康叔，建卫国。传至第二十八代君王卫襄公时，有子縶，字公孟。他的子孙以王父字为氏，为孟姓。

【郡望堂号】

孟姓的郡望主要有洛阳、平陆县、平昌郡、东海郡、巨鹿郡、武康县、江夏郡等。

洛阳：汉魏时治所在今河南省洛阳市白马寺东洛水北岸。东汉、三国魏、西晋、五代时后唐先后定都于此。新莽、唐、五代后梁、晋、汉、周以及北宋、金都以此为陪都。隋唐移治汉城西十八里。

平陆县：汉时置太阳县，唐朝时改平陆县，治所在今山西西南端、黄河北岸。

东海郡：秦时置郡，治所在郯（今山东郯城北）。此支孟氏，为西汉孟喜之族所在。

巨鹿郡：秦时置郡，治所在巨鹿（今河北平乡西南）。

武康县：治所在今浙江省北部。此支孟氏，为唐朝时孟效之族所在。

江夏郡：西汉时置郡，治所在安陆（今湖北云梦）。这支孟氏，为三国时孟宗之族所在。

孟姓的堂号亦有“平陆”“东海”“巨鹿”等。

【繁衍变迁】

孟姓发源于山东、河南，早期播迁于今山西、河北、陕西等地。东汉时期，陕西的孟姓氏族迁至江苏、浙江等地。到了魏晋南北朝，战争不断，孟姓人为避战乱大规模向南迁徙，山东孟姓人迁居江苏、浙江；河南孟姓多徙往湖北、江西一带。五代时，有河北孟姓人建后蜀政权，定都于四川成都。宋元时期，孟姓人第二次大举南迁，集中在长江中下游地区。明朝时，山西孟姓人向河南、河北、东北、天津等地移居。清朝有孟姓人徙居台湾，进而播徙海外。

【历史名人】

孟子：名轲，字子舆，战国时代的思想家、教育家，战国时期儒家代表人物。著有《孟子》一书。有“亚圣”之称，与孔子合称为“孔孟”。

孟获：三国时期南中一带少数民族的首领，后来被诸葛亮七擒七纵降服，有“七擒孟获”的典故。

孟浩然：唐朝著名诗人，与王维合称为“王孟”。代表作有《春晓》《过故人庄》等。

孟郊：字东野，唐朝诗人，有“诗囚”之称，又与贾岛齐名，人称“郊寒岛瘦”。代表作有《游子吟》。

huáng
黄

【姓氏来源】

黄姓的来源主要有四：

其一：出自嬴姓，一说为颛顼曾孙陆终之后。陆终后裔被封于黄地，后黄地为楚所并，子孙四散，以国为姓；一说为颛顼苗裔伯益之后。伯益因帮助大禹治水有功，被赐予嬴姓，封于黄地，商朝末年建立黄国，后为楚所并，子孙以国为氏。伯益的这一支黄氏，为黄氏族人的主要来源，史称黄氏正宗。

其二：出自嬴姓，为金天氏之后。台骀是上古时期少昊金天氏的苗裔，颛顼时受封于汾川，后世尊为汾水之神。台骀的后人曾建立沈、姒、蓐、黄诸国，以国为姓。春秋时，黄国被晋国所灭。其后仍以国名为氏。

其三：出自赐姓。据黄氏族谱相关记载，十三世石公辅佐周朝有功，被赐予黄姓。又一世高公，商太戊时受封于黄。

其四：出自南方少数民族姓氏。据史料记载，南蛮地区有黄姓，唐人黄少卿、黄少高等均为南蛮黄姓之后。

台骀像。

【郡望堂号】

黄姓的郡望主要有江夏郡、会稽郡、零陵郡等，其中以江夏郡最名望。

江夏郡：汉高祖时置郡，治所在安陆（今湖北云梦）。此支黄氏，为东汉大臣黄香之族所在。

会稽郡：秦时置郡，治所在吴县（今江苏省苏州市）。此支黄氏，出自东汉黄昌之后。

零陵郡：西汉时置郡，治所在零陵（今广西全州西南）。此支黄氏，为三国黄盖之族所在。

黄姓的堂号主要有“江夏”“思敬”“逸敦”等。

【繁衍变迁】

黄姓发源于河南。春秋时期，黄国为楚国所灭，大部分黄姓人迁入楚国腹地，定居湖北各地。西晋末年，黄姓人大规模南迁。唐宋之际，黄姓人在福建、江西、广东等地发展得尤为旺盛。北宋末年，河南黄姓氏族为避难，徙居至浙江，并成为当地的望族。宋元时期，黄姓人在福建、广东繁衍得最为茂盛，明末清初，黄姓人渡海赴台，后又远播海外。

【历史名人】

黄庭坚：字鲁直，北宋文学家，开创了江西诗派。宋代四大书法家之一。又与张耒、晁补之、秦观合称“苏门四学士”。

黄宗羲：字太冲，明末清初经学家、史学家、思想家。与顾炎武、王夫之并称明末清初三大儒，亦有“中国思想启蒙之父”之誉。

【姓氏名人故事】

山谷道人黄庭坚

黄庭坚，字鲁直，自号山谷道人，晚号涪翁，又称豫章黄先生，洪州分宁人。北宋诗人、词人、书法家，江西诗派开山之祖。

黄庭坚是英宗治平四年(1067)进士。擅文章、诗词，尤工书法。诗风奇崛瘦硬，力摈轻俗之习，开一代风气。早年受知于苏轼，与张耒、晁补之、秦观并称“苏门四学士”。诗与苏轼并称“苏黄”，词与秦观并称“苏秦”。

他的草书单字结构奇险，章法富有创造性，经常运用移位的方法打破单字之间的界限，使线条形成新的组合，节奏变化强烈，因此具有特殊的魅力，成为北宋书坛杰出的代表，与苏轼成为一代书风的开拓者。后人所谓宋代书法尚意，就是针对他们在运笔、结构等方面更变古法，追求书法的意境、情趣而言的。黄庭坚书法精妙，与苏轼、米芾、蔡襄等并称“宋四家”。

沈周曾在诗卷的题跋中这样评价黄庭坚的草书：“山谷书法，晚年大得藏真三昧，此笔力恍惚，出神入鬼，谓之‘草圣’宜焉！”可见此时黄庭坚的草书艺术已达到炉火纯青的地步。

mù
穆

【姓氏来源】

穆姓的起源主要有二：

其一：出自子姓，以谥号为氏，为宋穆公的后裔。据《元和姓纂》所载，西周时，周王朝封微子于宋，建立宋国。传至宋宣公时，他没有传位给儿子与夷，而是传给了弟弟子和即宋穆公。宋穆公去世后，传位给了与夷，即宋殇公。宋穆公受到国人称赞，谥号为“穆”。宋穆公的子孙中有以其谥号为姓的，称穆氏。

其二：出自改姓。据《魏书·官氏志》记载，北魏鲜卑族的丘穆陵氏，汉姓为“穆”；元朝时，西北回族中有穆姓，出自经名“穆罕默德”等；宋朝时，一部分定居中国的犹太人被赐姓穆；满族入主中原以后，许多满洲旗人也将自己的姓简化为穆。

【郡望堂号】

穆姓的郡望主要有汝南郡和河南郡。

汝南郡：西汉时置郡，治所在上蔡（今河南上蔡西南部），东汉时移至平舆（今河南平舆）。

河南郡：西汉改秦三川郡置郡，治所在雒阳（今河南洛阳）。

穆姓堂号主要有：“河南”“河内”“汝南”等。

【繁衍变迁】

穆姓发源于河南。春秋战国时，山东、河南、湖北等省均有穆姓人的分布。秦汉之际，穆姓人在山东、江苏、安徽、河南等地活动得非常活跃。魏晋南北朝时，穆姓人向南迁居至江南各省和湖南、四川一带，还有一部分穆姓人在陕西、甘肃、青海、山西、河南兴盛起来。北宋时期，山西的穆姓人发展得较为繁盛。元朝时，湖南、四川地区的穆姓人为避战乱，西迁至贵州。清朝时，很多满族人改为穆姓者，并为当朝显贵。因此北京的穆姓人增多，而世居辽宁的满族穆姓，则开始向黑龙江、吉林等地迁徙。

【历史名人】

穆宁：唐朝著名大臣，个性刚直，奉公守法，安禄山谋反时，他联合各州县并力抵御。穆宁家教严格，和韩休两人都以家教严格出名，有“韩穆二门”的成语。

穆修：字伯长，宋朝散文家。好古文，著有《穆参军文集》。

穆相：字伯寅，明朝著名沂水令，犯颜直谏，人称“真御史”。

穆孔晖：字伯潜，号玄庵。山东堂邑人。明代官员，理学家，心学学者。穆孔晖是继承和传播王守仁心学最早的山东学者。他一生著述颇丰，如《读易录》《前汉通纪》。

xiāo

萧

【姓氏来源】

萧姓起源主要有四：

其一：出自嬴姓，以国为姓，为伯益的后裔。据《通志·氏族略》所载，颛顼的后裔伯益曾协助大禹治水，立下功劳，被赐予嬴姓。其裔孙孟亏，被分封至萧地，建立萧国，萧国子孙遂以国为氏，称萧氏。萧孟亏是萧姓第一人。

其二：出自子姓，以国为氏，为周朝宋国微子启的后裔。据《元和姓纂》《古今姓氏书辨证》和《通志·氏族略》等有关资料所载，微子启之孙大心建立萧国，后萧国被楚国所灭，萧国子民以国为姓，称萧氏。

其三：出自少数民族改姓或被赐姓。汉朝时巴哩、伊苏济勒、舒噜三族被赐为萧姓；两晋南北朝时，契丹拔哩、乙室已氏，回纥的述律氏，奚族的石抹等氏族全部改为萧姓，可见契丹各族中萧姓群体的规模是相当可观的。

其四：出自外姓改入。金元时期，我国北方流播太一教，因为创教人姓萧，所以一些非萧姓的嗣教者被改为萧姓。

【郡望堂号】

萧姓的郡望主要有兰陵郡和广陵郡。

兰陵郡：西晋时置北兰陵，治所在今山东枣庄一带；东晋时置南兰陵，治所在今江苏省常州市武进区一带。

广陵郡：西汉时置郡，治所在今江苏扬州。

萧姓的堂号主要有“定汉”“制律”“八叶”等。

【繁衍变迁】

萧姓发源于安徽。三国魏晋时，萧姓氏族已经迁往南方各省。南北朝时，有萧姓人建立了齐、梁两朝，使萧姓成为国姓，得以大规模发展。宋朝时，少数民族契丹中有萧姓，使得萧姓家族更加壮大，于此期间，萧姓人也开始迁居至福建、广东等地。至此，山东、河南、河北、安徽、北京、福建、广东等地都有了萧姓的分布。元明清三朝，萧姓人迁居至四川、湖南、江西、湖北等省。清康熙末年，萧姓人开始渡海进入台湾，进而远徙海外。

萧姓是当代中国人口排行第三十位的姓氏，总人口近730万，约占全国人口的0.58%，尤盛于长江中上游地区。

【历史名人】

萧何：汉朝著名政治家，秦末随刘邦起义，为建立汉朝起到重要作用，代表作有《九章律》。

萧衍：字叔达，小字练儿，南朝齐时著名大将，南梁政权的建立者。

萧统：字德施，小字维摩，南朝梁著名的文学家，善词赋，辑《文选》三十卷，是我国现存最早的诗文总集。

yǐn
尹

【姓氏来源】

尹姓的起源主要有二：

其一：出自少昊的后代，以邑为氏。相传少昊为黄帝之子，是远古时羲和部落的后裔，为古代东夷族的首领，号金天氏。少昊有子殷，担任工正一职，主制弓矢，被封于尹城，世称“尹殷”。子孙世袭其官职。殷的后代以封邑名“尹”作为姓氏。周朝时，尹氏子孙的封地一直在尹城，直至西周灭亡后，周平王东迁洛阳，尹氏后裔为避免戎族的侵扰，也迁居洛阳附近，作为尹氏封邑的尹城也迁至洛阳附近。

尹殷像。

其二：为以官名命名的姓氏。据相关史料记载，尹是商周时官位的名称，官职相当于宰相。如商汤时有伊挚为尹，周宣王时有尹吉甫为尹。其后代中有以官职为姓的，称尹氏。周朝的属国中亦有尹氏。

【郡望堂号】

尹姓的郡望主要有天水郡、河间郡等。

天水郡：西汉时置郡，治所在平襄（今甘肃通渭西北），西晋时移治上邽（今甘肃省天水市）。此支尹氏，为晋时尹纬之族所在。

河间郡：西汉时置郡，治所在乐城（今河北省献县南）。此支尹氏，其开基始祖为东汉尹敏的后裔。

尹姓的堂号有“天水”“文和”“肆好”“一经”“明经”等。

【繁衍变迁】

尹姓发源于河南、山西等地。西汉时，陕西、山西、河北、山东等地均有尹姓人分布，并成为贵州地区的大姓之一。东汉时，浙江、广西、四川等地的尹姓人都有所发展。魏晋南北朝时，甘肃地区的尹姓人发展繁衍的十分旺盛。隋唐之后，尹姓人向江苏、云南、辽宁等地迁徙。宋元之际，大批尹姓人为避战乱，迁居南方地区。明朝初年，山西的尹姓人作为迁民之一，分迁至河南、河北、江苏、天津等地。清朝时，尹姓人渡海赴台，远播海外。

【历史名人】

尹吉甫：周宣王时大臣，兮氏，名甲，字伯吉甫。曾作《诗经·大雅·烝民》《大雅·江汉》等。

尹敏：字幼季，东汉著名经学家，著有《今文尚书》。

尹锐志：又名锐子，辛亥革命时期著名女杰，被称为“中国近代史中女界之三杰”之一。

yáo

姚

【姓氏来源】

姚姓的起源主要有三：

其一：出自妫姓，为舜的后裔。相传，帝舜是颛顼的后代，因生在姚墟，他的后裔子孙便以地为氏，称姚氏。又因后来居住在妫汭河边，其子孙又有以妫为姓的。周武王克商建周后，追封前代圣人的后裔，遂封帝舜的后裔妫满于陈，称陈侯。妫满死后谥号陈胡公，其后代子孙以其谥号为氏，即胡氏。亦有以国为氏，称陈氏。传至敬仲时，因在齐国做官，遂为田氏，到了王莽新政的时候，封田丰为代睦侯，其子为避乱迁居改回妫姓。其五代孙敷，复为姚姓。

其二：出自子姓。据《路史》中记载，春秋时期有姚国，是商族的后代，后世子孙以国为氏，称姚氏。

其三：出自他族改姓。《晋书》中记载，西晋末年，有羌族首领姚弋仲，本是汉代西羌烧当氏的后人，自称虞舜之后，故改为姚姓。另有金国时期女真岳佳部，属于汉化改姓姚氏。另外，蒙古族努克楚德氏，在明朝时期即改为汉姓姚氏。

【郡望堂号】

姚姓的郡望主要有吴兴郡、南安郡等。

吴兴郡：三国时期置郡，治所在乌程（今浙江省湖州市吴兴区南）。

南安郡：东汉时置郡，治所在豲道（今甘肃陇西渭水东岸）。

姚姓的堂号主要有“吴兴”“南安”“圣仁”等。

【繁衍变迁】

姚姓发源于今江苏苏州一带。东汉以前，有姚姓人徙居今河南、山西、广西、四川、浙江等地。西晋时，有姚姓人迁至今陕西。唐初，有姚姓人迁入今福建，与此同时，既有姚姓人前往今辽宁，也有今陕西、甘肃、河南的姚姓人入迁今云南、四川。两宋时，姚姓人已分布于今河北、河南、山西、山东、四川、江西、江苏、浙江、福建、广东、辽宁等地。明初，姚姓人作为山西迁民之一被分迁于今山东、河南、河北、东北等地。清初，有姚姓人赴台，进而远播海外。

【历史名人】

姚崇：本名元崇，字元之，避唐玄宗“开元”年号讳，改名姚崇。唐朝名相，也是中国历史上的著名宰相。

姚枢：字公茂，号雪斋，又号敬斋，元朝初年重臣和著名理学家。

姚合：字大凝，唐朝杰出诗人，与贾岛并称“姚贾”。

姚鼐：字姬传，清朝著名散文家，与方苞、刘大櫆并称为“桐城三祖”。著有《惜抱轩全集》等，曾编选《古文辞类纂》。

【姓氏名人故事】

姚崇治蝗

姚崇是唐朝著名宰相，历任武则天、唐睿宗、唐玄宗三朝，为人豪放，为官清廉，求真务实，是一个脚踏实地的实干家。

唐开元年间，中原地区发生了严重的蝗灾。唐朝时期佛教盛行，老百姓受迷信思想影响，只是通过焚香膜拜的办法乞求消灾，却没有任何作为。蝗灾的消息传到朝廷，朝堂上的官员也都说是朝政有失，老天降蝗灾警示。更有大臣上表，要唐玄宗悔过自身的行为，补偿从前的过错。姚崇却明白，如果放任蝗灾蔓延下去，不予治理，百姓将流离失所，国家的根基将被动摇。但是轻易发动灭蝗行动，阻力甚大。于是姚崇在古籍上寻找有关灭蝗的依据，以《诗经》和东汉光武帝的诏书为凭，并以切实可行“焚瘗”之法，说服了唐玄宗。

姚崇像。

姚崇虽然说服了玄宗，但朝堂上反对灭蝗的声音仍然很大，就连平时一向支持姚崇的大臣也都劝姚崇不要行灭蝗之事。灭蝗公文下发后，地方官员也有不行命令的，汴州刺史倪若水更是上书朝廷说“蝗虫是天灾，应该检讨自己的德行。”姚崇听说后大发雷霆，当时写了牒文，说：“我听说古时候一个地方要是有好的官吏，就不会有蝗灾。如果修养好自己的德行就能够免除蝗灾的侵害，那你是不是就是一个无德无行的贼官呢？！现在你什么都不做，看着禾苗被蝗虫败坏，怎么忍心不采取措施！将来百姓饥馑，你的良心要如何安稳？！”倪若水看了姚崇的牒文，便积极地敦促百姓行“焚瘗”之法。两年后，灭蝗的成绩显著，没有造成严重的饥荒。

shào

邵

【姓氏来源】

邵姓的起源比较纯正，主要出自姬姓，为周文王之后。周初有大臣姬奭，是周文王之庶子，因食邑于召，被称为召公或召伯。又因辅助周武王伐商有功，成王时被封于燕国。召公因自己要留在镐京任太保，遂派自己的儿子去管理燕国。后来同周公旦一起平定武庚之乱。周室东迁后，召公的封邑也随之东移。后来，燕国为秦国所灭，召公的子孙以原封地“召”为姓，称召氏。后来召姓多改为邵姓，至于更改的原因、时间，说法不一，史无祥载。

姬奭像。

【郡望堂号】

邵姓的郡望主要有博陵郡、汝南郡、安阳县等。

博陵郡：东汉时置郡，治所在博陵（今河北省蠡县南）。西晋时置国，治所在安平（今河北省安平县）。

汝南郡：西汉时置郡，治所在上蔡（今河南上蔡西南），东汉时移治平舆（今河南平舆北）。

安阳县：西汉时置县，治所在今河南正阳西南。西晋时置县，治所在今天的河南安阳西南。

邵姓以“博陵”等为其堂号。

【繁衍变迁】

邵姓发源于陕西和北京地区。战国末期，邵姓人主要散居在河北、河南、安徽等地。两汉时期，邵姓人成为河南部分地区的望族。到了西晋末年，邵姓人开始南迁，落籍于福建、广东等地。宋朝时，邵姓人入居浙江、安徽、江苏、福建等地，山西、湖北、湖南也有邵姓人的居住。南宋末年，邵姓人已广布江南各地。明朝初年，山西的邵姓人迁往河南、安徽、江苏、浙江、山东等地。清朝开始，有邵姓人渡海迁居台湾，进而播徙海外者。

【历史名人】

邵雍：字尧夫，谥号康节，北宋著名哲学家。精研《周易》，著有《皇极经世》《伊川击壤集》等。

邵光祖：字弘道，元朝著名学者。吴中学者称其为“五经师”。

邵兴：字晋卿，南宋抗金义军领袖。

邵力子：近代著名教育家、政治家，被誉为“和平老人”。

wāng

汪

【姓氏来源】

汪姓的起源主要有三：

其一：出自汪芒氏之后。汪芒氏又称汪罔氏，由防风氏所改。商朝时有汪芒国，国君叫作防风氏，守封禺之山。相传汪芒是巨人之国，其国君防风氏有三丈之高。在夏禹召集天下诸侯时，防风氏因迟到被夏禹处死。其后人后迁至山里，称汪芒氏。到了战国时期，楚国攻灭越国之时，汪芒国亦被攻破。国民纷纷出逃，改称汪氏。

伯禽像。

其二：出自姬姓，是周公之子伯禽之后。相传后稷是因其母姜嫄踩了巨人的足迹而生，为姬姓，是周朝的始祖。周王克商建周后，分封土地，周公旦的长子伯禽被封于鲁地，称鲁侯。传至第二十一位君主鲁成公有庶子姬满，食邑于汪地，他的后代便以邑名为姓，称汪氏。

其三：出自姬姓，为翁姓避乱改姓。翁姓也是姬姓的一个分支，西周初期，周昭王的支庶子孙，被封于翁山，其后代遂以邑名为姓，称翁氏。据《六桂堂丛刊》所载，宋朝初年，福建有翁乾度，生有六子，分姓洪、江、翁、方、龚、汪。其中六子处休，分得汪姓，其后世子孙遂称汪氏。

【郡望堂号】

汪姓的郡望主要有平阳郡、新安郡、六桂等。

平阳郡：三国时置郡，治所在平阳（今山西临汾西南）。

新安郡：晋时改新都郡置郡，治所在始新（今浙江淳安西）。

六桂：即"六桂联芳"的誉称，治所在闽县（今福建省福州市）。

汪姓的堂号主要有"平阳""六桂"等。

【繁衍变迁】

汪姓发源于浙江、山东、山西等地，早期迁往江苏、江西、安徽等地，并有一支汪姓氏族在北方发展，繁衍为当地的主力。东汉时，汪姓人进入浙江一带。隋朝初年，有一支汪姓人迁入河北河间。汪姓人迁居福建始于唐朝初期。唐朝以后，安徽的汪姓人则向江西、贵州、福建和两广等地迁入。两宋之际，汪姓成为全国著名姓之一，在安徽、江西发展得尤为昌盛。明朝初年，山西的汪姓人迁至两湖地区和河南、山东、天津、东北等地。清康熙年间，居住在福建、广东等东南沿海地区的汪姓人移至台湾，继而远播海外。

【历史名人】

汪伦：又名凤林，唐朝时期官吏。与李白交好，《赠汪伦》中"桃花潭水深千尺，不及汪伦送我情"即是写两人惜别之情。

汪元量：字大有，号水云，南宋著名诗人。著有《水云集》《湖山类稿》等。

汪昂：字仞庵，清朝著名医学家。有《素问灵枢类纂约注》《医方集解》《本草备要》《汤头歌诀》等，对医学普及有所贡献。

汪士慎：字近人，号巢林、溪东外史等，清朝著名画家、书法家。"扬州八怪"之一。

máo
毛

【姓氏来源】

毛姓的起源主要有二：

其一：出自姬姓，以封邑命姓，为周文王之子叔郑之后。周武王建立周朝后，其弟叔郑因为在伐商的征战中表现勇猛，被封于毛邑，称毛叔公。其后世子孙以其封地命姓，遂称毛氏。

其二：出自他族、他姓改姓。根据史料记载，南北朝时有代北少数民族，亦称毛氏。又明朝时，有毛忠、毛胜，均为皇帝赐姓。

【郡望堂号】

毛姓的郡望主要有西河郡、荥阳郡、河阳郡和北地郡等。

西河郡：西汉时置郡，治所在平定（今内蒙古自治区鄂尔多斯市东胜区），东汉时移治离石（今山西省吕梁市离石区）。

荥阳郡：三国魏时分河南郡置郡，治所在今荥阳。

河阳县：汉时置县，治所在今河南省孟州市西。

北地郡：战国秦时置郡，治所在义渠（今甘肃省宁县西北），西汉时移治马岭（今甘肃庆阳西北），东汉又移治富平（今宁夏吴忠西南）。

毛姓的堂号主要有“西河堂”“永思堂”“舌师堂”“敦本堂”等。

【繁衍变迁】

毛姓发源于河南、陕西。春秋时期，毛姓人进入湖北地区落居。汉朝之前，今山西、河南的毛姓人迁往宁夏、内蒙古、甘肃等省，以宁夏和内蒙古最为繁盛，今安徽、四川地区也有毛姓人的迁入。唐朝末期，毛姓人大规模南迁至江西。五代以后，毛姓人在南方兴盛开来。元朝时，有毛姓人落籍云南。明朝初期，山西毛姓人迁往湖北、湖南、河南、山东、江苏、北京等地。清朝雍正年间，毛姓人开始渡海进入台湾，进而远徙海外。

【历史名人】

毛遂：战国时期赵公子平原君赵胜的门客，有“三寸之舌，强于百万之师”的美誉，“毛遂自荐”的成语即是关于毛遂和平原君的典故。

毛延寿：汉朝著名画家，代表作有《西京杂记》《历代名画记》《图绘宝鉴》等。

毛亨：是“毛诗”的开创者，著有《毛诗古训传》。

毛泽东：字润之，中华民族的领袖，伟大马克思主义者，战略家和理论家。中华人民共和国的缔造者和领导人，诗人，书法家。被视为是现代世界历史中最重要的人物之一。

zāng

臧

【姓氏来源】

臧姓起源主要有三：

其一：出自姬姓，以邑为氏，为鲁孝公之子彄的后代。据《通志·氏族略》记载，春秋时期，鲁国国君鲁孝公的儿子名彄（kōu)，被封于臧，建立臧国，其子孙后代就以国为姓，称臧氏。

其二：出自姬姓，以祖字为氏，为鲁惠公之子欣的后裔。春秋时期，鲁国国君鲁惠公有子名欣，字子臧。姬欣的子孙中，有以其字作姓的，称臧氏。

其三：少数民族姓氏。锡伯族扎斯胡里氏的汉姓即为臧姓。

【郡望堂号】

臧姓的郡望主要有东莞郡、东海郡和天水郡等。

东莞郡：汉时置城阳郡，晋改称东莞，治所在莒（今山东省莒县）。

东海郡：秦时置郡，治所在郯邑（今山东郯城）。

天水郡：西汉时置郡，治平襄县（今甘肃通渭西北），东汉时更名汉阳郡，三国魏时又改回天水郡。

【繁衍变迁】

臧姓发源于山东。鲁国灭亡后，臧姓人散居在山东各地，并逐渐在山东和江苏部分地区形成较大的聚集地。秦汉之际，臧姓人迁居至河北、河南、山西、陕西、甘肃等北方诸省，在河南禹州和甘肃天水形成望族。东汉时，江苏地区也有了臧姓人的居住。两晋南北朝时，山东地区的臧姓人大举南下，散居在江苏、浙江、安徽等地。唐末五代，臧姓人迁入湖北、湖南、四川、江西等地。宋元之际，住在江苏、浙江、江西等地的臧姓人进入福建、广东和广西地区。明朝初年，山西的臧姓人迁往河南、河北、山东、北京、天津、江苏等地。清康乾年间，河北、河南、山东的臧姓人“闯关东”进入东北三省，沿海地区的臧姓人则渡海进入台湾，继而远播海外。

【历史名人】

臧洪：汉末群雄之一，曾游说各地首领，共同讨伐董卓。

臧荣绪：南朝齐国史学家，著有臧版《晋书》，是唐朝房玄龄、褚遂良等人修史《晋书》的最重要蓝本。

臧中立：字定民，宋朝名医，相传他每天治愈数千名病人。

【姓氏名人故事】

臧荣绪拜经

臧荣绪是我国南朝齐时杰出史学家。臧荣绪出身于一个官宦世家，受到家庭环境的影响，臧荣绪自小就博学多才，非常好学。但是臧荣绪却不愿做官，多次被征召都不去就任，一心钻研历史典籍，终于在六十岁的时候撰成了《晋书》一百一十卷。这本书包含了东晋和西晋的全部历史，内容全面，体例兼备，是唐朝时房玄龄、褚遂良等人修史《晋书》时最重要的蓝本。

臧荣绪拜经。

臧荣绪年幼丧父，因此一直自己在田园里种植菜蔬，用来祭祀祖先以及供养母亲。后来母亲过世了，臧荣绪就在农历每个月的初一和十五，准备珍贵美味的食物，恭敬地跪拜母亲。臧荣绪十分酷爱“五经”，自号为“被褐先生”。据说，每到孔子的出生的那一天，他就要将《诗经》《书经》《易经》《礼记》《春秋》这五本儒家经典摆放在书桌上，穿着整齐礼服，戴好礼帽对着这五本经典恭恭敬敬地行拜礼。

臧荣绪还因为觉得酒会扰乱人的德行，就经常劝诫别人不要喝酒或者少喝酒，是一位德行优秀、品性淳厚的隐士。

dài

戴

【姓氏来源】

戴公像。

戴姓的起源主要有三：

其一：出自子姓，以谥号为氏，为商汤后裔。周朝初期，周公旦辅佐年幼的周成王管理朝政，三监不满，遂联合武庚和东方夷族反叛。周公回师平定“管蔡之乱”后，将殷商旧都封于商纣王之庶兄启，建立宋国。传至第十一位君主白，因在位期间爱民如子，深受百姓爱戴，死后被周宣王谥为戴公。其子孙遂以谥号“戴”为氏，称戴氏。

其二：出自姬姓，以国为氏。相传春秋时期有戴国，为姬姓诸侯国。于隐公十年（前713）为郑国所灭，其国君及子民为纪念故国，遂以国为姓，称戴氏。

其三：出自殷氏改姓。据《鼠璞》所载，殷氏有改为戴姓的。武王伐商建周后，不少商朝遗族以国为氏，称殷氏，其后又有改姓戴的。

【郡望堂号】

戴姓的君王主要有谯郡、广陵郡、清河郡等。

谯郡：东汉时置郡，治所在谯县（今安徽亳州）。

广陵郡：西汉时置广陵国，治所在广陵（今江苏扬州）。东汉时改为郡。

清河郡：汉时置郡，治所在清阳（今河北清河东南）。

戴姓的堂号主要有“广陵”“清河”“清华”等。

【繁衍变迁】

戴姓发源于河南。先秦时期，戴姓人迁徙进入安徽。西汉时，为避战乱，有戴姓人进入江苏、山东等地。三国两晋南北朝时，江苏的戴姓人进一步迁居至安徽、湖北。唐朝初年，戴姓人开始进入福建。盛唐时期，陕西、山西、湖南、江西等地开始有戴姓人发展。宋元之际，江苏、浙江、安徽、江西等地的戴姓人进入福建、广东。明朝初期，山西戴姓人迁入陕西、安徽、山东、河北、江苏以及东北等地。清朝时，福建等东南沿海的戴姓人渡海进入台湾、进而远居海外。

【历史名人】

戴德、戴圣：戴德，字延君；戴圣，字次君，兄弟二人是今文礼学“大戴学”和“小戴学”的开创者。被后人尊称为儒宗。编有《大戴礼记》和《小戴礼记》。

戴逵：字安道，晋著名美术家、音乐家。著《戴逵集》九卷，已散佚。

戴叔伦：唐代诗人，字幼公。其诗多表现隐逸生活和闲适情调，也反映人民生活的艰苦。

戴复古：字式之，南宋著名“江湖派”诗人。

戴名世：字田有，清代史学家。号忧庵，人称潜虚先生。因刊行《南山集》，触怒了清王朝，以“大逆”罪被杀，史称“南山案”，为清朝四大文字狱之一。

sòng

宋

【姓氏来源】

宋姓的起源比较单一，出自子姓，以国为姓，为商朝王族直属后裔。帝喾之后裔契因辅佐大禹治水有功，被封于商，赐予子姓。后其子孙建立商朝。商朝末年，纣王荒淫暴虐，最终为周武王姬发所灭，建立周朝。商纣王的庶兄微子启很顺从周王朝，遂封之以商都一带，建立宋国，命他管理商朝遗民。战国后期，宋国为楚国所灭，其后世子孙便以国为姓，称宋氏。

微子像。

【郡望堂号】

宋姓的郡望主要有西河郡、广平郡、敦煌郡、河南郡、扶风郡等，为古代宋氏五大郡望。

京兆郡：三国魏时置郡，治所在长安（今陕西省西安市）。此支宋氏，为后汉侍中宋弘之族所在。

西河郡：战国魏时置郡，治所在平定（今内蒙古自治区鄂尔多斯市东胜区）。此支宋氏，其开基始祖为汉初代王刘恒的中尉宋昌。

广平郡：汉时置郡，治所在广平（今河北鸡泽）。此支宋氏，为西河宋氏分支，其开基始祖为宋昌十三代孙前燕国河南太守宋恭。

敦煌郡：汉时置郡，治所在敦煌县（今甘肃敦煌）。

【繁衍变迁】

宋姓发源于河南。秦汉之前，宋姓人已经在江苏、河北、湖北、陕西等地繁衍。汉朝初年，河南和山东的宋姓人进入陕西渭河流域，又继而西迁，进入甘肃，南迁进入今湖北。同时，山西的宋姓人也有迁往河北、河南等地者。唐朝安史之乱以后，有宋姓人开始进入福建。宋朝时，宋姓人进入到北京、山东、江苏、江西等地，之后，宋姓人开始遍及大江南北。

【历史名人】

宋玉：又名子渊，战国时楚国著名的辞赋家、文学家。流传的作品有《九辩》《风赋》《高唐赋》《登徒子好色赋》等。传说其人才高貌美，为“古代四大美男”之一。

宋璟：邢州南和（今河北）人，唐代贤相，历任武后、睿宗、玄宗三朝，与姚崇并为名相，时称“姚宋”，对造就开元盛世颇有贡献。

宋祁：最著名的宋姓学者。北宋著名的文学家、史学家。官至工部尚书。

宋慈：字惠父，是宋朝杰出的法医学家，人称“法医学之父”。其编著的《洗冤集录》是世界上最早的法医学专著。

宋江：北宋末年农民起义军首领，因施耐庵的小说《水浒传》而著名。

宋应星：字长庚，明代科学家，所著《天工开物》是一部我国古代手工业和农业生产技术综合性的科学巨著。

pánɡ

庞

【姓氏来源】

庞姓的起源主要有四：

其一：出自姬姓，以邑为氏，为毕公高之后。据《通志·氏族略》《千家姓查源》记载，周文王之子毕公高的后裔有一支被封于庞，后世子孙以邑为氏，称庞氏。

其二：出自高阳氏，以祖父名为氏，为黄帝之孙颛顼的后代。《百家姓注》上记载，庞降为颛顼八子之一，其后世子孙以祖上的名为姓，称庞氏。

其三：相传襄阳地区有庞姓的富盛人家，喜好建高屋，其乡人觉得十分荣耀，称其为庞高屋，后遂以庞为姓。

其四：出自他族或他族改姓。在《汉书·王莽传》中，西汉时西羌人中有庞恬；清满洲八旗姓庞佳氏，改汉姓为庞姓。

【郡望堂号】

庞姓的郡望主要有始平郡和南安郡等。

始平郡：晋时改扶风郡置，治所在槐里（今陕西兴平东南）。

南安郡：东汉时置郡，治所在狄道（今甘肃陇西）。

庞姓的堂号有“遗安”“凤雏”“南安”等。

【繁衍变迁】

庞姓的发源地不可考证，魏晋以前，庞姓人已经散居在河南、河北、山西、陕西、山东、湖北、重庆、辽宁等地。三国时，甘肃、四川均有庞姓分布。到了两晋南北朝时，庞姓繁衍旺盛，形成了庞姓南安郡望、南阳郡望、始平郡望、谯郡郡望等郡望。隋唐时期，陕西、山西、山东、江苏和安徽大部分都有了庞姓人落籍，同时有一支庞姓氏族迁居浙江。宋元时期，中原地区战争频繁，庞姓人大举南迁，并开始进入广西地区，发展成为当地的望族。明朝初年，山西庞姓徙居到河南、江苏、湖北、山东、河北等地。明末清初，居住在四川的庞姓为避难迁居至云南。清朝乾隆年间以后，山东庞姓随着“闯关东”的热潮进入东北三省，同时，华东、华南地区的庞姓人渡海入居台湾，进而播徙海外。

【历史名人】

庞统：字士元，号凤雏，东汉末刘备重要的谋士，初与诸葛亮齐名。

庞安时：字安常，自号蕲水道人，北宋医学家，被誉为“北宋医王”，著有《难经辨》《伤寒总病论》《本草补遗》等。

【姓氏名人故事】

"北宋医王"庞安时

庞安时是北宋著名的医学家。出身于医生世家，自幼聪明伶俐的他读书能过目不忘，未及弱冠就能够研读黄帝和扁鹊的脉经，不久就能通晓其中的道理，在其基础上还能有所发挥。不久，庞安时因为生病而患有耳聋之疾，这也让他更加发奋地钻研医学。庞安时开始研究《灵枢》《太素》等医学典籍，只要是与医学相关的，他都会有所涉猎。

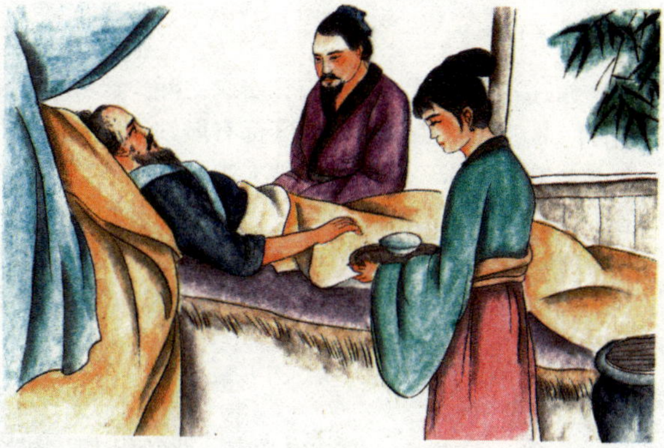
"北宋医王"庞安时为病人治病。

庞安时不但医术精湛，而且医德高尚。据说有人来向庞安时求医时，他都会给病患者腾出房间，并亲自查看药物，直到患者痊愈了才会让他们回家。庞安时给人治病，大部分都会痊愈，有痊愈的患者拿金帛来答谢庞安时，庞安时也一概谢绝了。

据《宋史》记载，一次庞安时去桐城，正好遇见一个农家妇女生产。这名妇女已经生了七天，但是孩子一直没有生下来。当地人想了很多的办法都没有用。恰好庞安时的一个学生是这家的邻居，就邀请庞安时前来治疗。庞安时看见产妇，就跟大家说不会有事，并让妇女的家人准备热帕敷在产妇的腰腹部，而庞安时则亲自为产妇按摩。不一会儿，产妇只觉得肚子一阵微痛，一个男孩就诞生了。原来是胎儿在肚子里抓着妈妈的肠子不松手，庞安时找到胎儿的位置，用针刺激了胎儿，胎儿就松手生下来了。

庞安时在伤寒学上有十分卓越的贡献，他研究《伤寒论》等医书，结合自身的行医经验，在张仲景的基础上，将温热病与伤寒区分开来，对外感病学的发展具有非常重要的意义。

xióng
熊

【姓氏来源】

熊姓的起源主要有二：

其一：出自黄帝有熊氏之后。黄帝为少典之子，本姓公孙，长居姬水，因改姓姬，居轩辕之丘，故号轩辕氏，因建都于有熊，故亦称有熊氏。其后代有以地名为姓的，称熊氏。

其二：出自芈姓，为黄帝后裔。相传颛顼帝的后裔陆终有六子，其中小儿子叫季连，赐姓芈。季连的后裔鬻熊因做过周文王老师，在武王伐商建国后，封鬻熊的后代熊绎于荆山，建荆国。熊绎后代改国号为楚，称楚文王。熊绎以王父字为氏，称熊氏。后楚国被秦国所灭，楚国宗室后人多以熊为姓，称熊氏。

【郡望堂号】

熊姓郡望以江陵郡、南昌为最望。

江陵郡：汉时置江陵县，治所在南郡。南朝齐置江陵郡，在今湖北江陵及川东一带。

南昌：汉时治郡，治所为今江西省南昌市。

熊姓的主要堂号有“江陵”“谦益”“南昌”“孝友”等。

射石堂：古人熊渠，精骑射，行夜路见虎射之，走近观看，竟是一石。

【繁衍变迁】

熊姓发源于湖北、河南，秦汉之际，已经有少数熊姓氏族散布在河北、山东等地。魏晋南北朝时，江南广大地区都有熊姓人的分布。唐宋年间，熊姓人迁入江苏、浙江。南宋末年，江苏、浙江的熊姓人进入到福建、广东等地。明朝初年，山西熊姓人散居河南、山东、河北、北京、天津、江苏、安徽、陕西等地。明朝以后，贵州、云南、四川、海南及广西均有熊姓人的迁徙，并与苗、水、布依、土家、阿昌族等少数民族融合。清朝，熊姓人已经遍布大江南北，同时有福建、广东等东南沿海地区的熊姓人渡海赴台，徙居海外。

【历史名人】

熊安生：字植之，北朝经学家，北学代表人物之一。

熊朋来：字与可，元朝文学家、音乐家，著有《五经说》《瑟谱》。

熊伯龙：字次侯，号塞斋，别号钟陵，清初无神论者，编著《无何集》。

熊赐履：字敬修，清朝大臣、政治家、学者。有《经义斋集》等。

jì

纪

【姓氏来源】

纪姓的起源主要有二：

其一：出自姜姓，以国为氏，为炎帝的后裔。据《元和姓纂》《通志·氏族略》等史料记载，西周初年，为纪念贤帝圣主的功绩，周朝封炎帝之后姜静于纪，建立了纪国。春秋时，纪国被齐国所灭，纪国王族子孙就以国为氏，称纪氏。

其二：上古有纪族，伏羲氏的大臣纪侗，即出自纪族。舜未成为帝时，他的老师纪后，也是古纪族后人。

【郡望堂号】

纪姓的郡望主要有天水郡、高阳郡和平阳郡。

天水郡：汉时置郡，治所在今甘肃通渭西北。

高阳郡：东汉时置郡，治所在高阳（今河北省高阳县东）。

平阳郡：汉时置郡，治所在山西省临汾市。

纪姓的堂号以“高阳堂”最具名望。

【繁衍变迁】

纪姓发源于山东。春秋时期，纪国灭亡，纪姓子孙便散布在山东各地。战国至秦朝初年这段时间，纪姓人开始向周边扩散，河北、江苏、安徽、山西、陕西等地均有落居。汉末至三国，河北纪姓人远徙至辽宁，山东、江淮地区的纪姓则南下，陕西、河南的纪姓人迁居山西、甘肃等地。两晋南北朝至隋唐，今甘肃、河北、山西、辽宁部分地区的纪姓人发展迅速。北宋灭亡后，北方纪姓迁居江南避难。宋元之际，纪姓人进一步迁入两广地区。明朝初期，山西纪姓迁往河北、河南、山东、北京、天津、东北等地。明朝中期，纪姓人渡海进入台湾。清康乾盛世以后，纪姓人遍布大江南北。

【历史名人】

纪信：秦末汉初刘邦麾下的将领，荥阳之战中假扮成刘邦，被项羽俘虏，为汉朝的建立立下了不可磨灭的功勋。

纪天祥：元代杂剧作家，作有杂剧六种，代表作为著名的《赵氏孤儿》。

纪昀：字晓岚，晚号石云，清朝乾隆进士，著名的文学家，主持编纂《四库全书》，著有《阅微草堂笔记》等书七种。

xiàng 项

【姓氏来源】

项姓的起源主要有二：

其一：出自姬姓。《广韵》记载，周朝有项国，是周朝的同姓诸侯国，后被楚国所灭，项国国君的子孙便以国名为姓，称项氏。

其二：出自芈姓，以国为氏，为楚国王族后裔。春秋时期，楚国灭姬姓项国，楚国国君将公子燕封于项城，建立项国。后项国被齐国所灭，公子燕的子孙遂以国名命姓，称项氏。

西楚霸王项羽。

【郡望堂号】

项姓郡望以辽西郡为最望。

辽西郡：战国燕时置郡，治所在阳乐（今辽宁省义县西）。

【繁衍变迁】

项姓发源于河南。战国至秦末，项姓氏族十分显赫，在各地均有所发展。项羽兵败后，部分项姓人为避难，向东南迁入浙江、江苏、福建，向南进入湖北、湖南、云南、江西和广西等地，向北居住在河北、甘肃、河南、山东、辽宁、内蒙古等地。唐宋之际，浙江、江西、湖北等地的项姓人较为活跃。明朝初期，山西的项姓人作为迁民之一，进入河北、河南、山东、东北等地。明清之际，项姓人的分布范围进一步扩大，开始渡海入台，进而迁居东南亚和欧美各地。

【历史名人】

项元淇：字子瞻，明朝文学家、书法家，工诗文，善草书。

项羽：名籍，字羽，秦末农民起义领袖，古代杰出军事家及著名政治人物。秦亡后自立为西楚霸王，与刘邦争天下。项羽勇猛过人，颇有文采，留下了千古名作《垓下歌》。

项橐：春秋时期，莒国神童，相传七岁时与孔子辩难，使孔子窘困，被后世称为“圣人之师”。

zhù

祝

【姓氏来源】

祝姓的起源主要有四：

其一：出自姬姓，以地名为氏，为黄帝之裔。据《元和姓纂》《新唐书·宰相世系表》等相关书籍记载，西周初年，黄帝之后被周武王封于祝，建立祝国。子孙以地为氏，称祝氏。

其二：出自己姓，祝融之后。

其三：以官职为姓。根据《姓谱》《路史》记载，古时有司祝的官职，其子孙多以官为氏，称祝氏。又远古时，巫师在社会中有很高的地位，称为巫史，或祝史，而官职往往是世代继承的，因此其后人为祝姓，世代相传。

其四：出自他族改姓。据《通志·氏族略》所载，魏晋南北朝时，北魏有叱卢（吐缶）氏，改汉姓为祝姓；清朝满洲八旗的爱新觉罗氏、喜塔喇氏等，均有改汉姓为祝者；傈僳族中的麻打息氏，其汉姓为祝。

【郡望堂号】

祝姓的郡望主要有河南郡和太原郡。

河南郡：汉时置郡，治所在雒阳（今河南洛阳）。

太原郡：秦时置郡，治所在晋阳（今山西太原）。

祝姓的主要堂号有“怀星”“太原”“河南”等。

【繁衍变迁】

祝姓发源于山东。周朝时，祝姓人已经迁入陕西、河南等省。春秋时期，河北大部分都有祝姓人的分布。西汉时，祝姓人迁居江南。东汉时，祝姓族人中有落籍于湖南者。魏晋南北朝时，北方社会动乱，战火频繁，大量祝姓人迁至今安徽、江苏、浙江、江西等地。唐中期以后，祝姓人徙居至湖北、四川。两宋时期，南方祝姓人昌盛起来，并进入福建、广东等地。明朝初期，山西祝姓人分迁于今山东、陕西、湖北、湖南等地。明朝中期之后，东南沿海地区的祝姓人渡海赴台。清朝初期，两湖祝姓人因湖广填四川进入四川。

【历史名人】

祝世禄：字世功，明朝著名学者。著有《祝子小言》《环碧斋小言》《环碧斋诗集》等。

祝允明：字希哲，明朝文学家、书画家。因右手有六指，自号“枝指生”，又署枝山老樵、枝指山人等。工书法，精于小楷、狂草，与唐伯虎、徐祯卿、文征明并称“吴中四才子”。著有《前闻记》《九朝野记》《苏材小纂》《祝氏集略》《怀星堂集》等。

【姓氏名人故事】

吴中才子祝允明

吴中才子祝允明。

祝允明，字希哲，号枝山，是著名的书法家、文学家。也就是我们经常耳闻的江南四大才子之一——祝枝山。他与唐寅、文征明、徐祯卿齐名，明代称其为“吴中四才子”之一。祝允明学识渊博，精于诗文书法，尤其是他的狂草，格外受到世人的赞誉。当时流传有“唐伯虎的画，祝枝山的字”的说法，可以见得祝允明的书法受欢迎的程度。

祝允明幼时跟着祖父祝颢一同生活、学习，凭借着天资聪慧和勤奋好学，再加上祖父的指导，祝允明五岁时就能写一尺见方的大字，九岁时便能作诗文，十岁博览群书，被称为“神童”。祝允明三十二岁时中举人，本以为靠自己的才学，录取高第易如反掌，可是之后七次考试都没有成功，这给了祝允明相当大的打击。后来他开始做官，然而为人简易无拘束的他，对尔虞我诈、黑暗腐朽的官场十分不满，不久便辞官回乡。仕途的失意让祝允明的心境和性格都产生了非常大的变化，他由积极入仕逐渐向游戏人生的方向转变。常言道，不平则鸣。这种失意与转变让祝允明的书法和诗文逐渐走上了成功。

然而祝允明晚年的生活状况非常不好。虽然这时祝允明的书法已经名声大振，然而仕途失意和老师、好友的接连去世，都让祝允明很受打击。在悲痛中他更加放荡不羁，作出了很多狂草巨制。

祝允明的书法使吴门书派崛起，影响了明朝的浪漫主义书风，对明朝书法的发展产生了巨大影响。王世贞在《艺苑卮言》中评价道：“天下书法归吾吴，祝京兆允明为最。”诗文杂稿《祝氏集略》是他除书法作品外的又一笔文化遗产。

dǒng
董

【姓氏来源】

董姓的起源主要有三：

其一：出自已姓，始祖为董父。相传颛顼的后裔陆终，其长子被赐己姓，封于昆吾国。

其后裔有董父，对龙的习性非常了解，于是帝舜便任命董父为豢龙氏，专门养龙。在董父的驯养下，龙学会了各种表演，帝舜非常开心，便封董父为鬷川侯，赐董姓，董父的后代遂称董氏。

其二：出自姬姓，以官为氏。春秋时期，周朝有大夫辛有，他的两个儿子在晋国做太史，董督晋国的典籍史册。其子孙后裔世袭晋国史官，遂以官职为氏，称董氏。被孔子赞为“良史”的董狐即出自此支。

其三：出自己姓，以姓为氏。颛顼的后裔陆终有一子叫参胡，姓董，其后裔便以姓为氏，称董氏。

董父像。

【郡望堂号】

董姓的郡望主要有陇西郡、济阴郡等，其中以陇西郡为最望。

陇西郡：战国时置郡，治所在狄道（今甘肃临洮南）。

济阴郡：汉时置郡，治所在定陶（今山东省菏泽市定陶区西北）。

董姓的堂号主要有“直笔”“良史”“陇西”等。

【繁衍变迁】

董姓发源于山东、山西等地。秦汉时期，山西、甘肃、河北、河南的董姓氏族发展得较为集中，在陕西、山东、广东、四川、浙江、湖北、福建、河南等地也有散居。魏晋南北朝时，董姓人又继续向安徽、江西、江苏、湖北及长江中下游地区迁徙。隋唐之际，董姓人迁入福建、广东。明清之际，董姓人渡海赴台，东南亚、欧美国家也开始有了董姓人的分布。

【历史名人】

董狐：春秋晋国太史，亦称史狐，因秉笔直书，被当时的孔子誉为“良史”的史官。现有“董狐直笔”的成语。

董仲舒：汉代思想家、政治家，著名的唯心主义哲学家和今文经学大师。主要思想是“天人合一”，将儒家思想总结为“三纲五常”，最终为汉室王朝所使用。

董卓：字仲颖，东汉末年著名的权臣，官至太师、郿侯。

董允：字休昭，三国时期蜀汉官员，与诸葛亮、蒋琬、费祎并称“蜀中四英”。

liáng

梁

【姓氏来源】

梁姓的起源主要有五：

其一：出自嬴姓，为颛顼帝裔孙伯益之后。伯益因辅佐大禹治水有功，帝舜便赐他嬴姓以示嘉奖。周朝时，伯益第十六世孙非子，因善于畜牧，为周孝王在桃林养马，因为马群繁殖良好，周孝王封他于秦谷为附庸国，恢复其嬴姓，称为秦嬴。其后裔秦仲为大夫，征讨西戎有功，周宣王封秦仲次子康于夏阳梁山，建梁国，称梁康伯。后梁国为秦国所灭，其子孙便以国为氏，称梁氏。

其二：出自姬姓。东周平王有子姬唐封于南梁，后为楚国吞并，其后世子孙遂以国为姓，称梁氏。

其三：春秋时期，晋国解梁城、高梁和曲梁之地，有以邑为氏，如梁益耳、梁弘、梁由靡等

其四：战国初期，赵、魏、韩“三家分晋”，魏惠王迁都大梁，因而魏国也称为梁国，后亦有梁氏。

其五：出自少数民族改姓。南北朝时期，北魏孝文帝迁居洛阳，实行汉化，将鲜卑族复姓拔列兰氏改为汉字单姓梁氏。

伯益像。

【郡望堂号】

梁姓的郡望主要有安定郡、扶风郡、天水郡、河南郡等，其中以安定郡为最名望。

安定郡：西汉时置郡，治所在高平（今宁夏固原）。此支梁氏，其开基始祖是春秋时晋大夫梁益耳。

扶风郡：三国魏时置郡，治所在槐里（今陕西兴平东南）。此支梁氏，为安定梁氏的分支。

天水郡：西汉时置郡，治所在平壤（今甘肃通渭西北）。此支梁氏，出自氐族梁氏。

梁姓的堂号主要有“仪国”“安定”“梅镜”等。

【繁衍变迁】

梁姓发源于陕西。晋朝以前，梁姓人的发展以西北为主。秦汉之际，梁姓人落居于山西、陕西等地。汉朝时，梁姓人则在甘肃、宁夏大部及陕西渭河流域繁衍得较为兴盛。到了魏晋南北朝时，为避战祸，梁姓人南迁到浙江和广东之间各地，此时，梁姓人遍布四川、安徽、江西、湖北、浙江、广东、福建。隋唐时期，梁姓人在南方有所发展。宋元时，为避兵灾，梁姓人再度南迁。明清时期，梁姓人已遍及大江南北，并以广东、福建、浙江为主要居住地。

【历史名人】

梁师都：为隋朝鹰扬郎将，隋末农民起义时，自称皇帝，国号梁，建元“永隆”。

梁令瓒：唐朝画家、天文仪器制造家。存世作品有《五星及二十宿神形图》。发明了自动报时装置，为全世界最早的机械钟。

梁红玉：宋朝著名女英雄，抗金名将韩世忠的妻子。史书中不见其名，只称梁氏。

梁启超：字卓如，中国近代史上著名的政治活动家、启蒙思想家和文学家等，是戊戌变法的领袖之一。著有《中国近三百年学术史》《中国历史研究法》《少年中国说》。

dù

杜

【姓氏来源】

杜姓的起源主要有三：

其一：源出自祁姓，为帝尧后裔刘累之后。相传帝尧将帝位禅让给舜后，舜封尧之子丹朱为唐侯，传至刘累，因善于驯龙，称御龙氏。至周朝初期，唐国不服周王的领导，被周公旦挥兵攻灭。并将自己的弟弟唐叔虞封于唐地，将原来唐国君主的后裔迁至杜地，因而又称唐杜氏。周宣王时，唐杜国君桓在朝中做官，宣王的一个宠妃名叫女鸠。女鸠看上了杜伯，便诱惑杜伯。不想却被杜伯拒绝。女鸠恼羞成怒，便向周宣王诬告杜伯。周宣王听信女鸠的话，将杜伯处死。杜伯无罪被杀，其子孙大多出逃，而留在杜城的裔族便以国为氏，称杜氏。

其二：据《世本》中“杜康作酒”的记载，相传黄帝时，发明酿酒的杜康是现在杜姓的始祖。

其三：出自他族改姓。南北朝时期，北魏孝文帝实行汉化政策，将鲜卑族独孤浑氏族改为汉字单姓杜氏。北宋时期，有金国女真族徒单氏族改为杜氏。以及清朝满洲八旗都善氏、图克坦氏等氏族均集体改为杜氏。

【郡望堂号】

杜姓的郡望主要有京兆郡、襄阳郡、濮阳郡等，其中以京兆郡最为名望。

京兆郡：汉时置京兆尹，治所在长安（今陕西省西安市西北）。三国魏时改称京兆郡。

襄阳郡：东汉时分南郡、南阳两郡置郡，治所在襄阳（今湖北襄阳）。

濮阳郡：晋时置郡，治所在濮阳（今河南省濮阳县）。

杜姓的堂号主要有“诗圣”“少陵”“京兆”等。

【繁衍变迁】

杜姓发源于陕西。春秋战国时期，杜姓人已经徙居到湖北、河南、安徽、江西、山东、四川、江苏和浙江的部分地区。秦汉之际，杜姓人主要在陕西地区繁衍。魏晋南北朝时，战争频繁，为避战乱，杜姓人大举南迁至湖北、四川和浙江等地，并在当地形成大族。唐末，有杜姓人迁居今浙江绍兴。明初，山西杜姓人迁入河南、河北、山东、江苏、安徽等地。明清之际，杜姓人已遍布全国大江南北，并远播东南亚、欧美等地。

【历史名人】

杜诗：字君公，东汉官员及发明家。修治陂池，广开田池，有“杜母”之称。

杜林：字伯山，扶风茂陵人。少好学，官至大司空，最大的成就是在学术方面。他博学多闻，被誉为通儒，后世推崇他为“小学之宗”。

杜如晦：字克明，唐朝初期名相。凌烟阁二十四功臣之一。

杜甫：字子美，自号少陵野老，盛唐时期伟大的现实主义诗人，被后世尊称为“诗圣”，他的诗也被称为“诗史”。杜甫与李白合称“李杜”。

杜牧：字牧之，号樊川居士，唐朝著名诗人。人称“小杜”，以别于杜甫。与李商隐并称“小李杜”。著有《樊川文集》。

ruǎn

阮

【姓氏来源】

阮姓的起源主要有三：

其一：出自偃姓，以国为氏，为皋陶氏之后。根据《通志·氏族略》和《姓谱》等相关史料的记载，皋陶的后裔有被封于阮，建立了阮国。商朝末期，阮国为周文王所灭，阮国的后代以国名为氏，称阮氏。

其二：出自石姓。据《南史》《路史》记载，春秋时卫国大夫石蜡的后人在东晋时，有改姓为阮。

其三：出自少数民族姓氏。

皋陶氏像。

【郡望堂号】

阮姓的郡望主要有陈留郡、太原郡。

陈留郡：汉时置郡，治所在陈留（今河南省开封市祥符区东南陈留城）。

太原郡：战国秦时置郡，治所在晋阳（今山西太原）。

阮姓的堂号主要有“竹林”“三斯”“文焕”“敦善”等。

【繁衍变迁】

阮姓发源于甘肃，经周朝直到秦朝，阮姓人逐渐迁徙至陕西、河南、山东、山西、河北等地。西晋永嘉之乱时，阮姓人为避战乱，南迁至江苏、浙江和广西等地。到了南北朝时，阮姓人已经在安徽、江西、湖北、湖南等地定居，并有迁居至越南者。隋朝统一江山后，阮姓人开始向北方回迁。阮姓人始迁入福建始于唐朝。五代时，阮姓人迁居到四川、广东等地。北宋时，一支居住在福建的阮姓人北迁到江苏，而一支河南阮姓也徙居至江苏。明朝初年，山西阮姓人作为迁民之一，散居在山东、河南、江苏、安徽、湖北等地。明朝中期，开始有阮姓人渡海进入台湾。清康乾以后，山东阮姓人随着“闯关东”的风潮，迁至东北三省。

【历史名人】

阮瑀：字元瑜，东汉著名文学家，“建安七子”之一，能诗善书，有《阮元瑜集》。

阮籍：字嗣宗，三国时魏国文学家、名士，“竹林七贤”之一，好老庄，善诗文，八十余首《咏怀诗》颇负盛名，著有《阮嗣宗集》。

阮咸：字仲容，魏晋时期名士，“竹林七贤”之一。他精通音律，善弹琵琶，有一种古代琵琶即以“阮咸”为名。作有《三峡流泉》一曲。

阮孝绪：字士宗，南朝梁目录学家，仿照《七略》，撰写了《七录》，现已经失佚，唯自序尚存《弘明集》，可考察其分类情况。

【姓氏名人故事】

“竹林七贤”之一阮籍

阮籍是三国时期魏国著名诗人，“竹林七贤”之一。

史书上记载，阮籍容貌俊秀，气质宏放，傲然独立，放荡不羁，而且喜怒不形于色。

阮籍年幼丧父，家境十分清苦，他从小就十分勤奋，终于成才知名于天下。本有济世之心，但是当时政局非常险恶，司马懿和曹爽两方明争暗斗，于是阮籍选择了明哲保身的态度，要么几个月闭门不出，要么出去游山玩水长时间不回，没有加入到任何一方。

他博览群书，特别喜好老庄之道。当时主流的哲学思潮就是以老庄为主，儒道结合的玄学，他是魏晋玄学非常重要的代表人物。

“竹林七贤”之一阮籍。

阮籍不拘礼俗，放浪形骸，经常一个人驾着车出行，也不走大路，就随着牛车任意行驶。等到前方无路可走的时候，大哭着返回。阮籍也非常孝顺，他的母亲去世的时候，他正在和朋友下棋，对方听说了他的母亲去世了就想终止棋局，他却执意一决输赢。棋局结束后，饮酒两斗，大号一声，吐血数升。等到母亲快下葬的时候，又吃了一只蒸熟的乳猪，喝了两斗酒，与母亲做最后的诀别。虽然喝酒吃肉，但是因为过度哀伤，他还是形销骨立，差点没命。

阮籍不拘礼法让很多人讨厌他，但是只有外表坦荡，内心淳朴，才是真正的性情之人。

lán

蓝

【姓氏来源】

蓝姓的起源主要有四：

其一：出自芈姓。根据《百家姓考略》记载，春秋时期，楚国的公族有食采于蓝邑的，其子孙以邑为氏，称蓝氏。

其二，出自嬴姓。在《姓氏考略》《竹书纪年》中有记载，梁惠王时，秦子向受封于蓝，为蓝君。其子孙有以地名为姓的，称蓝氏。

其三：出自赐姓。《蓝氏族谱》中有记载，昌奇公为炎帝神农氏第十一世孙、帝榆罔之子。昌奇出生的时候，有熊国贡秀蓝一株，帝榆罔便赐蓝姓，名昌奇。

其四：出自少数民族。

【郡望堂号】

蓝姓的郡望主要有中山郡和东莞郡。

中山郡：汉时置郡，治所在卢奴（今河北定州）。

东莞郡：汉时置城阳郡，晋改称东莞，治所在莒（今山东省莒县），后又改为东安郡。

蓝姓的堂号有种“玉堂”“汝南”“蓝田”“蓝玉”“中山”等。

【繁衍变迁】

蓝姓发源于陕西。秦朝时，蓝姓人主要在河北、山东、河南部分地区繁衍，并形成三个蓝姓郡望。汉魏以后，蓝姓人向黄河中下游迁徙，并落居在安徽、湖北、江苏、浙江。隋唐之际，蓝姓人大批量南迁，开始有迁徙到福建者。唐末五代间，蓝姓人迁居广东。历宋元两代，蓝姓人在福建、广东发展得兴旺，并于宋末元初徙居湖南、四川和广西等地。明朝初期，山西蓝姓人迁往陕西、甘肃、河南、天津、北京、江苏等地。明朝中期以后，广东、福建等东南沿海地带的蓝姓人渡海定居台湾，而广西境内的蓝姓人则徙居云南、贵州，亦有远徙越南等东南亚国家。清朝伊始，蓝姓人徙居东北三省。

【历史名人】

蓝瑛：字田叔，明末清初著名画家，擅画山水，兼工花鸟人物，为武林画派创始人，是浙派后期代表画家之一。

蓝廷珍：字荆璞，清朝著名将领，与施琅一同入台湾，平剿农民起义首领朱一贵，被称为“治台名将”。

jì
季

【姓氏来源】

季姓的起源主要有四：

其一：出自姬姓，以先祖名字为氏，为春秋时期鲁国大夫季友之后。根据《通志·氏族略》和《古今姓氏书辩证》的记载，春秋时期，鲁庄公的弟弟季友平定了庆父之乱，在鲁国为相。到了他的孙子行父执政时期，因为能够举贤任能，受到人民的爱戴，死后谥号季文子。其后人中，有以祖父字为氏的，称季孙氏，后简化为季氏。

其二：出自芈姓，以先祖名字为氏，为上古颛顼帝的后代季连的后裔。《史记·楚世家》中有记载，颛顼帝的裔孙陆终有六子，第六子季连。季连的后世子孙中有以复姓“季连”作为姓氏的，有将“季”作为姓的，称季氏。

其三：出自兄弟排行，以先祖排行称谓为氏。据《吕氏春秋》所载，古时兄弟排行顺序为“伯、仲、叔、季”，因此分别有以“伯”“仲”“叔”“季”为氏的。古代人生存环境比较差，而且女孩不被列入生序，因此，最小的孩子也称为“季子”。因此春秋时期齐国和战国时期魏国的公族中的季氏，均属于这类的姓氏起源。

其四：出自少数民族姓氏。唐朝时期，西赵渠帅有季姓；元、明、清时期，蒙古族的博尔济氏、济鲁特氏、扎拉尔氏等，均有改汉姓时冠以季姓的。满族、土家族、东乡族等少数民族中均有季姓氏族分布。

【郡望堂号】

季姓的郡望主要有渤海郡和鲁郡。

渤海郡：汉时置郡，治所在浮阳（今河北省沧县），后移治南皮（今河北南皮东北）。

鲁郡：西汉时置鲁国，后改为郡，治所在鲁县（今山东曲阜）。

寿春县：秦时置郡，治所在寿春县（今安徽省寿县）。

季姓的堂号有“三朝”“静思”“纯孝”等。

【繁衍变迁】

季姓的发源地已不可考，西汉时，季姓人已繁衍在湖北、江苏等地。东汉至魏晋南北朝时期，季姓氏族在河北、山东、安徽各地发展得十分繁盛。隋唐以前，社会动荡，战争频繁，季姓人开始向南迁徙。唐朝时，居住在安徽的季姓氏族十分昌盛。两宋时期，江苏、浙江两地成为南方季姓人的主要居地，而北方季姓氏族居住分散、聚居规模较小。宋末元初时，战争肆意，战火蔓延整个中原地区，部分季姓人已迁入今广东、福建、江西、湖北等地。明初，山西季姓迁至今河北、河南、山东、湖南、湖北等地。明清之后，季姓人已经遍布全国，江苏、浙江的季姓人繁衍得最为昌盛。

【历史名人】

季厚礼：明朝大孝子，以孝行著称于世。他的儿孙都效仿他的孝道，时人称他们为“一门纯孝”。

季羡林：字希逋，又字齐奘，中国著名文学翻译家、语言学家、教育家和社会活动家等，精通十二国语言，著有《季羡林文集》。

【姓氏名人故事】

“一诺千金”的季布

季布是西汉时著名的官吏。秦朝末年，生于楚地的季布是西楚霸王项羽麾下五大将之一，后来为刘邦所用。季布以讲信用著称，在楚国流传着“得黄金百斤，不如得季布一诺”的谚语。成语“一诺千金”也由此而来。

一诺千金的季布。

季布因为年轻气盛，好打抱不平，因此在楚地非常有名气，很受百姓的爱戴。后来项羽挥兵起义，季布也参军入伍。季布骁勇善战，多次率领军队，大胜刘邦汉军，使刘邦大为窘迫。后来项羽兵败自刎，刘邦建立汉朝，就想捉拿季布，并下令若有窝藏季布的，论罪诛三族。季布假扮成奴隶，被剔掉头发，被铁箍束住脖子，穿着粗布衣服被卖到鲁地的朱家。经由汝阴侯滕公的劝说，刘邦赦免了季布，大家都称赞季布能屈能伸。后来刘邦召见季布，任命他为郎中。

季布为人诚恳，勇于直言纳谏，从不阿谀逢迎。汉惠帝时，匈奴单于曾写信，出言不逊，侮辱吕后。吕后非常生气，召集朝臣商议此事。樊哙和各将领都迎合吕后的心意，主张出兵横扫匈奴。这时季布却分析了当时的局势，认为樊哙的贸然起兵只会一败涂地，使天下动荡不安，理当斩首。殿上的将领们听了都十分惊悚，吕后也就此退朝，不再提攻打匈奴的事情了。汉文帝时，有人进言说季布非常有才能，汉文帝便召见季布。季布奉命来到长安。这时又有人进谏说，季布虽勇敢，但是爱喝酒经常发酒疯，不好接近。于是季布在长安留居一个月，又返回原地任职。季布对汉文帝说："陛下您无缘无故召见我，一定是有人向您称赞我；而现在您又将我遣回原郡，一定是有人毁谤我。陛下您因为一个人赞誉就召见我，一个人毁谤就要我回去，我担心天下有见识的人，会以此事探知您为人处事的深浅了。"汉文帝听了十分窘迫。

jiǎ

贾

【姓氏来源】

贾姓的起源主要有二：

其一：出自姬姓，为贾伯之后。西周时期，周成王在周公灭唐后，将唐地封给弟弟唐叔虞。传至唐叔虞后代燮即位后，因临晋水，而改称晋侯，是为晋国。后成王之子康王即位，将唐叔虞的少子公明封于贾，建立贾国，为周朝的附庸国，而公明则号为贾伯。后贾国被晋国所吞并，贾伯的子孙后裔便以国为氏，称贾氏。

贾伯像。

其二：出自狐偃之后。春秋时期，晋文公重耳灭贾国之后，狐偃在重耳逃亡时始终不离不弃，帮助重耳完成霸业。晋襄公便将贾地封给狐偃之子狐射作为封地，人称贾季。后贾季为避祸逃至翟国，其子孙便以封地为姓，称贾氏。

【郡望堂号】

贾姓的郡望主要有武威郡。

武威郡：汉时置郡，治所在武威（今甘肃民勤东北）。三国时著名谋士贾诩即出身于此支贾氏。

贾姓的堂号有"至言""武威""维则"等。

【繁衍变迁】

贾姓发源于山西，先秦时期开始徙居河南、山东等省。秦汉时期，贾姓氏族发展繁荣。三国两晋南北朝时，为避战乱，贾姓人大举南迁，散居在江苏、浙江各地。唐朝末期，社会动乱不堪，贾姓人继续南迁，落籍于福建、广东、湖北等省，并与南方各姓融合发展，是贾姓发展得较为鼎盛的阶段。历元、明、清三朝，贾姓人在国内各地不断繁衍迁徙，并远徙海外。

【历史名人】

贾谊：西汉初期著名政论家、文学家。其散文《过秦论》《论积贮疏》《陈政事疏》为后人所称道，对后代散文影响深远。

贾诩：字文和，三国时期魏国著名军事家、谋士，人称“毒士”。

贾思勰：北魏著名农学家，著有《齐民要术》一书，在中国农学史以至世界农学史上具有重要的意义。

贾耽：字敦诗，唐朝著名政治家、地理学家。绘有《海内华夷图》，著有《古今郡国县道四夷述》，对后世制图有着深远的影响。

jiāng

江

【姓氏来源】

江姓的起源有二：

其一：出自嬴姓，为颛顼帝裔孙伯益之后。相传颛顼的有孙女名女修，因吃鸽子蛋而生皋陶。皋陶的儿子伯益因为帮助大禹治水有功，被赐为嬴姓，并将本族姚姓女子嫁给他为妻。传至西周时，伯益有后裔受封于江国。春秋时期，江国为楚国所灭，其子孙后代遂以国名江为姓，称江氏。

其二：出自姬姓，为翁氏所分。西周初期，周昭王的支庶子孙，被封于翁山，其后代遂以邑名为姓，称翁氏。据《六桂堂丛刊》所载，宋朝初年，福建有翁乾度，生有六子，分姓洪、江、翁、方、龚、汪。其中次子处恭，分得江姓，其后世子孙遂称江氏。

【郡望堂号】

江姓的郡望主要有济阳郡、淮阳郡和六桂等。

济阳郡：西汉时置县，治所在河南省兰考县东北。晋时置郡，治所在济阳。此支江姓，其开基始祖为东汉江德。

淮阳郡：西汉时置淮阳国，为同姓九国之一，建都于陈（今河南省周口市淮阳区）。惠帝以后，有时为郡，有时为国。东汉时改为陈国。隋朝和唐朝又改陈州为淮阳郡。

六桂：六桂乃“六桂联芳”的誉称，治所在闽县（今福建省福州市），唐时，改武荣州置州，治所在晋江（今福建省泉州市）。

江姓亦以“济阳”“淮阳”“六桂”为堂号。

【繁衍变迁】

江姓发源于河南。春秋时期，江国被楚国所灭，江国人有为避难逃至河南、山东、安徽等地的。西汉时期，有江姓人迁居山东。西晋永嘉之乱时，陕西有江姓人移居进入甘肃等地。唐朝时，江姓人的足迹已经遍布北方。唐朝初年，世居河南的江姓人进入福建等地。唐安史之乱后，江姓人避祸大举南迁，散布在浙江、广东、福建、台湾等地。明朝初年，山西江姓人作为迁民之一，迁入江苏、浙江、山东、河南、湖南等地。明清之际，有江姓人渡海入居台湾，进而远徙海外。

【历史名人】

江淹：字文通，南朝著名文学家，辞赋大家，与鲍照并称。成语“江郎才尽”正是出自江淹的典故。

江参：字贯道，北宋杰出的画家，长于山水画，存世作品有《千里江山图》等。

江声：字叔澐，清朝著名学者。精于训诂，著有《尚书集注音疏》。

江沅：字子兰，清朝文字训诂学家，著有《说文释例》《说文解字音韵表》。

【姓氏名人故事】

江泌逐月读书

江泌是南北朝时期的著名学者，济阳考城人，自幼天资聪慧，勤奋好学。江泌的父母体弱多病，无法劳作，家中内外所有的活计都要靠小小年纪的江泌来做；但是江泌非常孝顺，对此毫无怨言。

江泌逐月读书。

他非常好学，每天白天辛勤劳作，到了晚上做完家务之后也舍不得休息，而是抓紧时间读书学习。但是江泌家里十分贫穷，他所挣的钱，除了吃饭和给父母治病之后所剩无几，根本买不起灯油照明。无奈之下江泌只得利用窗外皎洁的月光读书，为了读书，江泌不管春夏秋冬寒来暑往，只要月亮出现他都会拿着书站立在屋外阅读。

每天月亮会随着时间缓缓东移，随着移动，因为四周有建筑物的遮挡，月光会越来越暗。江泌于是搬来一架梯子放在自家的院墙上，跟随着月亮的移动，一步步向上爬，直到爬到屋顶之上。他往往会在屋顶上看书看到天亮才下来继续干活。

江泌因为白天工作繁重，到了晚上又得不到足够的休息，经常在读书的时候睡着，以至于好几次都在睡梦中从梯子上摔了下来。但是即便如此，他也从不以此为苦，仍然一如既往地认真学习用功读书。

江泌在这种坚苦卓绝的境遇里坚持了多年，后来终于成为了人人敬佩的学者。

他逐月读书的故事也因此为世人所传诵。

yán
颜

【姓氏来源】

颜姓的起源主要有三：

其一：出自曹姓，以祖父字为氏，为陆终之后。据《元和姓纂》和《通志·氏族略》

等史料所载，黄帝的孙子叫颛顼，颛顼有玄孙陆终。陆终有六子，其第五子叫安，为曹姓。曹安的裔孙挟，在周武王时被封于邾，建立邾国。邾挟的后代有夷父，字颜，因此称邾颜公。后来邾国为楚国所灭，颜公的子孙中有人以祖父的字为姓的，称颜氏。

其二：出自姬姓，以封邑为氏，是周公旦长子伯禽之后。《通志·氏族略》中记载，周公旦的长子鲁侯伯禽被封于鲁，而伯禽的子孙有被封在颜邑的，其后人遂以封邑为姓，称颜氏。

其三：出自他族改姓。金朝时，女真人的完颜氏改为汉字单姓颜；清朝满洲人中亦有颜姓。

【郡望堂号】

颜姓的郡望主要有鲁郡和琅玡郡。

鲁郡：西汉时置鲁国，魏晋时改为鲁郡，治所在鲁县（今山东曲阜）。

琅玡郡：秦时置郡，治所在琅玡（今山东省青岛市黄岛区琅玡台西北），西汉时移治东武（今山东诸城）。

颜姓的堂号则有“复圣”“宝塔”“四乐”“旧雨”等。

【繁衍变迁】

颜姓发源于山东，先秦时期主要活动在山东，并已迁徙至河南地区。汉晋时期，颜姓人以山东为中心，西至河北，南至江苏，东汉时已经徙居到湖北，东晋时则越过长江，在安徽、浙江都有颜姓人的足迹。唐朝时期，陕西地区的颜姓人繁荣起来，并向江苏、江西、福建等地播迁，并有颜姓人进入四川地区。北宋末年，山东、河南境内的颜姓人南下至江南各地。南宋末期，颜姓人已经散播到两湖、两广地区。明初，山西的颜姓人迁至河南、河北、山东、陕西、湖北等地。清朝时，云南、贵州等西南各省有了颜姓人的居住。清朝康乾年间，山东颜姓人“闯关东”到东北三省，同时有颜姓人渡海赴台，进一步移居海外。

【历史名人】

颜回：字子渊，春秋时著名学者、思想家，是孔子最钟爱的弟子，列为七十二贤之首，后世称其为“复圣”。

颜师古：字籀，唐朝著名经学家、训诂学家、历史学家，博览群书，长于文字训诂、声韵、校勘之学，著有《五经定本》等。

颜真卿：字清臣，唐朝著名大臣、书法家，创立了“颜体”。楷书与赵孟頫、柳公权、欧阳询并称“楷书四大家”，和柳公权并称为“颜筋柳骨”。著有《颜鲁公文集》。

guō

郭

【姓氏来源】

郭姓的起源主要有四：

其一：出自夏、商时代郭支与郭崇的后裔。据《姓氏考略》所载：“夏有郭支，见《抱朴子》。商有郭崇，见《三一经》，此郭氏之始。”

其二：以居处为氏。据《风俗通义》上记载：“氏于居者，城、郭、园、池是也。”因住在城外，遂以郭为氏。如齐国公族有东郭氏，西郭氏，南郭氏，郭氏等。

其三：出自姬姓，为黄帝姬姓后裔。周朝建立后，周武王封文王弟虢叔、虢仲于西虢、东虢。周平王时，郑武公灭郐和东虢，建立郑国。因郑国实力强大，于是周平王不得不将东虢叔的裔孙序封于阳曲，号曰“虢公”。因古代虢、郭音同，又称“郭公”，其后代遂称郭氏。西虢几经辗转最后为秦所灭，流散在外的虢国后代，均以郭为姓。

其四：出自冒姓或改姓。如后梁有郭纳，本姓成，后冒姓郭氏。又如后晋时，有郭金海，本突厥人，改姓汉姓。亦有后周太祖郭威，本姓常，但因从小与母郭氏一同长大，故改姓郭。

【郡望堂号】

郭氏的郡望主要有太原郡、华阴郡、冯翊郡、汾阳县等。

太原郡：战国时秦庄襄王时置郡，治所在晋阳（今山西省太原市西南）。此支郭氏，为东汉郭全之族所在。

华阴县：汉时置郡。此支郭氏为太原郭氏分支。

冯翊郡：三国时置郡，治所在临晋（今陕西省大荔县）。此支郭氏，为太原郭氏分支，其开基始祖为东汉冯翊太守郭孟儒。

汾阳县：西汉时置，此支郭氏，为华阴郭氏分支，开基始祖为郭子仪。

郭氏的堂号主要有“太原”“华阴”“冯翊”“汾阳”等。

【繁衍变迁】

郭姓发源于河南、山西、陕西等地。春秋战国时，郭姓人已经分布在山东、河北的部分地区。汉朝之后，郭姓人一直以山西为繁衍中心，持续了很长一段时间。此外，汉朝时亦有落籍于内蒙古和甘肃、四川、安徽等地的郭姓人。魏晋南北朝时，北方战火频繁，为避战祸，郭姓人开始大规模南迁，散居在浙江、江苏等地。隋唐时期，郭姓已经发展为山西、山东的第一大姓，同时有郭姓人徙居浙江、江苏、湖北、福建等地。从五代一直到宋元时，郭姓人遍布全国。明末清初，居住在福建的郭姓人渡海迁居台湾，进而远徙欧美及东南亚。

【历史名人】

郭璞：字景纯，东晋著名学者，注释《周易》《山海经》和《楚辞》等古籍。代表作是《游仙诗》十四首和《江赋》。

郭嘉：字奉孝，东汉末年曹操帐下谋士，史书上称他“才策谋略，世之奇士”。

郭子仪：唐朝名将，在平定安史之乱上立下汗马功劳，史称“权倾天下而朝不忌，功盖一代而主不疑”，享有极高的威望与声誉。

郭守敬：字若思，元朝的天文学家、数学家、水利专家和仪器制造专家。他主持编制的《授时历》，通行360多年，是当时世界上最先进的历法。

méi

梅

【姓氏来源】

梅姓的起源主要有二：

其一：出自子姓，以封邑为氏，为商汤后裔。根据《通志·氏族略》和《新唐书·宰相世系表》等相关史料的记载，商朝时，商王太丁封其弟于梅，称梅伯。商朝末年，梅国的国君梅伯为纣王所杀，其后世子孙以封邑为氏。

其二：出自他族改姓。《魏书》记载，汉朝时南蛮地区有梅姓；《旧唐书》中有北狄奚酋长为梅姓；清朝满洲八旗中有梅佳氏，后改为梅姓；同时，贵阳府开州土司为梅姓。

【郡望堂号】

梅姓的郡望以汝南郡为最望。

汝南郡：汉时置郡，治所在平舆（今河南平舆）。

梅姓的堂号有“宛陵”“汝南”“华萼”“绩学”等。

【繁衍变迁】

梅姓发源于湖北，之后大规模地迁往安徽、江苏和河南，十分活跃。秦汉之际，大部分的梅姓人开始向中原移居。魏晋南北朝时，梅姓人在河南发展得尤为昌盛，这一时期虽然史册上的梅姓人不多，但是可以看出在隋唐以前，梅姓人已经散居在湖南、湖北、江苏、江西、安徽、浙江等江南地区。隋唐之际，战火四起，硝烟四溢，河南等中原地区的梅姓人迁入今四川，以躲避战乱。唐朝中后期，“安史之乱”的发生，使社会动荡不堪，有梅姓人进一步向南迁徙，进入广东地区。宋元之际，梅姓人在江南各地繁衍昌盛，并在甘肃定居。明朝初期，山西梅姓人迁至河南、山东、河北、江苏等地。明末清初，四川大批梅姓人逃至云南。清朝以后，梅姓人有渡海赴台，继而远赴海外者。

【历史名人】

梅尧臣：字圣俞，世称宛陵先生，北宋著名现实主义诗人，其诗歌多反映现实生活和民生疾苦，与苏舜钦齐名，人称“苏梅”，著有《宛陵先生文集》。

梅文鼎：字定九，号勿庵，清朝著名的天文学家、数学家，为清朝“历算第一名家”和“开山之祖”。著作有《明史历志拟稿》《古今历法通考》《勿庵历算书目》等。

梅庚：字子长，号雪坪，清朝著名画家、诗人，与梅清、石涛均为黄山派名画家，有《天逸阁集》。

【姓氏名人故事】

现实主义诗人梅尧臣

梅尧臣是北宋时期著名的现实主义诗人。梅尧臣出生于一个农民家庭，因为家境贫困，酷爱读书的梅尧臣十六岁乡试未取，家中就无力供他读书再考。于是梅尧臣就随叔父到洛阳，担任主簿一职。后来梅尧臣又重新应考，考中了进士，开始入仕为官。梅尧臣原名“圣俞”，后改“尧臣”，是因为志向远大的梅尧臣希望能遇上一个像尧帝一样圣明的君主，成为他的贤臣。可惜的是，梅尧臣并没有遇到圣君，仕途也并不顺意。梅尧臣为人笃厚清高，做官也经常能够体察民间疾苦，做了很多有利于百姓的事情。当地的百姓都非常崇敬、热爱他。梅尧臣在担任建德县令时，为官清廉正直，卸任后，当地百姓为了纪念他，将县城改为梅城，并在梅城后面的山坡上建立了一座梅亭，表达他们对梅尧臣的敬仰之情。

梅尧臣像。

梅尧臣虽然在仕途不顺，但是他在诗坛上却享有盛名。梅尧臣的诗歌平易而深刻，细腻而贴切，凝练而又自由的方式，展现了当时的社会现象，反映了社会生活。梅尧臣同时也是北宋诗歌革新运动的推动者，强调《诗经》《离骚》的传统，反对浮艳空泛，对宋朝诗风由靡丽向质朴的转变起着巨大的作用，刘克庄在《后村诗话》中称之为宋诗的“开山祖师”。

lín
林

【姓氏来源】

林姓的起源主要有三：

其一：出自子姓，为黄帝高辛之后，比干之后裔。商朝末年，比干因为直言奉劝纣王而被纣王怀恨在心，被施以挖心的酷刑。当时比干的夫人陈氏有孕在身，为避难逃于长林，产下一子，名坚。周武王灭商后，陈夫人携子归周，武王因坚在长林而生，因而赐他林姓，称林坚。又拜为大夫，食邑于博陵。其子孙引以为氏，称林氏。林姓由他最早发源，后人尊他为受姓始祖。

其二：出自姬姓。据史料记载，东周时期，周平王有庶子姬开，字林。按周礼，其子孙以祖父字为氏，称林氏。

其三：出自少数民族改姓。南北朝时，北魏孝文帝将国都迁至洛阳，实行汉化政策，将原鲜卑族复姓丘林氏的一部分改成林姓。其他少数民族中，满族的林佳氏和布萨氏也有改姓林。

【郡望堂号】

林氏的郡望主要有南安郡、西河郡、济南郡、下邳郡等。

南安郡：东汉时置郡，治所在獂道（今陇西渭水东岸）。此支林氏，其开基始祖应为林坚后裔。

西河郡：战国魏初置郡，治所在平定（今内蒙古自治区鄂尔多斯市东胜区境）。此支林氏，其开基始祖为战国时赵国宰相林皋。

济南郡：西汉时置郡，治所在东平陵（今山东省济南市章丘区西）。此支林氏，为西河林氏的分支，其开基始祖为汉平棘侯林挚。

林氏堂号有“西河”等。

【繁衍变迁】

林姓发源于河南。得姓之初，一直在河北地区发展繁衍。春秋时期，林姓人在陕西、河南、山东等地均有分布。到了战国时期，有林姓人在河南进一步扩散。汉时，林姓人落居住山东，并在当地形成名门望族。东汉末年至三国时期，居住在今河南、山东、河北和山西等地的林姓人，被避灾祸而南迁入江苏、浙江一带。林姓人开始进入福建是在西晋末年。唐宋时期，林姓人迁居至海南。明朝时，甘肃地区也有林姓人分布。明清之际，今福建、广东等东南沿海地区的林姓人渡海移居台湾、徙至港澳，进而远居海外。

【历史名人】

林禄：字世荫，东晋大臣，匡扶晋室，战功卓著。是将林姓从北方带至南方的第一人，也是南方林姓中影响最大的“闽林”始祖。

林默娘：宋朝人，在东南沿海及台湾等地被人尊为圣母或妈祖，把她当作保护远航船只顺利安全的保护神。

林则徐：字元抚，是清朝后期政治家、思想家和诗人，是中华民族抵御外族侵略的伟大的民族英雄，主要功绩是虎门销烟。同时主张学习西方先进技术，是近代中国“睁眼看世界的第一人”。

林徽因：建筑学家和作家，为中国第一位女性建筑学家，被胡适誉为“中国一代才女”。代表作有《你是人间的四月天》《九十九度中》等。

zhōng

钟

【姓氏来源】

钟姓的起源主要有三：

其一：出自子姓，以邑为氏，为商汤后裔。相传帝喾有一个妃子名叫简狄，因拣到一只燕子蛋，吃后生下契。后来契因辅助大禹治水有功，被封于商，赐子姓。传至商纣王时，有一庶兄名启，被封于微。周武王灭商后，微子投奔周武王，后他被周公封于宋，建宋国，称宋桓公。宋桓公有儿子公子傲在晋国做官，其孙子伯宗因直言谏劝而被杀害，伯宗的儿子州离便逃到楚国，任太宰，食采钟离。其后人便以地名为姓，单称钟氏。

其二：出自嬴姓。为钟离氏改钟氏。周朝初期，颛顼帝之子伯益的后裔被封于钟离国，春秋时钟离国被楚国所吞并，国人称钟离氏，其中有一部分取“钟”字，称钟氏。

其三：以官名为氏。古代有官名钟师，掌击钟奏乐。钟姓最早的一支是周朝乐官钟师的后代。

【郡望堂号】

钟姓的郡望主要有颍川郡和竟陵郡等。

颍川郡：秦时置郡，治所在阳翟（今河南省禹州市）。

竟陵郡：秦时置郡，治所在今湖北潜江西北。西晋时封江夏郡置，治所在石城。

钟姓的堂号有"颍川""知音"等。

【繁衍变迁】

钟姓发源于安徽。先秦时期，钟姓人主要分布在两湖地区。汉晋之际，钟姓人以河南为繁衍的中心。晋朝时，河南的钟姓人移居至江苏、福建、浙江、湖北及江西等地。南朝末期，钟姓人迁徙到广东、广西等地，并与当地少数民族融合，植根于其间的少数民族之中。唐代，钟姓人分布于今山西、四川、广东、安徽等地。五代至宋元，北方战乱，钟姓族人大部聚居于今福建、广东。明初，钟姓人作为洪洞大槐树（今属山西）迁民之一，被分迁于今安徽、河南、河北、江苏、陕西等地。清代以后，有今广东、福建境内的钟姓人赴台、远播东南亚等地。

【历史名人】

钟子期：名徽，字子期，春秋时期楚国人。精音律，与伯牙为知音。钟子期死后，俞伯牙认为世上已无知音，终身不再鼓琴。

钟繇：字元常，三国魏大臣、大书法家。精于隶、楷。与晋王羲之并称"钟王"。

钟嵘：字仲伟，中国南朝文学批评家。提出了一套比较系统的诗歌品评的标准，著有《诗品》。

钟离春：战国时期齐国人，相貌奇丑无比，是中国历史上第一个以才取胜的皇后。

xú
徐

【姓氏来源】

徐姓是起源比较单一的姓氏，主要出自嬴姓，是颛顼玄孙伯益之子若木的后裔。

相传伯益因协助大禹治水有功，帝舜除了赐他嬴姓以外，还将本族姚姓女子嫁给他。姚女为他诞下二子，小儿子便是若木。因为他父亲的功劳，夏禹时被封于徐地，建立了徐国。周穆王在位时，徐君偃欲代周为天子，自称徐偃王向周进攻，周穆王正在西王母处做客，听闻此事立即乘坐造父之车适时赶回，兵戎相见之时，徐偃王不忍见士兵牺牲，于是弃国出走，躲进彭城一带的山里。由于徐偃王深得民心，数以万计的百姓与他共同进山。周穆王见徐偃王如此深得民心，十分感慨，遂封其子宗于徐，称"徐子"，继续治理徐国。春秋时期，徐国为吴国所吞并，其后世子孙便以国为姓，是为

颛顼像。

徐氏。

【郡望堂号】

徐姓的郡望主要有东海郡、琅玡郡、濮阳郡、高平郡、东莞郡等。

东海郡：秦时置郡，治所在郯（今山东郯城北）。

琅玡郡：秦时置郡，治所在琅玡（今山东省青岛市黄岛区琅玡台西北）。

高平郡：晋时置郡，治所在高都（今山西晋城东北）。

徐姓因以东海最望，故也以“东海”为堂号。

【繁衍变迁】

徐姓发源于江苏、安徽。春秋末期，徐国被吴国攻灭，徐姓人为避灾祸移居河南、山东等地。秦汉之际，徐姓人已经散布在江苏、安徽、江西、浙江一带。东汉之前，甘肃地区已经有了徐姓人居住。魏晋南北朝时，徐姓人为避战乱开始大举南迁，隋唐之际，南方的徐姓氏族得到进一步地发展。宋朝末年，有徐姓人进入福建地区。元朝时，江西、福建地区的有徐姓人迁居广东。明清两朝，徐姓人已广布全国各地。

【历史名人】

徐干：字伟长，汉魏间文学家。善诗歌辞赋，著有《中论》，曹丕称赞此书为“成一家之言，辞义典雅，足传于后。”“建安七子”之一。

徐庶：字元直，本名福，东汉末年名士及战略家。先归刘备，辅佐刘备治理新野，后曹操掠徐母至许都以胁迫庶弃刘从曹。徐庶至孝，到曹营后其母自缢而死，徐庶不为曹操设谋。故后世有“徐庶进曹营——一言不发”的谚语。

徐达：字天德，明朝开国军事统帅。因其文武双全，为朱明王朝的建立立下汗马功劳，封魏国公，追封中山王。

徐渭：字文长，明代杰出文学家、书画家、军事家。自称书法第一，尤其善于行草，有《徐文长全集》存世。与解缙、杨慎并称“明代三大才子”。

徐霞客：名弘祖，明朝著名的地理学家、旅行家和探险家。有《徐霞客游记》一书流传于世。

【姓氏名人故事】

徐庶走马荐诸葛

徐庶是三国时期颍川阳翟（今河南禹州）人，字元直，自幼习武，颇有侠情，后弃武从文，博学多闻，才智过人。徐庶身逢乱世，遍地狼烟，因觉刘备迥出伦辈，宽厚仁和，所以投其麾下效力。徐庶与刘备脾气秉性相投，宾主甚为相得。

刘备尤其爱重徐庶的才能，随即拜徐庶为军师。徐庶不负刘备之望，在之后的几次战役中屡出奇策，使刘备之军多次逢凶化吉以弱胜强，而曹

徐庶走马荐诸葛。

军接连受挫。

曹兵败回许昌之后，将领将徐庶之能转述曹操，曹操大惊遂令群臣献计，要将徐庶收为己用，谋士程昱知道徐庶乃是孝子，于是献一计，曹操依言将徐庶之母骗至许昌，随后仿照徐母笔迹写信要徐庶来许昌相会，若不，其母性命不保。

徐庶接到母亲书信，心急如焚自知如此境况之下忠孝难以两全，无奈只得向刘备洒泪辞行，刘备依依不舍亲自送别，徐庶牵挂母亲安危匆匆纵马而去，谁知少顷原路而返，对刘备道："我刚才心绪纷乱，竟将一要紧之事遗漏，我走之后，主公身边缺少谋士，襄阳城外隆中有一奇人，才智谋略皆胜于我，您若能请他出山助您，霸业必定可成。"刘备果然依徐庶所言，三顾茅庐将徐庶所举荐的奇才诸葛亮请出卧龙岗，正因为有诸葛亮的辅助，刘备才能与曹操、孙权三分天下。

qiū
邱

【姓氏来源】

邱（丘）姓的起源主要有四：

其一：出自姜姓，为姜太公的后裔。西周成立后，太师姜尚因辅佐武王灭商有功，被封于齐，建齐国，建都于营丘，号称齐太公，俗称姜太公。姜太公因尊重当地人生活习惯，很快受到百姓的爱戴，齐国也逐渐强大起来。于是姜太公的子孙中后有以地为氏的，称丘氏。

其二：出自姒姓。帝舜时期，鲧的儿子禹，被赐予姒姓。之后禹的儿子启建立夏朝，为中国历史上第一个奴隶制国家。禹的第五世孙少康中兴夏朝后，封其次子曲烈于鄫，建立鄫国。后鄫国经历了夏商周三代，直到春秋时期，为莒国所灭。其后世子孙遂去阝为曾氏，曾氏的分支有以丘为氏。因此有曾、丘联宗之说。

其三：出自妫姓，以地为氏。古帝颛顼的玄孙陆终共有六子，第五子名安，封于曹，赐曹姓。周武王灭商建立周朝后，因封弟弟振铎在曹，所以改封曹安的后裔曹挟在邾，建立邾国。据说邾国有弱丘这个地方，居住在弱丘的人都以"丘"为氏，称丘氏。

其四：出自他族改姓。如汉朝时，少数民族乌桓族中有丘氏。南北朝时，北魏孝文帝迁都洛阳后，实行汉化政策，将鲜卑族复姓丘林氏、丘敦氏改为汉字单姓丘，称丘氏。

【郡望堂号】

邱姓的郡望主要有河南郡、吴兴郡、扶风郡等。

河南郡：西汉时改秦三川郡置郡，治所在雒阳（今河南省洛阳市东北）。此支丘氏，其开基始祖为丘穆。

吴兴郡：三国吴时置郡，治所在乌程（今浙江省湖州市吴兴区南）。此支丘氏，其开基始祖为汉朝丘俊。

扶风郡：西汉时置郡右扶风，为三辅之一。三国魏时改为扶风郡，治所在槐里（今陕西兴平东南）。

邱姓的堂号亦有"河南""吴兴""扶风""敦睦"等。

【繁衍变迁】

邱姓发源于山东，成姓之初主要分布在河南境内。秦汉之际，陕西、浙江和内蒙古均有邱姓人的分布。魏晋南北朝时，为避战乱，居住在河南的邱姓人南下徙居至福建。东晋时，邱姓人迁徙到四川，继而迁居到河南、福建等地者，使邱姓人在福建、广东地区广泛分布。宋朝时，福建已经形成了较大的聚落。明朝时，贵州、云南等地区亦有邱姓人的聚居点，山西邱姓作为迁民之一，进入陕西、山东、河北、河南、北京、天津等地。清朝初年，福建、广东等东南沿海地区的邱姓人渡海赴台。

【历史名人】

丘处机：字通密，道号长春子，是道教的一支全真道掌教人，为“全真七子”之一。死后又被元世祖忽必烈褒赠“长春演道主教真人”封号。著有《摄生消息论》《大丹直指》等。

丘濬：字仲深，号琼台，明朝杰出的政治家、思想家，著有《大学衍义补》。

邱远才：即邱朝贵，清朝太平天国时，英王陈玉成手下猛将，军中称“邱老虎”。

丘心如：清代弹词女作家，创作长篇弹词《笔生花》。

luò

骆

【姓氏来源】

骆姓的起源主要有五：

其一：出自姜姓，以祖父名为氏，为姜太公之后公子骆的后代。《姓谱》和《元和姓纂》上有记载，周朝建立后，周武王封姜太公于齐，建立了齐国。姜太公的后代中有叫公子骆的，他的后人以他的名字为氏，称骆氏。

公子骆像。

其二：出自嬴姓，以国为氏，为商朝大臣恶来革之玄孙大骆的后裔。根据《史记》记载，商纣王时有大臣叫恶来革，他的玄孙叫作大骆。大骆的子孙以祖父名为氏，称骆氏。

其三：春秋时期郑国大夫王孙骆的后代。

其四：根据《史记·东越列传》上记载，东海王摇，本姓驺，古时“驺”也写作“骆”。其后世子孙也称骆姓。

其五：出自他族改姓。魏晋南北朝时，北魏代北地区的他骆拔氏，汉化后改为骆姓；唐朝时吐谷浑族中有骆姓；金朝时女真中散答氏和独鼎氏，均改为汉姓骆；清朝满洲八旗的萨克达氏，后亦改为骆姓。

【郡望堂号】

骆姓的郡望主要有内黄郡和会稽郡。

内黄郡：汉时置郡，治所在今河南内黄。

会稽郡：秦时置郡，治所在吴（今江苏省苏州市吴中区），东汉时，移治山阴（今浙江绍兴）。

骆姓的堂号有“才子”“河南”“瓯香”等。

【繁衍变迁】

骆姓发源于山东，先秦时期，骆姓的迁徙没有史册的记载，根据秦汉时期对骆姓人的记载，可以看出魏晋以前，北方的陕西和南方的浙江都有骆姓人的居住。到了魏晋南北朝时，北方战乱，烽烟四起，北方的骆姓人纷纷南下以避战祸，并与浙江地区的骆姓人互相融合，经过不断的繁衍发展，形成了会稽郡望。直到隋唐时期，河南的骆姓人发展迅速，并逐渐向河北、山西等地迁徙。宋元两朝，居住在江苏、浙江的骆姓人播迁到福建、广东等东南沿海地区后，继而又迁至云南、贵州等西南各地。明朝初年，山西骆姓氏族被分迁到今浙江、河南、河北、山东、北京等地。明朝中期后，福建和广东等地的骆姓人渡海，定居到台湾。

【历史名人】

骆俊：字孝远，会稽乌伤人。东汉末年陈王刘宠的国相，在丞相任内励精图治，深得民众爱戴。其子为三国吴国著名武将骆统。

骆宾王：字观光，与王勃、杨炯、卢照邻合称“初唐四杰”，辑有《骆临海集笺注》。

骆绮兰：字佩香，号秋亭，清朝杰出女诗人，善诗文，工写生，自绘《佩兰图》及《秋镫课女图》，著有《听秋轩诗稿》。

gāo
高

【姓氏来源】

高姓的起源主要有四：

其一：出自姜姓，是炎帝的子孙。炎帝有后裔名为伯夷，因帮助大禹治水有功，受封于吕，建立吕国。其子孙以吕为氏。吕氏有后裔名叫吕尚，因协助周文王、周武王推翻商朝，建立周朝，周武王遂封吕尚于营丘，建立齐国。吕尚被尊称为“齐太公”。齐太公第六代孙文公姜赤，文公次子受封于高邑，称公子高。公子高之孙傒于齐国任上卿时，迎立公子小白，即齐桓公为君，齐桓公为表彰其功劳，赐以王父字为氏，称为高傒，并封以卢邑，其后世遂为高氏。高氏世袭齐国上卿之职，是春秋齐国十分有实力的名门望族。

其二：以王父为氏。据《通志·氏族略》所载，齐惠公的儿子名叫公子祁，字子高，其后裔为高氏。

其三：出自他族、他姓改姓。北魏孝文帝时，推行汉化政策，鲜卑族娄氏改为高氏。另有十六国时，后燕皇帝慕容云自称为高阳氏后裔，遂改姓高，称高云。其后裔改复姓为单姓，称高氏。又有高丽羽真氏，后改为高氏。北齐文宣帝姓高名洋，赐国姓于有功于北齐的鲜卑族元景安、元文遥；时有重臣高隆之，本姓徐，因其父与高欢交好，遂改姓高氏。

其四：以“高”字开头的两个字复姓，后有改单姓“高”为氏。如高车氏、高堂氏、高阳氏等。

【郡望堂号】

高姓的郡望主要有渤海郡、渔阳郡、辽东郡、广陵郡等，其中以渤海郡最为名望。

渤海郡：西汉时置郡，治所在浮阳（今河北沧州）。此支高氏，其开基始祖为东汉渤海太守高洪。

渔阳郡：战国燕将秦开击退东胡后置郡，治所在今北京市密云区西南。以渔水之阳得名。

广陵郡：汉时置郡，治所在今江苏省扬州市。此支高氏，为吴丹阳太守高瑞之后。

高姓堂号有“渤海”“渔阳”“辽东”“广陵”等。

【繁衍变迁】

高姓发源于山东。战国至秦汉这一时期，高姓人已分布在河北、辽宁等地。秦汉到三国时期，高姓人在海河流域，黄河流域，淮河流域，长江流域均有分布和活动。两晋南北朝时，社会动乱，高姓人大规模南迁。高姓人迁居至福建，是始于隋唐之际。五代时期，居住在河南的高姓氏族移居到湖北，有原居于山西的高姓人进入四川。两宋时期，高姓人向江南迁徙，落籍于浙江、江苏的部分地区。元明清时期，东南地区，尤其是江苏和浙江地区的高姓人较为集中。

【历史名人】

高渐离：战国末年燕国人，擅长击筑，与燕太子丹，一同到易水送行去谋刺秦王政的荆轲。高渐离击筑，荆轲和歌。代表作为《易水歌》。

高适：字达夫，是我国唐代著名的边塞诗人，与岑参齐名，并称为“高岑”。代表作有《燕歌行》和《别董大》。

高克恭：字彦敬，元代画家。善书画，《云横秀岭》《墨竹石坡》为其代表作；兼有诗名，诗风“神超韵胜”，代表作《寄友》《过信州》等。与赵孟頫齐名，时人有“南有赵魏北有高”之称。

高启：字季迪，长洲人。著名明朝初期诗人。高启与杨基、张羽、徐贲合称“吴中四杰”，比拟“初唐四杰”。著作被后人汇编为《高太史全集》，以及文集《凫藻集》，词集《扣舷集》。

高鹗：字兰墅，一字云士，清代文学家，续写了四大名著之一《红楼梦》后四十回。因酷爱小说《红楼梦》，别号“红楼外史”。

xià

夏

【姓氏来源】

夏姓的起源主要有三：

其一：出自姒姓。相传帝尧时，鲧的妻子因梦里吃了薏苡而生禹，故帝尧便赐禹为姒姓。当时中原洪水泛滥，禹治理了水患，并发展农业，还领兵平定了三苗之乱。为了表彰他的丰功伟绩，帝舜封他于夏，后来还将帝位禅让给他。夏禹死后，其子启继位，建立了中国历史上第一个奴隶制国家——夏朝。后来夏朝的第十六代君主桀暴虐无道，被商汤推翻，夏王族便以国为氏，称为夏氏。

其二：出自姒姓。周武王伐商建周后，分封诸侯，将夏禹的后裔东楼公被封于杞，为杞侯。传至简公时，杞国被楚国所灭。简公的弟弟佗出奔逃至鲁国，鲁悼公因为他是夏禹的后裔，便给予采地为侯，称夏侯氏，其后裔遂以夏为姓，称夏氏。

其三：出自妫姓，以王父字为氏。西周初年，周武王追封帝舜之后妫满于陈，建立陈国，史称胡公满。到了春秋时期，传至陈国第十六位君主陈宣公杵臼时，有庶子名子西，字子夏。子西的孙子征舒以祖父之字为氏，称为夏征舒，其后裔遂称夏氏。

夏禹像。

【郡望堂号】

夏姓的郡望主要有会稽郡、谯郡、高阳郡、鲁郡等。

会稽郡：秦时置郡，治所在吴县（今江苏省苏州市）。此支夏氏，为西晋高士夏统之族所在。

谯郡：东汉置郡，治所在谯县（今安徽省亳州市）。

高阳郡：东汉时置郡，治所在高阳（今河北省高阳县东）。

鲁郡：西汉时置鲁国，治所在鲁县（今山东曲阜）。晋时改为郡。

【繁衍变迁】

夏姓发源于河南，早期活动在中原一带，徙居山东等地。秦汉之际，江西、江苏、浙江等南方地区已经有夏姓落籍。魏晋南北朝之际，烽烟四起，夏姓人为避难大举南迁，以浙江夏姓氏族发展得最为昌盛。唐宋两朝，夏姓人发展得十分繁盛，名人辈出。明朝初期，居住在山西的夏姓人迁入浙江、江苏、安徽、河南等地。清朝末年，福建、广东等沿海地区的夏姓人渡海迁居台湾，进而辗转进入新加坡等东南亚国家。

【历史名人】

夏圭：字禹玉，南宋杰出的画家。以山水画著称，与马远同时，号称“马夏”。

夏完淳：原名复，字存古，明末著名诗人，少年抗清英雄，民族英雄。

夏昶：字仲昭，明代著名画家。善画能诗，有“夏卿一个竹，西凉十锭金”之谣。

夏衍：原名乃熙，字端先，著名文学、电影、戏剧作家，文艺评论家等。代表作品有《赛金花》《秋瑾》《包身工》等。

cài

蔡

【姓氏来源】

蔡姓的主要起源有二：

其一：出自姞姓，为黄帝支裔。相传黄帝有二十五子，得姓者十四人，共十二姓，姞为其中之一，被封于燕。随着“姞姓”子孙的繁衍，其后裔分支又为“阚”“严”“蔡”“光”“鲁”等姓氏。

其二：出自姬姓，为周文王后裔。周武王灭商后，封商纣王之子武庚于朝歌，管理商朝遗民，又封其弟叔度于蔡，让他与管叔、霍叔一同监管武庚，称“三监”。武王死后，周成王即位。周公旦因成王年幼临朝摄政。“三监”对此不满，联合武庚和东方夷族进行叛乱。周公出兵平定反叛，事后处死了武庚与管叔，并将蔡叔放逐。后蔡叔度之子胡，因遵守文王德训，与人为善，周成王封其于蔡，称蔡仲。春秋时，因受楚的逼迫，多次迁移。后终被楚国所灭，其子孙后裔散居楚、秦、晋等各国，以国为姓，称蔡氏。

【郡望堂号】

蔡姓的郡望主要有济阳郡。

济阳郡：晋时置郡，治所在济阳（今山东省济南市济阳区）。

蔡姓的堂号主要有“济阳”“福谦”“九峰”“龙亭”等。

【繁衍变迁】

蔡姓发源于河南。先秦时期，蔡姓人已经散居在湖北、陕西、河南、山西、山东等地。秦汉之际，蔡姓人以河南、山东为繁衍中心，主要活动在中原地区。魏晋南北朝时，战争频繁，蔡姓人大规模南迁，进入江苏、浙江等地。唐宋时期，蔡姓发展为中原一大姓氏，进入发展的鼎盛期。蔡姓人进入福建、广西始于唐朝初年。宋朝时，居住在北方的蔡姓人再次大举南迁，落籍于江苏、浙江、安徽、福建、广东等地。明清之际，已经有蔡姓人远徙海外。

【历史名人】

蔡邕：字伯喈，东汉时著名文学家、书法家。博学多才，善画，是东汉四大画家之一。

蔡伦：字敬仲，东汉宦官，是我国四大发明中造纸术的发明者。被誉为“人类有史以来最佳发明家”之一。

蔡文姬：名琰，字文姬，东汉时著名女诗人和文学家，博学有才，通音律，善诗赋。代表作有《胡笳十八拍》《悲愤诗》等。

蔡元定：字季通，南宋著名理学家，通晓天文、地理。朱熹理学的主要创建者之一，被誉为“朱门领袖”。著有《律吕新书》《西山公集》等传世。

蔡元培：字鹤卿，现代著名革命家、教育家、政治家。曾任教育总长、北京大学校长、大学院院长、中央研究院院长等职。

tián

田

【姓氏来源】

田姓的起源主要有二：

其一：出自妫姓，为胡公满之后，由陈姓所改。相传帝舜因曾住妫汭河边，他的子孙有留在妫汭河附近的，便称妫姓。周武王伐商建立周朝后，分封前代圣王的后人，就找到了帝舜的后裔妫满，封之于陈地，为陈侯，史称胡公满。春秋时期，陈国内乱，妫满的第九世孙陈厉公之子陈完怕祸及己身，逃奔至齐国，任工正，封于田地。陈完遂改田姓，称田氏。后来田氏子孙逐渐掌握齐国大权，传至田和时，田和取代了齐国原来姜姓国君，自立为君，就是历史上著名的“田氏代齐”。传至齐威王时，国力盛强，成为“战国七雄”之一。最后为秦国所灭。

陈完像。

其二：出自黄姓所改。《明史》上记载，明朝初期有辅佐惠帝之黄子澄，因为向惠帝献上削藩之策，激怒诸侯被杀，引起靖难之祸。黄子澄之子黄子经为避祸改姓田，称田终。其后世子孙也以田为姓，称田氏。

【郡望堂号】

田姓的郡望主要有北平郡、雁门郡、京兆郡、平凉郡、河南郡等。

北平郡：西汉时置郡，治所在今河北省保定市满城区北。

雁门郡：战国时置郡，治所在善无（今山西右玉南）。此支田氏，其开基始祖为唐太尉田承嗣。

京兆郡：汉时置京兆尹，为三辅之一，治所在长安（今陕西省西安市西北）。此支田氏，为西汉大臣田蚡之族所在。

河南郡：汉时改秦三川郡置郡，治所在雒阳（今河南省洛阳市西北）。此支田氏，其开基始祖为北宋右谏大夫田瑜。

田姓的堂号主要有“贫骄”“凤翔”“紫荆”“北平”“雁门”“凤鸣”等。

【繁衍变迁】

田姓发源于山东淄博，先秦时期，田姓人已分布于今山西、河南、北京、湖北等地。汉朝初期，陕西、河北等地也有田姓人得居住，四川、湖北、湖南、贵州的部分地区也有部分田姓人落籍。三国两晋南北朝时，田姓人散布在长江中下游地区，也有部分田姓人进入山西、宁夏和天津等地。宋代以前，田姓人主要在北部和中部地区聚集，并开始进入福建、广东等地。清朝中期，居住在福建、广东的田姓人有渡海入居台湾，进而远徙海外。

【历史名人】

田文：号孟尝君，战国时齐国名臣，为“战国四君子”之一。

田忌：战国时期齐国人，有“田忌赛马”的典故流传千古。

田横：原为齐国贵族，是秦朝末期起义首领。楚汉战争中，自立为齐王，后兵败逃至海岛，因不愿臣服汉朝，自杀而亡。此岛后称“田横岛”。

fán

樊

【姓氏来源】

樊姓的起源主要有三：

其一：出自姬姓，以邑为氏，是周文王的后代。据《通志·氏族略·以邑为氏》所载，周文王的儿子虞仲有孙名仲山甫，他辅佐周宣王南征北战，扩大周朝疆域，形成了“宣王中兴”，被宣王封于樊，为樊侯。其子孙以樊为姓，称樊氏。

其二：出自子姓，是成汤的后代。据《左传》所载，成汤的后裔在商朝中期以后，形成了陶、施、樊、繁、锜、几和终葵七大族，其中便有樊姓。樊姓子孙一直传承下来，直到周朝建立，归入商朝遗民七族，归齐国管辖。

其三：为西南少数民族姓氏。东汉时，巴郡、南郡蛮夷中有五姓，分别为巴氏、樊氏、莘氏、相氏、郑氏。

【郡望堂号】

樊姓的郡望主要有上党郡和南阳郡。

上党郡：战国韩时置郡，治所在今山西沁水以东地区。

南阳郡：战国秦时置郡，治所在今河南南阳。

樊姓的堂号有“忠烈”“南阳”“文魁”和“上党”等。

【繁衍变迁】

樊姓发源于河南，是商汤时期形成的七个大族之一的姓氏，后商朝为周朝所灭。樊姓也随这七大族被迁往山东、山西地区，并形成诸多名门望族。先秦时期，樊姓人主要活动在河南、陕西地区。秦汉之后，河南、山东、河北和山西的部分地区樊姓氏族发展较为迅速。隋朝初年，樊姓人在山西和河南形成望族。唐宋两朝，樊姓人向东、向南迁徙到浙江、江苏、江西、安徽等地。明清时期，樊姓人的足迹已遍布大江南北。

【历史名人】

樊哙：西汉开国元勋，著名军事统帅。楚汉战争时，项羽的谋士范增打算在鸿门宴上谋杀刘邦，樊哙在鸿门宴上，勇敢果断，使刘邦逃脱被杀噩运。

樊逊：字孝谦，河东北猗氏人，北朝北齐哲学家。幼时好学，专心典籍。初为县主簿，后诏入秘府刊定书籍，时有“文章成就，莫过樊孝谦”之说。累官至员外散骑侍郎。

樊圻：字会公，清朝著名画家，擅画山水、人物，是“金陵八家”之一。

【姓氏名人故事】

樊哙鸿门宴上英勇救主

樊哙是西汉的开国元勋，楚汉之争时是仅次于项羽的第二猛将，刘邦的第一心腹。

樊哙出身贫寒，最开始以卖狗肉为生。相传樊哙与刘邦年轻时就认识，刘邦还没有发迹时，经常去樊哙那里吃狗肉。后来刘邦起兵反秦，做了沛公，樊哙就做了刘邦的随从副官，跟着刘邦到处征战，骁勇善战。立下不少战功。

后来刘邦率军率先入关，灭秦后封关自守。这引起了项羽的不满，因为根据楚怀王的约定，先入关者称王。于是项羽入关，驻扎在戏西，打算攻打刘邦的军队。刘邦觉得自己势力单薄，便赴鸿门请罪，就是著名的“鸿门宴”的典故。

樊哙鸿门宴上英勇救主。

鸿门宴上，项羽的亚父范增，打算杀掉刘邦，就派项庄舞剑，名为助兴，实为趁机杀掉刘邦。而刘邦在来之前就拉拢了项羽的族叔项伯，项伯在宴会上处处保护刘邦，项庄舞剑时项伯也拔剑而起，与之共舞。在危急关头，樊哙带剑拥盾闯入宴会，怒发冲冠，目眦尽裂地盯着项羽。项羽看樊哙气度不凡，就问他是什么人，张良回答是刘邦的参乘。项羽称赞道：“真是位壮士啊！”就命人赐酒一杯，猪腿一条。樊哙立饮而尽，切肉而食。项羽又问：“壮士还能再喝一杯么？”樊哙回答说：“我死都不怕，难道还会推辞一杯酒么？”接着樊哙又说了刘邦的良苦用心，项羽一时间沉默不语。刘邦这个时候则借故去厕所，偷偷地返回了营地。

如果鸿门宴上樊哙没有闯入宴会，怒目对项羽，那么刘邦的事业将就此终结，所以在刘邦为汉王后，就赐樊哙为列侯。

hú
胡

【姓氏来源】

胡姓的起源主要有三：

其一：出自妫姓，以谥号为氏，为帝舜之后裔。周武王灭商后，建立周朝。周公旦追封帝舜的后裔妫满于陈地，建立陈国。妫满去世后，谥号胡公，也称胡公满。春秋时期，陈国为楚国所灭，其子孙以妫满谥号为氏，即为胡氏。

其二：以国为氏。周朝时，有两个胡国。一个为周初分封的姬姓小诸侯国，一个是归姓国，这两个胡国在春秋时期先后为楚国所灭，后世子民以胡为氏，称胡氏。

其三：出自他姓、他族改姓。据史料记载，楚时有胡广，原姓黄，后改姓胡。又有南北朝时期，北魏的纥骨氏改复姓为汉字单姓，为胡氏。

【郡望堂号】

胡姓的郡望主要有安定郡、新蔡郡、淮阳郡等。

安定郡：汉时置郡，治所在高平（今宁夏固原）。此支胡氏，其开基始祖为汉武帝时守军正丞胡建。

新蔡郡：晋时置郡，治所在新蔡（今河南省新蔡县）。此支胡氏，为安定胡氏分支，其开基始祖为西晋尚书左仆射胡奋。

淮阳郡：汉时置郡，治所在淮阳国。此支胡氏，为胡氏世居旺族。

胡姓的堂号有很多，主要有“安定”“庐陵”“澹庵”“明经”等。

【繁衍变迁】

胡姓发源于河南和安徽。从先秦一直到两汉时期，胡姓人向西迁居到陕西、甘肃两省；向北进入山西；向东落籍于山东，向南迁入湖北和江西，使得胡姓在各地都有所发展。魏晋南北朝时，战乱频繁，河南地区的胡姓人大规模南迁，进入到福建等地。历经唐宋两朝，胡姓人在安徽、福建、江西等省都有所分布。五代南唐时，湖南胡姓人迁居至江西，并在当地形成胡姓的繁衍中心。元明清三朝，河南部分胡姓人为躲避战乱进入福建、广东等地，并远徙海外。

【历史名人】

胡安国：字康侯，南宋时期的著名经学家，是湖湘学派的创始人之一。学者称之为“武夷先生”，后世称胡文定公。著有《春秋传》流传于世。

胡应麟：字元瑞，是明朝时期著名的学者、诗人和文艺批评家。他在文献学、史学、诗学、小说及戏剧学方面都有突出成就。著有《诗薮》，是一本集本体建构和作家作品批评为一体的诗学专论。

胡适：原名嗣穈，学名洪骍，字希疆，后改名胡适，字适之，现代著名学者、诗人、历史家、文学家、哲学家。是新文化运动的领袖之一。

wàn

万

【姓氏来源】

万姓的起源主要有四：

其一：出自姬姓，以祖父字为姓。西周建立后，周武王大肆分封诸侯，将卿大夫姬良夫封在芮邑。周成王时建立芮国，其国君称芮伯。春秋时，传至芮伯万时，因芮伯万宠姬太多，其母芮姜便将芮伯万赶出芮国。芮伯万奔去魏城，其后代子孙遂以祖父的字“万”为姓，称万氏。

芮伯像。

其二：出自姬姓，以祖父的字“万”为氏。周朝建立后，周文王的第十五个儿子毕公高受封于毕地，后毕国被西戎攻灭，毕公高的后裔毕万投奔晋国，做晋国大夫。后来，毕万因在晋国攻灭他国的战争中立下大功，晋献公便将魏地赐给他为邑。毕万的子孙后代中有以祖父的字“万”为氏，称万氏。

其三：出自他族改姓。南北朝时，北魏孝文帝迁都洛阳后，将鲜卑族复姓叶万氏改为汉字单姓万氏。亦有代北三字姓万纽于氏改为万氏。

其四：以地名为氏。古代有个叫弈叶的人，曾居住在万纽于山，其后代以居住地为氏，取山名第一字以“万”作为姓，称万氏。

【郡望堂号】

万姓的郡望主要有扶风郡、河南郡等。

扶风郡：西汉时置右扶风，为三辅之一。三国魏时改为扶风郡，治所在槐里（今陕西兴平东南）。西晋时移置池阳（今陕西泾阳西北）。

河南郡：西汉时改秦三川郡置郡，治所在雒阳（今河南省洛阳市东北）。

万姓的堂号主要有“扶风”“河南”“成孝”“滋树”等。

【繁衍变迁】

万姓发源于山西、陕西。汉朝以前，已经有万姓人居住在山东。两汉时期，陕西地区的万姓家族发展得十分繁盛。魏晋南北朝时，战火纷飞，居住在中原的万姓人开始南下。唐朝时，居于浙江、安徽的万姓家族已繁衍得较为昌盛。宋元之际，战争频繁，万姓人大规模南迁，落籍于江西、湖北、湖南、天津等地。明初，山西的万姓人作为迁民之一，散居在河北、河南、山东、安徽、陕西、北京等地。明清时期，四川、江苏、广东和广西地区都有了万姓人的分布。

【历史名人】

万修：字君游，东汉大将，为云台二十八将之一。

万树：字花农，清代文学家、戏曲作家。编有《词律》二十卷，是一部重要的词学著作。

万敬儒：唐代大孝子。相传他母亲死后，他就住在墓旁，刺血写佛经，写到两个指头都断掉时，母又活了过来。

万斯同：字季野，号石园，清朝著名史学家，修《明史稿》五百卷，著有《历代年表》。

万家宝：笔名曹禺，现代史上杰出的文艺家、戏剧作家。作品有《雷雨》《日出》《原野》《北京人》等。

guǎn

管

【姓氏来源】

管姓的起源主要有三：

其一：出自姬姓，以国为氏，为周文王之后。据《通志·氏族略》《广韵》所载，周武王灭商建周后，封弟叔鲜于管，建立了管国，史称管叔鲜。管叔鲜与蔡叔度一起管理商朝遗民。武王去世后，周成王年幼，由周公旦主持朝政，管叔和蔡叔不服，就联合武庚起兵发动了叛乱。周公旦出兵平息叛乱，管叔被杀，其后人以封地名“管”作为姓氏，称管氏。

其二：出自姬姓，以邑为氏，为周穆王之后。根据《通志·氏族略》《风俗通义》的记载，周穆王将其庶子分封在管邑，其后世子孙以邑为氏，称管氏。春秋时代著名的政治家、齐国宰相管仲即出自管邑。

其三：出自他族改姓。如锡伯族的瓜尔佳氏，其汉姓为管姓。

【郡望堂号】

管姓的郡望主要为平原郡和晋阳郡。

平原郡：西汉时置郡，治所在今山东省平原县。

晋阳郡：汉时置县，治所在今山西省太原市。

管姓的堂号有“匡世”“平原”“白云”等。

【繁衍变迁】

管姓发源于河南，西周初期，管姓人已经散布在山东、安徽、江苏和河南各地。春秋到两汉时期，管姓人主要在山东、河南等地繁衍。到了魏晋南北朝，管姓人为避战乱迁到陕西、甘肃、湖南、江苏等地。唐宋之际，江南地区的管姓人日益繁衍。宋朝时，浙江地区有管姓人迁入江西。明朝初年，山西管姓人迁到河南、河北、山东、陕西、天津、江苏、安徽等地，并有部分山东管姓随着“闯关东”的风潮进入东北三省。同时沿海地区的管姓人渡海赴台，继而远徙海外。

【历史名人】

管仲：名夷吾，史称管子，春秋时期齐国著名政治家、军事家，在齐国任宰相，辅佐齐桓公成为春秋时期的第一霸主，被称为“春秋第一相”。著有《管子》八十六篇。

管宁：字幼安，三国时期著名学者，著作有《姓氏论》。

管道升：字仲姬，一字瑶姬，元朝著名女画家，世称管夫人。

管珍：字阳复，号松崖，清朝著名画家，善花鸟，有《松崖集》。

【姓氏名人故事】

“春秋第一相”管仲

管仲是春秋时期齐国著名的政治家和军事家，他辅佐齐桓公成为春秋时期五霸之首，被称为“春秋第一相”。

管仲的父亲本是齐国的大夫，后来家道衰落，到管仲时已经非常落魄了。为了谋生，管仲不得不去做当时被认为地位低贱的商人。也正是因为如此，他到过很多地方，见识了很多风水人情，积累了丰富的社会经验。

后来齐僖公去世后，齐襄公继位。但是齐襄公没有治国的才能，穷兵黩武，荒淫无耻，政治局面一片混乱。管仲预感到齐国会有大事发生，就告诉自己的好友鲍叔牙，让他带着后来的齐桓公即公子小白逃到莒国，而管仲则辅佐着公子纠逃到了鲁国。果然没过多久，公孙无知杀了齐襄公，自立为君。第二年雍林人又杀了公孙无知。没有了君主的齐国陷入一片混乱。得知此事的公子小白和公子纠连夜赶回齐国。鲁国出兵送公子纠，而管仲则带兵去堵截公子小白。两者相遇后，管仲一箭射中小白的衣带钩，小白立即倒地装死。管仲以为小白死了，就派人告诉了公子纠。以为稳坐王座的公子纠六天之后到达齐国后，小白已经日夜兼程地赶回齐国，成为国君了。

齐桓公本打算杀死管仲，报一箭之仇。这时候鲍叔牙劝谏齐桓公，说管仲能够助齐桓公完成霸业。齐桓公将信将疑地将管仲召来，与他谈论霸王之术，大为惊喜。于是拜管仲为相。管仲拜相后，与齐桓公一起励精图治，对内改革体制，整顿朝政，富国强兵；对外尊王攘夷，最终称霸诸侯，成为春秋五霸之首。

“春秋第一相”管仲。

lú

卢

【姓氏来源】

卢姓的起源主要有四：

其一：出自姜姓，为炎帝神农氏之后裔。相传炎帝因原居姜水，因以为姜氏。至周朝时，炎帝后裔姜尚，因辅佐周武王伐商建周有功，被周公旦封于齐，建齐国。春秋时期，齐太公裔孙傒任齐国正卿，因迎立齐桓公有功被封于卢邑，其子孙以邑为氏，称卢氏。

炎帝像。

其二：出自复姓改单姓卢氏。据《通志·氏族略》中所载，齐桓公后裔有以“卢蒲”为姓的，后改为单字卢氏。又有南北朝时，北魏孝文帝迁都洛阳后，有复姓吐伏卢氏、伏卢氏、卢浦氏、莫芦氏皆改为汉字单姓卢氏。

其三：出自赐姓。据史书记载，隋炀帝时，河间有人姓章仇，名太翼，因其善天文，被赐以卢氏。

其四：出自他姓改姓。如范阳有雷氏，以卢氏为著，因为雷、卢音相近，所以在后周初改姓卢氏。唐朝时期，又有三原闾氏，讹为卢氏。

【郡望堂号】

卢姓的郡望主要有范阳郡、河南郡、河间郡等。

范阳郡：三国魏时改涿郡置郡，治所在涿县（今河北省涿州市）。

河南郡：汉时改秦三川郡置郡，治所在雒阳（今河南省洛阳市东北）。

河间郡：汉时置郡，治所在乐城（今河北省献县东南）。

卢姓的堂号主要有“专经”“范阳”等。

【繁衍变迁】

卢姓发源于山东，春秋时在山东和河北繁衍发展。“田氏代齐”后，卢姓人分布在河北、陕西等地。秦朝末期，有卢姓人受封于河北地区，并在当地形成较大的聚落，同时有卢姓人迁入宁夏和甘肃等地。西晋末年，卢姓人大规模南迁，落籍于江苏、浙江一带，并有一支卢姓人北上，进入辽宁地区。唐朝时，以河南为主的黄河流域的卢姓人发展得较为昌盛，而南方的卢姓人则主要活动在江西、江苏、四川、福建、广东等地区。元明清之际，卢姓人已遍及大江南北。

【历史名人】

卢植：字子干，东汉官吏、学者。为蜀汉昭烈帝刘备的师傅，著有《尚书章句》《三礼解诂》等，今皆失佚。

卢照邻：字升之，唐朝初期杰出诗人，为“初唐四杰”之一。代表作《长安古意》，是初唐时期脍炙人口的诗歌。

卢纶：字允言，唐朝著名诗人，为“大历十才子”之一，代表作有《塞下曲》《和张仆射塞下曲》等。

卢挚：字处道，元代文学家。其诗文与刘因、姚燧齐名，世称“刘卢”“姚卢”。

dīng
丁

【姓氏来源】

丁姓的起源主要有六：

其一：出自丁侯后裔。据《姓氏考略》所载，丁侯是商朝时期的诸侯，周武王讨伐商时，丁侯不配合遂为武王所灭。丁侯子孙被迫散居各地，但其部族仍以丁为氏。

其二：出自姜姓，为姜太公后裔。炎帝神农氏因居姜水，遂以姜为姓。周朝时，有后裔姜尚，因辅助武王伐纣有功，被封于齐，建齐国。姜尚的儿子伋在成王和康王时为朝廷重臣，死后谥号为齐丁。子孙后裔遂以谥号为氏，称丁氏。

其三：出自孙姓改姓，为周文王后裔。据史料记载，孙权的弟弟孙匡因烧损茅芒，使军用匮乏，孙权将其族改为丁氏。而孙氏的始祖正是周文王的第八子康叔，因而此支丁姓，亦为周文王姬姓后裔。

其四：出自子姓。西周初期，周公旦平定武庚和东方夷族的反叛后，将商朝旧都周围的地区封给微子启，是为宋国，宋国有大夫宋丁公谥号齐丁公，子孙单以其谥号“丁”为氏，称丁姓。

其五：出自他族改姓。西域人名中很多以“丁”为末字的人，进入中原接受汉化，改为丁姓。如丁鹤年，原为西域人，他的曾祖叫阿老丁，祖父叫苦思丁，父叫乌禄丁，兄叫士雅漠丁，后世遂以鹤年为丁姓。

其六：出自于氏改姓。宋朝时期，有一无赖名叫于庆，欲依附于一名叫丁谓的权贵，就改为丁姓，最后果真趁了心意。

【郡望堂号】

丁姓的郡望主要有济阳郡。

济阳郡：战国时为魏邑，西汉置县，晋时置济阳郡，治所在济阳（今河南兰考东北）。

丁姓的堂号主要有“济阳”“驯鹿”“双桂”等。

【繁衍变迁】

丁姓发源于山东、河南等地。秦汉之际，丁姓人以山东、江苏、河南等地为主要聚集地。同时，有少量丁姓人进入河北、陕西、广西、湖北、广东等省。三国两晋南北朝时，丁姓人开始大规模迁徙。三国时，有丁姓人繁衍在江苏和浙江大部分地区。同一时期，丁姓人以今山东、河南为繁衍中心，并有一部分丁姓人进入江西、安徽部分地区。唐朝时，济阳的丁姓人落籍于福建，并于唐朝末年进一步迁居到广东和福建等地。清朝时，福建、广东的丁姓人有移居台湾者，继而远徙至泰国、新加坡、美国等地。

【历史名人】

丁度：字公雅，北宋文字训诂学家。曾刊修《韵略》，又刊修《广韵》成《集韵》。

丁敬：字敬身，清代书画家、篆刻家，开创“浙派”，被誉为“西泠八家”之首。

丁谦：字益甫，清末地理学家。著有《蓬莱轩地理学丛书》六十九卷。

丁汝昌：字禹廷，清末北洋水师提督，在甲午战争后著名的威海卫战役中，拒降而自杀身亡。

【姓氏名人故事】

丁汝昌的故事

丁汝昌自幼家贫，十岁失学便出外帮人放牛、放鸭、摆渡船、磨豆腐，以补贴家用。后来，他靠着自己的努力从一个小小的哨官当上了北洋水师的提督。

丁汝昌率兵抵抗日军。

中日甲午战争爆发后，丁汝昌积极投入战斗，他率领的北洋水师舰艇和日军的战舰在黄海相遇。丁汝昌在船头指挥战斗，不小心被炮火所伤，却仍坚持战斗鼓励士气。历经五个小时的苦战，双方互有损伤，日本联合舰队才主动收队撤离战场。

后来威海卫战役打响，由于实力悬殊，威海陆路南北帮炮台相继失守，刘公岛遭海陆合围，成为孤岛。日本海陆两军配合，攻击北洋舰队，均被击退。日本军队夜间偷袭，“定远”舰遭到重创，丁汝昌只得移督旗于“镇远”舰。日军四十余艘舰艇排列威海南口外，同时陆军也用火炮向港内猛轰。丁汝昌率兵奋勇迎战，击伤两艘日本军舰，但丁汝昌所在的“靖远”号却中弹受创，丁汝昌本打算与船同沉，却被部下誓死救上小船。当丁汝昌获悉陆路并不打算出兵援救，北洋舰队已被国家抛弃时，便服鸦片自杀。

dèng
邓

【姓氏来源】

邓姓的起源主要有三：

其一：出自妫姓。夏朝时，夏王仲康有子孙被封在邓国，称邓君。邓君的子孙便以国为氏，称邓氏。

其二：出自子姓或曼姓。商朝时，殷王武丁封他的叔父曼季于邓国曼城，是为曼侯，称曼氏。曼氏后来又改封为邓国。春秋时期为楚国所灭，邓侯的后裔为了纪念故国，以国为姓，称邓氏。

其三：出自李氏。五代十国时期，南唐后主李煜封八子李从镒为邓王。后，北宋灭南唐，宋太宗下令缉拿南唐宗室，李从镒的儿子李天和出逃避难，遂以父亲封地为氏，其后世子孙亦称邓氏。

邓君像。

【郡望堂号】

邓姓的郡望主要有南阳郡、安定郡、高密国、平阳郡、长沙郡等。

南阳郡：战国秦时置郡，治所在宛县（今河南省南阳市）。此支邓氏，其开基始祖为邓况。

安定郡：西汉时置郡，治所在今高平（今宁夏固原）。此支邓氏，其开基始祖为汉时武威太守邓晋生。

高密国：西汉时置郡，治所在高密（今山东高密县西南）。此支邓氏，其开基始祖为东汉高密侯邓禹。

平阳郡：三国魏时置郡，治所在平阳（今山西临汾西南）。此支邓氏，其开基始祖为西晋邓攸。

长沙郡：战国秦时置郡，治所在临湘（今湖南省长沙市）。此支邓氏，其开基始祖为东晋荆州刺史邓粲。

邓姓的堂号主要有“谦恕”“讲学”“集文”等。

【繁衍变迁】

邓姓发源于河南，之后迁徙到今湖北、湖南一带。汉朝至两晋之际，邓姓人以河南为繁衍中心，向东迁往山东，向北移居山西；向南迁入四川、广东等地。西晋末年，邓姓人在山东、山西、陕西、甘肃等地落籍，而向南已移居至江苏、湖南、四川、安徽等地。唐宋之际，已经有邓姓人分布福建、广东和江西的部分地区。明朝时，江西邓姓人进一步徙居至湖北、四川和广西等地。清朝期间，邓姓人已遍布大江南北。

【历史名人】

邓攸：字伯道，东晋时声誉卓著的名臣。有“伯道无儿”的成语流传于世。

邓牧：字牧心，元代思想家，自号三教外人，表示不入儒、释、道三教正宗，人称文行先生，有《伯牙琴》和《洞霄图志》等流传于世。

邓石如：字石如，清代篆刻家、书法家，邓派创始人。代表作有《完白山人篆刻偶存》。

邓世昌：字正卿，清末杰出海军名将、爱国将领，在黄海战役中，与日寇海战为国捐躯。

hóng

洪

【姓氏来源】

洪姓的起源主要有五：

其一：出自姬姓，为翁姓避乱改姓。翁姓也是姬姓的一个分支，是西周初期，周昭王的支庶子孙，被封于翁山，其后遂以邑名为姓，称翁氏。据《六桂堂丛刊》所载，宋朝初年，福建有翁乾度，生有六子，分姓洪、江、翁、方、龚、汪。其中长子处厚，分得洪姓，其后世子孙遂称洪氏。

洪处厚像。

其二：出自共氏，为炎帝之后。据《元和姓纂》和《尚书》等相关书籍的记载，共工之后中有共姓，后来为避难，加上三点水改为洪姓。

其三：共国之后所改。《通志·氏族略》记载，西周时共国，其子孙以国为氏，后加三点水成洪姓。

其四：周朝时有扬侯国，其国都在洪洞，因此又称洪洞国。其子孙有以国为氏，称洪氏。

其五：出自改姓。南北朝时，北魏献文帝、孝文帝分别名为拓跋弘、元宏，为避讳，宏、弘氏改为洪氏；唐朝时，宏姓和弘姓为避唐皇名李弘之讳而改洪姓；清朝满洲八旗中爱新觉罗氏、洪佳氏、宏义氏均有改姓为洪的；裕固族的克孜勒氏，其汉姓为洪。

【郡望堂号】

洪姓的郡望主要有敦煌郡和宣城郡。

敦煌郡：汉时置郡，治所在今甘肃河西走廊西端。

宣城郡：晋时置郡，治所在宛陵（今安徽省宣城市）。

洪姓的堂号有“平山”“敦煌”“双忠”等。

【繁衍变迁】

洪姓发源于河南、江西、山西等地。三国时期，已经有洪姓人落籍到安徽。唐朝以前，洪姓人在安徽和江西地区发展得十分繁盛，还有一支洪姓人迁入甘肃，亦繁衍得十分昌盛。洪姓人进入福建地区，始于唐高宗时。到了北宋初年，江西洪姓人迁入福建后，继而向广东徙居。明朝初期，山西洪姓氏族迁居至河南、河北、陕西、湖北、江苏等地。清朝时，洪姓人遍布全国，东南到台湾，西北到新疆皆有洪姓人的分布。

【历史名人】

洪皓：字光弼，南宋著名词人，曾出使金国，被金国扣押，期间威武不屈，时人称之为“宋之苏武”。

洪适：字景伯，南宋鄱阳人。与其弟遵、迈先后考中词科，从此“三洪”文章名满天下。

洪迈：字景卢，号容斋，南宋著名文学家，学识渊博，有文集《野处类稿》、志怪笔记小说《夷坚志》、笔记《容斋随笔》等流传至今。

洪秀全：原名仁坤，小名火秀，太平天国创建者及思想指导者，创立拜上帝会，主张建立“天下为公”盛世。

shí

石

【姓氏来源】

石姓的起源主要有三：

其一：出自姬姓，为石碏之后裔。西周初年，周公旦平定武庚的反叛后，将原来商朝都城周围地区和殷民七族分封给弟弟康叔，建卫国，称卫康叔。到了春秋时期，康叔的第六世孙卫靖伯有个孙子公孙碏，字石，又称石碏，是卫国的贤臣。石碏的儿子石厚，参与刺杀卫桓公篡夺王位的密谋，石碏得知后，给陈国国君陈桓公写了一封密信，告知此事。后来厚被杀，石碏因大义灭亲被大加称赞。厚的儿子骀仲，以祖父字为姓，称石氏。

石碏像。

其二：出自姬姓和子姓。宋国是西周分封的诸侯国。西周灭商后，商纣王之兄微子启封于宋，建都商丘。宋为子姓国，相传宋国有公子段，字子石，他们的后代都称为石氏。

其三：出自他姓或他族改姓。如隋唐时期的“昭武九姓”之一，西域石国中有迁居中原的，就以“石”为氏；南北朝时，北魏孝文帝迁都洛阳后，将鲜卑族温石兰氏、乌石兰氏改为汉字单姓石氏；十六国时，有张氏、冉氏改为石氏；据《北史》载，有娄氏改为石氏者。

【郡望堂号】

石姓的郡望主要有武威郡、渤海郡、平原郡、上党郡、河南郡等。

武威郡：汉时置郡，治所在武威（今甘肃民勤东北）。

渤海郡：汉时置郡，治所在浮阳（今河北省沧县一带）。

平原郡：汉时置郡，治所在平原（今山东省平原县西南）。

上党郡：战国韩时置郡，治所在壶关（今山西省长治市北）。

河南郡：汉时改秦三川郡置郡，治所在雒阳（今河南省洛阳市东北）。

石姓的堂号主要有“平原”“徂徕”等。

【繁衍变迁】

石姓发源于河南，最早向山东迁徙。秦汉以前，黄河中下游地区为石姓人主要繁衍地，并部分石姓人徙居江南。汉朝时，石姓人已经分布在山东、河北和河南的部分地区。魏晋南北朝时，石姓人在河北、山东、甘肃、山西、河南等地发展得都很繁荣。唐朝初期，石姓人落籍于福建、广东各地，之后山东石姓人徙居江苏。明朝初年，山西石姓人作为迁民之一，定居在今山东、河北、河南、北京、天津、陕西、甘肃等地。同一时期，居住在福建的很多石姓人开始渡海落居台湾，进而远徙海外。

【历史名人】

石崇：字季伦，西晋文学团体“金谷二十四友”巨子、著名富豪。

石敬瑭：即后晋高祖，五代时后晋王朝的建立者，著名的“儿皇帝”。

石君宝：名德玉，字君宝，元代戏曲作家。著有杂剧《鲁大夫秋胡戏妻》《李亚仙花酒曲江池》《诸宫调风月紫云亭》等。

石涛：本姓朱，名若极。字石涛，又号苦瓜和尚，清朝著名的画家，为清初画坛革新派的代表人物。

石达开：小名亚达，绰号石敢当，清末太平天国名将，近代中国著名的军事家、政治家、武学名家。

【姓氏名人故事】

神笔石涛

石涛是清朝初期著名的画家，也是清初四僧之一。

相传石涛饱览名山大川之时，曾到著名的天宁禅院中下榻。禅院的主持听说石涛是有名的画家，便问：“大师觉得扬州的景色如何？”石涛答道：“确实像唐朝人诗中所说，‘园林多是宅，车马少于船’。”老主持又问道：“那扬州尚缺一景，法师可曾注意到？”石涛只回了一个字：“山。”老主持一听，笑着说道：“法师真是慧眼慧心。法师不知能否为寒寺留点墨宝，也算是补尝扬州的无山之憾。”石涛点头。主持又说：“倒也不敢多劳，就殿侧耳房，一房一幅。”石涛点头答应了。

神笔石涛。

之后石涛才发现，天宁禅院东西耳房各三十六间，总共七十二间，就是要画山峰七十二座，山山不同，峰峰各异，而且还要有石涛自己的特色，实在很难。

石涛没有退路，遂与老主持约定，一日一画，七十三天后的清晨前来看画。第七十三天一大早，就有一大批人聚在天宁禅院门口，等着看石涛的笑话。众人一入寺院，就觉得雾气弥漫，隐隐闻得到山岚的气味，不远处传来瀑布之声，但是四处寻觅也不见有瀑布。众人走到耳房，才发现刚刚的一切都来自于耳房中石涛的画。七十二间耳房中七十二峰，不但峰峰不同，而且山峰间透着一股氤氲之气，溪水潺潺而流，人置身在耳室如同置身于画中。前来看笑话的人没有一个人不看得目瞪口呆，无不在心底佩服石涛的神来之笔。

cuī

崔

【姓氏来源】

崔姓的起源比较纯正，主要出自姜姓，以邑名为氏，为炎帝神农氏的后裔。炎帝神农氏因居住在姜水附近，遂以姜为姓。到了周朝时，有后裔姜尚，因辅助武王伐纣有功，被封于齐，建齐国。姜尚的儿子伋在成王和康王时为朝廷重臣，死后谥号为齐丁。齐丁公的嫡长子季子，本来应该继承君位，却让位于弟弟叔乙，自己食采于崔邑，以邑为氏，称崔氏。

另有小部分崔姓是出自少数民族，如满族崔穆鲁氏、崔佳氏、崔珠克氏等，皆以崔为姓。彝族、回族、蒙古族等族中也有崔姓。

齐丁公像。

【郡望堂号】

崔姓郡望主要有清河郡、博陵郡、荥阳郡等。

清河郡：西汉时置郡，治所在清阳（今河北清河东南）。东汉时改为国，移治甘陵（今山东临清东）。

博陵郡：东汉时置郡，治所在博陵（今河北省蠡县南），西晋时置国，治所在安平（今河北省安平县）。

荥阳郡：三国魏时分河南郡置郡，治所在荥阳（今河南省荥阳市东北）。

崔姓的主要堂号有“清河”“德星”“博陵”“嵘李”等。

【繁衍变迁】

崔姓发源于山东。秦汉之际，崔姓人散居在陕西、河北、河南等地。东汉末年，战争频繁，一支崔姓氏族为避难迁居到朝鲜，并成为朝鲜的大姓。魏晋南北朝时，崔姓氏族人丁兴旺，发展得非常兴旺。唐朝时，崔姓氏族地位显赫，高官很多，山东、河北、河南、陕西、山西、甘肃各地都有崔姓人的分布。宋元之际，有崔姓人向南迁徙到江苏、安徽、浙江、江西等地。明清时，大量崔姓人迁往辽宁地区，与朝鲜族融合。清朝末期，崔姓人有远徙东南亚各国者。

【历史名人】

崔琰：字季珪，东汉末年曹操部下。

崔浩：字伯渊，小名桃简，南北朝时期北魏著名官员，被称颂为“南北朝第一流军事谋略家”。

崔颢：唐朝著名诗人，著有《黄鹤楼》为后世人千古传诵。

崔子忠：字道母，号北海，明朝著名画家，与陈洪绶并称“南陈北崔”，是中国绘画史上举足轻重的人物。代表作有《藏云图》《杏园夜宴图》《云中玉女图》等。

gōng

龚

【姓氏来源】

龚姓的起源主要有七：

其一：出自黄帝之臣共工氏的后裔。据史料记载，炎帝的后代共工氏，是一个非常显赫的部落氏族。共工在黄帝时担任水官，因治水有功，所以被奉为水神。帝尧时，试授工师之职，后来与驩兜、三苗、鲧并称“四凶”，被帝舜流放到幽州，其后裔有一支以单字“共”为姓氏，后又再加龙字改成“龚”姓，遂称龚氏。

共伯和像。

其二：出自古共国之后。商朝时期有共国，为诸侯国。商朝末期，周文王因想扩大自己的势力，将共国攻灭。共国灭亡后，其子孙以国为氏，称共氏，后演变为龚姓。

其三：出自姬姓，为共伯和之后。西周后期，有一个名为姬和的王室贵族，被封于共，称共伯和。当时，周厉王暴虐残忍，终于引发了“国人暴动”而被赶出国都。诸侯们便推品德高尚，爱民如子的共伯和代行天子的权利，史称“共和行政”。后来，周宣王即位，共伯和将权利交回，重返故里，被传为千古佳话。春秋时期，共国被灭，其子孙遂以国名为姓氏，称共氏，后演变为龚姓。

其四：出自姬姓，以谥号为氏，为晋献公的后裔。周成王封其弟叔虞于唐，为唐侯。又唐地临晋水，因而称晋国。春秋时期，晋国内乱，晋武公灭瑁侯统一晋国。晋武公死后传位晋献公，晋献公有一位妃子叫骊姬，想要自己的儿子奚齐成为太子，就挑拨离间了晋献公与太子申生、夷吾、重耳的关系，还用计杀害了申生。奚齐即位以后，便给申生加谥号为“恭君”。古时“恭”即“共”，申生的后代以谥号为姓氏，称共氏，后演变为龚姓。

其五：出自姬姓，为郑武公之子共叔段的后代。春秋时期，郑武公的长子寤生继承了帝位，称郑庄公。郑庄公的母亲武姜不喜欢庄公，偏爱小儿子叔段，曾屡次在武公面前称赞叔段。后来叔段与武姜企图里应外合，夺取政权。郑庄公早早得知叔段的进攻时间，将叔段打败。叔段逃到共地，称共叔段。其后代有以“共”为氏的，称共氏，后演变为龚姓。

其六：出自敬姓，为避讳改姓。五代后晋时，晋高祖名为石敬瑭。为避其名讳，“敬”氏改为同义的“恭”氏，后也演变为龚姓。

其七：西周初期，周昭王的支庶子孙，被封于翁山，其后遂以邑名为姓，称翁氏。据《六桂堂丛刊》所载，宋朝初年，福建有翁乾度，生有六子，分姓洪、江、翁、方、龚、汪。其中五子处廉，分得龚姓，其后世子孙遂称龚氏。

【郡望堂号】

龚姓的郡望主要有武陵郡、六桂等。

武陵郡：西汉时治郡，治所在义陵（今湖南溆浦南），东汉移治临沅（今湖南省常德市）。

六桂：指“六姓联芳”之誉称，隋代治所在闽县（今福建省福州市）。

龚姓以“六桂”“中隐”“耕读”等为其堂号。

【繁衍变迁】

龚姓发源于河南、甘肃、福建等地，早期主要发展在北方。汉朝时，龚姓在江苏、山东等地发展得较为兴盛。魏晋南北朝时，龚姓人已经分布在江西、四川、湖南等省。唐宋之际，龚姓人在江苏、福建、浙江、广东都有定居，并兴盛于北方龚姓。明朝时，龚姓人迁入上海、广西等地者，而山西龚姓人则被分迁北京、天津、陕西、河北、河南等地。清代乾隆年间开始，有沿海的龚姓人移居台湾、定居邻近国度。

【历史名人】

龚贤：又名岂贤，字半千，明末清初著名画家。“金陵八家”之一，著有《香草堂集》。

龚翔麟：字天石，清朝康熙年间著名诗人，为“浙西六家”之一。著有《田居诗稿》《红藕山庄词》。

龚自珍：字伯定，清朝时著名的思想家、文学家。被子誉为“三百年来第一流”。著作辑成《龚自珍全集》。

chéng

程

【姓氏来源】

程姓的起源主要有四：

其一：出自风姓，以国为氏，为重黎之后。相传上古时期，民间秩序不稳定，祭祀的管理也不严格。帝喾见此，便派他的孙子重为南正之官，掌管祭祀神灵；重的弟弟黎为火正之官，掌管民事。重和黎的子孙后代世袭了这一官职。商朝时封重黎后裔于程，建立程国，称为程伯。其后世子孙遂以国名为姓，称程氏。

其二：出自商周之际的伯符之后。据相关资料记载，程姓的鼻祖是伯符，伯符因向周王敬献“泰山之车、井中之玉和双穗之禾”这“三异之端”，而被周王封在广平的程地，其子孙遂以国为氏，为程氏。

其三：周宣王时，重黎有裔孙名为程伯休父，在周朝做大司马，后因攻占徐方有功，被封到程邑。其后世子孙有以官名为氏，称司马氏，亦有以地为姓，称程氏。

程伯像。

其四：出自姬姓，以邑为姓，为荀氏后裔所改。周朝建立后，周公旦分封诸侯，周文王第十子受封于郇，称郇侯。后郇国为晋国所吞并，子孙便以国为姓，去邑部加草字头称荀氏。春秋时期，晋国的荀氏支子食采于程邑，其后代以邑为氏，称程氏。

【郡望堂号】

程姓的郡望主要有广平郡、河南郡、安定郡等。

广平郡：汉时置郡，治所在广平（今河北鸡泽东南）。

河南郡：汉时置郡，治所在雒阳（今河南省洛阳市东北）。

安定郡：汉时置郡，治所在高平（今宁夏固原）。

程姓的堂号主要有“明道”“伊川”“立雪”等。

【繁衍变迁】

程姓发源于今河南、河北、陕西、山西等地，春秋时主要繁衍于今山西境内。秦汉时，程姓人已有迁入今四川和浙江湖州、江西南昌者。魏晋之际，北方战乱频仍，程姓人大举南迁至今安徽、江苏、湖南、江西省境。唐宋时期，程姓人已散居全国大部分地区。元末，程姓人南迁于今福建、广东等省。明清之时，程姓人遍布全国。

【历史名人】

程婴：春秋时晋国义士，与公孙杵臼营救赵氏孤儿匿养山中，将婴孩养大，报仇雪恨后自杀殉友。千百年来为世人称颂。

程邈：字元岑，秦朝书术家，隶书的创造者。他将大小篆改革为隶书三百字，对中国汉字的发展有着极其深远和重大的影响。

程颐和程颢：北宋理学家和教育家，宋明理学的奠基人，早年受学于理学创始人周敦颐。世有“二程”之称。两人创立了程朱理学体系，世称“程朱理学”。

程伟元：字小泉，清朝著名文学家、书画家。搜罗《红楼梦》残稿遗篇，与高鹗共同修改增补《红楼梦》。

程颐像。

lù

陆

【姓氏来源】

陆姓的起源主要有四：

其一：相传颛顼的孙子吴回在帝尧时担任火正之官。吴回有一子，名终。因为被封于陆乡，所以叫陆终。其后世有以陆为姓，称陆氏。

其二：出自妫姓。帝舜是颛顼帝的后代，因生于姚墟得姚姓。又曾住妫汭河边，其后代有以妫为姓的。周朝初年，妫满被封于陈。其后代孙有陈万，因避乱逃到齐国，受封于田，遂称田氏，后发生了“田氏代齐”。战国时，田完的裔孙齐宣王有个儿子叫通，受封于平原县陆乡，以封地为氏，称陆氏。

其三：出自陆浑国。春秋时期，有陆浑国，由一支名为陆浑之戎居于伊川而得名。此国被晋国所灭，陆浑国遗民依照汉人的习惯，以国为氏，称陆姓。

其四：出自他族改姓。南北朝时期，北魏孝文帝南迁洛阳，实行汉化政策，将代北鲜卑复姓步陆孤氏改为汉字单姓陆氏。相传成吉思汗之孙阿里不哥，为避灾祸隐姓埋名，因排行第六，以排行为姓，故姓陆。

【郡望堂号】

陆姓的郡望主要有吴郡、河南郡、颍川郡、平原郡、河内郡等。

吴郡：三国时置郡，治所在乌程（今浙江省湖州市吴兴区南）。此支陆氏，为陆通的直系后裔，其开基始祖为西汉时的陆烈。

河南郡：汉时改秦三川郡置郡，治所在雒阳（今河南洛阳）。

颍川郡：秦时置郡，治所在禹县（今河南省禹州市）。此支陆氏，为吴郡陆氏的分支，其开基始祖为东汉颍川太守陆闳。

平原郡：西汉置郡，治所在平原（今山东省平原县南）。

河内郡：楚汉之际置郡，治所在怀县（今河南省武陟县西南），西晋移治野王（今河南沁阳）。

陆姓的堂号主要有“河南”“平原”“河内”等。

【繁衍变迁】

陆姓发源于山东，早期主要在山东地区繁衍，并向四周扩散。西汉时期，陆姓人迁居到江苏、江西等地，在河南、湖南等省份布较多。魏晋南北朝时，北魏孝文帝推行汉化政策，使鲜卑步陆孤氏改姓陆，陆姓家族得到大规模的发展。盛唐时期，开始有陆姓人进入福建。宋元一直到明清时期，陆姓人散布在南北方各地，并有渡海进入台湾，进而远徙新加坡等东南亚国家。

【历史名人】

陆逊：本名陆议，字伯言，三国吴国名将，杰出的政治家、军事家。

陆机：字士衡，西晋时期著名文学家、书法家，被誉为“太康之英”。著有《陆士衡集》。

陆龟蒙：字鲁望，号天随子，唐朝著名诗人、文学家，与皮日休并称“皮陆”。

陆游：字务观，号放翁。南宋时著名的诗人。《关山月》《书愤》《示儿》均为传世名作。

【姓氏名人故事】

诗人陆游

陆游是南宋时期伟大的诗人。陆游出身于一个世官家庭，在他出生的第二年，金兵就攻陷了汴京，襁褓中的他与家人开始了九年颠沛流离的生活。陆游自幼好学不倦，十二岁就能作诗文。二十九岁时参加进士考试，名列第一。却因为名次在秦桧的孙子秦埙的前头，所以在复试的时候，被秦桧除名。两年后秦桧病死，才被举荐为官。

陆游年少时饱经战乱。

陆游自幼立志抗金杀敌，在政治上，他主张坚持抵抗，因此仕途上一直受到当权的投降派的排斥和压制。因此在陆游的诗歌中，多表现出收复山河的强烈热情。

陆游一生中创作诗歌很多，现存九千三百余首，不仅有表达收复中原的题材，也有反映百姓生活疾苦，抒发政治抱负的题材。

陆游一生创作丰富。

陆游在抚州担任江南西路常平茶盐公事时，正遇上抚州五月大雨，山洪暴发，淹没大片土地和村庄，百姓流离失所、食不果腹。陆游上奏开仓赈济，在没有得到朝廷的许可前，先开仓拨粮，赈济灾民。但这一举措有损于朝廷利益，当年就被召回京城待命，然而回京的途中又遭遇弹劾，以“擅权”的罪名被罢职还乡。

陆游晚年退居家乡，收复中原的信念始终不渝，年仅七旬的陆游仍然在一个风雨大作的夜晚，写下了“夜阑卧听风吹雨，铁马冰河入梦来”这样的令人热血沸腾的诗句。

zuǒ
左

【姓氏来源】

左姓的起源主要有五：

其一：以官名为氏。《姓氏》中有记载，左史是周朝时期的史官，周穆王时就有左史戎父。春秋时各个诸侯国也都设有左史官这一职位，如楚灵王有左史倚相。左史官的后人中，有以官职名为氏的，称左氏。

其二：以国名为氏。据《姓考》《吕览》载，古有左国，国人中有以国为氏的，称左氏。相传，黄帝的大臣左彻即是左国人的后代。

其三：出自姜姓，以爵位为氏，为春秋时齐国公族之后。《广韵》有记载，春秋时齐国的公族有左、右公子的分别，左公子的后代便以左字为姓，形称左氏。

其四：春秋时宋国、卫国的公族中均有左姓。

其五：出自他族或他族改姓而来。明清时期，云南永昌府和蒙化府等土司中有左姓；清朝满洲八旗姓哈斯虎氏，其汉姓为左姓；蒙古族的绰罗斯氏，汉姓亦为左姓；北宋时，犹太人有留居中国境内的，其后裔中有左姓。

【郡望堂号】

左姓的郡望以济阳郡为最望。

济阳郡：西晋时置郡，治所在今河南省兰考县东、山东省东明县南一带。

左姓的堂号有“高义”“传经”“三都”和“敦厚”等。

【繁衍变迁】

左姓的发源地不可考，但春秋战国时期有很多左姓名人，由此可见，先秦时期，左姓人就已经分布在陕西、山东、山西、河北等地。西汉时，左姓人已经在安徽地区定居发展，到了东汉，四川、江苏等地就都有了左姓人的散居。魏晋时期，左姓人在山东和河南地区迅猛发展，形成了左姓的济阳郡望。从南北朝到隋唐时期，社会动乱，战争频繁，左姓人为避乱播迁于长江中下游地区。宋元以后，左姓在江南地区分布广泛，两湖、两广地区都有左姓人的迁入。明朝初年，山西左姓作为迁民之一，分迁到陕西、甘肃、河北、河南、东北三省等地。后来西南地区和台湾开始有左姓人迁徙进入。清朝初年，湖南、湖北的左姓人入居四川。

【历史名人】

左丘明：春秋时著名的史学家，相传著有《左氏春秋》和《国语》，记录了西周和春秋时重要的历史事件，其中《左传》是我国第一部完整的编年体史书，具有很高的艺术价值和学术成就。

左思：字太冲，西晋著名文学家，善诗文，内容多为借古抒情，所作《三都赋》为当时士人称颂，造成“洛阳纸贵”。辑有《左太冲集》。

左宗棠：字季高，一字朴存，号湘上农人，清朝晚期军事家、政治家、著名湘军将领以及洋务派首领，经历并参与了镇压太平天国运动、开展洋务运动、镇压陕甘回民起义以及收复新疆的等重大历史事件，有《左文襄公全集》。

左丘明像。

【姓氏名人故事】

洛阳纸贵

左思是西晋著名的文学家。左思出身贫寒，他的父亲曾经教左思学琴，左思没有学成，他的父亲左雍很失望，就对朋友说：“左思理解和通晓的事情，不如我小时候。”左思不小心听见后，就以此激励自己，发奋读书。左思的长相很丑，而且不善言辞，但是他的文采却十分壮美华丽。

左思发奋读书、刻苦写作，用时一年完成了《齐都赋》。之后左思又想写《三都赋》，恰好这时左思的妹妹被晋武帝征召入宫，左家举家搬到了京都洛阳。左思到了洛阳之后一直构思自己的文章，手不离纸笔，只要有了灵感就写下来。连院子和厕所里都放着笔墨纸张。

同时为了使文章落笔有据，他大量搜集历史、地理、物产、风俗人情的资料。之后就闭门谢客，潜心苦写，历时十年，左思终于写出了《三都赋》。

然而刚开始，左思的《三都赋》并没有受到时人的重视，于是左思就去拜见张华和皇甫谧，两个人都对这篇文章给予很高的评价，还为其作序写注。很快《三都赋》风靡京都，一时之间京城的豪贵之家争相传写，使得洛阳的纸一下子昂贵了好几倍，这就是成语“洛阳纸贵”的由来。

duàn

段

【姓氏来源】

段姓的起源主要有三：

其一：出自姬姓，以王父字为氏，为春秋时期郑武公之子共叔段的后代。春秋时，郑国的君主郑武公的妻子武姜，因为在生长子寤生时难产，因此武姜偏爱次子叔段。武姜曾屡次跟武公请求废长立幼，武公没有答应。后来武公去世，寤生即位，为郑庄公。武姜先请求把制作为叔段的封地，庄公认为制地很重要，没有答应。武姜又向庄公要了京城，庄公便同意了，将京城封给了叔段。后来叔段与武姜企图里应外合，夺取政权。郑庄公早早得知叔段的进攻时间，将叔段打败。叔段逃到共地，称共叔段。其子孙中有以“段”为姓的，称段氏。

叔段像。

其二：出自复姓段干，以地名为氏，为战国名士段干木之后。战国初期，魏国有名士段干木，厌恶功名，终生不仕。曾为魏文侯之师，受封于段干，人称段干木。其后代有以单姓段为姓氏的，称段氏。

其三：出自辽西鲜卑族后裔。根据相关资料记载，西晋时有鲜卑一个部落，其首领为檀石槐之后，叫段务目尘，被封为辽西公。十六国时辽西公的领地被后赵帝石虎所占，部落中的人大多与汉人杂居，以“段”作为姓氏，称段氏。

【郡望堂号】

段姓的郡望主要有京兆郡、武威郡、扶风郡等。

京兆郡：西汉时改右内史置京兆尹，治所在长安（今陕西省西安市西北）。三国魏将辖区改称京兆郡。

武威郡：西汉时在原匈奴休屠王地置郡，治所在武威（今甘肃民勤东北）。此支段氏，其开基始祖为西汉段贞。

扶风郡：西汉时置右扶风，为三辅之一。三国时改为扶风郡，治所在槐里（今陕西省兴平市东南）。西晋移至池阳（今陕西泾阳西北）。

段姓的堂号主要有“武威”“京兆”“锦绸”“余庆”等。

【繁衍变迁】

段姓发源于河南、山东、辽宁等地。秦汉时期，段姓人迁徙到陕西、甘肃，并在当地迅速繁衍。魏晋南北朝时期，段姓人迁居各地，鲜卑族改段姓人与汉族人杂居融合。后晋时期，大理王朝的建立，使段姓人迅速在云南发展。唐朝，段姓人多居住在北方，如陕西和河南。宋元之际，北方的段姓人大举南迁。明朝初年，山西段姓人分迁到山东、河南、河北、甘肃、陕西、湖北等地。清朝时，段姓人繁衍在全国各地。

【历史名人】

段思平：五代时南方大理第一世王，建立大理国。

段成式：字柯古，文昌子，唐朝晚期著名志怪小说家、诗人，撰有《酉阳杂俎》，诗坛上，他与李商隐、温庭筠齐名。

段玉裁：字若膺，号懋堂，清朝著名文学训诂家、经学家。有《说文解字注》及《经韵楼集》等书。

段祺瑞：原名启瑞，字芝泉，晚号正道老人。近代皖系军阀首领。曾任提督、国务总理等职。

hóu

侯

【姓氏来源】

侯姓的起源主要有四：

其一：出自姒姓，为夏禹的后裔。相传帝尧时，鲧的妻子因梦里吃了薏苡而生禹，因此禹被赐为姒姓。当时中原洪水泛滥，禹治理了水患，并发展农业，还领兵平定了三苗之乱。为了表彰他的丰功伟绩，帝舜封他于夏，后来还将帝位禅让给他。夏禹死后，其子启继位，建立了中国历史上第一个奴隶制国家——夏朝。其中有后裔被封于侯，其子孙遂以地为氏，称侯氏。

其二：直接传自黄帝至轩辕氏姬姓的后代。西周初期，周公灭唐后，将唐国分封给虞，史称晋国，因都城在唐，所以虞又称为唐叔虞。到春秋初期，晋昭侯将曲沃分封给叔父成师，造成了晋国分裂的局面，后又由曲沃武公统一。晋哀侯与其弟晋湣侯被晋武公所杀，其子孙无奈迁居他国，并以祖先的爵位为姓，称侯氏。

其三：来自叔段。春秋时，郑国的叔段因要谋反的动机被哥哥庄公发觉而讨伐他，他逃到共这个地方，被称做共叔段，他死后，郑庄公赐其子孙共仲为侯氏。

其四：魏晋南北朝时期少数民族将复姓改为侯姓。北魏代北鲜卑族复姓的少数民族中，有侯莫陈氏改为单姓侯氏。

【郡望堂号】

上谷郡：战国燕时置郡，秦朝的时候治所在怀来东南。相当于今河北保定、易县、张家口市宣化区一带。

丹徒县：秦置丹徒县，即今江苏省镇江市丹徒区。此支为上谷郡分支，其开山始祖为东汉大司徒侯霸的后代。

河南郡：汉高帝二年（前205）改秦三川郡置郡，治所在洛阳。此支侯氏为北魏时鲜卑族侯奴氏、古口引氏等后裔形成。

【繁衍变迁】

侯姓发源于陕西、山西、河南等地，秦汉时，在山西、河北、河南、山东和宁夏等地都有分布，河北侯姓繁衍最为昌盛。汉朝末期，宁夏和甘肃地区的侯姓氏族迁入陕西。魏晋南北朝时，侯姓人在河南形成望族。西晋末年，战争频繁，侯姓人大规模南迁，分布在长江中下游地区。侯姓人落居今福建、广东等地是在唐朝。宋朝以后，侯姓人就已经遍布大江南北。

【历史名人】

侯君集：唐朝著名将领，为“凌烟阁二十四功臣”之一。

侯芝：字香叶，号香叶阁主人，清朝著名女文学家、女诗人，弹词小说家。著有《再生缘》《玉钏缘》等。

侯方域：字朝宗，清朝著名散文家、文学家，与方以智、陈贞慧、冒襄齐名，称为明末“四公子”。

wǔ

武

【姓氏来源】

武姓的起源主要有六：

其一：出自姬姓。周平王少子武之后。西周末年，犬戎入侵西周，周幽王被杀。幽王之子宜臼即位，称周平王。后迁到洛邑，史称东周。周平王之少子姬武，因出生时手掌有“武”字形状纹路，故被平王赐为武氏，为周朝大夫。其后世子孙遂以武为姓，称武氏。

其二：出自以国名为氏。据史料记载，夏朝时有大臣武罗，被封武罗国。后武罗国灭亡，其后子孙以国名为氏，简称武氏。

其三：出自子姓。其中，以祖字为氏的，为商王武丁之后。以谥号为氏的，为春秋时宋武公之后。

其四：以邑为氏。据《风俗通义》所载，汉朝有武强王梁，其封地在武强县，其后代遂以封地“武强”为姓，简称武氏。

其五：出自以武字开头的复姓——武安氏和武疆氏。如出自“武安”简化而来，为秦大将白起之后。战国时期，秦将白起因功被封为武安君，其后子孙以封爵“武安”为氏，称武安氏，后简称武氏。又有周顷王之孙王孙满的后裔，曾被封于武疆，其后代以封地为氏，称武疆氏，后简称为武氏。

其六：出自唐朝的冒姓或赐姓。如唐朝时，有贺兰敏武士之嗣，冒姓武。以及唐朝时傅、左、李诸姓被武则天赐姓武。部分少数民族中亦有武姓，或复姓改汉字单姓武氏。

【郡望堂号】

武姓的郡望主要有太原郡和沛郡。

太原郡：战国秦时置郡，治所在晋阳（今山西太原西南）。

沛郡：西汉时改泗水郡置郡，治所在相县（今安徽省濉溪县西北），东汉时改为国。

武姓以“太原”“鬻薪”等为其堂号。

【繁衍变迁】

武姓发源于河南、河北等地。秦汉时期，武姓人开始向山东、江苏等地播迁。魏晋南北朝时，北方战争不断，武姓人大规模南迁，同时有武姓人进入山西。唐朝是武姓人繁衍得最兴旺的时期，这一时期，武姓人遍布天下，山西一带更是形成了武姓人的大郡望。历经宋、元、明、清四朝，战乱和移民等原因，使得武姓人不断迁徙，但仍然以北方为主要发展地区。清朝时，开始有武姓人渡海入居台湾，既而远徙新加坡等地。

【历史名人】

武则天像。

武漳：字巨川，五代时太原文水人。武漳生当乱世，不仅能效命战场，东征西杀，而且生性淳朴敦厚，提倡节俭，廉洁奉公，重视农桑，政绩颇丰。

武则天：中国历史上唯一一位女皇帝，也是一位女诗人和政治家。

武宗元：字总之，北宋著名画家，传世作品有《朝元仙仗图》卷。

武河清：字禹襄，号廉泉，清朝武式太极拳创始人，称“武式小架”。

武亿：字虚谷，清朝著名学者，著有《经读考异》《偃师金石记》等。

【姓氏名人故事】

弃官从医的武之望

武之望是明朝陕西临潼人，是我国著名的医学家，被誉为“关中鸿儒”。他所著的《济阴纲目》等书，记载了对于中风，瘟疫，内伤等八十四种内科疾病；破伤风，折伤等二十四种外科及五官科疾病的诊断与治疗方法。

武之望自幼勤学诗书，原本走仕途为官，但职场腐败黑暗令他难以忍受，于是愤然辞官，

武之望弃官从医。

回乡研究医术，他立志若不能做好官，誓要为良医。

武之望虽然很早就喜好岐黄之术，但是从未正式行医，第一次做医生是从救治自己夫人难产开始的。

当时武夫人在一昼夜的挣扎之后好不容易生下孩子，身体与精神都极为衰弱，没料想又开始了严重的腹泻，直至浑身发冷牙关紧闭。一家上下无计可施，武之望连忙用匕首撬开夫人的牙，将有止泻奇效的参香散混在米汤中灌入，待腹泻止住之后他又施用了温补之药，终于将夫人救治康复。

明朝末年战乱频发，瘟疫大肆流行，武之望故里的孩童因为传染麻疹死了很多，连武之望自己的小孙子也染上了麻疹，当时并没有治疗麻疹的特效药，武家中上下惶恐悲伤，以为孩子必死无疑了。

武之望无奈之下参照官樨所撰《保赤全书》有关治法，按方投剂，不想，孩子的麻疹竟然很快地痊愈，消息传开四乡八里的乡亲蜂拥而至，接踵求诊，武之望不眠不休十天之内救治了百名患儿。

这之后武之望更加潜心研究医术，并开始著书，他将自己所搜集实践的各种疑难杂症的药方与先人所传承下的医书相结合，重新编撰整理成了多本综合性的医学著作，为中医学做出了重大贡献。

liú

刘

【姓氏来源】

刘姓的主要来源有三：

其一：出自祁姓，是帝尧陶唐氏之后裔。相传帝尧出身在伊祁山，伊祁山就又称作尧山，尧因地名而为祁姓。他的子孙有一支以祁为姓，被封在刘国，子孙遂以国名为氏，为刘氏。夏朝时，刘国有一个名字叫刘累的人，善于养龙，被封为“御龙氏”。后来迁至鲁县，其子孙在商朝时因封于豕韦，遂更为豕韦氏。又封于唐地，建唐国以唐为姓。周成王灭唐，迁至杜地，更为杜氏。杜国为西周所灭，子孙逃到晋国，杜芗在晋国担任士师，封于范，子孙遂以封邑范为姓，称为范氏。后来秦晋之战，一部分范氏子孙留在秦国，便成为刘氏，取“留”的意思。汉高祖刘邦也是这一支刘氏的后代。这一支刘氏被刘氏本族认定，史称刘氏正宗。

杜芗像。

其二：出自姬姓，为周太王之后。西周建立后，周成王封周文王之父王季于刘邑，其后裔以邑为氏，称刘氏。

其三：出自他姓，为他族、他姓改姓或赐姓。西汉初年，汉高祖刘邦实行和亲政策，将皇室宗女嫁给匈奴单于冒顿为妻，匈奴习俗，贵者皆从母性，冒顿子遂从母姓，为刘氏。

汉初还赐项羽的叔父项伯等人为刘氏，封射阳侯，以感谢项伯在鸿门宴上的救命之恩。又有王、娄、冠、何等氏也分别改为刘姓。及北魏孝文帝时期，将鲜卑族复姓独孤氏改为汉姓单字刘氏。也有其他少数民族在于汉族的融合过程中，改为刘姓。

【郡望堂号】

刘姓郡望有彭城郡、沛郡、弘农郡、河间郡等，以彭城郡和沛郡最为名望。

彭城郡：西汉时置郡，治所在彭城（今江苏徐州）。此支刘氏，分为两支，分别以汉高祖刘邦少弟楚元王刘交为开基始祖，及以汉宣帝刘询之子、楚孝王刘嚣为开基始祖。

沛郡：西汉时置郡，治所在相县（今安徽省濉溪县西北）。此支刘氏，其开基始祖为刘累第五十五世孙刘康。

河间郡：汉初置郡，治所在乐城（今河北省献县东南）。此支刘氏，其开基始祖为东汉章帝之子河间王刘开。

刘姓堂号有“彭城”“河间”“弘农”等，最为普遍的是彭城堂。因彭城刘氏为西汉皇族，时间较早，支脉繁盛，影响力大，被天下刘氏视为郡望堂号之正宗。

【繁衍变迁】

刘姓发源于河南、陕西等地。战国时期，陕西的刘姓人迁居到江苏等地。汉朝建立后，刘姓作为国姓，成为当时的全国第一大姓氏。汉朝末年，河南、山东和河北、山西等地的刘姓人，为避战祸向四方迁移。魏晋南北朝时，战火纷飞，刘姓人开始大量南迁，并与少数民族融合，有许多少数民族汉姓为刘。唐朝至五代，刘姓人落籍于福建。宋元直到明清时期，刘姓人已经遍布大江南北。

【历史名人】

刘邦：即汉高祖。字季，人称沛公。在消灭项羽完成国家一统后，即皇帝位，定都长安，国号为汉，史称西汉。

刘备：字玄德，三国时期军事家、政治家。三国时蜀汉的建立者，与北方的曹魏和南方的孙吴呈三足鼎立之势。

刘勰：字彦和，南朝梁文学理论批评家。他的主要著作《文心雕龙》，是中国古代文学理论批评的巨著。

刘禹锡：字梦得，唐代中晚期著名诗人，有“诗豪”之称。是著名的文学家、哲学家，提出了“天人交相胜”的哲学观点。

刘鹗：清代小说家，著有《老残游记》，是晚清的四大谴责小说之一。

lóng
龙

【姓氏来源】

龙姓的起源多涉及神话，大致有六：

其一：出自黄帝之臣龙行之后。相传黄帝的大臣中有龙行，居有熊。是为河南龙氏。

其二：出自帝舜时纳言龙之后。据《通志·氏族略》所载，龙氏是帝舜时的大臣，为纳言，即专司出纳帝命的官职。其子孙以官职名“龙”为氏。

其三：出自御龙氏之后。相传帝尧出身在伊祁山，伊祁山就又叫作尧山，尧因地名而为祁姓。帝尧的后裔有一支以祁为姓，被封于刘国，其子孙遂以国名为氏，为刘氏。到了夏朝时，刘国有一个名字叫刘累的人，因善于养龙，被封为“御龙氏”。其子孙后裔中有以龙为氏的，称龙氏。

其四：出自豢龙氏之后。相传颛顼的后裔陆终，其长子被赐己姓，封于昆吾国。其后裔有董父，对龙的习性非常了解，于是帝舜便任命董父为豢龙氏，专门养龙。其后代有以龙为氏的，称龙氏。

其五：出自西汉牂牁龙姓。据《华阳国志》所载，西汉时的牂牁大姓中有龙氏。

其六：出自其他。西域且弥王和焉耆国王，皆为龙氏。

【郡望堂号】

龙姓的郡望主要有武陵郡、天水郡、武阳郡、太原郡等。

武陵郡：西汉时置郡，治所在义陵（今湖南溆浦南），东汉时移治临元（今湖南省常德市西）。

天水郡：西汉时置郡，治所在平襄（今甘肃通渭西北），西晋时治所在上邽（今甘肃省天水市）。

武阳郡：隋朝时置郡，治所在贵乡（今河北大名东北）。

太原郡：战国秦时置郡，治所在晋阳（今山西太原西南）。

龙姓的堂号主要有“武陵”“天水”“敦本”“敦厚”等。

【繁衍变迁】

龙姓发源于甘肃、河南、山西、湖北、湖南、山东等地，成姓之初就迅速向四方扩散。汉朝时，甘肃、湖北、湖南和山西、河北、河南、山东部分地区已经成为龙姓人繁衍的主要地区。同一时期，龙姓人落居今四川，继续南迁至贵州。魏晋南北朝时，河南、河北、山西和山东部分地区的龙姓人为避战乱而南迁。宋元之际，龙姓人再次南迁，使得南方的龙姓数量多于北方。明清时期，各地龙姓人互相融合，遍及全国。

【历史名人】

龙且：秦末楚汉争霸时期楚国第一猛将，与季布、钟离昧、英布、虞子期为楚军五大将。

龙起雷：字时声，明朝官吏，为官清廉，刚正不阿，与龙起春、龙起渊等文行并有声，时称“三龙”。

龙燮：字理侯，清朝著名戏曲家，著有《琼华梦》《芙蓉城》等。

yè

叶

【姓氏来源】

叶姓的起源主要有二：

其一：出自芈姓沈氏，为帝颛顼的后代。相传颛顼的后裔陆终有六子，其中第六个儿子名叫季连，被赐姓芈。季连的后代有叫鬻熊的，非常有学问，曾经做过周文王的老师。周武王伐商建立西周后，封鬻熊的曾孙熊绎于荆山，建荆国。后迁都改国号为楚。春秋时期，楚庄王有一曾孙名戌，因任沈县府尹，又称沈尹戌，其后代便有以沈为姓。后沈尹戌在楚国与吴国的战争中有功，楚王遂封其于叶县，称为叶公。其后人便以邑为氏，称叶氏。

其二：据《姓氏考略》所载，我国古代南方少数民族中，也有以叶为姓的，如东汉末年时董卓部下都尉叶雄即是南方少数民族的后代。

叶公像。

【郡望堂号】

叶姓的郡望主要有南阳郡、下邳郡等，其中以南阳郡最为名望。

南阳郡：战国秦时置郡，治所在宛县（今河南省南阳市）。

下邳郡：东汉时置国，南朝宋时改为郡，治所在下邳（今江苏睢宁西北）。

叶姓的堂号主要有"南阳""崇信"等。

【繁衍变迁】

叶姓发源于河南，之后在河北、陕西、青海、甘肃和宁夏、江苏等地均有分布。西晋末年，部分叶姓向南迁徙，部分叶姓则返回中原地区。唐宋时期，叶姓人迁徙得最为频繁。宋朝末期，叶姓人徙居浙江、福建等地，并成为江南的著名姓氏之一。明清之际，东南沿海地区的叶姓人渡海进入台湾。清朝末期，沿海地区和香港、澳门、台湾都有了叶姓人入迁，继而远播东南亚等地。

【历史名人】

叶望：字世贤，雁门太守，汉末时为光禄大夫，灵帝时弃官归隐，人称"楼舟先生"。

叶梦得：字少蕴，宋代大臣，著名词人。代表作有《水调歌头·渺渺楚天阔》《石林燕语》等。

叶适：字正则，学者称水心先生，南宋时期著名思想家、文学家、政论家，永嘉学派的集大成者。他所代表的永嘉事功学派，与当时朱熹的道学派、陆九渊的心学派，并列为南宋时期三大学派。著有《习学记言》《水心先生文集》等。

叶欣：字荣木，清代著名画家，为"金陵八家"之一。

叶圣陶：原名叶绍钧，字秉臣，著名的作家、教育家。代表作有《倪焕之》《脚步集》《西川集》等。

lí

黎

【姓氏来源】

黎姓的起源主要有四：

其一：出自九黎后裔。相传九黎是中国南方土生土长的庞大种族之一，是古代东夷首领少昊金天氏之时的诸侯。颛顼帝时，黎奉命担任北正的官职，掌管民事，其后裔有以字为氏，称黎氏。

其二：出自黎国后裔。据相关史料记载，商时的诸侯国中有两个黎国，相传这两个黎国均为古部落“九黎之后”。一个在今山西省长治县西南，商末被周文王所灭。另一个在今山东省郓城县西。这两个黎国的子孙，均以国为氏，称黎氏。

其三：出自帝尧的后代。西周初期，周武王分封诸侯时，将商朝的诸侯国黎国封给帝尧的后裔，并且仍然沿用黎国的名称。春秋时，黎国迁都黎侯城，后为晋国所灭，其子孙后以国为氏，姓黎氏。

其四：出自他族改性。南北朝时，北魏孝文帝迁都洛阳后，实行汉化政策，将代北鲜卑族复姓素黎氏，改为汉字单姓黎氏。

黎氏像。

【郡望堂号】

黎姓的郡望主要有京兆郡、九真郡、宋城郡等。

京兆郡：西汉时改右内史置京兆尹，为三辅之一，治所在长安（今陕西省西安市西北）。三国魏时改称京兆尹，改官名为太守。此支黎氏，开基始祖是唐京兆尹黎干。

九真郡：公元前三世纪末，南越赵佗置郡。

宋城郡：隋朝叫睢阳，是宋朝的治所，宋时改睢阳为宋城，为今河南商丘县南。

黎姓又将“京兆”“九真”“宋城”作为其堂号。

【繁衍变迁】

黎姓发源于山西、山东，战国时就有黎姓人落居在今陕西、河北、江苏、江西、广东、广西各省（自治区），并远及越南。汉朝时，有黎姓人迁居到湖南地区。魏晋南北朝时，黎姓人为避战乱大举南迁。唐朝至五代，世居于陕西的黎姓氏族远赴江西、河南为官，黎姓人遂在此三地发展成望族。宋朝时，黎姓人发展得非常繁茂，并有进入福建的。宋末元初，黎姓人已经迁居到广东。明初，山西黎姓人作为迁民之一，分迁到湖北、湖南、河南等省。清乾隆年间，广东、福建等地的黎姓，进入台湾，进一步远徙海外。

【历史名人】

黎民怀：字惟仁，明朝著名诗画家，擅长诗、书、画，时称“三绝”。

黎简：字简民，清朝岭南著名诗人、书画家，与张如芝、谢兰生、罗天池并称为“粤东四大家”。

黎元洪：字宋卿，是辛亥革命武昌首义的都督，中国历史上唯一任两任大总统和三任副总统的人。

bái

白

【姓氏来源】

白姓的起源主要有四：

其一：出自芈姓，颛顼帝的裔孙白公胜之后。相传颛顼帝有后裔陆终，有六子，其中第六个儿子名叫季连，被赐姓芈。季连的后裔熊绎周初被封于荆山，建立荆国。熊绎后代改国号为楚，称楚文王。至楚平王时，太子建因做晋军袭郑国的内应而被杀，太子建的儿子熊胜逃到吴国，投奔伍子胥。楚平王的孙子惠王即位后，将熊胜招回国，任巢大夫，封于白邑，称为白公胜，其子孙便以封邑名为氏，称白氏。

白公胜像。

其二：出自他族改姓。如唐朝时有突厥人白元光，后封为南阳郡王，后世遂为白氏。

其三：出自部落。据《姓氏寻源》及《元命苞》所载，远古时期，中国北部的姜姓部落首领炎帝有一个大臣叫白阜，精通水脉，为疏通水道做出了贡献。其子孙便以“白”为姓，称白氏。

其四：出自姬姓，相传是周太王第五世孙虞仲百里奚之后。

【郡望堂号】

白姓的郡望主要有太原郡和南阳郡等。

太原郡：战国秦时置郡，治所在晋阳（今山西省太原市西南）。

南阳郡：战国秦时置郡，治所在宛县（今河南省南阳市）。

白姓的堂号主要有“南阳”“香山”“治生”等。

【繁衍变迁】

白姓发源于陕西。秦朝时期，白仲被秦始皇封于陕西，其子孙于是在此世代居住。魏晋南北朝之际，留居在山西的白仲后人成为当地的望族，同时迁居到陕西、湖北、河南地区的白姓人也都繁衍旺盛。隋唐时期，白姓家族更加枝繁叶茂，在河南各地最为繁盛。宋元时期，有大量白姓族人为躲避战祸而向南方迁居，但北方仍然是主要居住地。明朝初期，山西籍的白姓人分别迁徙到山东、河北、河南、陕西、北京、天津等地区。从清初起，在福建、广东居住的白姓人开始陆续移居台湾，继而远播海外。

【历史名人】

白起：战国时期秦国名将，杰出的军事家、统帅，与王翦、廉颇、李牧并称为“战国四将”。

白居易：字乐天，号香山居士，唐朝杰出的现实主义诗人，有“诗魔”和“诗王”之称，是中国文学史上影响深远的诗人和文学家，代表诗作有《长恨歌》《卖炭翁》《琵琶行》等。

白行简：字知退，唐朝著名文学家，以传奇著称，代表作《李娃传》。

白朴：字太素，元朝著名的文学家、曲作家、杂剧家，与关汉卿、马致远、郑光祖合称为元曲四大家。代表作有《梧桐雨》《墙头马上》等。

【姓氏名人故事】

白居易建堤

白居易不止是唐朝著名的诗人和文学家，也是个勤勉为民的好官。

他中年时曾在杭州任刺史，谁知刚一上任就遇到了杭州的大旱灾，白居易于是换上便服，亲自下乡体察民情。他所到之处，只见田地干裂，庄稼枯黄，百姓怨声载道。白居易又来到县衙门口，只见很多人正拥挤在县衙门前，高声请求县官开闸放西湖水救田。

白居易县衙伸民意。

谁知县官毫不体恤民情，不止断然拒绝放水，还要驱散人群，白居易当即表明身份勒令县官立即开闸放水。县官只得遵命，第二天便施水解了众农民的旱地之困。白居易有感于这次旱灾，为了防微杜渐，第二年在钱塘门外，修了一条堤坝，又造了一座石涵闸，将湖水蓄满，以备干旱所需。

他唯恐在自己之后上任的官员不了解这座堤坝的重要之处，于是亲自撰写了一篇《钱塘湖闸记》，刻在石碑上，内中详细地记载了堤坝的功用，以及蓄水、放水和保护堤坝的方法，甚至还记载着一寸湖水能灌溉多少顷农田。

当地百姓争相观看碑文后，齐声要为白居易请功，却被白居易婉拒。他淡然地随口咏诗道："税重多贫户，农饥足旱田，唯留一湖水，与汝救凶年。"

白居易在杭州三年，指挥百姓兴筑湖堤，湖水自此蓄放便利，大批农田受益。

此地渐渐富庶起来，他也因为政绩卓越而被皇帝所嘉奖，因此调回了京城。

白居易离任杭州，只带走了两片天竺石。

白居易动身的那天，杭州百姓扶老携幼，洒泪饯别，人人带着好酒与食物来到西湖边相送。但是大家既没有听到鸣锣开道，也没有看见装行李的车马，过了很久之后，只见白居易骑着匹白马从天竺山缓缓而来，他的身后有几个差役抬着两片天竺石尾随着。

百姓见他如此清廉为民，都因难舍而泣不成声，白居易看着众百姓心中感动，当即在马上吟咏道："三年为刺史……饮冰复食檗。唯向天竺山，取得两片石。此抵有千金，无乃伤清白？"

白居易走后，当地百姓为了纪念他，将他所指挥修筑的堤坝取名为"白公堤"。

lài

赖

【姓氏来源】

赖姓的起源主要有二：

其一：出自姬姓，以国名为氏，为周文王姬昌的后代。据《通志·氏族略》《文献通考》所载，西周初期，周武王因其弟颖伐纣有功，封于赖地，建赖国。春秋时期，赖国为楚国所灭，其后代便以国为氏，称赖氏。

其二：出自姜姓，以国名为氏，为炎帝神农氏的后裔。相传炎帝又称烈山氏。因古时烈与赖音同，故烈山氏也叫赖山氏。古时的烈山氏居住在山西汾水流域，后其中一支东迁，商朝时建赖国，依附于商朝。到了周武王伐商时，赖人南迁，后来被周武王封子爵，为赖国。春秋时期，楚国攻灭赖国，其后裔迁居他地，以国为氏，称赖氏。

【郡望堂号】

赖姓的郡望主要有颍川郡、南康郡、河南郡、河内郡和松阳县等。

颍川郡：战国秦时置郡，治所在阳翟（今河南禹州）。此支赖氏，其开基始祖为叔颖。

南康郡：晋时置郡，治所在雩都（今江西于都东北），东晋移治赣县（今江西省赣州市）。此支赖氏，为赖光之后。

河南郡：西汉时改秦三川郡置郡，治所在雒阳（今河南省洛阳市东北）。

河内郡：楚汉之际置郡，治所在怀县（今河南武陟西南），西晋时移治野王（今河南沁阳）。

松阳郡：旧县名，在今浙江西南部。此支赖氏，其开基始祖为晋代的赖光。

赖姓的堂号主要有“颍川”“南康”“河南”“西川”“松阳”等。

【繁衍变迁】

赖姓发源于河南境内。秦汉时期，赖姓人发展迅速，并且开始迁居湖南等我国南方地区，以及越南地区。魏晋南北朝时期，江西、福建、湖南、浙江、江苏、广东等省都有赖姓人的足迹。隋唐时期，赖姓人的繁衍愈加繁盛。宋元时期，又有大量赖姓人向南迁徙，使赖姓在南方各地更加繁盛。此外，宋朝还有一支在河南繁盛起来的赖姓人。明初，赖姓人有徙居到四川、云南的。清朝开始，不断有赖姓人徙居台湾，继而移居海外。

【历史名人】

赖裴：江西省雩都（今江西省于都县）人，唐乾元年间进士，被任命为崇文馆校书郎，未赴，退居乡里，人称其所居之地为“秘书里”。

赖文俊：原名赖风冈，字文俊，自号布衣子，北宋国师、相地术大师，撰有《绍兴大地八铃》及《三十六铃》等。

赖镜：字孟容，号白水山人，广东南海人，少时读书于增城白水山。明朝著名画家，诗、书、画俱精，时称“三绝”。

赖文光：广西人，清朝末期太平天国将领，封遵王。1864年天京失陷后，赖文光把本部太平军与捻军合并，成为捻军首领之一，后来捻军一分为二，赖文光成为东捻军首领。

qiáo

乔

【姓氏来源】

乔姓的起源主要有三：

其一：出自姬姓，以山命名，为桥姓所改。相传黄帝死后葬于桥山，黄帝后裔中有留在桥山守陵看山的，就以山为姓，称桥氏。后来，东汉时有太尉桥玄，桥玄的六世孙桥勤在北魏时任职。北魏末年，宰相高欢专权，魏孝武帝不堪压迫逃出洛阳投奔西魏的宇文泰，桥勤随孝武帝来到西魏，成为宇文泰的属臣。一日，宇文泰心血来潮，叫桥勤去掉桥的木字边改为乔姓乔，取“乔”的“高远”之意。桥勤改桥为乔，世代相传称乔氏。

乔勤像。

其二：出自匈奴贵姓。据史料记载，汉代匈奴贵姓有四个，即兰、乔、呼衍、须仆。后其中的乔氏与汉族的乔氏浑为一体。

其三：出自鲜卑之后。据有关史书记载，魏晋南北朝时期，鲜卑人中也有乔姓出现，其后代仍以乔为姓，称乔氏。

【郡望堂号】

乔姓的郡望主要有梁国和顿丘郡等。

梁国：西汉时置梁国，治所在睢阳（今河南商丘南）。宋时改为梁郡，移至下邑（今安徽省砀山县），北魏时恢复了以前的治所。

顿丘郡：汉时置县，晋时改郡，治所在顿丘（今河南清丰）。

乔姓亦以“梁国”为其堂号。

【繁衍变迁】

乔姓最早出现于匈奴等少数民族之中，汉族的乔姓人则起源于南北朝时期的桥勤，以陕西为发源地。东汉时期，乔姓人已经分居于安徽、河南等地区，南北朝时期又有散居于山东的。隋唐时期，乔姓人主要在陕西、山西、河南、安徽等省繁衍。五代时期，乔姓人口猛增。宋元时期，乔姓人为躲避兵祸从北方南下到浙江、江苏等南方地区。明初，山西地区的乔姓人迁徙至山东、河北、陕西、河南、江苏等地区。清朝，有在沿海地区居住的乔姓人渡海到台湾，继而迁徙到海外，乔姓家族进入到最为鼎盛的发展时期。

【历史名人】

乔吉：字梦符，号笙鹤翁，元代杂剧家、散曲作家。有《杜牧之诗酒扬州梦》《李太白匹配金钱记》《玉箫女两世姻缘》三种传世。

乔宇：字希大，号白岩山人，明朝大臣，与辽州王云凤、太原王琼称“晋中三杰”，亦云“河东三凤”。

乔林：字翰园，号西墅，晚号墨庄，清朝著名篆刻家，东皋印派的大家之一。

tán

谭

【姓氏来源】

谭姓的起源主要有二：

其一：出自姒姓。相传帝尧时，黄河流域洪水为患，洪水泛滥。帝尧派鲧治水，鲧却失败了。帝舜即位后让鲧的儿子禹治水。大禹疏通河道，终于治水成功。为表彰他，帝舜赐姒姓于禹。后来周朝初期大封诸侯时，姒姓的一支被封于谭国，后沦为齐国的附庸国。到了春秋初期，齐桓公称霸诸侯，就吞并了谭国。谭国国君的儿子逃奔至莒国。留在故国的子孙便以国为氏，称谭氏。

其二：出自古代西南少数民族。据《万姓统谱》中记载，巴南六姓有谭氏，自称是盘古的后代，望出弘农，为云南、贵州谭氏。

【郡望堂号】

谭姓的郡望主要有济阳郡、齐郡、弘农郡等。

济阳郡：晋时置郡，治所在济阳。

齐郡：西汉时置郡，治所在临淄（今属山东省淄博市）。

弘农郡：西汉时置郡，治所在弘农（今河南灵宝北）。

谭姓的堂号主要有“济南”“弘农”等。

【繁衍变迁】

谭姓发源于山东。汉朝之前谭姓人在山东、河南分布最多，汉朝时期谭姓人进入山西，分布逐渐扩大。作为谭姓历史上一个非常重要的变化时期，魏晋南北朝时期谭姓人大举南迁，形成了以湖南及其周边地区最为集中、南方多于北方的格局。唐朝是谭姓发展史上最为繁荣的时期。宋元时期，频繁战乱，北方的谭姓人继续向南迁徙。清朝时期，谭姓人在全国范围内的迁徙基本完成，并有福建、广东境内的谭姓人迁居到新加坡等东南亚国家。

【历史名人】

谭元春：字友夏，号鹄湾，明朝杰出文学家，与钟惺同为“竟陵派”创始者。著有《谭友夏合集》。

谭绍光：清朝末年太平天国慕王。

谭嗣同：字复生，号壮飞，是中国近代资产阶级著名的政治家、思想家，维新志士，是“戊戌六君子”之一。

谭鑫培：本名金福，字望重。与汪桂芬、孙菊仙合称为“新三鼎甲”，并成为京剧史上第一个老生流派——谭派创始人。

wēn

温

【姓氏来源】

其一：出自姬姓，以地名为氏，为周武王侄子唐叔虞的后代。西周初年，周公灭唐后，将唐国分封给虞，史称晋国，因都城在唐，所以虞又称为唐叔虞。唐叔虞有子孙被封在河内温，遂以封地名为姓，称温氏。

其二：出自郄姓，以邑名为氏，为晋国大夫郄至的后代。据《广韵》《万姓统谱》等相关史料的记载，温国被北狄人攻灭，晋国又攻灭狄人，温国就成为了晋国大夫郄至的封地。郄氏一家权倾朝野，为君王所猜忌和其他晋卿所嫉妒而被灭掉。郄氏的子孙中有以封邑命名的，称温氏。

其三：出自高阳氏，以邑名为氏。《唐温侯碑》上有记载，颛顼高阳氏的后裔封于温邑，其后人有以封邑为姓的，称温氏。

其四：出自他族改姓和少数民族固有姓氏。如《唐书》记载，唐朝康居国国王为温姓，进入中原后亦为温姓；魏晋南北朝时，北魏有叱温氏、温盆氏、温孤氏，均改为汉字单姓温；金朝时，女真人中温迪罕氏的汉姓为温；清朝满洲八旗中温特赫氏、锡伯族温都尔氏的汉姓均为温；回族中有温姓，是明朝时融于回族的苏禄国国王之子温喀剌的后裔。

【郡望堂号】

温姓的郡望主要有平原郡和太原郡。

平原郡：西汉时置郡，治所在今山东北部平原县。

太原郡：战国秦时置郡，治所在晋阳（今山西省太原市）。

温姓的堂号主要为“三公堂”最为著名。

【繁衍变迁】

温姓发源于河南，西周初期，有一支温姓人移居到甘肃地区，并与当地人融合；亦有一部分温姓人徙入新疆，建立了温宿国。西汉初期，山西地区开始有温姓落籍，并逐渐发展为当地望族。继而温姓人又向河北、山东各地扩散。晋朝时的永嘉之乱，社会动荡，烽烟四起，温姓人开始南迁，进入到江西等地。唐朝末年，温姓人迁徙到福建地区、宋朝时又进一步迁入广东。明朝初年，山西的温姓作为迁民之一迁入河南、河北、山东、江苏等地。清朝末期，温姓人已广布大江南北，开始渡海赴台，并远播海外。

【历史名人】

温庭筠：唐朝著名词人和诗人，作赋八叉手而成，时称“温八叉”。精通音律，诗词风格浓艳，词藻华丽，花间派鼻祖，与李商隐齐名，被称为“温李”，有《温庭筠诗集》及《金荃集》。

温日观：僧人，法名子温，宋末元初画家，善画葡萄，被人称为“温葡萄”，有《葡萄图》流入日本。

【姓氏名人故事】

花间词鼻祖温庭筠

温庭筠是晚唐时期非常著名的诗人，是花间词派的鼻祖和主要代表人。花间词派出自赵崇祚编辑的《花间集》，其诗歌多以婉约的表达手法，描写女性的美貌和她们的离愁别恨，景物富丽，意象丰富，构图华美，重视文字和音韵，具有迷离幽深的意境，对后世的文人词的产生有着深刻的影响。

花间词鼻祖温庭筠。

温庭筠出身于一个没落的官僚贵族家庭，年幼的温庭筠就已经展露出他过人的才华，著称乡里。长大后，更是通晓音律，精于诗词文赋。据说他叉手一吟，便成一韵。八叉八韵，一首诗就完成了，因此当时的人都称他为“温八叉”。然而，温庭筠性格放浪不羁，喜欢讽刺权贵，因此触犯权贵，屡次考试均不中第。

后来因为温庭筠的才学，被当朝宰相令狐绹选为考功郎中，进入相国的书馆工作。但是温庭筠性格直白，直言不讳，后又为令狐绹所忌恨，不久被贬官为隋县尉。然而这段时间，却是温庭筠最愉快的一段时光，他与朋友吟诗作赋，把酒唱和，快乐逍遥。但是没多久，温庭筠因为推荐了邵谒揭斥时政的文章，为权贵者所不满，被贬为方城尉。后又因主持公道而再次招忌被贬。年事已高的温庭筠遭此打击，郁郁而终。

虽然温庭筠仕途多舛，生活坎坷，常为权贵所排挤，但是温庭筠的才华却不能被压制，最终温庭筠以他出众的文学才华，成为文学史上被人称颂的诗人。

yán

阎

【姓氏来源】

阎姓的起源主要有三：

其一：出自姬姓，为黄帝裔孙后稷之后。相传黄帝有裔孙后稷，为姬姓。后稷第十二世孙古公亶父有三子：太伯、仲雍和季历。季历之子姬昌一出生，就出现了圣瑞。太伯和仲雍便去了南蛮之地，将传位让给季历。太伯和仲雍到了南蛮，改从那里的风俗，成为当地的君长，其后世子孙建立了吴国。后来周武王建立周朝后，封太伯的曾孙仲奕于阎乡，仲奕的后代便以封地为姓，称阎氏。

其二：出自姬姓，为周康王之后。周成王的儿子周康王即位后，曾对鬼方和东南地区发动过战争，并将掠夺来的土地和奴隶分封给各级贵族。周康王之子姬瑕，即后来的周昭王，有一小儿子，生下来手上就有一个“阎”字。于是康王便封之于阎城。其后世子孙也就将阎当作自己的姓氏，称阎氏。

其三：出自姬姓，为唐叔虞之后。春秋时期，晋成公有一儿子名为懿，被封于阎，后来被晋国所灭。懿的后代散居各地，其子孙以封地为氏，称阎氏。

【郡望堂号】

阎姓的郡望主要有天水郡、河南郡、太原郡等。

天水郡：西汉时置郡，治所在平壤（今甘肃通渭西北）。此支阎氏，大概为周康王之后。

河南郡：汉时置郡，治所在雒阳（今河南省洛阳市东北）。此支阎氏，大概为唐叔虞之后。

太原郡：战国秦时置郡，治所在晋阳（今山西省太原市西南）。此支阎氏，亦为唐叔虞之后。

阎姓的主要堂号有"天水""河南""丹青"等。

【繁衍变迁】

阎姓发源于河南、陕西、山西等省，春秋战国时期已经有定居于在湖北的族人。秦汉时期，阎姓人迁居到甘肃、湖南、山东、河北等地区。西汉末年，河南境内的阎姓人徙居到四川。魏晋南北朝时期，已经有阎姓人迁移到广西、贵州、北京、内蒙古及东北一带。经过隋唐两朝，阎姓人为避免战乱大举南迁，在江南广泛分布，盛唐时期，阎姓人成为山西地区一大望族。宋元时期，为躲避战乱，散居在江南地区的阎姓人向华中、华南、西南地区迁徙。明朝时期，山西的阎姓人作为迁民之一被分迁到山东、河南、陕西、北京、天津等地区。至此，阎姓人广泛分布于全国各地，并有徙居到海外的。

【历史名人】

阎立本：唐朝著名画家兼工程学家。存世《历代帝王》《步辇》《职贡》等图。

阎次平：宋朝杰出画家。存世作品有《牧牛图》等。

阎若璩：字百诗，号潜丘，清代著名的学者、考据家，清代汉学最重要的代表人物之一。有《日知补正录》等。

阎锡山：字百川，号龙池，近代著名政治活动家、国民党元老、军阀。

yì
易

【姓氏来源】

易姓的起源主要有二：

其一：出自姜姓，以邑为氏。周朝时，炎帝后裔有姜尚，因辅佐周武王伐商建周有功，被周公旦封于齐，建齐国。后又封其子孙于易。这一支姜姓后裔遂以封邑名为姓，称易氏。

其二：出自齐大夫易牙之后，以先人名字为姓氏。春秋时期，齐桓公有宠臣壅巫，字牙，因采食于易邑，因而也称易牙。易牙精于烹调，却善逢迎，有野心。管仲死前曾对齐桓公说易牙"杀子适君"，有违人之常情，绝不可重用。但是齐桓公没有听从，以致管仲死后，易牙与竖刁、开方侍宠专权，发动政变，将太子赶出皇宫，立公子无亏为国君，齐桓公则被饿死，尸体停放在床上数月无人问津。后宋襄公出力平定齐国内乱，易牙政事失败逃至彭城，其子孙以易为姓，称易氏。

【郡望堂号】

易姓的郡望主要有济阳郡、太原郡等。

济阳郡：晋时分陈留置郡，治所在济阳。相当于今河南兰考东境、山东东明南境。

太原郡：战国秦时置郡，治所在晋阳（今山西省太原市西南）。

易姓亦以“太原”作为堂号。

【繁衍变迁】

易姓起源于河北一带和山东、河南之间的地区。秦汉时期，以山东、河南一带为繁衍中心，易姓人向周边地区零星扩展。东汉末年到南北朝时期，中原地区动荡不安，易姓人屡次向南迁徙到湖南等地区，还有迁移到甘肃的。唐朝时期，易姓人发展繁盛，有在江西定居的。宋元时期，易姓家族逐渐强盛，主要居地在南方，尤其以湖北、湖南地区最为繁盛。明朝时期，云南、贵州、福建三省和广西等地均居住有易姓人。清朝，沿海地区有易姓人徙居到台湾，进而迁居到新加坡等地。

【历史名人】

易元吉：字庆之，北宋著名画家，其作品有《猴猫图》《聚猿图》《花石珍禽图》等。

易延庆：字余庆，北宋官员，著名孝子，时称“纯孝先生”。

易翼之：明朝著名学者，著有《四书音义汇编》《春秋经传汇编》《古今诗评》等。

易宗担：字公申，清朝时期杰出学者，有《性理精微》等。

liào

廖

【姓氏来源】

廖姓的起源主要有四：

其一：出自己姓，上古时期廖淑安之后。相传帝颛顼有后裔名叔安，夏朝时，因封于廖国，又称廖叔安。其后世子孙以国为氏，称廖氏。

其二：出自姬姓，为周文王之子伯廖之后。周文王有个儿子叫伯廖，受封于廖，其后裔中有以邑为氏的，称廖氏。

其三：出自偃姓。相传尧舜时期有著名的贤臣皋陶，他的后裔在夏朝时受封于蓼，因以为氏。春秋时期英、立等小国，均为皋陶后人所建。到了春秋时期，楚穆王灭英、立二国，其后子孙有以国为氏的，称廖氏。

其四：为缪、颜二姓所改。据《小溪廖姓祖祠房谱廖姓考源》上的记载，缪、颜二姓均为皇帝赐姓。商朝末年，商纣王暴虐残酷，缪、颜二姓有隐居者，改姓为廖，称廖氏。

【郡望堂号】

廖姓的郡望主要有汝南郡、巨鹿郡等。

汝南郡：西汉时置郡，治所在上蔡（今河南上蔡西南），东汉时移治平舆。

巨鹿郡：秦时置郡，治所在巨鹿（今河北平乡西南），东汉时移治今河北宁晋西南。

廖姓的堂号主要有“汝南”“武威”等。

【繁衍变迁】

廖姓发源于河南，秦汉时期其族人开始迁往河北等周边地区。魏晋南北朝时期，廖姓人大举从北方向南迁徙到湖北、四川、浙江、福建等地区，并有到达甘肃的。唐朝时期，廖姓人更为广泛地分布到福建各地区，并有移居到江西的。宋朝，廖姓已经成为福建地区的大姓，到宋末时期有廖姓人进入广东地区。明朝，山西籍的廖姓人分迁到河北、河南、江苏、北京等地区。清朝，福建、广东地区的廖姓人迁徙到台湾，进而又徙居泰国、新加坡等地区。

【历史名人】

廖扶：字文起，东汉时期著名学者，时人称之为北郭先生。

廖刚：字用中，号高峰居士，北宋杰出的文学家、政治家、思想家。著有《高峰文集》。

廖仲恺：原名恩煦，又名夷白，字仲恺，近代民主革命家，伟大的爱国主义者、中国国民党左派领袖、我国民主主义革命的先驱。

【姓氏名人故事】

绍兴名臣廖刚

廖刚，字用中，号高峰居士，北宋顺昌谟武人。廖刚少时从学理学家杨时，后来成为宋朝著名的大臣，为人刚正不阿、嫉恶如仇，对外主张积极抗敌，对内极力安抚百姓。廖刚的品格名扬千古，为当世以及后人所赞颂。

北宋末期，金兵攻打宋朝，武力积弱的朝廷惊慌失措。以秦桧为首的投降派主张乞和求降，廖刚却支持李纲、岳飞等坚持抗金的将领，反对割地求和、偏安江南。廖刚曾多次上书徽宗皇帝，却都没有被采纳，廖刚一时心灰意冷，以母亲年老为由请求外调。后来邻州出现了盗贼，官吏全都逃走。廖刚告知跟随盗贼的人回来就业，接着其他盗贼进入顺昌，廖刚派长子廖迟规劝盗贼，盗贼知道廖刚父子有信义，也都散去。宋高宗时，高宗因廖刚直言纳谏，将其调回京城，担任纠察百官过失的职位。后宋高宗曾要将近千亩官田赐给韩世忠，廖刚知道后立即向高宗上奏两封奏札，说明将官田赐给韩世忠对国家百姓，以及对高宗、韩世忠所造成的负面影响。他请求高宗下令让韩世忠退回官田，如果高宗觉得廖刚的行为狂妄，就罢免廖刚的官职。廖刚这种不计较个人安危和得失，以国家民族利益为重的品德，十分令人钦佩。

绍兴名臣廖刚。

秦桧听说这件事，本想利用廖刚来排除异己，廖刚不但没有与他同流合污，还揭露了秦桧的恶行，使秦桧怀恨在心。后来金人背叛盟约，廖刚奏请皇上起用有德行声望的旧相，安排到邻近的藩县，秦桧听说后更加厌恶廖刚，并指使同党王次翁诬陷廖刚。廖刚很气愤，第二年辞退归乡。

廖刚一生亲历两朝荣辱兴衰，历任刑部侍郎、御史中丞、工部尚书。他持身立朝，忧国爱民，对外力主抗敌御侮、对内全力慰抚百姓；他刚正不阿，忠直抗言，令蔡京、秦桧等奸邪沮气。廖刚的精神和品格重于天下，扬于千古，为世代所赞颂。后世人称赞廖刚“持身立朝，冰寒玉洁”，有“道南高弟，绍兴名臣”的美名。

niè
聂

【姓氏来源】

聂姓的起源主要有四：

其一：出自姜姓。《姓氏急就篇注》上记载，春秋时期，齐国丁公姜伋将其支庶子孙封在聂城，建立聂国，为齐国附庸国。聂国的子孙就以国为氏，称聂氏。

其二：出自姬姓。根据《元和姓纂》的记载，春秋时期，卫国有大夫食采于聂地，其子孙以地名为氏，称聂氏。

其三：古有地名聂北，春秋时期为邢国的附属国，后来邢国被灭，聂北归入齐国。居住在聂北的人就以地名为氏，称聂氏。

其四：出自他族改姓或少数民族固有姓氏。宋朝时，有犹太人进入中国，在元明时期以汉字为姓，其中有聂姓；清朝满洲人中有聂姓。

【郡望堂号】

聂姓的郡望主要有河东郡和新安郡。

河东郡：秦时置郡，治所在安邑（今山西省夏县西北）。

新安郡：晋时改新都郡为新安郡，治所在始新（今浙江淳安西）。

聂姓的主要堂号有“赐书”“三礼”“环溪”“河东”等。

【繁衍变迁】

聂姓发源于河南、山东一带，东汉之前，聂姓的繁衍发展以北方为主。到了魏晋南北朝时期，山西的聂姓发展得极为迅速，形成了聂姓历史上的第一大郡望——河东郡。由于南北朝时期战乱频发，社会动荡，聂姓中有南迁至浙江、江苏、安徽和江西等江南地区的，并在新安江流域形成了新安郡。隋唐之际，聂姓氏族以河东郡和新安郡为中心，向周边地区散播。两宋时，聂姓已经散布到福建、湖南、湖北等地。明朝初期，山西聂姓作为迁民之一，分迁到河南、河北、山东、江苏、安徽等地。明朝中期，东南沿海的聂姓开始渡海赴台。清朝以后，聂姓分布得更加广泛。

【历史名人】

聂夷中：唐朝末期杰出诗人，语言流畅，诗以关怀民生疾苦和讽喻时世为主，《咏田家》《公子行》为佳作。

聂豹：字文蔚，号双江，江西永丰县人，正德十二年（1517）进士。嘉靖三十一年（1552），任兵部尚书，上疏议防秋事宜被采纳，加太子少保，是明代有名的廉吏之一。聂豹推崇王阳明的"致良知"学说，以阳明为师。有《困辨录》《双江集》等。

聂大年：明朝著名官吏、学者、书法家，精通经史，工书诗古文，有《东轩集》。

zēng
曾

【姓氏来源】

曾姓的起源比较纯正。出自姒姓，为黄帝轩辕氏的后代，夏禹的后裔。帝舜时期，鲧的儿子禹，被赐予姒姓。后禹的儿子启建立夏朝，为中国历史上第一个奴隶制国家。禹的第五世孙少康中兴夏朝后，封其次子曲烈于鄫，建立鄫国。后鄫国经历了夏商周三代，直到春秋时期，为莒国所灭。鄫国太子巫出奔至鲁国。其后世子孙遂用原国名"鄫"为氏。后为表示离开故城，去邑旁，称曾氏。

【郡望堂号】

曾姓的郡望主要有鲁郡、天水郡、庐陵郡、鲁阳县等。

鲁郡：西汉时置国，晋时改为郡，治所在鲁县（今山东曲阜）。

天水郡：西汉时置郡，治所在平襄（今甘肃省通渭县西北）。

庐陵郡：东汉时置郡，治所在石阳（今江西吉水东北），三国时移治高昌（今江西泰和西北）。

曾姓的堂号主要有"三省""武城""鲁阳""敦本"等。

曲烈像。

【繁衍变迁】

曾姓发源于山东，先秦时期其族人已经分布于山东、河北等地区。到汉末前，曾姓人已遍布于河北、湖南、陕西、江西、广东等省份。魏晋南北朝时期，北方常年战乱，民不聊生，曾姓人大量移居到江苏、浙江、四川、江西、湖北等地区，因此在唐朝之前就分布于全国各地，渐渐成为名姓之一。唐朝末期，有曾姓人移至福建。元明清时期，曾姓人分布更加广，并有远播台湾，继而远播海外者。

【历史名人】

曾点：字子皙，亦称曾皙，春秋时期鲁国人，孔门弟子七十二贤之一。因性格举止豪放不羁，被称为"鲁之狂士"。

曾参：字子舆，春秋时期鲁国人。孔子的弟子，著述有《大学》和《中庸》，被后世儒家称为"宗圣"。

曾巩：字子固，北宋政治家、散文家，世称"南丰先生"，为"唐宋八大家"之一。代表作有《上欧阳舍人书》《上蔡学士书》等。

曾国藩：原名子城，字伯涵，清末洋务派和湘军首领。晚清时期，散文"湘乡派"创立人，以及"中兴四大名臣"之一。

guān

关

【姓氏来源】

关姓起源主要有三：

其一：为颛顼帝之后董父的后裔。颛顼的后裔董父，在帝舜时为舜养龙，被赐为豢龙氏。因为古时“豢”与“关”二字互相通用，所以“豢龙氏”又写作“关龙氏”。夏朝时夏桀荒淫无度，大夫关龙逄苦心劝谏，反而被杀，其后人为避难将姓简化为关氏。

其二：出自尹姓，以官名为氏，是春秋时期尹喜的后人。根据《风俗通义》的记载，春秋时，尹喜在函谷关任关令的职位，尹喜的后人以官名为氏，称关氏。

其三：出自他族改姓。清朝时，满族中有瓜尔佳氏和乌扎拉氏，其后人有改姓为关的，如嘉庆年间的延绥镇总兵关腾和道光咸丰年间的黑龙江副都统关保。

【郡望堂号】

关姓的郡望主要有陇西郡和东海郡。

陇西郡：战国秦时置郡，治所在今甘肃省东乡族自治县、临洮一带。

东海郡：汉时置郡，治所在郯（今山东郯城）。

关姓的堂号以“忠义堂”著称。

【繁衍变迁】

关姓发源于河南、河北，两汉以前，关姓人就已经分布在黄河中下游地区。到了汉末三国时，有关姓子孙入蜀，并定居于四川。到了魏晋南北朝时，关姓人开始南下，进入江西和浙江等地。隋唐时期，关姓氏族在甘肃和山东地方发展繁衍得十分兴盛，并在当地形成了望族。宋朝末年，关姓人开始进入福建、广东等东南沿海地区。明朝初年，山西关姓被分迁到河南、山东、陕西、河北等地区。清朝中期，随着“闯关东”的热潮，山东的关姓人也开始向东北三省迁居，山西的关姓人也在“走西口”的风潮中向蒙古地区移居。

【历史名人】

关羽：字云长，本字长生，三国时蜀汉大将，作为忠、义、勇、武的代表，与孔子共尊为“文武二圣”。

关天培：字仲因，号滋圃，清朝爱国名将。

bāo

包

【姓氏来源】

包姓的起源主要有三：

其一：出自风姓，为伏羲的后代。太昊创制八卦，教民捕鱼、畜牧，以充庖厨，故又名庖牺或庖羲。根据《路史》等相关史料的记载：包羲氏，即伏羲的后代中，有一包为姓的，称包氏。

其二：出自芈姓，为春秋时楚国大夫芈包胥之后。芈包胥在楚昭王时任大夫，楚国被吴国攻破后，芈包胥去秦国说服秦王发兵救援楚国，立下大功，被楚王封于申邑，因此称申包胥。其后世子孙中，有以祖字“包”为姓的，称包氏。

其三：出自鲍姓。《后汉书》上记载，汉时丹阳包氏，本姓鲍，王莽篡位时为避祸将鲍改为包，称包氏。

【郡望堂号】

包姓的郡望主要有丹阳郡和上党郡。

丹阳郡：秦时置鄣郡，汉时更名为丹阳郡，治所在宛陵（今安徽宣城）。

上党郡：战国韩置上党郡，治所在壶关（今山西省长治市北），西汉时移治长子（今山西省长子县）。

包姓的堂号有“刚毅”和“孝肃”等。

【繁衍变迁】

包姓发源于湖北，战国时楚国被秦国所灭，包姓氏族中有向山西移居的。秦汉之际战争频繁，一些包姓人为了躲避战乱，落籍到安徽、江苏、河北和山东等地。从汉末一直到南北朝时期，包姓人已经南迁至江西、浙江和湖南等地。南宋末年，包姓人已经徙居到东南沿海和西南地区。明朝初年，山西的包姓人作为迁民之一，被分迁到河南、山东、河北、陕西等地。清朝中期，随着“闯关东”的热潮，山东等地的包姓人迁居到东北三省。另外，也有居住在沿海地区的包姓人渡海向台湾迁徙。

【历史名人】

包拯：字希仁，宋朝著名官吏，以为官断狱英明刚直而著称于世，被称为“包青天”。

包世臣：字慎伯，晚号倦翁、小倦游阁外史，清朝著名学者、书法家、书学理论家，著有《安吴四种》，其中《艺舟双楫》中提出的书法理论，对清朝中后期书风的变革影响很大。

包兰瑛：字者香，又字佩菜，清朝女诗人，朝夕吟咏，十二岁就有“白雨跳珠”与“赤虹化玉”之对，有“丹徒才女”的美誉。

bān

班

【姓氏来源】

班姓的起源主要有二：

其一：出自芈姓，以传说为氏，为春秋时期楚国若敖之后。若敖的孙子叫令尹子文，是春秋时期楚国名相，他为楚国的强大和北上争霸做出了杰出的贡献。相传子文一生下就被抛弃，被母虎抚养长大。因为虎身上有斑，所以令尹子文的后裔就以“斑”为姓。古时“斑”和“班”相通，遂改姓班，为班氏。

其二：根据《风俗通义》的记载，班姓为楚令尹阙班的后代。

班固像。

【郡望堂号】

班姓的郡望以扶风郡为最望。

扶风郡：汉朝武帝时置右扶风，与京兆、左冯翊合为三辅，治所在今陕西省兴平市，三国曹时改为扶风郡，治所在隗里（今陕西兴平）。

【繁衍变迁】

班姓起源于两湖地区，春秋末期，楚国班姓人为了躲避战乱，迁居到山西，以放牧为生。一直到元末明初的时候，班姓人才开始向河北等地散居，在山西和河北等地繁衍生息，发展壮大。

【历史名人】

班婕妤：西汉女辞赋家，是中国文学史上以辞赋见长的女作家之一。所作之赋，文辞哀楚凄丽，千百年来被传诵不绝。

班彪：字叔皮，后汉著名学者，才华横溢，性格慎重，专心研究史籍，作传数十篇，以补充史记太初以后的缺节，被称为《史记后传》。

班固：字孟坚，东汉著名史学家、文学家，继承父亲班彪的遗志，编写《汉书》。曾被人告发他私自修改国史，被捕入狱，在弟弟班超的帮助下，得以释放，并任命为典校秘书，最终写成了《汉书》。

班超：字仲升，东汉著名的军事家和外交家，班彪的儿子，班固的弟弟。曾率领三十六人出使西域，立功西域，被封为定远侯。

qiú

仇

【姓氏来源】

仇姓的起源主要有三：

其一：出自殷末三公之一的九吾氏。九吾氏为夏朝的诸侯，入商后立国号为“九”。商朝末年，纣王诛杀九国诸侯，九吾氏的族人为了避难，逃散各地，有一些九吾氏人在“九”前加上“人”字为“仇”字，称仇氏。

其二：出自仇牧姓，为春秋时宋国大夫仇牧之后。根据《元和姓纂》所载，春秋宋国宋缗公时有大夫仇牧。宋缗公被宋万所杀，仇牧为报仇而去讨伐宋万，与宋万展开了一场恶斗，结果被宋万摔死。其后世子孙便以仇牧的仇为姓，称仇氏。

其三：出自改性，为侯姓所改。《魏书》上记载，南北朝事情，北魏有中山人侯洛齐，本为侯姓，后为仇氏所收养，遂改为仇姓。

【郡望堂号】

仇姓的郡望主要有南阳郡和平阳郡。

南阳郡：战国秦时置郡，治所在今河南省南阳市一带。

平阳郡：三国魏时置郡，治所在平阳（今山西省霍州市以南）。

仇姓的堂号有德化堂和方正堂。

【繁衍变迁】

仇姓发源于河南，战国时期，仇姓人已经繁衍在河北地区。宋国被齐、楚、魏三国瓜分后，仇姓人散居在河南各地。秦始皇统一六国后，有仇姓徙居到陕西。两汉时期，部分居住在河南的仇姓人向山西和山东等地迁徙。东汉时，河南的仇姓氏族开始繁盛起来，形成了陈留郡和南阳郡两个望族。东汉末期，河北北部的仇姓人向北方迁居至辽宁等地，继而又向现在的朝鲜地区迁徙。魏晋南北朝时，仇姓人不能忍受战乱之苦，南迁到江苏、安徽、浙江、湖北等地。隋唐之际，河南和山西的仇姓氏族发展的十分繁盛。后来经过“安史之乱”和“靖康之乱”后，旧居中原的仇姓人已经散居在全国各地，包括南段的广东、福建等地。明朝初期，陕西仇姓被分迁到河南、河北、山东等地。清朝康乾以后，山东的仇姓人迁入东北三省，福建沿海的仇姓人则渡海赴台谋生，远徙东南亚及欧美。

【历史名人】

仇远：字仁近，号近村，又号山村，元代儒学教授、诗人、词人，著有诗集《金渊集》、诗文集《山村遗集》等，与白斑齐名。

仇英：字实父，号十洲，明朝著名画家，是“明代四大家”之一，花鸟鱼虫、山水人物，无所不鲜艳雅丽，被誉为明时工笔之杰。

仇兆鳌：字沧柱，自号章溪老叟，清代名士，用二十多年的时间编著《杜诗详注》，是一部具有集注集评性质的鸿篇巨制。

wén
文

【姓氏来源】

文姓的起源主要有五：

其一：出自姬姓，以谥号命名，为周文王之后。据史书所记载，商朝末年，后稷的第十二代孙古公亶父有三个儿子，太伯、仲雍和季历。季历的儿子姬昌出生时就有圣瑞之兆。太伯和仲雍让位给弟弟季历，逃去了荆蛮之地。在季历的治理下，周族逐渐强盛起来。商王文丁感到周的威胁，便找借口杀了季历。后来季历之子姬昌即位，被商纣王封为西伯。西伯积善行仁，在诸侯和百姓中的声望很高，于是纣王将西伯囚禁，周的臣子给纣王进献了美女和各种宝物令纣王大悦，释放了西伯。西伯归周后，以贤臣姜尚为辅佐，先后吞并了虞、芮、黎等国，并建丰邑作为国都，形成了“三分天下有其二”的局面，实力超过商王朝。西伯在位五十年，死后，其子周武王继承遗志，完成了灭商大业，建立了周朝，追谥西伯为周文王。文王的支庶子孙中有以其谥号“文”为姓的，称文氏。

周文王像。

其二：出自周代卫国将军文子之后。周文王的小儿子康叔，因封于康，故称康叔。周公旦平定武庚叛乱后，将原来商都附近地区和殷民七族分封给康叔，即卫国。至春秋时期的卫献公时，有个叫孙文子的将军，其子孙中有以祖字为氏的，称文氏。

其三：出自姜姓，为炎帝后裔姜文叔之后。西周建立后，周武王大封诸侯，其中将炎帝裔孙太岳之苗裔文叔封于许，建立许国，为姜姓诸侯国。春秋时期，许国因处于中原要冲，周围强国虎视眈眈，受郑、楚两国所迫，四次迁都，终于在战国初年为楚所灭，子孙四散，其中有以许国开国君主文叔之字为氏的，称文氏。

其四：出自妫姓。为妫满之裔孙。相传帝舜因生在姚墟，因而得姚姓。又因住在妫汭河，又有妫姓。武王灭商建立周朝，封千代圣王的后人妫满于陈。陈侯的第十世孙妫完因内乱逃出陈国，投奔齐国，称陈氏。后陈完有后裔陈恒子，因食于田，称田和，改田氏，并夺取了齐国大权。战国时期，田和后裔田文，即“战国四公子”之一的孟尝君，在魏任相国，死后谥号文子。其后人以谥号“文”为姓，称文氏。

其五：出自敬姓，为避讳改姓。五代后晋时，为避讳晋高祖石敬瑭的名讳，所以“敬”姓均改为“文”姓。

【郡望堂号】

文姓的郡望主要有雁门郡。

雁门郡：战国赵时置郡，治所在善无（今山西右玉南），东汉时移治阴馆（今山西省代县西北）。

文姓的堂号主要有“信国”“正气”“久大”“崇本”等。

【繁衍变迁】

文姓起源于陕西、河南等地区，春秋战国时期就有其族人迁徙于湖北等地。西汉时期，有文姓人由安徽地区进入今四川。汉至三国，河南、山东、山西的文姓人发展繁盛。魏晋南北朝时期，大量文姓人向南迁移，为文姓在南方比北方旺盛奠定了基础。唐宋时期，文姓人活动在山西、河南、四川、江西、江苏等地区，尤其是江西、四川最为繁盛。明初，作为迁民之一，山西籍的文姓人分别迁徙到山西周围各省及安徽等地区，文姓步人了发展的鼎盛期。清朝以后，文姓人广泛分布在全国各地。

【历史名人】

文种：也作文仲，字会、少禽，一作子禽，春秋末期著名的谋略家，越王勾践的谋臣。有“鸟尽弓藏”的成语典故。

文丑：东汉末年袁绍的名将。

文天祥：字履善，改字宋瑞，号文山，南宋著名大臣、民族英雄、文学家。他所作《正气歌》，尤为世所传颂。著有《文山先生全集》。

文征明：原名壁，字征明，明代画家、书法家、文学家。与沈周、唐寅、仇英合称“明四家”，传有“江南四大才子”之一的美名。

【姓氏名人故事】

文天祥毁家纾难

南宋末年，时逢乱世，蒙古军大举进攻，南宋朝廷软弱迂腐，廷中众臣大都主降，对元军一味的忍让。

文天祥是吉州庐陵人，自幼目睹外族入侵，百姓受难，很小便立志抗元救国，于是发愤苦读，于理宗宝祐四年（1256）五月参加殿试，一举夺魁中了头名状元。

宋理宗开庆元年（1259）文天祥任承事郎起，咸淳十年（1274）七月，度宗病死。贾似道抑长立幼，扶四岁的赵显即位，是为宋恭帝。时年九月，二十万蒙古大军分两路进攻南宋，所经之地一路失守，宋军将领纷纷叛变。

蒙古军攻陷鄂州后，京师震动，太后谢道清急传一道《哀痛诏》内中说道：新帝年幼，刚刚即位便临国家危难之时，希望各地文臣武将此时能与新帝排忧解困，共赴国难，届时，朝廷将按功绩封侯赐爵。

文天祥执意不降蒙古。

然而，眼见蒙古大军声势浩大，军力威猛，文武群臣皆对《哀痛诏》置若罔闻，只有文天祥和张世杰两人接了《哀痛诏》，之后召集兵马，起兵勤王。

文天祥将家产全部捐出以充军饷，又将家人托付给弟弟照顾，以示毁家纾难，当地民众深受鼓舞，短短数天，屯兵竟至三万。

文天祥带兵入粤，在潮州、惠州一带抵抗元军。期间，恭宗举国投降，但文天祥爱国之心不减，凛然道：“君降臣不降。”依旧率军抗元，但终因寡不敌众，于祥兴元年（1278）十二月二十日，在五坡岭被偷袭的蒙古铁骑俘获。

蒙古皇帝忽必烈久闻文天祥之名，知道其不但文武双全且忠肝义胆，意欲将文天祥收归麾下，于是不惜屈尊，亲自劝降，并许以高官厚禄，但是，文天祥丝毫不为所动。

忽必烈爱才心切，见文天祥执意不降，转而想用骨肉亲情感化他。文天祥的妻子欧阳夫人和两个女儿柳娘、环娘被蒙古军队俘虏后已经被送到大都。于是忽必烈令文天祥的女儿写信劝降，信中除了思念之情还写明了若是文天祥不降，母女三人面临如何非难。熟料文天祥看完信后虽然肝肠寸断，但是依旧不改初衷。

忽必烈大怒，不但下令对文天祥施用酷刑，还使其身带重枷住在阴冷潮湿的土牢之中，文天祥坦然受之，并在狱中写下“人生自古谁无死，留取丹心照汗青”的千古名句。

最终忽必烈无奈之下，命文天祥在一国丞相与死囚之间自择，文天祥淡然道：“只求一死。”至元十九年（1282）十二月初九，文天祥向着南宋国土的方向叩拜之后，慨然就义，享年四十七岁。死后在他的带中发现一首诗：“孔曰成仁，孟曰取义，唯其义尽，所以仁至。读圣贤书，所学何事？而今而后，庶几无愧。”

ōu yáng

欧阳

【姓氏来源】

欧阳姓的起源比较纯正，出自姒姓，以封地名、侯爵名为氏，和欧氏同宗。根据《路史》《姓氏考略》和《唐书》的记载，夏朝皇帝少康有儿子叫无余，被封在会稽。无余的后人建立了越国。春秋时，越国被吴国所灭，后越王勾践复国。传至越王无疆时又被楚国所灭，无疆的次子蹄，被封在欧余山南部，古时以山南为阳，因此称欧阳亭侯。无疆的支庶子孙，分别以山名和封爵名为姓氏，形成了欧、欧阳、欧侯三个姓氏。

【郡望堂号】

欧阳姓的郡望以渤海郡为最望。

渤海郡：西汉时置郡，治所在今河北沧州。

欧阳姓的堂号有“画荻”等。

【繁衍变迁】

欧阳发源于浙江，秦汉时期，欧阳氏族大规模北迁至山东。魏晋时期，河南、山西、陕西等地区也有欧阳姓人落籍，并在渤海郡形成了势力庞大，十分兴旺的欧阳家族。南北朝时期，战争频繁，烽烟四起，居住在北方的欧阳姓人无奈又南迁回江苏、湖南、浙江等江南地区。隋唐之际，江西、湖北、安徽、四川等地区也都有了欧阳氏族的落居。唐朝初期，就已经有欧阳姓人迁居到福建地区，到了唐末五代时，欧阳姓已经徙居到两广地区。居住在湖南的欧阳姓人已经散居在整个湖南地区，繁衍得十分繁盛。明朝初年，山西欧阳姓作为迁民之一，被分迁到山东、河南、河北等地。明朝中叶，福建、广州等东南沿海的欧阳姓人开始渡海赴台，清朝中期以后，欧阳姓人远赴东南亚和欧美各地。

【历史名人】

欧阳生：名容，字和伯，是西汉今文《尚书》欧阳学说的开创者，著有《欧阳章句》和《欧阳说义》。

欧阳建：字坚石，西晋哲学家，主张名称可以区分事物，言辞可以表达思想，著有《言尽意论》。

欧阳询：字信本，唐朝著名书法家，与颜真卿、柳公权、赵孟頫并称为“楷书四大家”，其楷书骨气劲峭，法度严整，自成“欧体”传之于世。

欧阳修：字永叔，号醉翁，晚年号六一居士，北宋著名的政治家、文学家、史学家，继承唐朝古文运动的代表，“唐宋八大家”之一，有专著《六一诗话》传世。

【姓氏名人故事】

欧阳修以荻画地

欧阳修是北宋年间著名的文学家、史学家，是“唐宋八大家”之一。

欧阳修自幼丧父，家境贫寒，与母亲相依为命。因为没有钱供欧阳修上学读书，欧阳修的母亲就用芦苇杆在沙地上写画，教欧阳修写字，同时还教欧阳修诵读古代著名的篇章。

欧阳修以荻画地。

等到欧阳修年龄大点，他就去别人家借书来读，或者是抄下来。欧阳修日以继日地读书，废寝忘食，因此他很小的时候就有了成年人那样的水平。这就是成语“以荻画地”的由来。

欧阳修在中国文学史上具有相当重要的地位。他倡导诗文革新运动，一改唐末到北宋初期的形式主义诗文风格。同时欧阳修还知人善用，如“唐宋八大家”中的苏洵、苏轼、苏辙和曾巩、王安石，皆是被欧阳修赏识，出自他门下。政治上，欧阳修积极参与变革，提出了改革军事、吏治等主张。在文学创作方面，欧阳修的诗、词、散文皆佳，尤以散文的成就最高，他的散文内容充实，语言精练流畅，深厚雄博，引人入胜。苏轼评价他的文章为：“论大道似韩愈，论本似陆贽，纪事似司马迁，诗赋似李白。”欧阳修在史学方面的贡献也非常重要，他不仅参加修定《新唐书》，还自撰《新五代史》。

sī mǎ

司马

【姓氏来源】

司马姓的起源主要有二：

其一：以官职为氏，为西周掌管军事大权的大臣程伯休父的后裔。少昊帝时有司马一职，专门掌管军政和军赋。周朝时，重黎之后程伯休父担任司马一职，因平定徐方而立下大功，周宣王赐他司马为姓，遂称司马氏。

其二：出自改姓。晋元帝司马睿本姓生，后改为司马姓；南朝宋时有许穆之、郝惔之，其后人亦有改为司马姓的。

【郡望堂号】

司马姓的郡望以河内郡为最望。

河内郡：楚汉之际置郡，治所在怀县（今河南武陟）。

司马姓的堂号主要“太史”“河内”等。

【繁衍变迁】

司马姓发源于山西，周朝时期，司马氏族散居在今山西境内的卫、赵两国。秦汉之后，司马姓在河南、陕西、四川、湖北、江苏等地都有散播，尤以河南最为兴盛，建立西晋王朝的司马懿家族就是在河南地区诞生的。晋朝建立后，司马作为国姓遍布中国各地。在唐朝以前，东南沿海和江淮地区就已经有了司马姓人的足迹，宋朝以后，山西地区又有司马光家族，而陕西、河北、湖南、江西、福建也都了司马姓人的居住。

【历史名人】

司马相如：字长卿，西汉著名辞赋家，代表作有《子虚赋》《上林赋》。鲁迅在《汉文学史纲要》中评价："武帝时文人，赋莫若司马相如，文莫若司马迁。"

司马迁：字子长，西汉著名史学家、文学家，撰成中国第一部纪传体通史，时称《太史公书》。三国后期开始通称为《史记》。

司马懿：字仲达，三国时期魏国杰出的政治家、军事家，西晋王朝的奠基人。司马炎称帝后，追尊司马懿为宣皇。

司马光：字君实，号迂叟，世称涑水先生，北宋著名政治家、史学家、散文家，主持编纂了中国历史上第一部编年体通史《资治通鉴》。

zhū gě

诸葛

【姓氏来源】

诸葛姓的起源主要有三：

其一：出自葛姓改姓。先秦时期，黄帝的后裔葛伯所建立的封国灭亡后，居住在封国诸县的一支诸葛氏族迁徙到都县，为了与当地的葛姓有所区别，也为了纪念家乡，从诸县前来的葛姓就称为诸葛，为诸葛氏。

其二：出自有熊氏之后，为詹葛姓所改。春秋时期，齐国有熊氏的后代中有复姓詹葛的，因为读音相近，被讹称为诸葛氏。

其三：出自封邑名。秦末农民起义中，陈胜吴广麾下有大将葛婴，因为陈胜听信谗言而被杀害。西汉时，汉文帝为了纪念葛婴反抗秦王暴政的功劳，就将葛婴的孙子封为诸县侯，其后人世代在此定居。葛氏为了向文帝表达感谢，就将"葛"姓与地名合并改称"诸葛"，遂称诸葛姓。

【郡望堂号】

诸葛姓的郡望以琅玡郡最为名望。

琅玡郡：秦时置郡，治所在今山东省诸城市、临沂市、青岛市黄岛区一带。

诸葛姓的堂号亦有"卧龙""三顾"等。

【繁衍变迁】

诸葛姓发源于山东，汉朝到唐朝时期，诸葛姓在山东已经发展的十分繁盛，以琅玡郡最为名望。在魏晋南北朝时，诸葛姓人就已经迁居到福建等东南沿海地区。

【历史名人】

诸葛亮：字孔明，号卧龙，三国时蜀国著名的政治家，官居丞相。有《诸葛武侯集》，《出师表》为其名篇。

【姓氏名人故事】

蜀汉名相诸葛亮

诸葛亮，字孔明，号卧龙（也作伏龙），汉族，琅玡阳都人，蜀汉丞相，三国时期杰出的政治家、战略家、发明家、军事家。在世时被封为武乡侯，谥曰忠武侯；后来的东晋政权为了推崇诸葛亮的军事才能，特追封他为武兴王。

诸葛亮鞠躬尽瘁。

诸葛亮出身于一个官吏之家，父亲做过泰山郡丞。三岁时，母亲病逝，八岁时父亲去世，年幼的诸葛亮带着弟弟跟随着叔父一同生活。在年轻的时候，诸葛亮就才压群伦，有着英雄的气量，其身高八尺，容貌高大壮美。汉末动乱之际，他跟随叔父诸葛玄到荆州避难，在乡野亲自耕种。诸葛亮在田地里耕种，平常喜欢唱《梁父吟》的曲调。每每把自己比喻成管仲，乐毅，当时没人相信。只有博陵的崔州平，颖州的徐庶和诸葛亮交情不错，认为他真的具有管仲，乐毅般的才华。

当时左将军刘备认为诸葛亮是稀世少有之才，于是三次前往诸葛亮住的茅屋，诚访诸葛亮并请求出山辅佐。此后传为佳话，渐成典故，这就是历史上有名的“三顾茅庐”。

诸葛亮深感刘备有雄姿伟态，冠压众人，于是解下腰带送给刘以表达诚意，双方因此结交深厚。等到魏武帝南征荆州，刘琮拿整个荆州献降，刘备失去依靠，士兵又少，没有立身之地。当时诸葛亮二十七岁，借机献上妙计，亲自出使孙权，到吴国都城求援。孙权既素来佩服刘备，又看到刘派来的诸葛亮儒雅奇伟，而对他十分敬重，当即派遣三万士兵去援助刘备。刘备有了这三万士兵，便和魏武帝展开交战，大败曹军，乘胜追击，平定了整个江南。后来刘备又攻取益州。益州平定后，刘备任用诸葛亮为军师将军。刘备称帝以后，又任命诸葛亮做丞相，总管尚书事务。刘备在与东吴的大战失败后，在白帝城病危，召丞相诸葛亮、尚书令李严托孤，命二人辅佐其子刘禅，被后世人所津津乐道，推举为君臣之间肝胆相照的千古佳话的“白帝托”。刘禅继位，封诸葛亮为武乡侯。不久，再加益州牧，大小政务，都依赖于诸葛亮。

诸葛亮为匡扶蜀汉政权，鞠躬尽瘁、死而后已，代表作有《前出师表》《后出师表》《诫子书》等。还发明木牛流马、孔明灯等，制作了一种连弩，称作元戎弩，在较短时间内能发射十支箭，杀伤力很强，主要用来防守城池和营塞。诸葛亮在后世受到很大的尊崇，成都有武侯祠。

shàng guān

上官

【姓氏来源】

上官姓的起源比较单一，出自芈姓，以邑名为氏，为楚国有上官大夫之后。春秋时期，楚怀王的小儿子子兰被封在上官邑做大夫，子兰的后世子孙就以邑名为姓，称上官氏。

【郡望堂号】

上官姓的郡望主要为天水郡。

天水郡：西汉时置郡，治所在今甘肃天水、陇西以东地区。

上官姓的堂号有孝友堂。

【繁衍变迁】

上官姓发源于河南，战国末期，秦灭六国后，楚国的上官氏族迁往陕西地区，并逐渐发展为当地的望族。唐朝时期，上官姓迁居河南地区，在当地也形成大家望族。到了唐朝末期，烽烟四起，中原的上官氏家族大规模南迁，到达了福建等东南沿海地区。经历了宋、元、明、清，上官姓已经散播到我国的大江南北。

【历史名人】

上官仪：字游韶，唐朝著名诗人，善作五言诗，技巧别致，当世人争相模仿，被称为“上官体”。

上官婉儿：上官仪之孙女。婉儿辩慧能文，习吏事，武后爱之，拜婕妤（女官名），秉机政。她十四岁起就为武则天草拟诏令。中宗李显即位后，她被立为昭容，掌管文学音乐，经常为皇后和公主作诗。

上官凝：字成叔，宋朝著名学者，为人正直刚毅，为官清廉，善断疑案。

【姓氏名人故事】

上官仪和上官体

上官仪，字游韶，陕州陕县人，家于江都，是唐朝初期著名的官吏和文学家，创立了著名的“上官体”。

上官仪出生于隋朝末期，父亲被在扬州兵变的宇文化及的党羽所杀，上官仪当时还年幼，被藏起来而躲过一劫。

上官仪就此一直生活在寺庙里，喜爱阅读释典，最擅长《三论》，经书、史书也都有所阅读，文章写得特别好。上官仪十九岁时，才华显现，被当时扬州大都督府长史杨仁恭看重，举荐到长安参加科考。考场上，上官仪提出“对求贤策”“对用刑宽猛策”两个策略，因而脱颖而出，考中进士，入朝为官。上官仪供职门下省，颇受高宗和武皇后的赏识。龙朔二年(662)，成为宰相。后来高宗不满武后跋扈，上官仪向高宗建议废后，高宗亦以为然，由上官仪草诏。武后涕泣陈请，事遂中缀，自此武后深恶上官仪。麟德元年（664），上官仪被诛，家产和人口被抄没，其一子上官庭芝也同时被诛杀。中宗即位后，因上官庭芝女上官婉儿为昭容，对上官仪父子有所追赠，绣像凌烟阁，追封楚国公。

上官仪在文学方面的贡献就是他创立了“上官体”。上官仪因为年轻时生活在南方的寺庙之中，受南朝文化和宫体诗的影响严重，因此在诗歌创作上，讲究格律工整、词藻华丽、绮错婉媚，所作诗文，大多“文并绮艳”。上官仪的创作风格在当时被世人效仿，因此被称为“上官体”。上官仪还归纳了六朝后诗歌的对偶方法，提出六对、八对之说，显示了当时以宫廷诗人为代表的形式主义倾向，但促进了律诗的形成和定型。

第三卷

千字文

千字文

《千字文》是南朝梁武帝在位时期（502—549）编成的，其编者是梁朝散骑侍郎、给事中周兴嗣。据唐代李倬《尚书故实》记载，梁武帝命大臣殷铁石模次王羲之书碣碑石的字迹，又要求拓出一千字都不重复，以赐八王。梁武帝又命令周兴嗣将这一千字编成有意义的句子，“卿有才思，为我韵之”。结果周兴嗣用尽心血写成了《千字文》，据说写完以后，头发都白了。

《千字文》是我国最早的一篇启蒙读物，用了整整一千字，内容包含了上古传说、历史源流、九州地理、文明与制度、名人与典故等，其中很多都已经成为我们常用的成语。它通篇四字一句，每句押韵，音韵和谐，读起来琅琅上口。《千字文》一千字全不重复，可以让学生用最短的时间认识最多的字，是最好的集中识字教材之一。《千字文》也是一部袖珍的中国文化百科知识全书。

直至今天，这部优秀的启蒙读物仍然具有很高的现实应用价值，它不仅可以帮助学生最高效率地集中识字，同时也可以帮助学生学习中国文化史入门。

我们现在常用的成语有很多都出自于《千字文》，如“天地玄黄”“寒来暑往”“秋收冬藏”“云腾致雨”“吊民伐罪”“化被草木”“知过必改”“空谷传声”“川流不息”等。

《千字文》中的很多语句还是非常好的格言警句，教给人们做人做事的道理。如“女慕贞洁”“男效才良”“信使可复”“器欲难量”“祸因恶积”“福缘善庆”“尺璧非宝”“寸阴是竞”等。

《千字文》中蕴含着丰富的文史知识，如“孟轲敦素，史鱼秉直。庶几中庸，劳谦谨敕”和“耽读玩市，寓目囊箱”等。

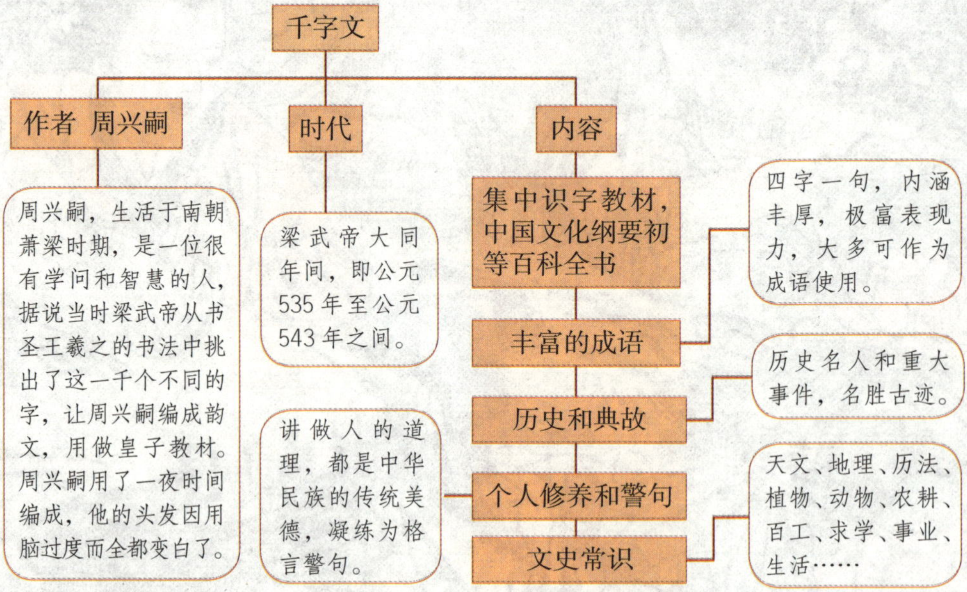

【原文】

天地玄黄①，宇宙洪荒②。日月盈昃③，辰宿列张④。

【导读】

天地玄黄，宇宙洪荒。

开篇四句话说的是宇宙最初诞生时的状态。宇宙这个词最先起源于中国，宇指的是空间，宙指的是时间，在《淮南子》中就有“四方上下谓之宇，古往今来谓之宙”的说法。

在中国古代，玄原指黑色，而在这句话中形容的是浩瀚天空的深蓝色，意为天道高深悠远；黄指的是大地的颜色，温暖而滋生万物。洪荒则是意为宇宙起始的年代距离我们十分久远。“日月盈昃”中的盈，意为充盈饱满，昃是太阳偏西的意思，“辰宿列张”意为星辰在天空中有秩序地排列开来。

这四句话的意思是，自从宇宙形成，昼夜往复，周而复始，日月星辰与尘世间的一切虽然在不断地变化，但是各自都有自己固定的规律和位置。

【注释】

①玄黄：指天地的颜色。玄，黑色，天的颜色；黄，黄色，地的颜色。②洪荒：无边无际、混沌蒙昧的状态，指远古时代。洪，洪大、辽阔；荒，空洞、荒芜。③盈：圆满，这里是针对月亮说的。昃：太阳偏西。④辰宿：星宿，星辰。列张：陈列，散布。列，排列；张，张开。

【译文】

开天辟地，宇宙诞生。天是黑色的，高远苍茫；地是黄色的，深邃宽广。宇宙辽阔无垠、混沌蒙昧。日月在宇宙中运转，日出日落，月圆月缺，周而复始，无数星辰陈列散布，闪闪发光。

【原文】

寒来暑往，秋收冬藏。闰余成岁①，律吕调阳②。

【导读】

世间春夏秋冬，四季交替，秋天收获，冬天储藏。因为古人发现以最初的历法计算日期会出现很大的偏差，于是效法音乐中用律管和吕管来制定节奏调律的方法，采用闰年闰月来调和矫正。

【注释】

①闰余成岁：中国古代历法以月亮圆缺变化一次为一个月，十二个月为一年，但人们实际经历的一年（地球绕太阳运行一圈所用的时间）和它之间存在差额，这个时间差额被称为“闰余”。为了解决这个问题，古人每过几年，就把积累到一定程度的“闰余”相加，合成“闰月”，插入该年份中，有

“闰月”的这一年就是“闰年”。闰，余数；岁，年。②律吕：律管和吕管，中国古代用来校定音律的一种设备，相当于现代的定音器。古人将一个八度分为十二个不完全相等的半音，从低到高依次排列。每个半音称为一律，其中单数各律称为“律”，双数各律称为“吕”，十二律分为“六律”“六吕”，简称“律吕”。古人认为十二音律代表一年的十二个月，分“阴”“阳”两组，所以“律吕”除了用来校正音律，还用来勘测地下阴阳二气的变化，以校正历法节气的偏差。调：调整。阳：阴阳，这里指节气。

寒来暑往，秋收冬藏。

【译文】

四季气候总是冬夏交替，农事活动总是春生夏长、秋收冬藏。历法上的一年与地球实际上绕太阳运行一周的时间出现误差，就设置闰月和闰年来解决；历法节气上产生偏差，则根据律管和吕管对地下阴阳二气进行勘测的结果进行调整。

【原文】

云腾致雨①，露结为霜。金生丽水②，玉出昆冈③。

【导读】

“云腾致雨，露结为霜”所说的都是自然现象。云上升遇到冷空气凝结，形成水滴，随后越来越重，无法以原有的形态飘浮，坠落的时候就是降雨；而寒冬里草木上的露水，在夜晚温度降低时会凝结成细微的冰粒就是霜。

“金生丽水”，指的是我国云南的丽江，丽江因盛产金沙，自古被称为金沙江；“玉出昆冈”，指的是中国西北边陲的昆仑山，昆仑山是我国古代最主要的玉脉之一，以出产美玉而闻名。

【注释】

①腾：上升。致：导致，造成。②丽水：就是云南丽江，因为盛产黄金，又名“金沙江”。③昆冈：昆仑山，在新疆维吾尔自治区、西藏自治区一带，古代出产玉石，著名的“和田玉”便产自这里。

【译文】

云气上升遇到冷空气就形成了雨，夜晚气温下降露水就凝结成霜。丽江水中盛产黄金，昆仑山上盛产美玉。

【原文】

剑号巨阙①，珠称夜光。果珍李柰②，菜重芥姜③。

【导读】

剑为百器之王，在众多名剑之中，以“巨阙”为首，这把剑为越国著名的铸剑大师欧冶子所铸就，此剑可以“穿铜釜，绝铁砺”，故而取名“巨阙”。

剑号巨阙。

珍珠中最为珍贵的当属夜明珠，对于夜明珠，据说夜明珠可以将十步左右的暗室，照耀得如同白昼一样，世所罕见。

在水果之中，最好的是李子和柰子，这两样水果可以“和脾胃，补中焦”，而蔬菜里的芥菜和姜能够开窍解毒，祛除人身体中的邪气，不但可以调味还能解毒，这些东西既可食用又有药性，所以被古人所喜爱。

【注释】

①巨阙：古代宝剑名，相传是春秋时期越国铸剑大师欧冶子所铸造的五大名剑之一，其余依次为纯钧、湛卢、莫邪、鱼肠，全都锋利无比，以巨阙为最，后来逐渐成为宝剑的代称。②李柰：两种水果名称，“李”是李子；“柰”，柰子，俗名花红，又叫沙果。③重：重视、看重。

【译文】

“巨阙剑”在宝剑中最锋利，“夜光珠”在珍珠中最明亮；水果里最珍贵的是李子和沙果，蔬菜中最重要的是芥菜和生姜。

【原文】

海咸河淡，鳞潜羽翔[1]。

【导读】

地球有71%的面积被水所覆盖，水源分咸淡两种，海水中富含各种矿物质，味道咸苦；而河水清淡甘甜可供人畜生活饮用，灌溉田地。水中生存着鳞甲类的鱼虾海蟹等动物，而长有翅膀的各种鸟类则自由地飞翔在天空。

鳞潜羽翔。

【注释】

①鳞：鱼的鳞片，这里代指鱼类。潜：隐藏在水面下活动。羽：鸟的羽毛，这里代指鸟类。翔：盘旋地飞而不扇动翅膀。

【译文】

海水咸，河水淡；鱼儿在水中潜游，鸟儿在空中飞翔。

【原文】

龙师火帝①，鸟官人皇②。始制文字③，乃服衣裳④。

【导读】

龙师是指中国古代的三皇，伏羲氏、神农氏和黄帝，而火帝是指发明钻木取火术的燧人氏。人类正是因为有了火，才告别了茹毛饮血的蛮荒时代，钻木取火是人类文明的起源。

钻木取火。

在五帝之中，第一个皇帝是黄帝之子，他精通太昊伏羲氏的学问，所以人称少昊氏。传说他所统治的时代是太平盛世，常有凤凰飞舞，是以，他将自己文武百官的官衔全部用鸟名来命名，如凤鸟官、玄鸟官等，而少昊氏将自己称为“鸟官”。

上古时代，记载事情仅限于结绳纪事，在黄帝时代一个叫作仓颉的人因为事情庞杂，无法用绳结记录明白，遂创造原始文字。这个时期，人们已经开始穿上衣裳，脱离了蒙昧的原始状态，仓颉造字之后，中国文明开始了辉煌的历程。

【注释】

①龙帅：相传上古帝王伏羲氏所封的官名都带“龙”字，因此被称为“龙师”。火帝：相传上古帝王神农氏所封的官名都带“火”字，因此被称为“火帝”，又称炎帝。②鸟官：相传上古帝王少昊氏所封的百官都带有“鸟”字，因此被称为“鸟官”。人皇：人间的皇帝，这里指传说中上古部落的首领，后来被神化，与天皇、地皇合称三皇。③始制文字：传说黄帝命一个叫仓颉的史官创造了汉字。④乃服衣裳：传说远古时期，人类开始都是用树叶遮蔽身体、抵御寒冷。直到黄帝时，才有一个叫胡曹的人发明了衣裳，上身穿的叫衣，下身穿的叫裳（古代指裙子）。乃，才；服，穿（衣服）。

【译文】

上古时期，伏羲氏以龙来命名百官，被称为“龙师”；神农氏以火来命名百官，被称为“火帝”；少昊氏以鸟来命名百官，被称为“鸟官”。还有传说中远古部落首领人皇，与天皇、地皇合称三皇。

黄帝时仓颉创造了文字，百姓穿上了衣服。

【原文】

推位让国①，有虞陶唐②。吊民伐罪③，周发殷汤④。

【导读】

“有虞”与“陶唐”指的是五帝中的虞舜与唐尧，有虞是指舜帝，舜帝号有虞氏，故称之为虞舜。陶唐指尧帝，因他的封地在陶和唐，所以叫他唐尧。他们都是上古时代有名的圣主贤君，在位期间居茅屋穿布衣，当感觉自己年纪渐老无力管理国家之时，无私地将自己的帝位禅让给了更年轻贤能的人。

商纣王荒淫残暴。

周武王姬发，史称周发，他灭了暴君纣王，立周朝，是周朝的第一位君主。而殷汤所指的是成汤，他讨伐夏朝暴君桀，建立了商朝，为商朝的第一个君主，年号成汤，史称殷汤。

这两句的意思是能退位让贤当属舜帝尧帝，而讨伐暴君当属周武王与成汤，这些都是古时贤明通达的君主，为百姓所拥戴。

【注释】

①推位：把皇位让给别人。推，推让，把自己的东西送给别人；位，这里指皇位。让：不争，谦让，这里指古代所说的“禅让”，指君王把帝位让给他人。②有虞：这里指舜，远古部落有虞氏的首领，号有虞氏，史称虞舜，传说中的五帝之一。陶唐：这里指尧，远古部落陶唐氏的首领，号陶唐氏，史称唐尧，也是传说中的五帝之一。传说尧把帝位禅让给了舜，舜又禅让给了禹。③吊民伐罪：慰问受苦的人民，讨伐有罪的统治者。吊，抚恤、慰问；民，人民；伐，征讨、讨伐；罪，作恶或犯法的行为，这里指有罪的统治者。④周发：指周武王姬发，他率军讨伐暴君商纣王，建立了西周。殷汤：成汤率军讨伐暴君夏桀，建立了商朝，历史上商朝又称殷，因此成汤又叫殷汤。

【译文】

贤明的上古君王尧和舜，无私地把帝位让给德才兼备的人。商汤率军讨伐残暴的夏桀，而周武王又率军讨伐残暴的商纣王。

【原文】

坐朝问道①，垂拱平章②。爱育黎首③，臣伏戎羌④。遐迩一体⑤，率宾归王⑥。

【导读】

这六句话是赞美历史上的贤德君主，秦始皇特许群臣可以同自己一样坐着上朝，意为关系平等，并垂衣拱手以谦逊的态度治国。

唐太宗广施仁政，消除种族间的隔阂与芥蒂，令少数民族心悦诚服地归附。

以王道治理国家，体恤爱护百姓，因而四海承平，一个国家的统治者只有真正心系民生，对天下百姓一视同仁，宽厚仁和才能达到“垂拱平章”“臣伏戎羌”“率宾归王”的太平盛世。

【注释】

①坐朝问道：君主端坐在朝堂上，与大臣们共同商讨治国之道。②垂拱：语出《尚书·武成》：“谆信明义，崇德报功，垂拱而天下治。”垂衣拱手，形容毫不费力，这里指天子不做什么而使天下安定，多用来

称颂帝王无为而治。垂，垂衣，把衣服挂起来；拱，拱手。平章：太平彰明，指把国家治理得很好。平，平安、太平；章，通“彰”，明显、显著。③爱育：爱护养育。黎首：黎民，指老百姓。黎，黑色的；首，头，因为老百姓脸是黑色的，所以称为“黎首”。④臣伏：屈服称臣。戎羌：中国古代西北地区的两个少数民族，这里代指全部少数民族。⑤遐迩一体：指远近地区关系密切，形成一个整体。遐，远；

遐迩一体，率宾归王。

迩，近。⑥率宾归王：出自《诗经·小雅·北山》：“普天之下，莫非王土；率土之滨，莫非王臣。”意思是：普天之下的土地都是君王的领土，领土内的百姓都是君王的臣民。率，率领、带领，这里是“自、由、从”的意思；宾，通“滨”，水边，近水的地方。率宾，四海之内。归，归依、归属；王，君王、天子。

【译文】

贤明的君王只要端坐朝堂，和大臣们共同商讨治国之道，无为而治，就能毫不费力地把国家管理好，开创天下太平、政治清明的盛世。

君王体恤爱护百姓，百姓自然会心悦诚服地拥戴他，连边疆的少数民族也会心甘情愿地归顺臣服。远近地区关系密切，国家自然会形成统一的整体，四海之内的百姓都会主动归顺于贤明的君主。

【原文】

鸣凤在竹①，白驹食场②。化被草木③，赖及万方④。

【导读】

凤凰在竹林中欢唱，白色的马在茂盛的草场悠闲地进食，但此处的白驹并非普通的白马而是指天上的龙。传说龙有三形，飞龙在天，游龙戏水，而在陆地上则会化为马形。

“化被草木，赖及万方”是指有德行的君主在治理着国家，他的仁义泽被苍生，不止百姓有所感受，连草木都沐浴到了恩泽。

【注释】

①鸣凤在竹：凤凰是传说中的珍禽，只吃竹子的果实，只落在梧桐树上休息，它的出现象征着太平盛世。②白驹食场：出自《诗经·小雅·白驹》：“皎皎白驹，食我场苗，执之维之，以永今朝。”这里借白色的小马在牧场自在地吃草，来表现处在太平盛世的人生活非常悠闲。驹，小马。场，牧场。③化被草木：圣君贤王的感化使草木都沾光。化，政教风化。被，覆盖、遮盖。④赖及万方：普天下的百姓都享受到明君的恩泽。赖，幸蒙、依赖。万方，各地、四方，不仅仅指人，还泛指一切生物。

【译文】

明君的恩泽覆盖了世间万物：竹林间，吉祥的凤凰在欢快地鸣叫；牧场上，白色的小马驹正悠闲地吃草；草木沐浴着君王的教化，生机勃勃；百姓享受君王的恩泽，生活幸福。

【原文】

盖此身发[①]，四大五常[②]。恭惟鞠养[③]，岂敢毁伤[④]。

【导读】

身发，意为身体发肤，在此代表人的肉身，而“四大”与“五常”则分指物质与精神。

这句话的意思为，身体发肤由父母给予，并且由父母辛苦养育而成，所以这具肉身我们仅限于使用，供上天所赐的神识与心智来居所，肉身真正拥有者是父母，所以应保护周全，不可轻易地损伤。

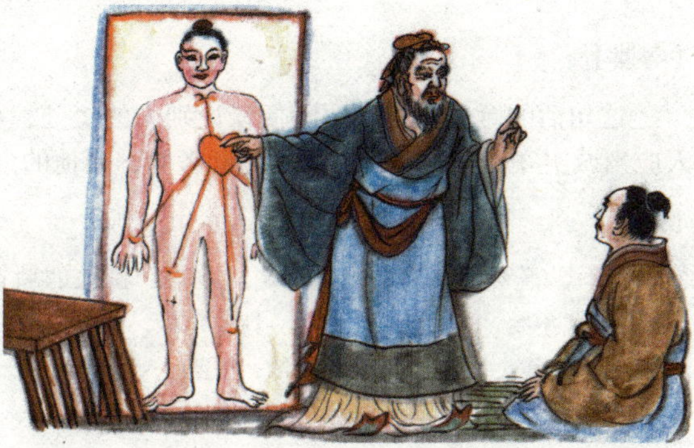

盖此身发，四大五常。

【注释】

①盖：发语词，引起下面所说的话，本身并无意义。身发：身体和头发。这里代指整个身体。②四大：指地、水、火、风四种元素。五常：指儒家认为人应具备的五种品德，仁、义、礼、智、信。③恭惟：也作“恭维”，对上的谦辞，一般用于文章开头。惟，助词，与恭合起来成为表谦虚的专辞。鞠养：抚养,养育。这里“鞠”和“养”意思相同。④岂敢：怎么敢，不敢，表示谦虚。岂，助词，表示反问的语气。

【译文】

人的身体发肤，是地、水、火、风四大基本元素构成的；人的思想行为，是受仁、义、礼、智、信五种品德约束的。做儿女的要恭恭敬敬，时刻谨记父母的养育之恩，这样的话，怎么还敢轻易损毁自己的身体呢？

【原文】

女慕贞洁[①]，男效才良[②]。知过必改[③]，得能莫忘[④]。

【导读】

这句话的意思是，女子应当羡慕那些为人所称道的贞洁烈女，而男人要效法德才兼备的贤人。当明白自己的过错之后，一定要改正，已经学过的知识不可忘记，力所能及的事情，不可轻弃。

【注释】

①慕：向往,敬仰。贞洁：纯正高洁，指纯洁的内心和端正的品行。贞，端方正直，形容一个人的意志或操守坚定不移；洁，干净。②效：效法、学习。才良：德才兼备的人。才，有本领、有才能；良，善良、美好。③知过必改：知道自己错了就一定要及时改正。过，过错、过失；必，一定；改，改正。④得能：学到了本领。能，才干、本领。

【译文】

女子要崇尚那些内心纯洁、品行端正的人；男子要效法那些德才兼备的人。发现自己错了，一定要及时改正；学到了知识本领，一定不要忘记。

【原文】

罔谈彼短①，靡恃己长②。信使可复④，器欲难量④。

【导读】

这句话的意思是既不要随便谈论别人的短处，也不可以依仗自己优势而骄傲自满。为人应当诚实守信，其言行必须经得起考验，而他的内心与气量应该大得难以衡量。

【注释】

①罔：不，不要，表示禁止、否定。彼短：别人的缺点。彼，他人、别人；短，缺点、短处。②靡：不，不要，表示禁止、否定。恃：依赖，仗着。己长：自己的长处。③信：诚信，诚实不欺骗。复：实践,履行。④器：气度,器量。欲：需要。

【译文】

不要谈论别人的短处，不可炫耀自己的长处。做人要诚实守信，经得起反复考验；器量越大越好，最好大到让人难以估量。

【原文】

墨悲丝染①，《诗》赞羔羊②。

【导读】

这两句话的意思是说，雪白的生丝原本无暇，但是在经过各色染缸漂染之后，任凭怎样漂洗，也无法恢复到未下染缸前的本色了，暗喻了人的本性原本如同生丝一样洁白，但是只要被外界环境污染，再想恢复本性如初的纯洁，已经不可能了。

墨悲丝染。

【注释】

①墨：这里指墨子，名翟，是战国时期著名的思想家、教育家，墨家学派创始人，著有《墨子》一书。墨悲丝染：典故出自《墨子》，说有一次墨子路过染坊，看到雪白的生丝被放在各色染缸里染了颜色，无论怎样漂洗，再也无法将染过的丝恢复生丝的本色了。墨子于是悲叹道："染于苍则苍，染于黄则黄，不可不慎也。"墨子认为人的本性像生丝一样洁白美好，一旦受到环境的污染，就像生丝被染了色，再想恢复本性的质朴纯洁已经不可能了，因此而感到悲哀。这个故事

教育我们要注意抵御不良影响，保持本性的纯正美好。②诗：这里指《诗经》，我国古代第一部诗歌总集，共305篇，又取整数，称为“诗三百”，分为风、雅、颂三部分。羔羊：《诗经·召南》里有“羔羊”一篇，表面上是赞美羔羊的素白，实质上是称颂穿皮袄的人——士大夫具有羔羊般纯洁正直、不受污染的品德。

【译文】

墨子悲叹白丝被染了色，《诗经》赞美了士大夫纯洁正直的品德。

【原文】

景行维贤①，克念作圣②。德建名立③，形端表正④。

【导读】

这句话中“景行”的意思是崇高光明的德行，景字的本义是太阳照在高山上，有高大、光明的意思。德行正大光明是贤人的正解，而贤人是世人做人的标准与榜样，人如果能够克制住自己混乱的思想和难以抑制的私心杂念，就可以成为圣人，与此相同，若是圣人放纵自己的心念，便与凡夫俗子无异。

只要有了德行，自然就会建立名声，相由心生，心中端正，那么仪容仪表自然会端正。

景行维贤，克念作圣。

【注释】

①景行：大路，比喻高尚光明的德行，语出《诗经·小雅·车辖》：“高山仰止，景行行止。”意思是贤德的人，德如高山人人敬仰，行如大道人人向往。景，高、大；行，道路。维贤：要像贤人一样。维，思考；贤，贤人。②克念：克制自己的私欲杂念。克，制服、抑制。圣：圣人，古代对人格最高尚的、智慧最高超的人的称呼。③德：道德品行。名：名声。④形端：既包括形体端庄，也包括内在谦虚诚恳。形，这里指人的整体形态，包括外在的言行举止和内在修养两部分。表正：仪表端正。表，仪表，指人的容貌、姿态、风度等。

【译文】

行为光明正大，才能接近贤人；克制私欲杂念，才能成为圣人。高尚的德行建立了，名声自然就会树立；心性举止庄重，仪表自然就会端正。

【原文】

空谷传声①，虚堂习听②。祸因恶积③，福缘善庆④。

【导读】

在空旷的山谷中，会有回声，声音会接连地传播很远；在空荡的房屋中，同样会有回声，而且声音会十分清晰。一个人若能做到虚怀若谷，海纳百川，接纳各种见解，包容不同的事物，不但会令自己的心智增长，并且可以得到更多人的响应与支持。

“祸因恶积，福缘善庆”说的是善与恶，福与祸的因果关系。善恶决定事情的性质为因，福祸是秉承前因而结的果，小的坏事积累多了就会酿成大祸，多做善事往往会有福报。所以我们为人处事一定勿以恶小而为之，勿以善小而不为。

【注释】

①空谷：空旷的山谷。传声：传播声音。②虚堂：高大而空荡的厅堂。虚，空；厅，厅堂，用于聚会、待客等的宽敞房间。习听：回声引起重听。习，本义是小鸟反复地试飞，这里是重复的意思。③积：积累,聚积。④缘：因为,由于。庆：奖赏,赏赐。

【译文】

空旷的山谷中，声音传播得很远；空荡的厅堂里，说话会有回声。灾祸是罪恶不断积累的下场，幸福是善行持续增加的奖赏。

【原文】

尺璧非宝[1]，寸阴是竞[2]。

【导读】

这句话的意思是，与时间相比，一尺长的碧玉也不能算是真正的珍宝，而片刻的光阴都应该珍惜。金银珠宝还能再得到，时间一去不复回。

【注释】

①尺璧：直径一尺长的美玉，形容极为珍贵的玉。璧，本义是平滑、中心有孔的圆形玉环，后来将上等的美玉称为璧。②寸阴：一寸长的光阴，形容时间非常短暂。竞：竞争，争取。

【译文】

直径一尺的美玉还不算真正的宝贝，短暂的时光却要努力争取。

尺璧非宝，寸阴是竞。

【原文】

资父事君[1]，曰严与敬[2]。孝当竭力[3]，忠则尽命[4]。

【导读】

这句话中的“严”指的是严谨，“敬”指的是恭敬，意思是，孝养父母与侍奉君王相同，都应当一丝不苟，毕恭毕敬。而“孝”指内心的敬爱，“忠”指尽职与忠诚。

孝顺父母与侍奉君王不同的地方是，孝顺父母应当竭尽全力能做到多少就做多少，绝对不应当有所保留，而侍奉君王则只要恪尽职守，忠诚无私地将本分做好就可以了。

【注释】

①资：奉养。事：侍奉。②曰：本义是“说”，这里是“就是”的意思。严：严肃，认真。敬：恭敬。③竭力：尽力，用尽全力。竭，尽、用完。④尽命：忠于君主要不超越本位，一心一意做好本职工作。命，孔子说过“命者，名也”，命就是一个人的本分、名分。做人做事，都不要超越自己的本分，才有功德；越位行事，劳而无功。

【译文】

奉养父母、侍奉君主，就是要严肃而恭敬。孝敬父母应当尽己所能，能做多少就做多少；忠于君主不要超越本位，一心一意，恪尽职守。

【原文】

临深履薄①，夙兴温清②。似兰斯馨③，如松之盛。

【导读】

这两句的意思是侍奉君王要谨慎小心，应当像如履薄冰一样，时刻提醒自己不可忘形，而侍奉父母应当早起晚睡，晨昏定省，并且冬天为父母保暖，夏天为父母解暑。如若能照着这些话去做，那么德行就如兰花般馨香，如同松树般长青。

临深履薄。

【注释】

①临深履薄：语出《诗经·小雅·小旻》：“战战兢兢，如临深渊，如履薄冰。”意思是面临深渊，脚踩在很薄的冰面上。比喻小心谨慎，唯恐出现差错。临，面对、面临；深，深渊；履，踩、踏；薄，薄冰。②夙兴：“夙兴夜寐”的缩略语，早起晚睡。夙，早；兴，起来、起床。温清：“冬温夏清”的缩略语，冬天注意防寒保暖，夏天注意防暑降温。温，温暖；清，凉，凉爽。③馨，散布很远的香气，多比喻声誉流芳后世。

【译文】

侍奉君主要像站在深渊边、踩在薄冰上一样小心谨慎；孝顺父母要比他们睡得晚、起得早，冬天注意防寒保暖，夏天注意防暑降温。这种尽忠尽孝的美德，像兰花那样清香远播，陶冶人心；像青松那样傲霜斗雪，苍翠茂盛。

【原文】

川流不息①，渊澄取映②。容止若思③，言辞安定④。

【导读】

水之所以能够川流不息是因为活水有源，之所以能够如镜子般照物，是因为清澈见底不染尘埃。一个人的德行若是发自本心，便会如同有源之水没有断绝的时候，也会如同澄澈的水一样可以令人以他为鉴。

而一个人的仪容应当做到言谈举止安详，行事从容不迫，言语对答沉稳安定，这样才是一个君子应当有的修养。

【注释】

①川：河水,河流。息：停歇,停止。②渊：深水,深潭。澄：水静而清。取映：拿来当镜子照。取，拿、拿来；映，反映，因光线照射而显出。③容止：容貌仪表和行为举止。若思：像在思考问题一样。若，好像。④言辞：言语，所说的话。

【译文】

要像河水那样流淌不息，要像潭水那样清澈照人。仪容举止要像在思考问题时那样沉静安详，言语对答要稳重自信。

【原文】

笃初诚美①，慎终宜令②。荣业所基③，籍甚无竟④。

【导读】

这两句话的意思是万事都有开始,但并不是每一件事情都会有结尾,世人最大的毛病就是虎头蛇尾有始无终。若是做一件事情不但有了好的开始，还让它有个好的结局，那么什么事情做不成呢？持之以恒的品质是一个人事业的根基，有了这个品质，他的前途才会不可限量，事业才会长远无止境。

慎终宜令。

【注释】

①笃初：以忠实的态度开始做一件事情。笃，忠实，一心一意；初，开始。诚：虽然,固然。美：美好。②慎终：谨慎小心直到结束。慎，谨慎、慎重；终，完、结束。宜令：应该美好。宜，应该、应当；令，美好、善。③荣业：荣誉与功业。基：基础,根本。④籍甚："籍籍之甚"的简称，形容声名盛大。竟：通"境"，止境。

【译文】

以忠实的态度开始做一件事情固然很好，但直到事情结束都保持小心谨慎才更加难能可贵，这是人一生荣誉与事业的基础，有了这个基础，才能声名远扬，没有止境。

【原文】

学优登仕①，摄职从政②。存以甘棠③，去而益咏④。

【导读】

这句话的意思为，成绩优异的学子才可登上仕途为官。“摄职”中的“摄”，是辅佐的意思，意为当官之后，凭借自己的职位便可处理国家的政事。

“存以甘棠，去而益咏”指的是周朝的重臣周召伯因为政绩卓著，去世后备受百姓的怀念。他生前巡视南方时，因为疲惫，曾经在一棵高大的甘棠树下休息，百姓因为怀念召伯，传言子孙不可伐掉这棵甘棠树。这句话借此典故告诫世人，为官应当以周召伯为榜样，廉洁奉公，才会得到百姓的拥戴与称颂。

【注释】

①学优登仕：出自《论语·子张篇》：“子夏曰：仕而优则学，学而优则仕。”意思是做了官还有余力就去学习（以便更好地发展）；学习好了就可以去做官（以推行仁政）。学优，学习成绩优异；登仕，当官、做官；登，登上；仕，官员。②摄职：代理官职。摄，代理。从政：参与政治事务，指做官。③存：保存,保留。甘棠：即棠梨树。典故出自《诗经·召南·甘棠》，相传周武王的臣子召伯巡视南方时，曾在甘棠树下休息、理政，当地人因其勤政爱民感激他，为了怀念他的功绩，一直珍惜这棵甘棠树不忍心砍伐，并作了《甘棠》一诗加以怀念。④去：离去,离开。益咏：更加歌颂赞美。益，更加。

【译文】

学问好的人就可以去做官，行使职权、处理政事。周人怀念召伯的德政，不忍砍伐他休息过的甘棠树，召伯虽然离去了，但百姓却作诗歌怀念他。

【原文】

乐殊贵贱[①]，礼别尊卑[②]。上和下睦[③]，夫唱妇随[④]。

【导读】

这两句话的意思是选择乐曲要根据人身份的尊卑来决定，施礼节也要看人的地位高低来区分。在家中长辈与晚辈应当和睦融洽地相处，夫妻之道更是应当亲近好和，丈夫倡导的事情，妻子应当顺从地附和。

上和下睦。

【注释】

①乐：音乐。殊：不同。贵贱：身份的高贵和低贱。②礼：礼节,礼仪。别：差别。尊卑：地位的尊贵和卑贱。③上：长辈或地位高的人。下：晚辈或地位低的人。睦：融洽。④夫唱妇随：原指封建伦理道德规定妻子必须绝对服从丈夫，后比喻夫妻亲密和睦相处。唱，通“倡”，倡导、发起；随，附和。

【译文】

要根据身份贵贱选用不同音乐，要依据地位高低区别使用礼仪。不管地位高低，还是辈分大小，都要和睦相处，丈夫倡导的，妻子要顺从。

【原文】

外受傅训①，入奉母仪②。诸姑伯叔③，犹子比儿④。

【导读】

对于教育应当内外结合，在外接受老师的教诲，在家要遵从母亲的规范。对待家中的长辈，诸位叔叔伯伯姑姑，应当孝顺如自己的父母，对待子侄之辈都应当疼爱如自己的孩子。

外受傅训。

【注释】

①外：在外。傅训：师傅的教诲。傅，师傅、老师；训，教导、教诲。②入：进入家里，在家。奉：奉行,遵守。母仪：母亲的举止仪表。仪，容止仪表。③诸：众，各。④犹子：犹如自己的儿子，《礼记·檀弓》："兄弟之子，犹子也。"就是侄子。犹，如同。

【译文】

在外要接受老师的教导，在家要奉行母亲的礼仪。要像孝顺父母那样对待姑姑、伯伯、叔叔；要像关爱亲生子女那样爱护侄子侄女。

【原文】

孔怀兄弟①，同气连枝②。交友投分③，切磨箴规④。

【导读】

这里的"孔怀"所指的是兄弟之间的手足之情，兄弟属于儒家"五伦"之一，血缘相同血脉相通，就如大树的枝干一样，同气连枝，亲厚无比。

而交朋友重得是缘分，朋友也是"五伦"之一，因为没有血缘关系，就更为看重脾气秉性的契合。朋友若意气相投，就要彼此帮助，鼓励，规劝，并且能够在学习上互相交流。

【注释】

①孔：很，甚、非常。怀：思念,想念。②同气连枝：兄弟虽然形体不同，但共同承受父母的血气，就像连接在同一树干上的枝条。③投分：投缘，情投意合。投，相合、迎合；分，情分、缘分。④切：切磋。磨：琢磨。箴：劝告,劝诫。规：劝告，建议，尤指温和地力劝。

【译文】

兄弟间要互相关爱，气息相通，因为彼此有共同的血缘关系，就像形体不同，却同根相连的枝条一样。交朋友要意气相投，要能共同切磋钻研学问，还要能互相劝诫激励。

【原文】

仁慈隐恻①，造次弗离②。节义廉退③，颠沛匪亏④。

【导读】

仁义慈爱，对人的恻隐之心，在任何时候，任何地方都不能失去；而气节正义、廉洁谦让这些高尚的品德，无论是颠沛流离还是穷困潦倒都不可亏缺。

【注释】

①仁慈：仁爱慈善。隐恻：也写作“恻隐”，看到人遭遇不幸感到不忍心，即同情、怜悯。②造次：慌忙，仓促。弗：不。③节：气节,操守。义：正义。廉：廉洁。退：谦让,谦逊。④颠沛：困顿挫折。匪亏：不缺少。匪，不；亏，欠缺、短少（应该有的而缺少）。

【译文】

无论多么慌乱紧急的情况，都不可丢失仁爱和同情之心。无论多么颠沛流离的生活，都不能缺少气节、正义、廉洁、谦逊这些美德。

【原文】

性静情逸①，心动神疲②。守真志满③，逐物意移④。

【导读】

一个人的性情若是能够安静淡泊,那么他的神情心绪就会安逸自在,若是内心躁动不安,精神就会疲惫困顿，只要能有定力守住真实的常性，心灵就会安稳满足，若是经受不住外界因素的干扰，一心追逐外物，那么意志和本质就容易受外物所操控而改变。

性静情逸。

【注释】

①性静：心情宁静。性，性情。情逸：心性安逸。情，情绪、心情；逸，安闲、安适。②心动：心中浮躁动荡，不能安定。神疲：精神疲倦。神，精神。③守真：保持自己纯真的本性和操守。守，保持、卫护；真，这里指人的本性、本质。志满：志向得到满足。志，志气、意愿。④逐物：追求物质享受。逐，追求、追逐。意移：意志改变，这里指善良的本性发生变化。

【译文】

心性淡泊宁静，情绪就自在安逸；内心浮躁动荡，精神就疲倦萎靡。保持纯真的本性和操守，志向就能得到满足；一心追逐物质享受，意志就会衰退，善良的本性也会改变。

【原文】

坚持雅操①，好爵自縻②。

【导读】

这两句话是总结性的阐述，一个人只要坚持高雅的操守，高尚的德行，那么上天自然会眷顾他，好运也会降临。

只有这些人才会得到世人的尊敬和爱戴，人们会自动地将信任与荣耀赠予他，而这些并不是刻意追求的结果。

坚持雅操。

【注释】

①雅：高尚,美好。操：品行,节操。②好爵：代指高官厚禄。爵，古代饮酒的器皿，因贵族的等级不同使用的爵器也不同。后世把爵作为爵位、爵号、官位的总称。自縻：自己跑来拴住自己，这里是好运自来的意思。縻，本义是拴牛的绳子，这里是拴住、牵系的意思。

【译文】

坚持高尚的节操，高官厚禄自会降临。

【原文】

都邑华夏①，东西二京②。背邙面洛③，浮渭据泾④。

【导读】

“都邑”是指天子所住的地方，“邑”为诸侯住的地方，相当于现在的首都和省会的概念。中国因为文化灿烂，土地辽阔，因而自称为华夏。

而东西二京指的是中国最古老的两个都城，东京洛阳和西京长安。“背邙面洛，浮渭据泾”所指的是这两个城市的地理位置。

【注释】

①都邑：京城。邑，城市、都城。华夏：原指我国中原地区，后包括我国全部领土，遂成为中国的古称。②东西二京：中国古代很重要的两座京城，即西汉的都城长安“西京”（现在的西安），东汉的都城洛阳“东京”。③背邙面洛：这里是描述洛阳的地理位置。背邙，背靠邙山。邙，山名，北邙山，位于河南洛阳的北面。面洛，面对洛水。④浮渭据泾：这里是描述长安的地理位置。西安的左面有渭水，右面有泾河。渭水发源于甘肃，泾水起源于宁夏，二水在西安汇合后流入黄河。在汇入黄河以前，泾水清，渭水浊，水质完全不一样，这就是成语“泾渭分明”的来历。浮，漂浮；据，凭着、依靠。

【译文】

中国古代的都城宏伟壮观，最古老的要数东京洛阳和西京长安。洛阳背靠北邙，面临洛水；长安左边是渭河，右边是泾河。

【原文】

宫殿盘郁①，楼观飞惊②。图写禽兽③，画彩仙灵④。

【导读】

天子生活起居的地方被称为宫，天子商议处理事务的地方叫作殿，这几句话是在描绘都城中帝王宫殿的雄伟壮丽，“宫殿盘郁”说得是屋舍错落重叠数量很多，“楼观飞惊”是形容建筑物很高，有凌空之势。这是描述宫殿的外貌，后两句是描述宫殿的内观，宫殿里面雕梁画栋，梁柱，檐井与墙壁上画满了珍禽异兽，天仙与神灵，绚丽多彩美轮美奂。

宫殿盘郁，楼观飞惊。

【注释】

①盘郁：曲折幽深的样子。盘，盘旋、回旋；郁，是繁盛的样子。②楼观：古代宫殿群里面最高的建筑，这里泛指楼殿等高大的建筑物。观，楼台。飞惊：（楼阁亭台之势）如鸟儿展翅高飞，令人触目惊心，形容楼殿非常高大。飞，飞檐，中国古代特有的建筑结构，像展翅欲飞的鸟儿；惊，令人触目惊心。③图写：图物写貌，绘画。写，这里是描摹、绘画的意思。禽兽：泛指飞禽走兽。④画彩：用彩色绘画。仙灵：天仙和神灵。

【译文】

雄伟的宫殿曲折盘旋，重叠幽深；高大的亭台楼阁凌空欲飞，触目惊心。宫殿里画着各种各样的飞禽走兽，还有彩绘的天仙神灵。

【原文】

丙舍傍启①，甲帐对楹②。肆筵设席③，鼓瑟吹笙④。

【导读】

丙舍是古代宫殿正殿两侧的偏殿，即正房旁边的耳房，因在两侧所以东西朝向，故称傍启。甲帐是帐子之中最长的幔帐，做工讲究，十分华丽。楹是堂屋前部的柱子，此处指宫殿中的第一排柱子，上面通常挂着木头镌刻的对联叫作楹联。

我国唐代之前是没有椅子的，所以筵席都铺设在地上，“肆筵设席”指的正是在宴前为席上排摆和陈设所做的准备。“鼓瑟吹笙”则是说席间有鼓乐助兴。

【注释】

①丙舍：泛指正室两旁的别室、偏殿。傍启：从侧面开门。傍，通“旁”，侧面。②甲帐：汉武帝时所造的帐幕，用各种珍宝装饰，这里代指豪华的建筑。对楹：堂前对立的楹柱，这里指宫殿上第一排柱子。楹：厅堂前部的柱子。③肆筵设席：在宴会开始之前，进行桌椅的排摆和陈设的准备，这里就是摆设筵席的意思。肆，设，陈列，陈设。筵，席，古代的坐具，在唐朝以前，古人都是在地上铺席子，席地而坐，紧贴地面的那层长席叫筵，铺在筵上的短席叫席。④鼓瑟吹笙：宴会中助酒兴的音乐歌舞。鼓，敲击、弹奏；瑟，古代的一种弦乐器，形状像琴，这里代指弦乐；笙，古代的一种管乐器，这里代指管乐。

【译文】

正殿两旁的偏殿从侧面开启，豪华的幔帐对着高大的楹柱。宫殿里大摆筵席，弹瑟吹笙，一片歌舞升平的欢腾景象。

【原文】

升阶纳陛①，弁转疑星②。右通广内③，左达承明④。

【导读】

“阶”与“陛”意思相同，指的都是台阶，“升”与“纳”也同为上行的意思。在这里重复是为了使词句工整对称。“弁”指官帽，古代官帽上全部镶嵌着宝石，这句话意为文武百官济济一堂，每人官帽上的宝石在灯光的照耀下，灿若星辰。

右通广内。

【注释】

①升阶纳陛：指官员们一步步拾阶而上，登堂入殿。升阶，走上台阶。升，登、上；纳陛，用脚蹬着台阶一步步走上去；纳，进入；陛，帝王宫殿的台阶。②弁：古代的一种官帽，缝合处常用玉石装饰。转：转动。疑：这里是疑似的意思，类似、好像。③广内：汉代宫殿名，在长安的建章宫中，是西汉宫廷藏书的地方。④承明：汉代宫殿名，在长安的未央宫中，是西汉宫廷著述的地方。

【译文】

文武百官走上台阶，进入宫殿，装饰着玉石的帽子不停转动，疑似天上闪耀的繁星。建章宫右边通向藏书的广内殿，未央宫向左到达进行著述的承明殿。

【原文】

既集坟典①，亦聚群英②。杜稿钟隶③，漆书壁经④。

【导读】

建章宫的右侧能通往广内殿，左侧通往承明殿。“既集坟典”说的是广内殿，此殿收藏了古今各种各样的图书典籍。“亦聚群英”是指承明殿，皇帝在此殿接见文武百官。广内殿中除了图书典籍之外，还有各种古董珍玩，以及名人字画，其中著名的有杜稿、钟隶、漆书、壁经。

全意为这里既藏有名著典籍又会聚着天下精英。

【注释】

①集：会集,集中。坟典：《三坟》《五典》的并称，后来转为古代典籍的通称。坟，《三坟》，传说是记载三皇（伏羲、神农、黄帝）事迹的书；典，《五典》，传说是记载五帝（少昊、颛顼、帝喾、尧、舜）事迹的书，后来都已失传。②群英：众多贤能之士、英雄人物。③杜稿：汉朝杜度善写草书，是中国历史上写草书的第一人。杜度草书的手稿真迹，就是“杜稿”，被唐朝人称为“神品”。钟隶：三国时代的钟繇隶书天下第一，他的隶书真迹，就是“钟隶”。④漆书：上古时期还没有笔墨，古人通常用漆在竹简上书写文字。壁经：指在孔子旧宅墙壁中所藏的经书。秦始皇焚书坑儒，把所有的儒书都收缴上来。孔子的后代怕儒学从此失传，就把一部分经书藏在了夹壁墙里边。汉武帝的弟弟鲁恭王，想侵占孔子的旧宅修花园。在拆墙的时候发现了里边的竹简，内有《孝经》《古文尚书》《论语》等。

【译文】

官殿内既收藏了古今的名著典籍，又聚集了众多的文武英才。不但有书法家杜度的草书手稿和钟繇的隶书真迹，还有历史久远的漆书古籍，以及从孔府墙壁内发现的古文经书。

【原文】

府罗将相①，路侠槐卿②。户封八县③，家给千兵④。

【导读】

“府”在这里是聚集的意思，“槐卿”意为三公九卿，“府罗将相，路侠槐卿”的意思是殿里聚集着文武将相，殿外排列着三公九卿。

帝王会根据他们的功绩封受土地，配给兵卒以护卫，所以说户封八县，家给千兵，意为这里每个人的封地都有八个县那么大，每家的亲兵卫队都达千人，以显示皇恩浩荡。

家给千兵。

【注释】

①罗：搜罗，招集，聚集。将相：这里代指文武百官。武官最高级别的是“将”，文官最高级别的是“相”。②侠：同“夹”，处在两旁。槐卿：三槐九卿的简称。三槐就是三公，代表国家最尊贵的三个职位。《周礼》中记载：周代外朝种植槐树三棵，三公位列其下；左右各种植棘树九棵，九卿大夫位列其下，所以称公卿为“槐卿”。③封：分封土地，即帝王把爵位及土地赏赐给王室成员、诸侯及有功的大臣。④给：配给,供给。

【译文】

朝廷内聚集着将相百官，宫廷外分列着三公九卿。皇帝给每家都赏赐了八个县之广的封地，还供给他们上千名士兵。

【原文】

高冠陪辇①，驱毂振缨②。世禄侈富③，车驾肥轻④。

【导读】

“冠”为男子头上束发所用之物，男子在成年之后才可加冠，随着年龄的增长，德行的增加，头上的冠会越来越高。“辇”是皇家御用车辆的总称，皇帝所乘称为龙辇，皇后所乘称为凤辇。

只有头戴高冠之人，方有资格陪在帝王的车辇旁边。“驱毂振缨”中的“驱毂”意为驾车，“振缨”是指驾车的臣子，随着行驶中车子的震动，头冠上的缨随之而摆。这些陪辇，驱毂的臣子因受皇帝的爱重，他们的子孙将世代领受朝廷的俸禄，生活富贵无忧，出门时马肥车轻。

峨冠博带。

【注释】

①冠：帽子。陪：伴随,陪伴。辇：古代用人拉着走的车子，后来专指帝王与后妃乘坐的车子。②驱毂：驾车的意思。驱，赶马，驱赶；毂，车轮中心的圆木，中有圆孔，可以插轴，借指车轮或车。振：抖动,摆动。缨：这里有两重意义：一是古代帽子上系在颌下的冠带。古人乘车都是站在车厢里，车马一跑起来，帽带就会随风摆动，所以叫作“振缨”。二是套马的革带，驾车用。因此抖动马的缰绳也叫“振缨”。③世禄：古代贵族世代享受国家俸禄。侈富：奢侈，富有。侈，奢侈，过分追求物质享受；富，富裕、富足，财产、财物多。④车驾：马拉的车。肥轻：肥马轻裘的简称，语出《论语·雍也》：“赤之适齐也，乘肥马衣轻裘。”形容富贵豪华的生活。肥，指肥壮的马。轻，指轻巧暖和的皮衣。

【译文】

大臣们戴着高高的官帽，陪伴皇家的车辇出行，车轮飞驰，缨带飘扬。子孙世代享受优厚的俸禄，过着奢侈豪华的生活，乘高大肥壮的马，穿轻巧暖和的皮衣。

【原文】

策功茂实①，勒碑刻铭②。磻溪伊尹③，佐时阿衡④。

【导读】

古代的官员可分为文官与武将，“策”指的是为国家出谋划策的文官，“功”指的是为国家建立功勋的武将。文官若是所出的谋略超群，所献的计策出众，便是“策茂”；武将若能做到实心诚意，功勋卓著，便是“功实”。

“勒”指的是用凿子把字刻在碑面上；“刻铭”是把字铸刻在金属器物上，意为将一个人的功德事迹流传于后世。

为人臣者若是能做到策茂功实，自然会被勒碑刻铭，万世流芳。磻溪垂钓的姜子牙，借饮食之道向君王献治国良方的伊尹，都是这样的贤臣良将。

【注释】

①策：谋划、策划，出谋划策，指的是文治。功：武功，上阵杀敌，指的是武功。茂实：盛美的德业。茂，茂盛、盛大；实，真实不虚。②勒碑：在石碑上刻字。勒，刻、雕刻。刻铭：在金属上刻字。铭，铭文，一种用于歌颂和纪念的文体，多刻在金属器皿上。③磻溪：水名，在陕西省宝鸡市东南，这里代指姜太公。传说姜太公一直在这里垂钓，后周文王寻访到此，请他出山，辅佐周王平定天下。伊尹：商朝开国君主成汤的宰相，辅佐成汤灭夏，建立商朝。④佐时：应时而生辅佐当朝君王。阿衡：商朝官名，相当于宰相。

【译文】

这些将相大臣的文治武功卓越而真实，他们的丰功伟绩不但被载入史册，还被刻在金石上流传后世。周文王在磻溪寻访到了姜太公，尊他为太公望，周朝在他的辅佐下消灭商朝统一天下；伊尹辅佐成汤推翻夏朝建立商朝，成汤封他为阿衡，他们都是应时而生辅佐当朝君王成就大业的功臣。

【原文】

奄宅曲阜①，微旦孰营②？桓公匡合③，济弱扶倾④。

【导读】

“奄”为扩大延展之意，“宅”原意为居所，但此处所指是京城，“曲阜”是个地名，在今山东省境地，而“微”是假如没有的意思，“旦”是周公的名讳。“奄宅曲阜，微旦孰营”的意思是周公旦开阔京城，见识远大，若不是文策武功的周公旦，还有谁配得上受封、营建孔子之乡这样的神圣之地呢？

奄宅曲阜，微旦孰营？

“匡”为匡正，“合”为会合，意为齐桓公匡扶正义，会合各国诸侯，救护弱小，扶助将要倾覆了的国家。

【注释】

①奄宅曲阜：指曲阜，春秋时鲁国的都城，孔子的故乡，今山东省曲阜市。奄宅，奄宅之地，即曲阜一带。②微：要不是，如果没有。旦：指周公，周武王的弟弟，姓姬名旦，又称周公旦。孰营：谁来谋划治理。孰，谁；营，筹划、管理、建设。③桓公：指齐桓公，春秋时齐国国君，春秋五霸之一。匡合：纠合力量，匡定天下。匡，正、匡正；合，会合。④济弱：帮助救济弱小的诸侯。济，帮助、救助。扶倾：扶持将要倾覆的周王室。扶，扶持、护持；倾，倒塌，这里是倾覆、颠覆的意思。

【译文】

鲁国的都城曲阜，如果没有周公旦，谁还能把它治理得那么好呢？春秋时期，齐桓公多次会合诸侯，匡定天下，帮助救济弱小的诸侯，扶持将要倾覆的周王室。

【原文】

绮回汉惠[①]，说感武丁[②]。俊乂密勿[③]，多士寔宁[④]。

【导读】

秦朝时有四位隐士：绮里季、东园公、夏黄公、角里，他们为避战乱而隐居在商山，人称商山四皓，这里的“绮”是用绮里季代表商山四皓，“回”是挽回之意，汉惠帝继位之前，高祖刘邦曾经想除去他的太子之位，改立别的皇子，但最终因为商山四皓而改变主意。

绮回汉惠。

“说”指的是商朝的丞相傅说，“武丁”是指商朝第二十二代君王，傅说选贤任能，治乱惩恶，其一片至诚之心感动了武丁，使得殷商得以实施清正廉明的仁政，成就中兴盛世。

“俊乂”与“多士”同为众多贤能志士之意，“密勿”是指勤恳做事，“寔宁”为富强安宁。“俊乂密勿，多士寔宁”这句话的意思是，国家正是因为有了众多德才兼备的贤士，勤恳努力国家才能富强安定。

【注释】

①绮：绮里季，商山四皓之一，这里代指商山四皓。秦朝末年，有四位高人贤士绮里季、东园公、夏黄公和甪里先生为避乱隐居商洛山，人称“商山四皓”。回：还，走向原来的地方，这里是挽回的意思。汉惠：指汉惠帝刘盈。当初，汉高祖刘邦想废掉太子刘盈，吕后非常着急，请张良出谋划策。张良替刘盈出主意，让他请商山四皓出山做老师。刘邦很仰慕这四位贤人，曾想请他们出山，却没请动，此时看到他们竟然愿意辅佐刘盈，很吃惊，认为刘盈羽翼已经丰满，于是打消了废掉太子的念头，刘盈才保住了太子的位子，后来继位当了皇帝。②说：傅说，商王武丁的宰相。感：感应。武丁：商朝的君主。③俊乂：人才。在古代“千人之英曰俊，百人之英曰乂”，百里挑一的精英叫“乂”，千里挑一的精英叫“俊”。密勿：勤勉努力。④多士：众多贤才。寔宁：所以才安宁。寔，这里通“是”，代词，此、这；宁，安宁。

【译文】

汉惠帝靠商山四皓才挽回了当时的太子地位，武丁通过梦境感应得到了贤相傅说使商朝兴盛。这些贤人们才能出众、勤勉努力，正是依靠了这些众多的贤士，天下才得以太平安宁。

【原文】

晋楚更霸①，赵魏困横②。假途灭虢③，践土会盟④。

【导读】

“晋楚更霸”是指历史上五位君主：齐桓公、晋文公、秦穆公、宋襄公、楚庄公。“更”是变更，接连的意思，意为这五位君王接连称霸于世。

“赵魏困横”是指战国时候著名的纵横术，指赵魏六国因使用连横之术，逐一与秦国结盟，结果使自己困顿其中，先后被秦灭国。

“假途灭虢”是指晋献公向虞国借道因此而灭掉了虢国，“践土会盟”中的践土在今河南开封，当年晋文公在此地结合诸侯结盟，而这种联合诸侯的盟会只有天子才有资格召集，周襄王因此而失去了天子的威严，晋文公称霸于诸国的野心，也在此时初露端倪。

践土会盟。

【注释】

①晋：晋文公，春秋五霸之一。楚：楚庄王，春秋五霸之一。更霸：轮流当霸主。更，轮流；霸，称霸。②赵魏：赵国和魏国，战国七雄中的两个国家。困横：被“连横”政策所困扰。困，困扰，为人所阻遏；横，即连横，是战国时张仪所提出的主张，即破坏秦国以外六国的“合纵”关系，使秦国能够各个击破。连横成功后，秦国首先攻打的就是赵、魏二国，因为这两国距离秦国最近，所以说“赵魏困横”。③假途灭虢：春秋时晋国借口征伐虢国，向虞国借路，虞公被晋国丰厚的礼品和花言巧语所迷，遂不听大臣劝阻，就答应了。没想到晋国灭掉虢国后，在班师回来的路上趁其不备，发动突然袭击，把虞国也灭了。假，借；途，道路。④践土会盟：春秋时晋文公打败楚国后，周襄王认为他立了大功，就亲自到践土（今河南省原阳县西南）慰劳晋军。晋文公趁此机会在践土召集诸侯会盟，约定共同效命周王朝，他成为继齐桓公之后的第二个霸主。盟，在神明面前发誓结盟。

【译文】

春秋时，晋文公和楚庄王等轮流称霸；战国时，赵、魏两国首先被“连横”政策所困扰。晋国向虞国借路出兵攻打虢国，得胜回来把虞国也一起消灭了。晋文公在践土会盟诸侯，成为新的霸主。

【原文】

何遵约法[1]，韩弊烦刑[2]。起翦颇牧[3]，用军最精。

【导读】

“何遵约法”中的“何”说得是汉朝名相萧何，当年刘邦的大军入关，萧何帮助其制定了较为简单的律法，并与百姓约法三章，其内容为：“杀人者死，伤人及盗抵罪，余悉除去。”刘邦因此而深得民心，顺利入关。“韩弊烦刑”是说战国时喜欢研究律法的韩非，一力主张严法苛刑治国，最终却死于严法之下。

“起翦颇牧”指的是秦国的白起与王翦，还有赵国的廉颇与李牧。这四人都是兵法精绝，指挥作战娴熟的名将。

白起一生历经大小七十余场战役，歼敌无数，常胜无败，人称“战神”。

【注释】

①何：指萧何，汉高祖丞相，他制定了汉朝的法律。约法：汉高祖刘邦攻破咸阳时，曾经与关中的老百姓约法三章：杀人者死，伤人及盗者抵罪。秦朝的其余法律一概废除，受到百姓的热烈拥护。②韩：指韩非，战国时期法家的代表人物，主张严刑峻法。弊：倒毙,死亡。烦刑：苛刻的刑罚。烦，繁多琐碎，又多又乱。③起翦颇牧：指战国时期的四大名将，秦国的白起、王翦和赵国的廉颇、李牧。

【译文】

萧何遵从“约法三章”制定了汉朝法律九章，韩非却死于自己所主张的严刑峻法之下。白起、王翦、廉颇、李牧，是战国时最精通用兵打仗的著名将领。

【原文】

宣威沙漠[1]，驰誉丹青[2]。九州禹迹[3]，百郡秦并[4]。

【导读】

唐代的诸多文献中都有“左相宣威沙漠，右相驰誉丹青”之说，“宣威沙漠”指的是唐朝的姜恪，他原是一名武将后因战功卓著而晋升为左相；“驰誉丹青”指的是唐朝贞观年间的阎立本，因擅长丹青而得到君王的爱重晋升为右相。

“九州禹迹，百郡秦并”这句话的意思为九州都留下了大禹治水的足迹，而秦始皇横扫六国百郡统一了天下。

【注释】

①宣威：威名远扬。宣，宣扬，广泛传播。沙漠：这里代指边疆少数民族地区。②驰誉丹青：他们的肖像被画师用丹青妙笔画下来，永垂青史。丹青，朱红色、青色，本是作画时常用的两种颜色，代指画像，这里指史籍，有载入史册、流芳百世的意思。③九州：传说上古时，中国分为兖、冀、青、徐、扬、荆、豫、梁、雍九个州，后用来代指中国。禹迹：相传大禹治水时，足迹遍布九州，后世因此称中国的疆域为“禹迹”。禹，大禹，是与尧舜并称的贤明君王，相传禹治黄河水患有功，舜将帝位禅让给他，成为夏朝的开国君王，又称夏禹。④百郡秦并：秦始皇统一中国以后，废除封建制，设立郡县制，将天下分为三十六郡，汉朝的“百郡”是在秦吞并六国的基础上而来，所以叫做“百郡秦并”。百郡，刘邦建立汉朝以后，将行政区域重新划分为一百零三郡，取整数称为“百郡”。郡，古代行政单位；并，合并、吞并。

【译文】

他们的威名远播至边塞地区，他们的光辉形象将永垂青史、流芳百世。大禹治水的足迹遍布九州之地，天下数以百计的郡县，都是秦始皇统一中国的成果。

【原文】

岳宗泰岱①，禅主云亭②。雁门紫塞③，鸡田赤城④。

【导读】

“岳”指的是五岳之山，“宗”意为宗主，“泰岱”即指泰山，“禅”指朝代更替，新君登基，“云亭”指的是云山与亭山。“岳宗泰岱，禅主云亭”意为五岳群山以泰山为首，帝王的封禅大典在云山与亭山举行。

“雁门”指的是北疆的雁门关，“紫塞”指的是万里长城，“鸡田”是我国西北最古老的驿站鸡田，《全唐诗·萧至忠》中就有“凉风过雁苑，杀气下鸡田”的诗句。而“赤城”指的是天台山奇峰之一赤城山。这些地方都是我国古代君王防范外族入侵的边防要塞。

岳宗泰岱

【注释】

①岳宗：五岳的宗主。岳，这里指五岳，分别是东岳泰山、西岳华山、北岳恒山、南岳衡山、中岳嵩山。宗，尊崇、尊敬。泰岱：泰山。岱，泰山的别称，叫岱山，也叫岱宗，因为它位于山东省泰安市，所以称为“泰岱”，又称泰山。②禅：即封禅，中国古代帝王为祭拜天地而举行的活动。举行封禅大典的地方就在泰山、云山和亭山。“封”是祭天的仪式，在泰山举行；“禅”是祭地的仪式，在泰山脚下的云山和亭山举行。云亭：云山和亭山，都在泰山附近，山很小，都是举行封禅大典的地方。③雁门：山的名字，位于山西省代县北境，山上有著名的雁门关。紫塞：指长城。《古今注》：“秦筑长城，土色皆紫，故称紫塞。”秦朝修长城，下面土的颜色都是紫的，所以叫“紫塞”。④鸡田：古代西北塞外的地名，那里有中国最偏远的古驿站，在今宁夏回族自治区灵武市一带。赤

城：古驿站，在今河北省西北部。

【译文】

五岳以泰山为尊，古代帝王就在泰山祭天，在泰山脚下的云山、亭山祭地。中国名胜繁多，有地势险要的雁门关和雄伟的长城，还有古驿站鸡田和赤城。

【原文】

昆池碣石①，巨野洞庭②。旷远绵邈③，岩岫杳冥④。

【导读】

“昆池”指的是我国云南昆明著名的滇池，“碣石”是指我国河北的碣石山。

“巨野”是位于山东省巨野县的一块水泽，而“洞庭”便是号称“八百里洞庭”的洞庭湖。“旷远”意为无边无际，“绵邈”意为连绵不绝，“岩岫”则分指高山与岩洞，“杳冥”意为幽暗深远，神秘莫测。

这几句话的意思是我华夏之地，历史悠久幅员辽阔，大山大水地貌多变，景致奇异蔚为壮观。

旷远绵邈，岩岫杳冥。

【注释】

①昆池：即滇池，位于云南省昆明市西南部。碣石：河北碣石山。②巨野：古代著名的水泊，在山东省巨野县，今已干涸。洞庭：指洞庭湖，古称“云梦泽”，中国第二大淡水湖，位于湖南省北部。③旷远：广阔辽远，幅员辽阔，没有边际。旷，宽广、宽阔。绵邈：连绵遥远的样子。绵，接连不断；邈，距离遥远。④岩：高峻的山崖。岫：山洞。杳冥：昏暗幽深。

【译文】

从西南的滇池到河北的碣石山，从北方的巨野泽到南方的洞庭湖，在中国这片幅员辽阔、连绵遥远的土地上，险峻的高山和幽深的洞穴密布其间。

【原文】

治本于农①，务兹稼穑②。俶载南亩③，我艺黍稷④。税熟贡新⑤，劝赏黜陟。

【导读】

“治本于农”的意思是中国为农业大国，治理农业为国之根本。“务”为从事的意思，“稼”原意为禾苗的穗子，在这里指春耕，“穑”指秋收。“务兹稼穑”意为从事农业的过程便是春耕秋收。

“俶”是开始之意，而“载”与“务”的意思相同，“南”所指为朝阳之地，“亩”便是土地。“俶载南亩”意为，在朝阳的田地上开始农耕。

“我”是自己的意思，“艺”是种植的意思。黍为黄米，稷为小米，“我艺黍稷”是说，我打算种植黄米与小米。

而“税熟贡新”是指收获之后向国家上缴部分粮食，“劝赏黜陟”是说国家会根据农户上缴粮食的多少来进行奖励与惩罚。

【注释】

①治本：治理国家的根本措施。于：在。②务：致力于，从事。兹：代词，此、这，代指下文的“稼穑”。稼穑：代指农业劳动。稼，播种；穑，收割。③俶载：开始从事。俶，开始；载，从事、施行。南亩：南坡向阳，利于农作物生长，古人多向南开辟田地，故称农田为“南亩”。亩，农田，田地。④艺：种植。黍稷：同类异种的谷物，有黏性的是黍，又称黄米，没有黏性的是稷，泛指五谷。⑤税熟：庄稼成熟后，国家向农民征收新打下来的粮食作为税收。税，征收赋税；熟，庄稼成熟。贡新：进贡新粮。贡，上交，献东西给上级；新，新收获的粮食。劝赏黜陟：泛指奖罚措施。劝，劝勉，劝导勉励；赏，奖赏；黜，降职或罢免；陟，晋升。

【译文】

农业是治理国家的根本，一定要做好播种与收割的工作。耕种的季节到来，就要平整土地、种植庄稼。庄稼一成熟，就要进贡给国家当作租税。官府要按照农户的贡献予以奖惩，而国家则根据官吏的政绩进行升迁或罢免。

【原文】

孟轲敦素①，史鱼秉直②。庶几中庸③，劳谦谨敕④。

【导读】

孟子名轲，是我国著名的儒家学者，“敦”是推崇之意，“素”为一尘不染，毫无修饰之意。“孟轲敦素”是说孟子崇尚本真质朴，倡导安守本分。史鱼是卫国的大夫，一生忠言直谏，“秉”为秉承之意，“史鱼禀直”的意思是说，史鱼一直秉承着忠直的品德。

“庶几”意为相差无几，“庶几中庸”，是接近中庸之意。“劳”是勤劳，“谦”是谦逊，“谨”为严谨，“敕”为检点。

孟子崇尚人性的本真，倡导人应当如同未染过颜色的生丝一般，唯我本色。

这四句话的意思是，若能如孟子般注重本真，如史鱼般忠正，再加上勤劳谦逊，严谨检点，便是不折不扣的中庸之道。

【注释】

①孟轲：即孟子，名轲，字子舆，战国时山东邹县人，中国古代著名的思想家、教育家，是儒家的“亚圣”。敦素：崇尚质朴的本色。敦，推崇、崇尚；素，本义是没有染色的丝绸，后引申为质朴，不加装饰。②史鱼：也称史鳅，字子鱼，春秋时卫国大夫、著名史官，以正直敢谏著称。秉直：坚持正直的品德。秉，保持、坚持。③庶几：接近、近似，差不多。中庸：儒家最重要的思想之一，主张待人处事不偏不倚、不过不失，折中调和，不走极端。④劳：勤劳。谦：谦虚,谦逊。谨：谨慎，严谨。敕：本义是告诫、嘱咐，这里是检点，不随便的意思。

【译文】

孟子崇尚质朴的本色，史鱼坚持正直的品德，他们差不多达到中庸的高妙境界了。此外，还要做到勤劳、谦逊、严谨、检点。

【原文】

聆音察理①，鉴貌辨色②。贻厥嘉猷③，勉其祗植④。

【导读】

“聆”是聆听之意，“察理”是考察话中道理之意。“鉴貌辨色”的意思为，通过一个人的表情举止，来猜度他的内心。“贻”原意为赠送，此处是遗留之意，而“厥”在此是代词意为“什么”，“嘉”是美好之意，“猷”为谋略之意。“勉”是勉励，“其”在此代指子孙后辈，“祗”是恭敬，“植”是树立。

这四句话的意思是听人说话的时候，要悉心聆听，考察其中的是非道理，与人交往要能够通过他的外貌举止神情，来辨别他的内心是正是邪。

中国自古便重视家训，所谓家训便是前辈祖先人生经历中，最宝贵的经验与谋略，智慧与德行，以此教导后世子女安身立命处世为人，相比金银珠宝，这些智慧的结晶更能保护子孙，辅助他们成才成器。“贻厥嘉猷，勉其祗植”就是这个意思。

聆音察理，鉴貌辨色。

【注释】

①聆：侧耳细听。音：这里指人说话的声音。察：观察，仔细看。②鉴：观察,鉴别。貌：指一个人的容貌和外表，包括言谈举止、动作表情。辨色：辨别脸色。③贻：遗留,留下。厥：代词，其，他（们）的。嘉猷：好的计策。嘉，美好；猷，计谋、计策。④勉：勉励。其：代词，这里代指子孙。祗：敬，恭敬。

植：立，树立。

【译文】

听人说话要审察其中的是非曲直，看人外貌要辨别其人的善恶正邪。要把最好的忠告留给子孙，勉励他们小心谨慎地立身处世。

【原文】

省躬讥诫①，宠增抗极②。殆辱近耻③，林皋幸即④。

【导读】

“省躬”是指反省自身，“讥”是讥讽，“诫”是告诫；“省躬讥诫”意为无论遇到别人的嘲笑讽刺或是劝诫批评，都不要心生抵触，要虚心地自我反省。

“宠”意为荣宠，“极”是极限的意思，“殆”是临近的意思，“宠增抗极，殆辱近耻”的意思是若是荣宠升到了极限，还在拼命追名逐利，那么物极必反，宠很快的就要变成辱。

省躬讥诫。

历史上这种例子极多，往往在位高权重、富贵之极的时候一跤跌倒，因为人在此时最容易失去理智与自我的判断力。但宠极生辱也并不是不可避免的，那便是能审时度势，在必要时做到“林皋幸即”。“林”意为山林，“皋”是水边之地，“幸即”意为临近幸运，吉而免灾，这句话的意思是，为人处世要懂得进退之道，必要时应急流勇退。

【注释】

①省躬：反省自己。省，检查，反省；躬，自身、亲自。讥：讥讽，嘲笑。诫：告诫,劝告。②宠：荣宠,荣耀。抗极：到达顶点。抗，通“亢”，高；极，极限、顶点。③殆辱：将要受到侮辱。殆，将，将要。近耻：接近了耻辱。“耻”与“辱”的意义有区别，内心的羞愧为“耻”，外来的欺凌为“辱”。④林：山林，指隐居之地。皋：水边的高地。幸：意外地得到成功或免去灾害，侥幸、幸免。即：接近,靠近。

【译文】

听到别人的讥讽和劝告，一定要认真反省自己，荣宠如果达到极点，就一定要警惕。地位越高越有可能招致灾祸，离耻辱也会越来越近，及时退隐山林或许可以幸免。

【原文】

两疏见机①，解组谁逼②？索居闲处③，沉默寂寥④。

【导读】

“两疏”是西汉时的疏广与疏受，他们是西汉时期的两位大臣，两人既是叔侄又同殿称臣，先后成为两任皇帝的老师，位高名重。

“机”先兆的意思，“两疏见机”意为疏广与疏受二人在事情尚未发生之际就可以预先感知。“解”为解除之意，“组”是指古代拴在印纽上的丝带，窄为组，宽为绶，将组绶解除下来意为辞官，“解组谁逼”的意思是，自愿辞官是被什么逼迫的？

两疏见机，解组谁逼？

“索居”是远离人群独自居住的意思，“索居闲处，沉默寂寥”意为远离尘嚣，一个人隐居于清静悠闲之处，整日沉静心中无有杂念。

【注释】

①两疏：西汉宣帝时疏广、疏受叔侄二人，疏广任太子太傅，疏受任太子少傅。两人同时辞官回家，受人推崇。见机：看准时机。机，机会、时机。②解组：解下印绶，指辞官。解，解下、解除；组，即组绶，系官印的绳带。逼：逼迫。③索居：孤身独居。索，独自、孤单。闲处：在家闲居，悠闲地生活。处，居住。④寂寥：恬静淡泊。

【译文】

西汉的疏广、疏受身居高位，却能看准时机，急流勇退。有谁逼迫他们呢？完全是他们自愿辞官还乡，过着悠闲的独居生活，沉默寡言，宁静淡泊。

【原文】

求古寻论①，散虑逍遥②。欣奏累遣③，戚谢欢招④。

【导读】

“求古寻论”意为探寻古人的事迹著作，从先贤的至理名言与做法中得到启迪与教诲。“散虑逍遥”是用古人的德行与智慧洗涤自己的身心，当自身的修养到达了一定的程度之后，就可以排除一切世间的杂念而做到身心自在，逍遥于天地之间。

“欣”为欢欣之意，“奏”意为臣子呈给皇帝的奏章，“累”指的是心中的负累牵挂，“遣”是排遣之意，“戚”在此处指悲忧，“谢”是分离之意，“招”是招致。“欣奏累遣，戚谢欢招”的意思是，为人处世要心中时常记着令自己欢欣鼓舞的事情，将烦扰自己的那些力不能及的事情抛开，只有将一切令自己忧虑悲伤的事情忘记，内心才能得到真正的快乐。

求古寻论，散虑逍遥。

【注释】

①求：探索、寻求。寻：搜寻，研究。②散虑：排遣忧虑、忧愁。散，排遣、驱散。逍遥：自由自在，不受拘束。③欣：欣喜、高兴。奏：本义是奉献、送上，引申为进、进入。累：这里是指心中的牵挂、烦恼。遣：排遣,驱除。④戚：忧愁。谢：用言辞委婉地推辞拒绝，谢绝。欢：欢乐。招：招来，聚集。

【译文】

探求古人古事，阅读至理名言。排遣忧虑，自由自在。喜悦放进来，烦恼就被排出了，忧愁一抛开，欢乐就聚集了。

【原文】

渠荷的历[①]，园莽抽条[②]。枇杷晚翠[③]，梧桐蚤凋[④]。

【导读】

“的历”是形容花开得十分灿烂，“莽”是指草木生长的繁茂的样子，“蚤凋”意为凋零，这四句话是在描写一年四季的景致，春天，园林苗圃中的树木抽枝长叶，萌发出鲜嫩的幼芽；夏天渠水中的荷花开得鲜艳灿烂，秋天一到梧桐的树的叶子早早凋零，只有枇杷树四季常青，即便是冬天来了，叶子还保留着青翠的颜色。

【注释】

①渠：水塘，池塘。的历：光明、鲜亮的样子。②莽：草木茂盛的样子。抽条：草木长出嫩芽新枝。③枇杷：即枇杷树，植物学上属于常绿小乔木，果和叶可食用。晚翠：时令已经很晚了，即到了冬天，枇杷叶还是那么青绿，更显得苍翠宜人。④蚤：通“早”，早早地。凋：凋谢,凋落。

渠荷的历。

【译文】

池塘里的荷花开得光艳动人，园里的草木抽出了嫩绿的枝条。到了冬天，枇杷叶子还是那么青翠欲滴，一入秋天，梧桐树叶就早早地凋落了。

【原文】

陈根委翳①，落叶飘摇。游鹍独运②，凌摩绛霄③。

【导读】

游鹍独运，凌摩绛霄。

“陈根”指的是老树陈旧的树根，“委”是枯萎之意，“翳”是荒芜暗昧之意，“陈根委翳，落叶飘摇”是说树根蜿蜒的老树枯萎倒地，它原本茂盛得能将阳光都遮蔽掉的叶子，也掉落枝头，随风飘零。

“游鹍独运”说的是远游的鹍鸟独自翱翔于空中，“凌”是向上高升，“摩”是迫近，“绛霄”说的是高空紫红色的云彩，“凌摩绛霄”意为凌天而上，高飞直冲九霄。

【注释】

①陈根：老树根。陈，旧的、时间久的。委翳：萎谢，枯萎衰败的样子。委，通“萎”，枯萎、衰败；翳，古同“殪”，树木枯死，倒伏于地。②游：飞行。鹍：古代指一种长得像鹤的大鸟，可以飞得很高。独运：独自飞翔。运，本义是运动，这里是飞翔的意思。③凌：向上升。摩，迫近,接近。绛霄：红色的云气，又叫“紫霄”，指天空极高处。绛，大红色。

【译文】

陈年老树枯萎衰败、倒伏在地，落叶随风飘荡飞扬。鹍鸟独自在天空中翱翔，盘旋上升，直冲九霄。

【原文】

耽读玩市①，寓目囊箱②。易輶攸畏③，属耳垣墙④。

【导读】

“耽”是沉浸其中之意，“玩市”是古代热闹的集市，“耽读玩市”意思为身处热闹嘈杂的集市之中也能够潜心读书，丝毫不受影响。“寓”为寄托之意，“寓目囊箱”的意思与前一句相近，指眼中除了书囊与书箱之外别无他物，意为专心寄情于读书，对读书之外的一切事情都视而不见，充耳不闻。

“易”是疏忽之意，“輶”原指很轻巧的车辆，此处“易輶”连在一起意为对于某些事情的轻视而导致的疏忽，“攸畏”意为有所畏惧，“易輶攸畏”的全意为要警惕那些自己所忽视的小事，很多成败往往决定于小事，所以不可掉以轻心。

“属”原为有所关联之意，“耳”指耳朵，“垣”指的是用土坯所垒就的矮墙，“属耳垣墙”是说有耳朵贴在墙上，意为行事须谨慎，提防隔墙有耳。

耽读玩市。

【注释】

①耽：沉溺,沉迷。玩市：这里是指在集市上游逛。②寓目：过目，看一下。寓，观看。囊箱：书袋和书箱。③易：轻慢、轻视。輶：本义是古代一种很轻便的车子，有轻视、轻忽的意思。攸畏：所畏，有所畏惧。攸，所。④属耳垣墙：把耳朵附在墙上窃听。属，连接；垣，矮墙。

【译文】

东汉王充沉醉于读书，因家贫无书，便常常在街市上游逛，但眼中只看得到书袋和书箱。对于容易轻视的小事更要警惕，说话小心谨慎，防止隔墙有耳。

【原文】

具膳餐饭①，适口充肠②。饱饫烹宰③，饥厌糟糠④。

【导读】

“具”在此是动词，意为料理，“餐”在这里也是动词，意为进食。“膳”与“饭”都是饮食的意思，不同的是“膳”代表肉食，而“饭”代表五谷。“适口”意为适合口味，“充肠”意为吃饱。“具膳餐饭，适口充肠”的意思是料理饮食，食用餐饭，只要符合自己的口味并能够吃饱即可。

“饫”是厌恶之意，“烹宰”是杀宰烹煮之意，“饱饫烹宰”的意思是如果已经吃饱了，那么吃什么都会厌烦了，何必还要继续杀宰烹煮呢?

“饥”是饥饿之意，“厌”是满足的意思，“糟”是酿酒后剩下的渣滓，“饥厌糟糠”意为若是在饥饿的时候，有酒渣米糠果腹也就满足了。

具膳餐饭。

【注释】

①具：准备,备办。膳：饭食。餐：吃。②适口：适合口味。充肠：充饥，填饱肚子。③饱饫：吃饱。饫，饱食。烹宰：指准备鱼肉之类的荤食。烹，水煮；宰，宰杀。④厌：满足，后作“餍”。糟糠：酒渣、谷皮等粗劣食物，贫者用来充饥。糟，酒渣，酿酒剩下的渣子；糠是谷子的外壳，用作饲料。

【译文】

准备饭菜，只要口味合适、能填饱肚子就行。饱的时候大鱼大肉都会生厌，饿的时候吃糠咽菜也能满足。

【原文】

亲戚故旧[①]，老少异粮[②]。妾御绩纺[③]，侍巾帷房[④]。

【导读】

“故旧”是指老友或昔日的相识，“异”在这里是迥异，不同的意思，“亲戚故旧，老少异粮”的意思是无论是亲戚朋友还是老友故交，无论多么亲厚的交情，在饮食上都要注意老人和孩子的饮食要与常人区别对待，不可马虎。

老少异粮。

“御”是管理的意思，“绩”是将麻搓成线，而“纺”是将丝纺成纱，“侍巾帷房”，是指服侍起居装扮之意。“帷房”是指寝室，古时房中都挂有帷幕，床上也有幔帐遮挡，布幔在两旁的称为帷，挂在上的称作幕。“妾御绩纺，侍巾帷房”意思是身为妾侍平日里不但要负责家中织麻纺纱等女工活，还要服侍好男人的日常起居，着衣穿戴。

【注释】

①亲戚：现代汉语重叠使用，但古文中“亲”和“戚”含义有区别，所谓“内亲外戚”，父亲一脉同姓的为“亲”，母亲、妻子一脉不同姓的为“戚”，在血缘关系上不一样。故旧：旧友，老朋友。②异粮：不同的粮食，指年长者吃细粮，年幼者吃粗粮。异，差异、不同。③御：治理。绩纺：纺织。绩，把麻纤维披开接续起来搓成线或绳；纺，把丝棉、麻、毛等做成线或纱。④侍：服侍,侍奉。巾：指佩巾，手巾、头巾等。帷房：内室，卧室。

【译文】

亲戚朋友来做客要以礼相待，招待老人和孩子的食物应该有所不同。妻妾婢女在家不但要纺纱织布，还要在内室侍奉丈夫的日常起居。

【原文】

纨扇圆挈[①]，银烛炜煌[②]。昼眠夕寐[③]，蓝笋象床[④]。

【导读】

“纨“为齐地出产的优质白绢，“纨扇”即指古时女子所用的白绢绷面的圆形扇子。“挈”在这里是洁白之意，“纨扇圆挈”意为圆形的绢扇洁白素雅。

“炜”是明亮之意，“煌”意为辉煌，“银烛炜煌”的意思是银色的蜡烛燃烧的时候，明亮辉煌。"寐"是睡觉的意思，"眠"在这里指短暂的休息，"昼眠夕寐"意为白天小憩夜晚安睡，"蓝笋"是指用嫩竹编成的竹席又用蓝草染成了蓝色，样子精美，价格贵重，"象床"是古代一种价格不菲的床，以镂空雕花的硬木作为床架，其间镶嵌着象牙贝壳等装饰之物，不是寻常百姓能用的起的。

"昼眠夕寐，蓝笋象床"意为无论是白天小憩还是夜晚安睡，都躺在铺着柔软精美的蓝色竹席的象牙床之上。

昼眠夕寐，蓝笋象床。

【注释】

①纨扇：用细绢制成的团扇。纨，细致洁白的薄绸。挈：洁白。②银烛：银白色的火光。烛，本义是古代照明用的火炬，直到唐代才有了蜡烛。炜煌：辉煌，光辉灿烂。③昼眠：白天睡午觉。昼，白天；眠，本义是闭上眼睛，引申为睡觉。夕寐：晚上睡觉。夕，泛指晚上；寐，睡、睡着。④蓝笋：青篾编成的竹席。蓝，蓼蓝，晒干后变成暗蓝色，用作染料，可以提取出青色，也可泛指古代用来染青色的草。笋，嫩竹的青皮，柔韧性好，可用来制席，这里指笋席，嫩竹青皮编成的席子。象床：装饰精美的象牙床。

【译文】

圆形的绢扇洁白素雅，银色的火光明亮辉煌。白天午休，晚上睡觉，青色的竹席铺在装饰精美的象牙床上。

【原文】

弦歌酒宴①，接杯举觞②。矫手顿足③，悦豫且康④。

【导读】

弦歌出自《论语·阳货篇》："子之武城，闻弦歌之声。""弦歌酒宴"意为，歌舞升平，排场盛大的酒席筵宴。"觞"是盛酒的器皿，"接杯举觞"形容在酒席宴上宾客开怀畅饮，酒到杯干的热烈场面。

"矫"意为高举，"矫手顿足"是形容酒宴上的人们，因为歌舞弹唱而更助酒兴，身心愉悦情不自禁地随着歌舞而挥动手臂，随着音乐的节拍顿足以和。"悦"指喜悦，"豫"指心中康乐。"悦豫且康"的意思是说人们心中的喜悦和安乐。

【注释】

①弦歌：依琴瑟而咏歌。弦，这里指琴瑟一类的弦乐器。②接：托，手掌向上承受。觞：古代的盛酒器皿。③矫：举起，抬起来。顿足：以脚跺地，多形容情绪激昂或极其悲伤、着急。顿，用脚（底）使劲往下踩。④悦豫：愉快，高兴。悦，喜悦；豫，快乐、安闲。

【译文】

酒宴上有歌舞弹唱，大家高举酒杯，开怀畅饮，随着音乐节拍手舞足蹈，身心既快乐又健康。

【原文】

嫡后嗣续①，祭祀烝尝②。稽颡再拜③，悚惧恐惶④。

【导读】

“嫡”是指正妻所生之子，“祭祀”是祭奠天、地、祖先的重大礼仪，“烝尝”是“礿禘尝烝，四时之祭祀”的简称，“嫡后嗣续，祭祀烝尝”意为要娶妻生子，将祖先的血脉传承下去，一年四季四时的祭祀不可缺失忘记。

嫡后嗣续。

“稽颡”是指下跪之后，以额头触地的跪拜大礼，“稽颡再拜”出自《礼记·射义》，“再”是再一次，多次的意思，意为一次次地行跪拜叩头的大礼。“悚惧恐惶”同为描述心中的敬畏，这四个字正好显示了敬畏的四种不同的程度，一字比一字递增地加深敬畏的意思。

“稽颡再拜，悚惧恐惶”意为，心中的虔诚到了诚惶诚恐的地步，以这种无以伦比的虔诚之心在天地与祖宗的灵位面前，一而再、再而三的叩拜自省。

【注释】

①嫡后：长房子孙。嫡，正妻所生的孩子，非正妻所生的叫庶子。古代只有嫡子才有继承家业的权利。后，后代，子孙。嗣：本义是诸侯传位给嫡子，引申为继续，承接。续：继续。②祭祀：以手持肉祭神、祭祖，根据宗教或者社会习俗的要求进行的具有象征意义的一系列行动或仪式。祭，祭祀天神；祀，祭祀地神。烝尝：本指秋冬二祭，后亦泛称祭祀，这里代指四时祭祀。烝，冬天祭祀；尝，秋天祭祀。③稽颡：古代跪拜礼中最隆重的一种，屈膝下跪，以额触地，表示极度的虔诚。稽，叩头至地；颡，额头。再：表示又一次，有时专指第二次，有时又指多次。④悚惧：恐惧、戒惧，这里指（对神明）敬畏，既尊敬又害怕。悚：恐惧，害怕。恐惶：恐惧不安。惶，恐惧，惊慌。

【译文】

嫡长子继承家业，负责主持一年四季的祭祀仪式，要磕头作揖，一拜再拜，心怀敬畏，诚惶诚恐。

【原文】

笺牒简要①，顾答审详②。骸垢想浴③，执热愿凉④。

【导读】

“笺牒”是书信的意思，“笺牒简要”意为写书信的时候应当简明扼要，不可赘述啰唆。“顾”是答复的意思，“顾答审详”意为在解答别人问题的时候应当谨慎详尽。“笺牒简要，顾答审详”意为写书信重在简单明了地将事件阐述清楚，而回答别人的问题应当尽量的详尽，不可言无实据或有遗漏。

“骸”是骨骸的意思，此处的骸是代指四肢百骸，意为人的身体，“骸垢想浴”意为身体脏了自然希望沐浴清洁。而“执热愿凉”意为，人手持着热物就希望它尽快凉下来，这两句所说的皆是人之常情。

笺牒简要。

【注释】

①笺牒：书信的代称。笺，供写信、题词用的纸张，引申为书信；牒，本义是古代书写用的木片或竹片，后引申为文书、证件。简要：简明扼要。②顾答：回答问题。顾，回头看，回顾；答，回答，答复。审详：审慎周详。审，详细周密；详，细密完备。③骸：身体。垢：污秽，脏东西。浴：洗澡。④执：拿着。

【译文】

给人的书信要简明扼要，回答别人的问题，却要审慎周详。身上脏了就想洗澡，拿着热东西就希望它快点凉。

【原文】

驴骡犊特①，骇跃超骧②。诛斩贼盗③，捕获叛亡④。

【导读】

“犊”指的是小牛，“特”指的是公牛，“驴骡犊特”的意思是家中大大小小的牲畜。“骇”是惊骇的意思，“跃”是跳跃，“超”是超越，一个跑到另一个的前面去，“骧”是奔腾跳跃不止。“骇跃超骧”指的是家中的大小牲畜忽然反常的吵闹跳跃惊慌地东奔西走，意为家中若是出现了异常的现象，那么一定是将有异常的事情发生。

“诛斩贼盗，捕获叛亡”意为要将强盗与乱臣贼子都诛灭剪除，将叛乱的亡命之徒都缉拿归案。

【注释】

①犊：小牛。特：公牛。“驴骡犊特”泛指大小家畜。②骇：本义是马受惊，引申为惊骇、惊动，受到惊吓。跃：跳起来。超骧：腾跃而前的样子。超，跳过，越过；骧，腾跃，昂首奔驰。③诛：本义是声讨、谴责，引申为杀戮，夺去生命。斩：杀，古代死刑的一种，斩首或腰斩。但“诛”偏重于诛心，意即揭露、指责人的思想、用心，“斩”则是杀身，二者的含义是不同的。⑧贼：先秦两汉时期,专指作乱叛国危害人民的人，如乱臣贼子。盗：偷盗财物的人。先秦两汉时期，“盗”多指偷窃者，很少指抢劫者；“贼”多指抢劫财物者，后来才指偷窃者。④捕获：缉拿，捉住。叛：叛乱的人。亡：逃亡的人。

【译文】

驴、骡、牛等家畜一旦受惊就会狂奔乱跳。要严厉惩罚盗贼，捉拿叛乱和逃亡的人。

【原文】

布射僚丸①，嵇琴阮啸②。恬笔伦纸③，钧巧任钓④。释纷利俗⑤，并皆佳妙⑥。

【导读】

“布射”指的是吕布辕门射戟，“僚丸”指的是宜僚抛丸，“嵇琴”指的是嵇康抚琴，“阮啸”指的是阮籍长啸，“恬笔”指的是蒙恬造笔，“伦纸”指的是蔡伦造纸，“钧巧”指的是著名巧匠马均，“任钓”指的是任公子垂钓巨鱼。

“释纷利俗，并皆佳妙”的意思是评论以上这八个人，或是用自己的技艺为人民造福，或是以高超的武功保家卫国，或是以自己的智慧为人排解纷争。这些都是手段高明，构思巧妙，造福于世的高人，所以为世人所称道，更成为世人所效法的对象。

吕布辕门射戟。

【注释】

①布射：典出《三国志·吕布传》，说的是三国时吕布曾用“辕门射戟”的方法替刘备解围。布，指吕布，是东汉末年著名的猛将。僚丸：典出《庄子·徐无鬼》，春秋时楚国勇士熊宜僚擅长耍弄弹丸。②嵇琴：典出《晋书·嵇康传》，西晋名士嵇康善于弹琴，司马氏当政他坚决不肯出仕，最终被杀害，他临刑前弹奏的《广陵散》，成为千古绝响。嵇，嵇康，字叔夜，谯郡（今安徽省宿州市西南）人，精通音乐，善弹琴赋诗，官居中散大夫，亦称嵇中散，著名的“竹林七贤”（嵇康、阮籍、山涛、刘伶、阮咸、向秀和王戎）之一。阮啸：典出《晋书·阮籍传》，与嵇康齐名的名士，阮籍善于长啸。阮，阮籍，字嗣宗，陈留郡（今河南开封陈留镇）人，曾任步兵校尉，世称阮步兵，“竹林七贤”的领袖人物。③恬笔：典出晋朝崔豹的《古今注》，秦始皇的大将蒙恬发明了毛笔。伦纸：东汉蔡伦发明了纸，人称“蔡侯纸”。④钧巧：三国时魏国的发明家马钧心灵手巧，曾改进织绫机、发明翻车，还复原了已经失传的黄帝

时的指南车。任钓：典出《庄子·外物》篇，任公子善于钓鱼。⑤释纷：解决纷争。释，解除、消除；纷，争执、纠纷。利俗：便利了老百姓。利，使有利；俗，一般人、百姓。⑥皆：全、都。佳妙：美妙。佳，美、美好。

【译文】

吕布精于射箭，宜僚善玩弹丸，嵇康长于弹琴，阮籍长于长啸，蒙恬制造了毛笔，蔡伦发明了纸张，马钧心灵手巧善发明，任公子擅长钓鱼。他们的技艺或解决纠纷，或造福百姓，都高明巧妙，为人称道。

【原文】

毛施淑姿①，工颦妍笑②。

【导读】

“毛施”指的是中国古代两位绝世美女毛嫱与西施。“淑”是善良美丽之意，“姿”是气质与仪态。“毛施淑姿”意为毛嫱与西施声音容貌，气质姿容从内至外没有一处不美。“工”是善于去做的意思，“颦”是皱眉之意，“妍”是美丽，“笑”是笑容，“工颦妍笑”是说美人无论是愁眉不展还是开怀而笑都一样的娇俏动人。

毛施淑姿。

【注释】

①毛施：指春秋时两个著名的美女毛嫱和西施。毛，毛嫱，春秋时期越国绝色美女，与西施时代相当，相传为越王爱姬。最初人们对她的称道远远超过西施，当是“沉鱼”的原始形象。施，西施，越国人，原名夷光，春秋末期出生于浙江诸暨苎萝村，为中国古代四大美女之首。淑姿：优美的姿容体态。淑，美丽；姿，容貌姿态。②工：善于。颦：皱眉。妍：美丽。

【译文】

毛嫱和西施都姿容优美，皱眉时都无比俏丽，笑起来更是美艳动人。

【原文】

年矢每催①，曦晖朗曜②。璇玑悬斡③，晦魄环照④。

【导读】

“矢”原是箭矢之意，但是在此句话中是指漏矢，是古代的一种计时工具，在《汉书》中曾有“孔壶为漏，浮箭为刻”的记载。“曦”是晨光的意思，“晖”是指层层的光晕，“朗”意为明朗，“曜”意为照耀。“年矢每催，曦晖朗曜”意为时间飞逝，人的青春时光很快便会过去，只有阳光的光辉永远明朗耀眼。

“璇玑“是北斗七星其中的两颗星，“悬”是悬挂之意，“斡”是旋转之意。

“晦魄”特指月亮，按阴历算，每个月最后的一天便是“晦”，而每个月起始的那一天被成为“朔”，每月最初见到的月光即为“魄”。月亮由“朔”至“望”再至“晦”，周而复始，循环往复。

【注释】

①矢：箭。每：常常、经常。②曦晖：日光。曦，多指早晨的阳光；晖，侧重指太阳周围的光圈。朗：明朗。曜：照耀。③璇玑：北斗七星的前四颗星，即天枢、天璇、天玑、天权的简称，也叫魁，这里代指北斗七星。悬：挂，吊在空中。斡：旋转。④晦：农历每月的最后一天。魄：月亮刚出现或即将隐没时的微光。环：循环，周而复始。照：照射，照耀。

【译文】

岁月如箭飞逝，不断催人向老。日光朗照，斗转星移，月光由暗到明，循环照耀，月盈月缺，永无止息。

【原文】

指薪修祜①，永绥吉劭②。矩步引领③，俯仰廊庙④。

【导读】

“指”在此为“脂”的通假字，“薪”指柴草，“祜”在这里是福德的意思，“修祜”意为修德积福。“指薪修祜”意思是人一生之中只有多修福德，他的肉体虽然会如同燃烧的油脂与柴草一般消失，但是他的精神却会如同火的光芒长久地延续下去。

“永”是永久之意，“绥”是安定之意，“吉”是吉祥，“劭”是高尚、美好，“永绥吉劭”是指后世子孙而言，意为多积德修福，子孙才能平安吉祥幸福地延续发展下去，那将是多么美好的事情。

“矩步”是指迈着规矩的方步前行，“引领”意为挺胸抬头，“矩步引领”就是迈着稳健的步伐，昂首阔步向前而行，“俯仰廊庙”的意思是，平日的言行都应当妥当谨慎，要时刻如同上殿面君或者身临祖庙一般恭谨敬畏。

指薪修祜。

【注释】

①指：通“脂”，动植物所含的油脂。油脂燃烧的时间比柴草要长得多，所以古代点油灯多用动物脂肪点灯。薪：就是柴火。修祜：修福，行善积德，以求来世及子孙之福。修，修行，培养；祜，福，大福。②绥：平安，安好。劭：美好，高尚。③矩步：端方合度的行步姿态。形容举动合乎规矩，一丝不苟。矩，本义是矩尺，画直角或方形的工具，后引申为法度。引领：伸直脖子。引，拉、伸；领，颈，脖子。④俯仰：低头和抬头。俯，向下，低头；仰，

抬头，脸朝上。廊庙：殿下屋和太庙，指朝廷。廊，厅堂周围的屋子；庙，这里指宗庙，供奉祭祀祖先的处所。

【译文】

人的一生只有行善积德，才能求自己及后世之福泽，像薪尽火传那样永久长存，子孙后代平安幸福、吉祥如意。走路姿势端方合度，昂首阔步，心地光明正大、举动严肃庄重。

【原文】

束带矜庄①，徘徊瞻眺②。孤陋寡闻③，愚蒙等诮④。

【导读】

“束”原本是束缚之意，在此做整理端正衣冠的意思，“带”为“绅带”，古人在大衣外面加束一条带子，根据身份的不同，带子的长短也不同，士大夫系的称为“绅带”，“矜”为端庄持重之意，“束带矜庄”的意思为衣冠整齐，神情庄重，举止得体。“徘徊”是犹豫谨慎，反复思虑之意，“瞻”是仰视之意，“眺”为远望。“徘徊瞻眺”的意思是行为谨慎，思虑慎重，能够高瞻远瞩。

“陋”本意为简陋，在此指没有学识，“寡”是缺少的意思，“闻”是见闻见识之意，意为缺少学识，没有见闻。“愚蒙”指的是愚蠢而未开心窍，蒙昧无知的人，“等诮”意为等待着嘲笑讥讽。“孤陋寡闻，愚蒙等诮”的意思是如果一个人缺少学识没有见闻，那么就不会懂得这些道理，如此愚蠢蒙昧的人，等来的只会是讥讽与嘲笑。

【注释】

①束带：整饰衣冠，表示端庄。束，系，捆绑。矜庄：严肃庄重。矜，端庄，庄重；庄，谨严持重，表情严肃、容貌端正。②徘徊：欲进又止、小心谨慎的样子。瞻眺：这里是高瞻远瞩的意思，站得高，看得

徘徊瞻眺。

远，比喻眼光远大。瞻，向高处看，即“高瞻”；眺，往远处看，远眺，即“远瞩”。③孤陋寡闻：形容学识浅陋，见闻不广。陋，浅陋，知识浅薄；寡，少。④愚蒙：愚昧不明。愚，天性愚昧、愚蠢；蒙，蒙昧，没有知识。等：等同。诮：讥讽，嘲笑。

【译文】

衣冠端正，矜持庄重，小心谨慎，高瞻远瞩。学识浅陋、见识狭窄的人，与那些愚昧无知的人都是要受人嘲笑的。

【原文】

谓语助者[①]，焉哉乎也。

【导读】

“焉、哉、乎、也”皆是谓语虚词，作用的是辅助主语，也是古代汉语里最为常用的字。这句话的意思是《千字文》一书至此收尾，只剩下几个常用的谓语助词了。

【注释】

①谓：称为，叫作。语助：即语助词，表示语气的助词，位于句中或句尾，表示停顿，属于虚词。

【译文】

最后，还有焉、哉、乎、也这些所谓的语助词。